依据《普通话水平测试大纲》编写

普通话水平测试专用教材

天明教育普通话水平测试研究组 编

民主与建设出版社
·北京·

©民主与建设出版社，2023

图书在版编目(CIP)数据

普通话水平测试专用教材/天明教育普通话水平测试研究组编.—北京:民主与建设出版社，2023.5(2023.12 重印)

ISBN 978-7-5139-4129-7

Ⅰ.①普… Ⅱ.①天… Ⅲ.①普通话-水平考试-教材 Ⅳ.①H102

中国国家版本馆 CIP 数据核字(2023)第 043206 号

普通话水平测试专用教材
PUTONGHUA SHUIPING CESHI ZHUANYONG JIAOCAI

编　　者	天明教育普通话水平测试研究组
责任编辑	顾客强
封面设计	天明教育
出版发行	民主与建设出版社有限责任公司
电　　话	(010)59417747　59419778
社　　址	北京市海淀区西三环中路 10 号望海楼 E 座 7 层
邮　　编	100142
印　　刷	河南承创印务有限公司
版　　次	2023 年 5 月第 1 版
印　　次	2023 年 12 月第 2 次印刷
开　　本	787 毫米×1092 毫米　1/16
印　　张	17
字　　数	450 千字
书　　号	ISBN 978-7-5139-4129-7
定　　价	48.00 元

注：如有印、装质量问题，请与出版社联系。

 # Foreword

推广普通话是我国的一项基本国策。普通话是我国各行各业的规范语言，是各民族、各方言区的通用语言。掌握和使用一定水平的普通话，是进行现代化建设的各行各业人员，特别是教师、播音员、节目主持人、演员和国家机关工作人员等专业人员必备的职业素质。因此，有必要在一定范围内对某些岗位的人员进行普通话水平测试，并逐步实行持等级证书上岗制度。

普通话水平测试是推广普通话工作的重要组成部分，是使推广普通话工作逐步走向科学化、规范化、制度化的重要举措。推广普通话、促进语言规范化，是汉语发展的总趋势。普通话水平测试工作的健康开展必将对社会的语言生活产生深远的影响。

为帮助广大考生顺利通过普通话水平测试，提高普通话水平，我们精心组织编写了这本《普通话水平测试专用教材》。本书是为满足参加普通话水平测试人员学习需要，依据大纲编著而成。本书不是一般的普通话教材，而是为有一定普通话基础，准备参加普通话水平测试的读者编写的应试指导书。

本教材紧贴普通话水平测试内容，在主要内容安排上，按单音节、多音节、朗读短文和命题说话排列，与普通话水平测试顺序完全一致。本书介绍了普通话和普通话水平测试，普通话的语音，普通话与方言的辨正，对考试所涉及的字、词、朗读短文、命题说话四类题型作了全面分析。本书真正从考生的需求出发，为各行各业参加普通话水平测试的人员提供真诚的帮助。

本书在编写的过程中，我们进行了多方调研，在集合专家意见、考生通关经验和众多读者建议的基础上不断创新,将学与练相结合的思想贯彻得更加深入。

我们本着认真负责的态度编写此套教材,但由于时间和精力有限,本书难免有不足之处,敬请读者指正,以便进一步修订与完善。

天明教育普通话水平测试研究组

Contents

第一章　概述 ··· 1
　第一节　普通话概述 ·· 1
　第二节　普通话水平测试概述 ·· 2
第二章　普通话的语音 ··· 7
　第一节　普通话语音概述 ·· 7
　第二节　普通话声母 ·· 12
　第三节　普通话韵母 ·· 25
　第四节　普通话声调 ·· 39
　第五节　普通话音变 ·· 44
　第六节　普通话音节 ·· 57
第三章　"读单音节字词"应试指导与训练 ·· 60
　第一节　"读单音节字词"应试指导 ··· 60
　第二节　"读单音节字词"训练 ··· 68
第四章　"读多音节词语"应试指导与训练 ·· 69
　第一节　"读多音节词语"应试指导 ··· 69
　第二节　"读多音节词语"训练 ··· 71
第五章　"朗读短文"应试指导与训练 ·· 73
　第一节　"朗读短文"应试指导 ··· 73
　第二节　"朗读短文"训练 ··· 76

第六章 "命题说话"应试指导与训练 …………………………………… 136

 第一节 "命题说话"应试指导 ………………………………………… 136

 第二节 "命题说话"话题训练及示例 ………………………………… 141

第七章 计算机辅助普通话水平测试应试指南 ………………………… 149

附录一 普通话异读词审音表 …………………………………………… 153

附录二 普通话易读错词语表 …………………………………………… 165

附录三 普通话水平测试用普通话词语表 ……………………………… 170

附录四 普通话水平测试用普通话常见量词、名词搭配表 …………… 261

附录五 普通话水平测试用普通话与方言词语对照表 ………………… 263

附录六 普通话水平测试用普通话与方言常见语法差异对照表 ……… 264

附录七 普通话水平测试模拟试卷 ……………………………………… 265

第一章 概述

第一节 普通话概述

一、普通话的含义

普通话，即标准汉语。普通话是以北京语音为标准音，以北方话为基础方言，以典范的现代白话文著作为语法规范的现代汉民族共同语。

"以北京语音为标准音"，指的是以北京话的语音系统为标准，以北京语音为标准，但并不是把北京话一切读法全部照搬，普通话并不等于北京话，更不是最早的北京地方话。

就词汇标准来看，普通话"以北方话为基础"，指的是以广大北方话地区普遍通行的说法为准，同时也要从其他方言吸取所需要的词语。普通话和北方方言很相近，内部一致性较强，北方方言（类同官话方言）分为华北、东北方言，江淮方言，西南方言，西北方言，在中国各方言中它分布地域最大，使用人口占我国总人口最多。

普通话的语法标准是"以典范的现代白话文著作为语法规范"。所谓"典范"的著作，就是指具有广泛代表性的著作，如著名作家的、语言脍炙人口的名作名篇，以这些作品中的一般用例为语法规范。所谓"现代白话文著作"，即语法规范要以现代的白话文作品为主，因为语言在不断发展，早期的白话文作品中的例子有的已经过时了。

二、普通话的由来

普通话是现代汉民族共同语的口语形式，我国地域辽阔、人口很多，自古以来就有方言分歧。方言的存在给交际带来不便，产生隔阂，为了克服方言给交际带来的隔阂，就要有沟通各种方言的共同语存在。

汉族早在先秦时代就存在着古代汉民族共同语。在春秋时代，这种共同语被称为"雅言"（见《论语·述而》）。从汉代起称为"通语"（见扬雄的《方言》），明代改称为"官话"。到了现代，即辛亥革命后，称为"国语"。中华人民共和国成立以后，则称为"普通话"。

1956年2月6日，国务院发布的《关于推广普通话的指示》中，对普通话的含义作了增补和完善，正式确定普通话"以北京语音为标准音，以北方话为基础方言，以典范的现代白话文著作为语法规范"。"普通话"一词开始以明确的内涵被广泛应用。

三、推广普通话的意义

1. 推广普通话是国家统一和民族团结的需要

一个国家、一个民族是否拥有统一、规范的语言，是关系到国家独立和民族凝聚力的具有政治意义的大事。《中华人民共和国宪法》第十九条第五款规定："国家推广全国通用的普通话。"使用国家通用的语言文字，是每个公民应当履行的义务，也是公民具有国家意识、主权意识、法治意识、文明意识、现代意识的具体体现。我国是一个多民族、多方言的国家，推广普及普通话有利于增进我国各民族的交流与往来，增强中华民族的凝聚力，而且有利于我国在国际社会中的影响。

2. 推广普通话是加强素质教育的需要

推广普通话是各级各类学校素质教育的重要内容，它有利于贯彻教育面向现代化、面向世界、面向未来的战略方针，有利于弘扬祖国优秀的传统文化和爱国主义精神，加强社会主义精神文明建设。语言文明是个人的素质最直接的体现。努力提高人们的语言道德意识，进行语言行为的道德规范，加强语言文明的建设，是社会主义精神文明和国民素质教育的重要内容。社会主义现代化建设需要数以亿计高素质的劳动者和数以千计的专门人才，除了思想和专业方面的要求外，还应当使他们具有较强的语言文字能力。一个人文化素养的高低在很大程度上取决于自身语言文字的修养。使用纯洁健康的语言文字是个人修养很重要的一部分。

普通话是以汉语授课的各级各类学校的教学语言；是以汉语传送的各级广播电台、电视台和汉语电影、电视剧、话剧必须使用的规范用语；是我国党政机关、团体、企事业单位干部在工作中必须使用的公务用语；是不同方言区以及国内不同民族之间人们的交际用语。大力推广、积极普及全国通用的普通话既是当前经济建设、文化建设和社会发展的迫切需求，也是各族人民的热切愿望，是符合全国人民的根本利益的。

第二节　普通话水平测试概述

一、普通话水平测试的性质、方式、内容和范围

1. 普通话水平测试的性质

普通话水平测试测查应试人的普通话规范程度、熟练程度，认定其普通话水平等级，属于标准参照性考试。

2. 普通话水平测试的方式

普通话水平测试以口试方式进行。

3. 普通话水平测试的内容和范围

普通话水平测试的内容包括普通话语音、词汇和语法。

普通话水平测试的范围是国家测试机构编制的《普通话水平测试用普通话词语表》《普通话水平测试用普通话与方言词语对照表》《普通话水平测试用普通话与方言常见语法差异对照表》《普通话水平测试用朗读作品》《普通话水平测试用话题》。

二、普通话水平测试的试卷构成和评分

试卷包括5个组成部分，满分为100分。

1. 读单音节字词（100个音节，不含轻声、儿化音节），限时3.5分钟，共10分

（1）目的：测查应试人声母、韵母、声调读音的标准程度。

（2）要求：

①100个音节中，70%选自《普通话水平测试用普通话词语表》"表一"，30%选自"表二"。

②100个音节中，每个声母出现次数一般不少于3次，每个韵母出现次数一般不少于2次，4个声调出现次数大致均衡。

③音节的排列要避免同一测试要素连续出现。

（3）评分：

①语音错误，每个音节扣0.1分。

②语音缺陷，每个音节扣0.05分。

③超时1分钟以内，扣0.5分；超时1分钟以上（含1分钟），扣1分。

2. 读多音节词语（100个音节），限时2.5分钟，共20分

（1）目的：测查应试人声母、韵母、声调和变调、轻声、儿化读音的标准程度。

（2）要求：

①词语的70%选自《普通话水平测试用普通话词语表》"表一"，30%选自"表二"。

②声母、韵母、声调出现的次数与读单音节字词的要求相同。

③上声与上声相连的词语不少于3个，上声与非上声相连的词语不少于4个，轻声不少于3个，儿化不少于4个（应为不同的儿化韵母）。

④词语的排列要避免同一测试要素连续出现。

（3）评分：

①语音错误，每个音节扣0.2分。

②语音缺陷,每个音节扣 0.1 分。
③超时 1 分钟以内,扣 0.5 分;超时 1 分钟以上(含 1 分钟),扣 1 分。
3. 选择判断,限时 3 分钟,共 10 分
(1)词语判断(10 组)
①目的:测查应试人掌握普通话词语的规范程度。
②要求:根据《普通话水平测试用普通话与方言词语对照表》,列举 10 组普通话与方言意义相对应但说法不同的词语,由应试人判断并读出普通话的词语。
③评分:判断错误,每组扣 0.25 分。
(2)量词、名词搭配(10 组)
①目的:测查应试人掌握普通话量词和名词搭配的规范程度。
②要求:根据《普通话水平测试用普通话与方言常见语法差异对照表》,列举 10 个名词和若干量词,由应试人搭配并读出符合普通话规范的 10 组名量短语。
③评分:搭配错误,每组扣 0.5 分。
(3)语序或表达形式判断(5 组)
①目的:测查应试人掌握普通话语法的规范程度。
②要求:根据《普通话水平测试用普通话与方言常见语法差异对照表》,列举 5 组普通话和方言意义相对应,但语序或表达习惯不同的短语或短句,由应试人判断并读出符合普通话语法规范的表达形式。
③评分:判断错误,每组扣 0.5 分。
选择判断合计超时 1 分钟以内,扣 0.5 分;超时 1 分钟以上(含 1 分钟),扣 1 分。答题时语音错误,每个音节扣 0.1 分,如判断错误已经扣分,不重复扣分。
4. 朗读短文(1 篇,400 个音节),限时 4 分钟,共 30 分
(1)目的:测查应试人使用普通话朗读书面作品的水平。在测查声母、韵母、声调读音标准程度的同时,重点测查连读音变、停连、语调以及流畅程度。
(2)要求:
①短文从《普通话水平测试用朗读作品》中选取。
②评分以朗读作品的前 400 个音节(不含标点符号和括注的音节)为限。
(3)评分:
①每错 1 个音节,扣 0.1 分;漏读或增读 1 个音节,扣 0.1 分。
②声母或韵母的系统性语音缺陷,视程度扣 0.5 分、1 分。
③语调偏误,视程度扣 0.5 分、1 分、2 分。
④停连不当,视程度扣 0.5 分、1 分、2 分。
⑤朗读不流畅(包括回读),视程度扣 0.5 分、1 分、2 分。
⑥超时扣 1 分。
5. 命题说话,限时 3 分钟,共 30 分
(1)目的:测查应试人在无文字凭借的情况下说普通话的水平,重点测查语音标准程度、词汇语法规范程度和自然流畅程度。
(2)要求:
①说话话题从《普通话水平测试用话题》中选取,由应试人从给定的两个话题中选定一个话题,连续说一段话。
②应试人单向说话。如发现应试人有明显背稿、离题、说话难以继续等表现时,主试人应及时提示或引导。
(3)评分:
①语音标准程度,共 20 分。分六档:
一档:语音标准,或极少有失误。扣 0 分、0.5 分、1 分。

二档:语音错误在 10 次以下,有方音但不明显。扣 1.5 分、2 分。
三档:语音错误在 10 次以下,但方音比较明显;或语音错误在 10~15 次之间,有方音但不明显。扣 3 分、4 分。
四档:语音错误在 10~15 次之间,方音比较明显。扣 5 分、6 分。
五档:语音错误超过 15 次,方音明显。扣 7 分、8 分、9 分。
六档:语音错误多,方音重。扣 10 分、11 分、12 分。

②词汇语法规范程度,共 5 分。分三档:
一档:词汇、语法规范。扣 0 分。
二档:词汇、语法偶有不规范的情况。扣 0.5 分、1 分。
三档:词汇、语法屡有不规范的情况。扣 2 分、3 分。

③自然流畅程度,共 5 分。分三档:
一档:语言自然流畅。扣 0 分。
二档:语言基本流畅,口语化较差,有背稿子的表现。扣 0.5 分、1 分。
三档:语言不连贯,语调生硬。扣 2 分、3 分。

说话不足 3 分钟,酌情扣分:缺时 1 分钟以内(含 1 分钟),扣 1 分、2 分、3 分;缺时 1 分钟以上,扣 4 分、5 分、6 分;说话不满 30 秒(含 30 秒),本测试项成绩记为 0 分。

三、普通话水平等级的确定及其标准

1. 普通话水平等级的确定

国家语言文字工作部门发布的《普通话水平测试等级标准》是确定应试人普通话水平等级的依据。应试人测试成绩达到等级标准,由国家测试机构颁发相应的普通话水平测试等级证书。普通话水平测试等级证书全国通用。

普通话水平划分为三个级别,每个级别内划分两个等次。一级甲等须经国家测试机构认定,一级乙等及以下由省级测试机构认定。其中:

97 分及其以上,为一级甲等;
92 分及其以上但不足 97 分,为一级乙等;
87 分及其以上但不足 92 分,为二级甲等;
80 分及其以上但不足 87 分,为二级乙等;
70 分及其以上但不足 80 分,为三级甲等;
60 分及其以上但不足 70 分,为三级乙等。

2. 普通话水平等级标准

(1)一级

①一级甲等。朗读和自由交谈时,语音标准,词语、语法正确无误,语调自然,表达流畅。测试总失分率在 3% 以内。

②一级乙等。朗读和自由交谈时,语音标准,词语、语法正确无误,语调自然,表达流畅。偶然有字音、字调失误。测试总失分率在 8% 以内。

(2)二级

①二级甲等。朗读和自由交谈时,声、韵、调发音基本标准,语调自然,表达流畅。少数难点音(平翘舌音、前后鼻尾音、边鼻音等)有时出现失误。词汇、语法极少有误。测试总失分率在 13% 以内。

②二级乙等。朗读和自由交谈时,个别调值不准,声、韵母发音有不到位现象。难点音(平翘舌音、前后鼻尾音、边鼻音、fu—hu、z—zh—j、送气不送气、i—ü 不分、保留浊塞音和浊塞擦音、丢介音、复韵母单音化等)失误较多。方言语调不明显。有使用方言词、方言语法的情况。测试总失分率在 20% 以内。

(3)三级

①三级甲等。朗读和自由交谈时,声、韵母发音失误较多,难点音超出常见范围,声调调值多

不准。方言语调较明显。词汇、语法有失误。测试总失分率在30%以内。

②三级乙等。朗读和自由交谈时,声、韵母发音失误多,方音特征突出。方言语调明显。词汇、语法失误较多。外地人听其谈话有听不懂情况。测试总失分率在40%以内。

四、有关行业人员普通话合格标准

根据各行业的规定,有关从业人员的普通话水平达标要求如下:

中小学及幼儿园、校外教育单位的教师,普通话水平不低于二级,其中语文教师不低于二级甲等,普通话语音教师不低于一级。

高等学校的教师,普通话水平不低于三级甲等,其中现代汉语教师不低于二级甲等,普通话语音教师不低于一级。

对外汉语教学教师,普通话水平不低于二级甲等。

报考中小学、幼儿园教师资格的人员,普通话水平不低于二级。

师范类专业以及各级职业学校的与口语表达密切相关专业的学生,普通话水平不低于二级。

国家公务员,普通话水平不低于三级甲等。

国家级和省级广播电台、电视台的播音员、节目主持人,普通话水平应达到一级甲等,其他广播电台、电视台的播音员、节目主持人的普通话达标要求按国家广播电影电视总局的规定执行。

话剧、电影、电视剧、广播剧等表演、配音演员,播音、主持专业和影视表演专业的教师、学生,普通话水平不低于一级。

公共服务行业的特定岗位人员(如广播员、解说员、话务员等),普通话水平不低于二级甲等。

普通话水平应达标人员的年龄上限以有关行业的文件为准。

普通话水平测试样卷

一、读单音节字词(100个音节,共10分,限时3.5分钟)

郝	缺	瓷	酸	捺	虞	坑	概	选	仕
耳	滕	苍	粉	遍	垮	谈	热	品	熊
掳	赛	虫	擀	房	拐	凑	铡	永	踞
黑	弱	修	鼎	裘	端	准	腭	龚	抿
群	搜	船	笔	渍	蛙	绫	诏	奎	绢
拈	甩	碟	郡	皇	嫩	翁	帛	家	犊
略	雅	票	乳	颇	外	嗓	臻	雪	进
沏	魂	幂	脑	宽	甜	寡	鬃	窦	姬
坐	柔	秒	杯	冷	安	腿	尊	凡	柯
存	瞥	水	酿	爽	眸	药	产	绛	迟

二、读多音节词语(100个音节,共20分,限时2.5分钟)

把握	风格	越野	森林	飞快	春节
子孙	扭转	音像	昆仑	老头儿	花生
诺言	旅游	奔跑	恰当	摧残	整理
空中	石榴	地铁	下旬	圆场	欢呼
一会儿	审美	赞扬	穷苦	脚印儿	关怀
矮小	包袱	温差	窘迫	发财	组装
拳头	日程	玩耍	沉思	儿女	荧光屏
创制	模特儿	曲调	仍然	奥运会	名列前茅

三、选择判断(共10分钟,限时3分钟)

1. 词语判断:请判断并读出下列10组词语中的普通话词语。

(1)暗中   暗头里   暗肚里
(2)大手节头   **大拇指**   手指公   大指拇

(3)**肥皂**　　　番碱　　　胰子油

(4)翅翻　　　翼胛　　　**翅膀**　　　翼股

(5)无想着　　　想唔倒　　　估唔到　　　**不料**

(6)两公婆　　　翁姥　　　**夫妻**　　　两马老子

(7)角落头　　　角下里　　　角头　　　**角落**

(8)滚水　　　**开水**　　　滚汤

(9)店头　　　**商店**　　　铺头　　　店欸

(10)土豆　　　洋山芋　　　薯仔　　　洋芋头

2.量词、名词搭配:请按照普通话规范搭配并读出下列数量名短语。(例如:一条鱼)

字典　　筷子　　道路　　桌子　　账　　眼睛　　信息　　城市　　光盘　　桥

本　　双　　所　　张　　座　　条

3.语序或表达形式判断:请判断并读出下列5组句子里的普通话句子。

(1)A.这座山有一千九百五十米高。

　　B.这座山有千九五米高。

　　C.这座山有一千九五米高。

(2)A.把书把给他。

　　B.把书给他。

　　C.把书把他。

(3)A.这凳子会坐得三个人。

　　B.这凳子坐得三个人。

　　C.这凳子能坐三个人。

(4)A.雪白白的。

　　B.雪雪白的。

　　C.雪白雪白的。

(5)**A.在黑板上写字。**

　　B.搁黑板上写字。

　　C.跟黑板上写字。

四、朗读短文:请朗读第12号短文(略)(限时4分钟)

五、命题说话:请按照话题"兴趣爱好"或"我熟悉的地方"说一段话(限时3分钟)

*说明:各省、自治区、直辖市语言文字工作部门可以根据测试对象或本地区的实际情况,决定是否免测"选择判断"测试项。如免测此项,"命题说话"测试项的分值由30分调整为40分。评分档次不变,具体分值调整如下:

(1)语音标准程度的分值,由20分调整为25分。

一档:扣0分、1分、2分。

二档:扣3分、4分。

三档:扣5分、6分。

四档:扣7分、8分。

五档:扣9分、10分、11分。

六档:扣12分、13分、14分。

(2)词汇、语法规范程度的分值,由5分调整为10分。

一档:扣0分。

二档:扣1分、2分。

三档:扣3分、4分。

(3)自然流畅程度,仍为5分,各档分值不变。

第二章　普通话的语音

第一节　普通话语音概述

一、语音的性质

语音是由人的发音器官发出来的、具有一定意义的、目的是用来进行社会交际的声音。语音是语言的物质外壳,语言要通过语音来传递信息进行交际。没有语音这个物质外壳,意义无法传递,语言也就不能成为交际工具。语音具有物理、生理、社会三种属性。

1. 物理属性

语音首先是一种声音,它同自然界的其他声音一样,产生于物体的振动,具有物理属性。语音的物理属性具有四个基本要素:音高、音强、音长、音色。

（1）音高

音高指声音的高低,是由发音体振动的频率来决定的。声波每秒振动的周期次数就是声波的频率。在一定时间内振动的次数多,频率就高,声音就高;振动的次数少,频率就低,声音就低。发音体振动频率的高低与发音体的大小、长短、粗细、张力等因素有关。发音体长的、大的、松的、厚的一类,振动慢,频率低,发出的声音就低,反之则高。语音的高低,则跟声带的长短、厚薄、松紧有关。人的声带是不完全相同的。一般成年男子声带长而厚,成年女子声带短而薄,因而听起来男性比女性声音略低。此外,同一个人发音时声带的松紧不同,声音也有高低之别。汉语的声调,如普通话里的 dū(督)、dú(独)、dǔ(赌)、dù(度),主要是由不同的音高构成的。

（2）音强

音强指声音的强弱,取决于发音体发音时振幅的大小。振幅是指发音体振动的幅度,单位是分贝。振幅越大,声音越强,反之则越弱。同一个发音体,用大小不同的力量去敲击,会使发音的振幅不一样。因此,声音的强弱由发音时用力大小所决定,用力大,则振幅大,音强就强;用力小,则振幅小,音强就弱。振幅小的音不能对人的听觉器官造成损害,而振幅大的音则容易造成听觉器官的损害。

词语中的轻重音主要是由音强的不同形成的。并且,声音的强弱在普通话中还有区别词义的作用。例如:"孙子"重音在前,轻声在后,则表示是"儿子的儿子";而前后都读重音,则指古代的军事家孙武(或孙膑)。

（3）音长

音长是指声音的长短,由发音体振动持续时间的长短所决定。发音体振动时间长,音长就长,否则就短。汉语中一般不用音长作为主要的区别意义的手段,但音长作为发音中的一个自然属性,经常以伴随性的特征出现,比如重读音节以音强作为主要特征,音强较强,音长也比较长,而轻声音节音强较弱,音长也比较短。例如:"不辨东西"中"西"的发音音长较长,而"不是东西"中"西"的发音音长较短。汉语中的音长也与音高有着一定的联系。普通话的声调以音高为主要特征,音长只作为伴随性特征出现。上声调值为 214,音长较长,去声调值为 51,音长较短。

（4）音色

音色指声音的特色,是由声波的不同形状决定的。它是每个声音的本质,所以也叫音质。发声体不同、发音方法不同、共鸣器的形状不同,都会造成音色的不同。

①发音体不同,音色不同。例如:敲门声与风吹动树叶的声音不同,是由于它们的发音体一个是门,一个是树叶。小提琴与笛子的声音也不同,是由于它们的发音体一个是琴弦,一个是笛膜。每个人的声音听起来不同,就是因为他们的发音体——声带不同。

②发音方法不同,音色不同。例如:同一把小提琴,用琴弓拉和在必要时用手指弹拨发出的音是不一样的。同样,g和h这两个音,主要发音器官都是舌根与软腭,但g是用爆破方法发音,h是用摩擦方法发音,发音方法不同,因而声音不同。

③共鸣器不同,音色不同。比如大、小提琴,二者的发音体都是弦,发音方法都是用弓拉,但是大提琴的共鸣器很大,小提琴的共鸣器很小,音色就不一样,大提琴浑厚、低沉,小提琴明亮、悠扬。再比如u和o的共鸣器都是口腔,但发u时口腔开度要比发o时小,因而声音不同。

在任何语言中,音色是区别意义的最重要的要素。

2. 生理属性

<u>语音是由人的发音器官发出来的,具有生理属性。</u>发音器官及其活动决定语音的区别。人类的发音器官可以分成三个部分:提供发音原动力的肺和气管、作为发音体的喉头和声带、作为共鸣器的口腔、鼻腔和咽腔。

(1) 肺和气管

任何声音都是物体受外力作用发生振动而产生的。气流是发音的动力,呼气时肺是气流的动力站。气管是气流出入的通道。肺部呼出的气流,通过支气管、气管到达喉头,作用于声带、咽腔、口腔、鼻腔等发音器官,经过这些器官的调节而发出不同的语音。

(2) 喉头和声带

喉头由甲状软骨、环状软骨和两块杓状软骨组成,呈圆筒形,下接气管,上通咽腔。声带是两片带状的富有弹性的薄膜,前后两端黏附在软骨上,中间的通路叫声门。

由于肌肉和软骨的活动,声带可以放松或拉紧,声门可以打开或闭拢。当人们呼吸时,或发清音(不带音,如h、f、sh等)时,声门大开,气流自由流出,声带不颤动;而发声音响亮的元音(如a、u)和浊辅音(如m、n、l)这些浊音(带音)时,声门先闭拢,气流由肺部呼出,冲击声门,使声门打开一条缝隙,气流从中流出,同时声带发生颤动。声带在气流通过时,可以开,可以闭,可以振动,也可以不振动,还可以调节松紧,来发出清浊不同、高低有异的声音。

(3) 口腔、鼻腔和咽腔

发音的气流从肺部呼出,进入咽腔、口腔和鼻腔,形成共鸣,然后经由口腔或鼻腔流出,所以口腔、鼻腔和咽腔不仅是气流通道,还有共鸣器的作用。

3. 社会属性

<u>语音是一种社会现象,具备社会性质。语音的社会属性是它的本质属性,突出地表现在语音和语义的联系上。</u>何种语音表达何种意义、何种意义用何种语音表达,其间并没有必然的本质的联系,也都不是个人的决定,而是一定范围内的社会成员在长期的社会生活中"约定俗成"的。在不同语种或方言中,同一个意思会用不同语音来表示,比如"装订成册的著作"这个意思,在汉语普通话中用"shū(书)"这一语音形式,在方言中还有"su、fu或xu"的表示方法,而在英语中则用"[buk](book)"这一语音形式表达。这正如中国著名的哲学家荀子在《荀子·正名》中所言:"名无固宜,约之以命,约定俗成谓之宜,异于约则谓之不宜。名无固实,约之以命实,约定俗成谓之实名。"

此外,各语种或方言都有自身独特的语音系统,这也是语音社会性的表现。比如有哪些音、没有哪些音;音与音之间的组合关系等。这些语音系统上的特点没有生理的、物理的或其他方面的原因,只是由使用这种语言的社会约定俗成的。比如汉语中有zh、ch、sh等翘舌音,而英语中没有,英语中有[b][d][g]等浊塞音,而汉语大部分方言没有,这并不是中、英两国民族的发音器官有什么不同,也不是由于地理的原因,而仅仅是由于中、英两国民族各自约定俗成地选择了各自的语音系统。

由于自幼受特定语音系统的熏陶,一个人往往对母语中具有的语音特征,听觉上比较敏感,发起来也容易,对母语中所没有的语音特征,则不容易听出,也不容易发出。例如,西方人对汉语的四声和汉族人对西方语言的颤音、浊塞音,都是不易分辨和难以准确发音的。但是,经过训练,一个人可以掌握各种语音系统。这说明语音系统与生理、地理等非社会因素无关,而只是社会习惯的产物。

语音以人的发音器官为其必不可缺的生理基础,又同其他声音一样,具有物理的属性,但最根本的是它具有社会的属性。它与意义紧密结合,成为语言的物质存在形式。

语音不同于自然界的风声、雨声等声音。这些自然界的声音不是由生理器官发出的,也不能表示意义,它们只有物理属性,而没有生理属性和社会属性;语音也不同于其他动物发出的叫声。动物的叫声虽然具有物理属性和生理属性,但没有社会属性;语音也不同于人类发出的咳嗽声、鼾声等声音。咳嗽和鼾声虽然是由人类的发音器官发出的,但不能表达意义、进行交际。语音的社会属性是它区别于其他声音的本质属性。

二、语音的基本概念

1. 音节

音节是语音的自然单位。一般而言,一个汉字就是一个音节。音节从结构上分为声母、韵母、声调三个组成部分。

(1)声母:是音节开头的辅音。普通话有 21 个辅音声母。

(2)韵母:是音节中声母后面的部分。普通话有 39 个韵母。

(3)声调:是音节高低升降的变化形式,也叫字调。普通话的基本声调有阴平、阳平、上声、去声四种声调。

2. 音素

音素是从音色的角度划分出来的最小的语音单位。音素是音节的构成单位,一个音节可以由一个音素构成,也可以由几个音素构成。普通话语音共有 32 个音素。按发音情况的不同,音素可以分为元音和辅音两大类。

(1)元音。元音也叫母音,是指发音时,发音器官各部位均衡紧张,气流通过口腔、咽喉不受阻碍而形成的音。普通话有 10 个元音音素,是构成韵母的主要成分。

(2)辅音。辅音也叫子音,是指发音时气流在口腔或咽头受到阻碍而形成的音。普通话有 22 个辅音音素,除 ng 做韵尾外,构成了 21 个声母。

3. 音位

音位是普通话语音系统中能够区别意义的最小的语音单位。例如,把 ban(班)念成 pan(潘)意思就变了,所以/b/和/p/在普通话里可以区别意义,是两个不同的音位。

三、汉语拼音方案

《汉语拼音方案》的特点:基本符号 26 个,数量较少,便于使用;采用拉丁字母,利于国际通行;字母记录汉语音位,简洁而实用。

《汉语拼音方案》主要内容:字母表、声母表、韵母表、声调符号、隔音符号。

字母表

字 母	名 称	字 母	名 称
Aa	ㄚ	Nn	ㄋㄝ
Bb	ㄅㄝ	Oo	ㄛ
Cc	ㄘㄝ	Pp	ㄆㄝ
Dd	ㄉㄝ	Qq	ㄑㄧㄡ

续表

字母	名称	字母	名称
Ee	ㄜ	Rr	ㄚㄦ
Ff	ㄝㄈ	Ss	ㄝㄙ
Gg	ㄍㄝ	Tt	ㄊㄝ
Hh	ㄏㄚ	Uu	ㄨ
Ii	ㄧ	Vv	万ㄝ
Jj	ㄐㄧㄝ	Ww	ㄨㄚ
Kk	ㄎㄝ	Xx	ㄒㄧ
Ll	ㄝㄌ	Yy	ㄧㄚ
Mm	ㄝㄇ	Zz	ㄗㄝ

V 只用来拼写外来语、少数民族语言和方言。

字母的手写体依照拉丁字母的一般书写习惯。

声母表

b	p	m	f	d	t	n	l
ㄅ玻	ㄆ坡	ㄇ摸	ㄈ佛	ㄉ得	ㄊ特	ㄋ讷	ㄌ勒
g	k	h	j	q	x		
ㄍ哥	ㄎ科	ㄏ喝	ㄐ基	ㄑ欺	ㄒ希		
zh	ch	sh	r	z	c	s	
ㄓ知	ㄔ蚩	ㄕ诗	ㄖ日	ㄗ资	ㄘ雌	ㄙ思	

在给汉字注音的时候,为了使拼式简短,zh、ch、sh 可以省作 ẑ、ĉ、ŝ。

韵母表

	i ㄧ 衣	u ㄨ 乌	ü ㄩ 迂
a ㄚ 啊	ia ㄧㄚ 呀	ua ㄨㄚ 蛙	
o ㄛ 喔		uo ㄨㄛ 窝	
e ㄜ 鹅	ie ㄧㄝ 耶		üe ㄩㄝ 约
ai ㄞ 哀		uai ㄨㄞ 歪	
ei ㄟ 诶		uei ㄨㄟ 威	
ao ㄠ 熬	iao ㄧㄠ 腰		
ou ㄡ 欧	iou ㄧㄡ 忧		
an ㄢ 安	ian ㄧㄢ 烟	uan ㄨㄢ 弯	üan ㄩㄢ 冤
en ㄣ 恩	in ㄧㄣ 因	uen ㄨㄣ 温	ün ㄩㄣ 晕

续表

ang ㄤ 昂	iang 丨ㄤ 央	uang ㄨㄤ 汪
eng ㄥ 亨的韵母	ing 丨ㄥ 英	ueng ㄨㄥ 翁
ong (ㄨㄥ)轰的韵母	iong ㄩㄥ 雍	

（1）"知、蚩、诗、日、资、雌、思"等7个音节的韵母用i，即：知、蚩、诗、日、资、雌、思等字拼作zhi、chi、shi、ri、zi、ci、si。

（2）韵母儿写成er，用作韵尾的时候写成r。例如："儿童"拼作értóng，"有趣儿"拼作yǒuqùr。

（3）韵母ㄝ单用的时候写成ê。

（4）i 行的韵母，前面没有声母的时候，写成yi（衣）、ya（呀）、ye（耶）、yao（腰）、you（忧）、yan（烟）、yin（因）、yang（央）、ying（英）、yong（雍）。

u 行的韵母，前面没有声母的时候，写成wu（乌）、wa（蛙）、wo（窝）、wai（歪）、wei（威）、wan（弯）、wen（温）、wang（汪）、weng（翁）。

ü 行的韵母，前面没有声母时，写成yu（迂）、yue（约）、yuan（冤）、yun（晕），ü 上两点省略。

ü 行的韵母跟声母j、q、x 拼的时候，写成ju（居）、qu（区）、xu（虚），ü 上两点也省略；但是跟声母l、n 拼的时候，仍然写成lü（吕）、nü（女）。

（5）iou、uei、uen 前面加声母的时候，写成iu、ui、un，如niu（牛）、gui（归）、lun（论）。

（6）在给汉字注音时，为了使拼写简短，ng 可以省作ŋ。

四、语音的练习方法

1. 掌握要领

语音练习要从音节入手进行正音练习，正音的关键就是掌握音节正确的发音方法和发音要领。先从静态的声、韵、调分解练习开始，找到和学会声、韵、调正确的发音部位和发音方法，突出单项语音练习的重点、难点，再进行音节的综合练习。分解练习要始终以音节为载体，目的是能在动态的语流中自然流畅地综合运用。例如，在练习舌尖前音z、c、s 和舌尖后音zh、ch、sh、r（即平舌音和翘舌音）时，首先要掌握这两组声母的发音要领：平、翘舌音在发音方法上一一相对，区别在于发音部位的不同。平舌音发音时舌尖平直，顶住接近上齿背；翘舌音发音时舌尖翘起，接触或接近硬腭前端。找准平、翘舌音的发音部位，就可以矫正发音部位不准的偏误，通过单音节字、双音节词、绕口令、诗词、短文朗读等多项练习，做到准确辨认平、翘舌字，避免发音的错误和混读。

2. 练习听音

发音需要听觉的配合，听力不好会直接影响正确的发音，学习普通话语音要先练习敏锐的听觉能力，能清晰分辨语音在音准、音高、音色、音量上的细微差别，对语音的分辨能力是学习发音的基本条件。由于听觉反馈中的骨传导作用，主观与客观的音感在音高、音色上会有一定的差距，使发音人产生错觉，导致自我判断失误。为保证发音的准确性，提高语音的自我判断能力，可以使用录音设备，反复审听，自我纠错；也可以采用语伴互助方式，相互指正错误发音，纠正骨传导作用造成的语音偏差，客观评价自己的发音，克服凭借主观感觉造成的错误判断。例如，在朗读短文练习中，首先要多听标准的示范读音材料，并且反复跟读，形成标准音的听觉感受，然后再把自己的朗读声音录下来播放，跟示范读音材料相对照，找出其中存在的错误和缺陷，并加以改正。也可以两人或多人一组，结成语言学习伙伴，我读你听，相互纠错，避免出现单独练习时错误的自我判断，增强语音练习效果。

3. 辨正方音

辨正方音就是通过辨别、比较方音与普通话语音的异同，弄清语音对应关系、掌握语音对应规律,纠正方音,向标准的普通话语音靠拢。方言区的人学习普通话要形成方音辨正意识,正确判断在语音上存在的错误和缺陷,有目的地进行针对性正音练习,改正错误,克服缺陷。掌握利用形声字偏旁类推、利用普通话声韵配合规律类推、记少不记多(记单边)等有效的方音辨正方法,通过常用字正音、绕口令、朗读等练习,形成方音辨正能力,轻松进行方音辨正,起到事半功倍的效果。例如,在前后鼻音韵母辨正练习中,首先要掌握正确的发音原理,找到方音前后鼻韵母与普通话的对应关系,然后运用有效的辨正方法准确分辨。区分前后鼻韵母字,可以利用声韵配合规律来辨正。例如,en 韵母除了个别字如"嫩"以外,其余都不能与 d、t、n、l 相拼,因此"登、等、邓、腾、能、冷"等都是 eng 韵母字;还可以利用偏旁类推的方法,如"正"是 eng 韵母字,由此类推出"整、证、政、惩、症"等字也是 eng 韵母字。

4. 强化练习

学习普通话语音,要掌握发音的心理活动规律,除了要记忆声音外,还要有意识体会和记忆发音时的动作感觉,回味发音器官的发音部位和动作过程。通过反复练习,强化记忆,达到脱口而出的熟练程度,使普通话的使用标准纯熟、自然流畅。如果只是在课堂上练习,课外不加强训练,就会影响训练效果。在学习普通话时交替使用方言和普通话,或者长期使用方言和普通话混合而成的"过渡语",非常不利于普通话水平的提高。有效的方法是,一旦开始系统地学习普通话,就要养成张口就讲普通话的习惯,在学习期间不断加大训练强度,尽量减少使用方言,坚持一段时间后强化训练,普通话水平就会有很大的提高。

5. 创设语境

学习普通话,语言环境很重要。受方言区大的语言环境影响,往往会形成校内和校外、课内和课外"一种语言,两种说法"的语言情形。没有一个良好的普通话环境,会在一定程度上弱化练习效果。练好普通话不是一蹴而就的事情,需要勤练多说,做到长期练习和坚持使用。如果"练而不说",其结果只能是事倍功半。学校要积极创设一个良好的语言环境,注重普通话口语教学、实践、培训、测试等各个环节的一体化建设,构建科学化的推广普通话体系,创造一个听、说、读、练、赛、考普通话的良好环境,使普通话真正成为"校园语言"。创设语境的渠道是全方位、多维度的,主要有以下几种:

(1)利用各种校园媒体,营造良好的推广普通话宣传氛围。诸如在校园内悬挂宣传标语、张贴海报、制作专栏等,宣传推广普通话方针、政策、法规,营造人人讲普通话、时时讲普通话的氛围,让普通话真正成为通用的校园语言。

(2)鼓励学生积极参加各种普通话比赛。诸如中华经典诵读活动、普通话基础知识竞赛、诗歌朗诵比赛、主题演讲比赛、绕口令、故事会、辩论赛、主持人大赛、普通话歌曲演唱比赛等。

(3)注重普通话课程建设,提高教学质量。把普通话口语课程纳入教学计划,以灵活多样的方式开设课程,使学生能在教师的正确指导下快速提高普通话水平。

(4)提高普通话水平测试质量。普通话水平测试寓测于教,寓测于学,加强普通话口语教学是基础,强化测前培训是保障,确保测试质量是关键,通过普通话水平测试可以促进学生普通话水平的提高。

第二节　普通话声母

一、声母及其作用

1. 声母

声母是音节开头的部分,普通话有 22 个声母,其中 21 个辅音声母,1 个零声母。辅音发音时,气流通过口腔或鼻腔时要受到阻碍,通过克服阻碍而发出声音。其特点是时程短、音势弱,容易受到干扰,易产生吃字现象,从而影响语音的清晰度。声母的发音部位是否准确,是语流中字音是否清晰并具有一定亮度的关键。

普通话的声母包括零声母在内共22个。

b 巴步别	p 怕盘扑	m 门谋木	f 飞付浮
d 低大夺	t 太同突	n 南牛怒	l 来吕路
g 哥甘共	k 枯开狂	h 海寒很	
j 即结净	q 齐求轻	x 西袖形	
zh 知照铡	ch 茶产唇	sh 诗手生	r 日锐荣
z 资走坐	c 慈蚕存	s 丝散颂	

零声母　安言忘云

2. 声母的作用

(1) <u>区分词</u>。声母的主要作用是区分词。如 lánlíng—nánníng;shāngyè—sāngyè;shīrén—sīrén。在这三组词中音节的韵母与声调相同,由于声母不同而词义不同。不同方言区的人如果发不准普通话声母,就有可能造成词的混淆或误解而影响口语交际。

(2) <u>区别音节的清晰度</u>。声母发音部位比较紧张,发音短促、有力,并且在音节的开头,发声干脆利落,在汉语语流中能使音节界限区别明显,字字清晰可辨。

(3) <u>增强音节的力度和亮度</u>。声母发音时蓄气充足,弹射有力,并与韵母迅速结合,能使整个音节的力度和亮度增强。

二、声母的分类

1. 根据发音部位分类

根据发音时气流在口腔中受到阻碍的部位不同,普通话的声母可以分为3大类,细分为7小类:

(1) 唇音

以下唇为主动器官,包括:

①双唇音,上唇和下唇接触形成阻塞。有 b、p、m。

②唇齿音,上齿和下唇接近形成阻碍。有 f。

(2) 舌尖音

以舌尖为主动器官,根据上腭不同的阻碍部位,分为:

①舌尖前音,舌尖与上齿、舌叶与齿龈接触或接近形成阻碍。有 z、c、s。

②舌尖中音,舌尖和上齿龈接触形成阻塞。有 d、t、n、l。

③舌尖后音,舌尖翘起向硬腭前部接触或接近形成阻碍。有 zh、ch、sh、r。

(3) 舌面音

以舌面为主动器官,分为:

①舌面前音,舌面前部和硬腭前部接触或接近形成阻碍。有 j、q、x。

②舌面后者。舌面后部和软腭前部(软腭和硬腭交界处)接触或接近形成阻碍。有 g、k、h。

2. 根据发音方法分类

声母的发音方法包括三个方面:发音时成阻、持阻、除阻的方式;发音时声带是否振动;克服阻碍时气流的强弱。

(1) 根据发音时成阻、持阻、除阻方式的不同,普通话声母可以分为以下5类。

塞音(b、p、d、t、g、k):又称"爆破音"。成阻阶段发音部位完全闭塞,气流无法通过;维持到除阻阶段时,阻塞突然放开,压力很大的气流冲出而发出声音。

擦音(f、h、x、sh、s):成阻时发音器官只是靠近,留下狭窄的缝隙;持阻时气流从缝隙中挤出形成湍流发出声音。

塞擦音(z、c、zh、ch、j、q):成阻阶段发音部位完全闭塞,气流无法通过;持阻时阻碍略微放松,气流挤出产生摩擦,形成先塞后擦的音,成为塞擦音。塞音和擦音紧密结合在一个发音过程中。

近音(r):成阻阶段发音器官接近,口腔通道变窄,留有比擦音大又比高元音小的缝隙,未达到形成湍流的程度,气流通过时只产生轻微的摩擦。

鼻音(m、n):成阻阶段口腔里形成的阻碍完全闭塞,软腭下降,打开气流通向鼻腔的通路;持阻阶段气流通过鼻腔发音。一般鼻音都是浊音,即发音时气流振动声带。

边音(l):成阻阶段舌尖与上齿龈接触形成阻塞,但舌头两边留出空隙;持阻时气流振动声带,从舌边流出。

(2)根据声带是否振动,普通话声母可以分为清音和浊音两类。

①清音。清音发音时,声带松弛,声门敞开的时候,声带不颤动,气流是纯粹的噪音。普通话有17个清音声母:b、p、f、d、t、g、k、h、j、q、x、zh、ch、sh、z、c、s。

②浊音。浊音发音时,声带拉紧靠拢,气流的冲动使声带颤动,发出的声音是带音的。普通话有4个浊音声母:m、n、l、r。

(3)根据克服阻碍时气流的强弱程度,普通话的塞音,塞擦音声母可以分为两类。

①送气音。塞音、塞擦音发音时呼出的气流比较强的叫送气音。例如:p、t、k、q、ch、c。

②不送气音。塞音、塞擦音发音时呼出的气流比较弱的叫不送气音。例如:b、d、g、j、zh、z。

根据发音部位和发音方法,将普通话21个辅音声母排列成下表。

普通话声母表

发音方法		发音部位	双唇	齿唇	舌尖中	舌根	舌面	舌尖前	舌尖后
塞音	清	不送气	b		d	g			
		送气	p		t	k			
塞擦音	清	不送气					j	z	zh
		送气					q	c	ch
擦音		清		f		h	x	s	sh
		浊							r
鼻音		浊	m		n				
边音		浊			l				

三、普通话声母的发音分析

1. 双唇音

b 双唇 不送气 清 塞音

双唇闭合,同时软腭上升,关闭鼻腔通路;气流到达双唇后蓄气;凭借积蓄在口腔中的气流突然打开双唇成声。

发音例词:

颁布 bānbù   板报 bǎnbào   褒贬 bāobiǎn

步兵 bùbīng   标本 biāoběn   辨别 biànbié

p 双唇 送气 清 塞音

发音状况与b相近,只是发p时有一股较强的气流冲开双唇,两者的差别在于b为不送气音,p为送气音。

发音例词:

批评 pīpíng　　　　偏旁 piānpáng　　　　乒乓 pīngpāng
匹配 pǐpèi　　　　　瓢泼 piáopō　　　　　偏僻 piānpì

m 双唇　浊　鼻音

双唇闭合,软腭下垂,打开鼻腔通路;声带振动,气流同时到达口腔和鼻腔,在口腔的双唇后受到阻碍,气流从鼻腔透出成声。

发音例词:

麦苗 màimiáo　　　眉目 méimù　　　　　门面 ménmiàn
磨灭 mómiè　　　　命名 mìngmíng　　　　迷茫 mímáng

2. 唇齿音

f 齿唇　清　擦音

下唇向上门齿靠拢,形成间隙;软腭上升,关闭鼻腔通路;使气流从齿唇形成的间隙摩擦通过而成声。

发音例词:

发奋 fāfèn　　　　　反复 fǎnfù　　　　　方法 fāngfǎ
仿佛 fǎngfú　　　　 肺腑 fèifǔ　　　　　 丰富 fēngfù

3. 舌尖中音

d 舌尖中　不送气　清　塞音

舌尖抵住上齿龈,形成阻塞;软腭上升,关闭鼻腔通路;气流到达口腔后蓄气,突然解除阻塞成声。

发音例词:

达到 dádào　　　　　带动 dàidòng　　　　单调 dāndiào
当初 dāngchū　　　　道德 dàodé　　　　　等待 děngdài

t 舌尖中　送气　清　塞音

成阻、持阻阶段与d相同。不同的是除阻阶段声门开启,从肺部呼出一股较强的气流成声。

发音例词:

贪图 tāntú　　　　　探讨 tàntǎo　　　　　淘汰 táotài
体贴 tǐtiē　　　　　团体 tuántǐ　　　　　妥帖 tuǒtiē

n 舌尖中　浊　鼻音

舌尖抵住上齿龈,形成阻塞;软腭下垂,打开鼻腔通路;声带振动,气流同时到达口腔和鼻腔,在口腔受到阻碍,气流从鼻腔透出成声。

发音例词:

奶牛 nǎiniú　　　　　男女 nánnǚ　　　　　恼怒 nǎonù
能耐 néngnai　　　　泥泞 nínìng　　　　　农奴 nóngnú

l 舌尖中　浊　边音

舌尖抵住上齿龈的后部,阻塞气流从口腔中路通过的通道;软腭上升,关闭鼻腔通路,声带振动;气流到达口腔后从舌头根两颊内侧形成的空隙通过而成声。

发音例词:

拉力 lālì　　　　　　利落 lìluo　　　　　流利 liúlì
履历 lǚlì　　　　　　罗列 luóliè　　　　　轮流 lúnliú

4. 舌根音

g 舌根　不送气　清　塞音

舌根抵住硬腭和软腭交界处，形成阻塞；软腭上升，关闭鼻腔通路，声带不振动，较弱的气流冲破舌根的阻碍，爆发成声。

发音例词：

| 杠杆 gànggǎn | 高贵 gāoguì | 更改 gēnggǎi |
| 观光 guānguāng | 灌溉 guàngài | 光顾 guānggù |

k 舌根　送气　清　塞音

成阻、持阻阶段与 g 相同。不同的是除阻阶段声门开启，从肺部呼出一股较强的气流成声。

发音例词：

| 开垦 kāikěn | 苛刻 kēkè | 刻苦 kèkǔ |
| 空旷 kōngkuàng | 宽阔 kuānkuò | 困苦 kùnkǔ |

h 舌根　清　擦音

舌根接近硬腭和软腭的交界处，形成间隙；软腭上升，关闭鼻腔通路；使气流从形成的间隙摩擦通过而成声。

发音例词：

| 航海 hánghǎi | 呼唤 hūhuàn | 花卉 huāhuì |
| 谎话 huǎnghuà | 挥霍 huīhuò | 悔恨 huǐhèn |

5. 舌面前音

j 舌面　不送气　清　塞擦音

舌尖抵住下门齿背，使舌面前贴紧硬腭前部，软腭上升，关闭鼻腔通路。在阻塞的部位后面积蓄气流，突然解除阻塞时，在原形成闭塞的部位之间保持适度的间隙，使气流从间隙透出而成声。

发音例词：

| 积极 jījí | 家具 jiājù | 坚决 jiānjué |
| 讲解 jiǎngjiě | 捷径 jiéjìng | 军舰 jūnjiàn |

q 舌面　送气　清　塞擦音

成阻阶段与 j 相同。不同的是当舌面前与硬腭前部分离并形成适度间隙的时候，声门开启，同时伴有一股较强的气流成声。

发音例词：

| 齐全 qíquán | 恰巧 qiàqiǎo | 亲切 qīnqiè |
| 情趣 qíngqù | 请求 qǐngqiú | 缺勤 quēqín |

x 舌面　清　擦音

舌尖抵住下齿背，使舌面前接近硬腭前部，形成适度的间隙，气流从空隙摩擦通过而成声。

发音例词：

| 喜讯 xǐxùn | 现象 xiànxiàng | 学习 xuéxí |
| 心胸 xīnxiōng | 行星 xíngxīng | 选修 xuǎnxiū |

6. 舌尖后音

zh 舌尖后　不送气　清　塞擦音

舌头前部上举，抵住硬腭前端，同时软腭上升，关闭鼻腔通路。在形成阻塞的部位后积蓄气流，突然解除阻塞时，在原形成闭塞的部位之间保持适度的间隙，使气流从间隙透出而成声。

发音例词：

| 战争 zhànzhēng | 真正 zhēnzhèng | 政治 zhèngzhì |
| 支柱 zhīzhù | 制止 zhìzhǐ | 周转 zhōuzhuǎn |

ch 舌尖后　送气　清　塞擦音

成阻阶段与 zh 相同。与 zh 不同的是在突然解除阻塞时,声门开启,同时伴有一股较强的气流成声。

发音例词:

| 超产 chāochǎn | 抽查 chōuchá | 橱窗 chúchuāng |
| 戳穿 chuōchuān | 驰骋 chíchěng | 充斥 chōngchì |

sh 舌尖后　清　擦音

舌尖上举,接近硬腭前端,形成适度的间隙;同时软腭上升,关闭鼻腔通路,使气流从间隙摩擦通过而成声。

发音例词:

| 赏识 shǎngshí | 少数 shǎoshù | 设施 shèshī |
| 神圣 shénshèng | 事实 shìshí | 舒适 shūshì |

r 舌尖后　浊　擦音

舌尖上举,接近硬腭前端,形成适度间隙;同时软腭上升,关闭鼻腔通路;声带振动使气流从间隙轻微摩擦通过成声。

发音例词:

| 忍让 rěnràng | 仍然 réngrán | 荣辱 róngrǔ |
| 如若 rúruò | 软弱 ruǎnruò | 闰日 rùnrì |

7. 舌尖前音

z 舌尖前　不送气　清　塞擦音

舌尖抵住上门齿背形成阻塞,在阻塞的部位后积蓄气流;同时软腭上升,关闭鼻腔通路;突然解除阻塞时,在原形成阻塞的部位之间保持适度的间隙,使气流从间隙透出而成声。

发音例词:

| 在座 zàizuò | 自尊 zìzūn | 总则 zǒngzé |
| 祖宗 zǔzōng | 罪责 zuìzé | 做作 zuòzuo |

c 舌尖前　送气　清　塞擦音

成阻阶段与 z 相同。不同的是在突然解除阻塞时,声门开启,同时伴有一股较强的气流成声。

发音例词:

| 猜测 cāicè | 残存 cáncún | 仓促 cāngcù |
| 从此 cóngcǐ | 催促 cuīcù | 措辞 cuòcí |

s 舌尖前　清　擦音

舌尖接近上门齿背,形成间隙;同时软腭上升,关闭鼻腔通路,使气流从间隙摩擦通过成声。

发音例词:

| 洒扫 sǎsǎo | 松散 sōngsǎn | 诉讼 sùsòng |
| 琐碎 suǒsuì | 思索 sīsuǒ | 速算 sùsuàn |

零声母

零声母也是一种声母。普通话零声母可以分为两类,一类是开口呼零声母,一类是非开口呼零声母。

非开口呼零声母即除开口呼以外的齐齿呼、合口呼、撮口呼三种零声母的起始方式。

齐齿呼零声母音节汉语拼音用隔音字母 y 开头,由于起始部分没有辅音声母,实际发音带有轻微摩擦,是半元音[j],半元音仍属辅音类。

合口呼零声母音节汉语拼音用隔音字母 w 开头,实际发音带有轻微摩擦。

撮口呼零声母音节汉语拼音用隔音字母 y(yu)开头,实际发音带有轻微的摩擦。

开口呼零声母,书面上不用汉语拼音字母表示。不经过专门的语音训练,人们一般感觉不到以 a、o、e 开头的音节还有微弱的辅音存在,因为这些音节开头的辅音成分没有辨义作用,我们可以忽略不计。

发音例词:

恩爱 ēn'ài	偶尔 ǒu'ěr	额外 éwài	洋溢 yángyì
谣言 yáoyán	医药 yīyào	万物 wànwù	忘我 wàngwǒ
威望 wēiwàng	永远 yǒngyuǎn	踊跃 yǒngyuè	孕育 yùnyù

四、声母辨正

1. z、c、s 和 zh、ch、sh

(1) 发音辨正

①发平舌音 z、c、s 时,舌尖平伸,抵住或接近上门齿背。

②发翘舌音 zh、ch、sh 时,舌头放松,舌尖轻巧地翘起来接触或靠近硬腭前部。

(2) 字对比练习

z—zh	zā—zhā 咂—渣	zuì—zhuì 最—缀	zēng—zhēng 增—蒸	zūn—zhūn 尊—谆	zàn—zhàn 赞—占
c—ch	cái—chái 才—豺	cūn—chūn 村—春	cān—chān 参—搀	cuī—chuī 崔—吹	cuàn—chuàn 窜—串
s—sh	sù—shù 素—树	sāng—shāng 桑—伤	sǎng—shǎng 嗓—晌	sǎn—shǎn 散—闪	sōu—shōu 搜—收

(3) 组词对比练习

z—zh	zǔzhī 组织	zēngzhǎng 增长	zuìzhèng 罪证	zūnzhòng 尊重	zūnzhào 遵照
zh—z	zhùzuò 著作	zhèngzài 正在	zhǐzé 指责	zhìzuì 治罪	zhùzào 铸造
c—ch	cāochí 操持	cǎichóu 彩绸	cánchuǎn 残喘	cúnchǔ 存储	cíchéng 辞呈
ch—c	chéncí 陈词	chóucuò 筹措	chúcǎo 除草	chǔcún 储存	chǔcáng 储藏
s—sh	suíshí 随时	suǒshǔ 所属	sǎoshì 扫视	sǔnshāng 损伤	suǒshì 琐事
sh—s	shàngsù 上诉	shàosuǒ 哨所	shēnsī 深思	shīsè 失色	shōusuō 收缩

2. n 和 l

(1) 发音辨正

①相同点:鼻音 n 与边音 l 都是舌尖中音,发音部位相同,发音时舌尖抵住上齿龈。

②不同点:鼻音 n 与边音 l 的发音方法不同。读 n 声母时,舌尖及舌前部两侧先与口腔前上部完全闭合,然后慢慢离开,气流从鼻腔出来,音色比较沉闷;读 l 声母时,舌尖接触上齿龈,气流从舌

头两边透出,然后舌尖轻轻弹开,弹发成声,音色比较清脆。

(2)字对比练习

n—l	nà—là	náo—láo	nán—lán	nǐ—lǐ	
	那—辣	挠—牢	南—蓝	你—里	
	niàn—liàn	niáng—liáng	nuó—luó	nuǎn—luǎn	
	念—恋	娘—凉	挪—罗	暖—卵	

(3)组词对比练习

n—l	nìliú	nàiláo	nǎolì	nèilù	nǔlì
	逆流	耐劳	脑力	内陆	努力
	nǔláng	néngliàng	niánlíng	nuǎnliú	niǎolèi
	女郎	能量	年龄	暖流	鸟类
l—n	lěngnuǎn	liúniàn	liúnián	lǎonián	lǎoniáng
	冷暖	留念	流年	老年	老娘
	lǎoniú	láinián	lànní	lìniào	liùniǎo
	老牛	来年	烂泥	利尿	遛鸟

3. r 和 l

(1)发音辨正

①发翘舌浊擦音 r 时,舌尖翘起接近硬腭前部,形成一条缝隙,颤动声带,气流从缝隙中摩擦而出。

②发舌尖中浊边音 l 时,舌尖在上齿龈上轻轻弹一下,颤动声带,呼出气流。

这两个声母的主要区别:一是舌尖所接近或接触的部位不同,二是 r 是摩擦成声,l 是弹发成声。发音时应该仔细揣摩自己的发音部位和发音方法是不是合乎这两个要领。

(2)字对比练习

r—l	ràng—làng	rè—lè	róu—lóu	rǔ—lǔ	ruǎn—luǎn
	让—浪	热—乐	柔—楼	乳—鲁	软—卵

(3)组词对比练习

r—r	réngrán	róuruǎn	róngrěn	rǎnrǎn	róuruò	ruǎnruò
	仍然	柔软	容忍	冉冉	柔弱	软弱
r—l	rèliàng	rǎnliào	rǎoluàn	liáorào	liǎorán	lièrén
	热量	染料	扰乱	缭绕	了然	猎人

4. f 和 h

(1)发音辨正

①发唇齿音 f 时,上齿与下唇内缘接近,摩擦成声。

②发舌根音 h 时,舌头后缩,舌根抬起接近软腭,摩擦成声。

(2)字对比练习

f—h	fā—huā	fān—huān	fāng—huāng	fēi—huī	féng—héng
	发—花	翻—欢	方—慌	飞—灰	冯—横
	fù—hù	fǔ—hǔ	fáng—huáng	fèn—hèn	fàn—huàn
	赴—护	斧—虎	房—黄	愤—恨	饭—唤

(3)组词对比练习

f—h	lǐfà — lǐhuà 理发—理化 fèihuà—huìhuà 废话—绘画		fānténg—huānténg 翻腾—欢腾 fángchóng—huángchóng 防虫—蝗虫	jiùfù—jiùhù 舅父—救护 fálì—huálì 乏力—华丽

5. b、d、g、j、zh、z 和 p、t、k、q、ch、c

(1)发音辨正
①发不送气音 b、d、g、j、zh、z 时呼出的气流较弱。
②发送气音 p、t、k、q、ch、c 时呼出的气流较强。

(2)字对比练习

b—p	bá—pá 拔—爬	bài—pài 败—派	bàn—pàn 伴—盼	bèi—pèi 倍—配	bì—pì 避—僻
d—t	dàn—tàn 蛋—炭	dào—tào 稻—套	dí—tí 笛—提	dú—tú 毒—涂	duó—tuó 夺—砣
g—k	guī—kuī 规—亏	guì—kuì 柜—匮	gōng—kōng 公—空	guài—kuài 怪—快	gū—kū 姑—哭
j—q	jí—qí 集—齐	jiān—qiān 歼—千	jié—qié 截—茄	jìn—qìn 近—沁	jú—qú 局—渠
zh—ch	zhá—chá 铡—茶	zhāo—chāo 招—超	zhí—chí 植—迟	zhóu—chóu 轴—稠	zhuài—chuài 拽—踹
z—c	zì—cì 字—刺	zuì—cuì 罪—脆	záo—cáo 凿—曹	zuò—cuò 坐—错	zāi—cāi 灾—猜

(3)组词对比练习

b—p	bīpò 逼迫	bǎipǔr 摆谱儿	bèipò 被迫	bànpiào 半票
p—b	pāibǎn 拍板	pángbiān 旁边	páibǐ 排比	pànbié 判别
d—t	dǐngtì 顶替	dìtǎn 地毯	dòngtan 动弹	dēngtǎ 灯塔
t—d	tǎndàng 坦荡	tàidù 态度	tángdàn 糖弹	tèdiǎn 特点
g—k	gōngkè 功课	gūkǔ 孤苦	gāokàng 高亢	gōngkāi 公开
k—g	kǎigē 凯歌	kānguǎn 看管	kǎogǔ 考古	kègǔ 刻骨
j—q	jīqì 机器	jiāqī 佳期	jiāqìng 嘉庆	jiānqiáng 坚强
q—j	qiānjīn 千金	qǔjù 曲剧	qīngjiǎo 清剿	qúnjū 群居
zh—ch	zhīchí 支持	zhǎnchì 展翅	zhànchē 战车	zhāngchéng 章程

ch—zh	chāzhēn 插针	cházhèng 查证	chēzhàn 车站	chéngzhì 诚挚
z—c	zìcí 字词	zǎocāo 早操	zàocì 造次	zácǎo 杂草
c—z	cìzì 刺字	cáizǐ 才子	cānzàn 参赞	cāozuò 操作

平、翘舌声母代表字声旁类推表

z 声母

子——咨姿兹挚孜(zī) 仔籽(zǐ) 字自恣(zì)
匝——咂(zā) 砸(zá)
宗——综棕踪鬃(zōng) 粽(zòng)
责——啧帻箦(zé) 仄(zè)
祖——租(zū) 族(zú) 诅阻组祖俎(zǔ)
尊——遵樽鳟(zūn)
曾——增憎缯(zēng) 赠(zèng)
赞——簪(zān) 咱(zán) 攒(zǎn)暂(zàn)
澡——遭(zāo) 藻(zǎo) 噪燥躁(zào)

zh 声母

丈——张章(zhāng) 仗杖(zhàng)
专——砖(zhuān) 转(zhuǎn) 啭(zhuàn)
支——枝肢(zhī) 直值植殖(zhí) 芷址趾(zhǐ) 置(zhì)
中——忠盅钟衷(zhōng) 肿(zhǒng) 仲重众(zhòng)
长——张(zhāng) 涨(zhǎng) 帐胀账(zhàng)
主——诸朱侏茱洙(zhū) 竹逐(zhú) 拄(zhǔ) 住注驻柱蛀(zhù)
正——征争筝(zhēng) 整(zhěng) 症证政(zhèng)
占——沾毡(zhān) 战站(zhàn) 砧(zhēn)
只——织(zhī) 职执(zhí) 纸(zhǐ) 帜窒至致(zhì)
召——招昭(zhāo) 照兆(zhào)
贞——侦桢帧祯(zhēn) 诊疹(zhěn) 震振镇(zhèn)
折——蜇(zhē) 哲(zhé) 者赭(zhě) 浙(zhè)
啄——涿(zhuō) 诼琢(zhuó)

c 声母

擦——嚓(cā)
此——疵(cī) 雌慈磁鹚糍(cí)
粗——徂殂(cú) 促醋簇(cù)
册——策恻侧(cè)
才——材财(cái)
寸——村(cūn) 存(cún) 忖(cǔn) 寸(cùn)
从——苁枞(cōng) 丛(cóng)
仓——苍沧舱(cāng)
采——彩睬踩(cǎi) 菜(cài)
参——餐(cān) 残蚕惭(cán) 惨(cǎn) 灿(càn)
挫——锉痤(cuó) 措错(cuò)
曹——嘈漕槽蟛(cáo)
崔——催摧(cuī) 璀(cuǐ)
窜——撺蹿(cuān)

ch 声母

叉——杈(chā)　茶查(chá)　衩(chǎ)　岔诧(chà)
斥——车(chē)　扯(chě)　彻撤(chè)
出——初(chū)　厨除橱(chú)　杵楚(chǔ)　绌黜(chù)
池——驰弛(chí)　尺齿(chǐ)　翅叱(chì)
产——搀(chān)　馋(chán)　铲(chǎn)
场——肠(cháng)　畅(chàng)
抄——钞(chāo)　嘲潮(cháo)　吵炒(chǎo)
成——诚城(chéng)　逞(chěng)
辰——宸晨(chén)
昌——菖猖鲳(chāng)　倡唱(chàng)
垂——吹(chuī)　陲捶棰锤(chuí)
啜——辍(chuò)
春——椿(chūn)　唇(chún)　蠢(chǔn)
揣——踹(chuài)
筹——畴踌惆稠(chóu)　丑瞅(chǒu)

s 声母

洒——撒(sā)　萨飒(sà)
四——私司(sī)　死(sǐ)　泗饲似(sì)
俗——酥苏(sū)　素塑(sù)
孙——狲(sūn)　笋(sǔn)
松——忪淞凇(sōng)　悚(sǒng)　讼颂(sòng)
叟——搜嗖溲馊飕螋艘(sōu)
素——嗉傃愫(sù)
夋——梭(suō)　所(suǒ)
桑——搡嗓(sǎng)
遂——隧燧邃(suì)
散——三(sān)　糁(sǎn)
斯——厮撕嘶澌(sī)
锁——唢琐(suǒ)

sh 声母

山——舢(shān)　讪汕疝(shàn)
沙——沙纱砂莎痧裟鲨(shā)
市——诗师狮(shī)　柿试拭轼(shì)
申——伸呻绅(shēn)　神(shén)　审婶(shěn)
生——牲笙甥(shēng)　胜(shèng)
少——苕韶(sháo)　邵劭绍(shào)
抒——纾梳舒淑(shū)　塾熟(shú)　属鼠(shǔ)　树(shù)
尚——垧晌赏(shǎng)　上(shàng)
受——首手(shǒu)　授绶(shòu)
舍——奢(shē)　舌(shé)　涉设(shè)
珊——删姗珊跚(shān)　陕闪(shǎn)　擅扇(shàn)
捎——稍艄筲(shāo)　勺芍(sháo)　哨(shào)
率——摔(shuāi)　蟀(shuài)

n 和 l 声母代表字声旁类推表

n 声母

乃——奶艿氖(nǎi)　奈萘(nài)
内——内(nèi)　讷(nè)　呐纳衲钠(nà)

宁——宁拧咛柠(níng) 泞(nìng)
尼——尼泥(ní)
倪——倪霓猊(ní)
奴——奴孥驽(nú) 努(nǔ) 怒(nù)
那——哪(nǎ) 那(nà) 挪(nuó)
纽——妞(niū) 扭忸纽钮(niǔ)
念——捻(niǎn) 念(niàn)
南——南喃楠(nán)
虐——虐疟(nüè)
诺——诺喏锘(nuò) 匿(nì)
懦——懦糯(nuò)
捏——捏(niē) 涅(niè)
聂——聂蹑镊嗫(niè)
脑——恼瑙脑(nǎo)

l 声母

力——力荔(lì) 劣(liè) 肋(lèi) 勒(lè)
历——历沥雳呖枥(lì)
立——粒笠(lì) 拉垃(lā) 啦(la)
厉——厉励疠蛎(lì)
里——厘狸(lí) 里理鲤(lǐ) 量(liàng)
利——梨犁蜊(lí) 利俐痢莉猁(lì)
离——离漓篱璃(lí)
仑——抡(lūn) 仑伦沦(lún) 论(lùn)
兰——兰拦栏(lán) 烂(làn)
览——览揽缆榄(lǎn)
蓝——蓝篮(lán) 滥(làn)
龙——龙咙聋笼胧珑(lóng) 陇垄拢(lǒng)
隆——隆癃窿(lóng)
卢——卢泸栌颅鲈轳(lú)
录——录禄(lù) 绿氯(lǜ)
鹿——鹿漉麓辘(lù)
鲁——鲁橹(lǔ)
路——路鹭露潞璐(lù)
菱——菱凌陵(líng)
令——伶玲铃羚聆零龄(líng) 岭(lǐng) 冷(lěng) 邻(lín) 怜(lián)
乐——乐(lè) 砾栎(lì)
劳——捞(lāo) 劳痨崂(láo) 涝(lào)
吕——侣铝(lǚ)
列——列烈裂(liè) 例(lì)
虑——虑滤(lǜ)
良——粮(liáng) 郎廊狼琅榔螂(láng) 朗(lǎng) 浪(làng)
两——魉(liǎng) 辆(liàng) 俩(liǎ)
凉——凉(liáng) 谅晾(liàng) 掠(lüè)
梁——梁粱(liáng)
连——连莲涟鲢(lián) 链(liàn)
炼——练炼(liàn)
恋——恋(liàn) 峦娈孪鸾滦(luán)
脸——脸敛(liǎn) 殓潋(liàn)

廉——廉濂镰(lián)
林——啉淋琳霖(lín) 婪(lán)
鳞——鳞嶙麟磷(lín)
罗——逻萝锣箩(luó)
洛——洛落络骆(luò) 烙酪(lào) 略(lüè)
娄——娄喽楼(lóu) 搂篓(lǒu) 缕屡(lǚ)
腊——腊蜡(là) 猎(liè)
柳——柳(liǔ) 聊(liáo)
流——琉硫(liú)
留——镏留馏榴瘤(liú)
累——累(lèi) 骡螺(luó) 瘰(luǒ) 漯摞(luò)
雷——雷镭(léi) 蕾(lěi) 擂(lèi)

f和h声母代表字声旁类推表
f声母

凡——帆(fān) 凡矾钒(fán)
反——反返(fǎn) 饭贩畈(fàn)
番——番蕃藩翻(fān)
方——方芳(fāng) 钫坊房防(fáng) 访仿纺舫(fǎng) 放(fàng)
夫——夫肤麸(fū) 芙扶(fú)
父——斧釜(fǔ) 父(fù)
弗——弗拂氟(fú) 佛(fó) 沸狒费镄(fèi)
伏——伏袱袄(fú)
甫——敷(fū) 甫辅(fǔ) 傅缚(fù)
孚——孵(fū) 孚俘浮(fú)
复——复腹蝮馥覆(fù)
福——福幅辐蝠(fú) 副富(fù)
分——分芬吩纷(fēn) 粉(fěn) 份忿(fèn)
愤——愤(fèn)
乏——乏(fá) 泛(fàn)
发——发(fā)(发达) 废(fèi)
伐——伐阀筏垡(fá)
风——风枫疯(fēng) 讽(fěng)
蜂——蜂烽锋峰(fēng)
非——非菲啡绯扉霏(fēi) 诽匪榧斐翡(fěi) 痱(fèi)

h声母

火——火伙钬(huǒ)
禾——禾和(hé)
或——或惑(huò)
户——户沪护扈(hù)
乎——乎呼滹(hū)
虎——虎唬琥(hǔ)
忽——忽惚唿(hū)
胡——胡湖葫猢瑚糊蝴(hú)
狐——弧狐(hú)
化——花(huā) 铧华哗(huá) 化桦(huà) 货(huò)
话——话(huà) 活(huó)
灰——灰恢诙(huī)
回——回茴蛔(huí) 徊(huái)

会——会绘烩(huì)
挥——挥辉珲(huī)　荤(hūn)　浑(hún)
悔——悔(huǐ)　诲晦(huì)
惠——惠蕙(huì)
红——红虹鸿(hóng)
洪——烘哄(hōng)(哄抢)　洪(hóng)　哄(hòng)(起哄)
怀——怀(huái)　坏(huài)
还——还(hái)　环(huán)
奂——奂涣换唤焕痪(huàn)
昏——昏阍婚(hūn)
混——馄(hún)　混(hùn)
荒——荒慌(huāng)　谎(huǎng)
皇——皇凰湟惶徨煌蝗隍(huáng)
晃——恍幌(huǎng)　晃(huàng)(摇晃)
黄——璜癀磺蟥簧(huáng)

第三节　普通话韵母

一、韵母及其作用

1. 韵母

韵母是普通话音节中声母后面的部分。零声母音节,全部由韵母构成。普通话韵母共有39个,韵母和元音不相等。普通话韵母主要由元音构成,完全由元音构成的韵母有23个,约占韵母的59%,由元音加上辅音构成的韵母(鼻韵母)有16个,约占韵母的41%,可见,在普通话韵母中,元音占有绝对的优势。元音发音比较响亮,与辅音声母相比,韵母没有呼读音。

普通话的韵母共有39个。

		i	闭地七益	u	布亩竹出	ü	女律局域
a	巴打铡法	ia	加佳瞎压	ua	瓜抓刷画		
e	哥社得合	ie	爹界别叶			üe	靴月略确
o	波魄抹佛			uo	多果若握		
ai	该太白麦			uai	怪坏帅外		
ei	杯飞黑贼			uei	对穗惠卫		
ao	包高茂勺	iao	标条交鸟				
ou	头周口肉	iou	牛秋九六				
an	半担甘暗	ian	边点减念	uan	短川关团	üan	捐全远
en	本分枕根	in	林巾心因	uen	吞寸昏问	ün	军训孕
ang	当方港航	iang	良江向娘	uang	壮窗荒光		
eng	蓬灯能庚	ing	冰丁京杏	ueng	翁		
				ong	东龙冲公	iong	兄炅穷
ê	欸						
-i(前)	资此思						
-i(后)	支赤湿日						
er	耳二						

2.韵母的作用

（1）区别词义。音节中如果声母、声调都相同，而韵母不同，意思就不一样。例如：qiézi（茄子）—quézi（瘸子）；lànmàn（烂漫）—làngmàn（浪漫）；mínxīn（民心）—míngxīng（明星）。不同方言区的人如果发不好韵母，就有可能混淆词义，影响口语交际。

（2）使音节饱满响亮。音节中声音最响亮的就是韵母中的主要元音，也叫韵腹。主要元音的开口度较大，共鸣丰满，增加了音节的"拉开立起"之势；韵腹带上声调，使音节充实而响亮，饱满而挺拔，形成抑扬顿挫的音乐美。

二、韵母的分类

1.按韵母开头元音的发音口形分类

普通话共有韵母39个。按开头元音的发音口形可以把韵母分为开口呼、齐齿呼、合口呼、撮口呼4类，传统音韵学上称为"四呼"。

（1）开口呼

韵母不是i、u、ü或不以i、u、ü起头的韵母属于开口呼。普通话共有15个：a、o、e、ai、ei、ao、ou、an、en、ang、eng、ê、-i（前）、-i（后）、er。

（2）齐齿呼

i或以i起头的韵母属于齐齿呼。普通话共有9个：i、ia、ie、iao、iou、ian、in、iang、ing。

（3）合口呼

u或以u起头的韵母属于合口呼。普通话共有10个：u、ua、uo、uai、uei、uan、uen、uang、ueng、ong。

（4）撮口呼

ü或以ü起头的韵母属于撮口呼。普通话共有5个：ü、üe、ün、üan、iong。

2.按韵母内部结构分类

根据内部结构，可把韵母分为单韵母、复韵母和鼻韵母。

（1）单韵母

单韵母是由一个元音构成的韵母。单韵母共有10个，它们是：a、o、e、ê、i、u、ü、-i（前）、-i（后）、er。单韵母的不同音色是由舌位的高低、舌位的前后、唇形的圆展等因素造成的。根据发音时舌头的部位及状态，可把单韵母分为三类：舌面单韵母、舌尖单韵母、卷舌单韵母。

舌面单韵母7个：a、o、e、ê、i、u、ü

舌尖单韵母2个：-i（前）、-i（后）

卷舌单韵母1个：er

（2）复韵母

复韵母是由两个或三个元音组合而成的韵母。普通话共有13个复韵母：ai、ei、ao、ou、ia、ie、ua、uo、üe、iao、iou、uai、uei。根据主要元音（发音最清晰响亮的那个元音）所在位置的不同，复韵母可以分为三类：前响复韵母、后响复韵母、中响复韵母。

前响复韵母4个：ai、ei、ao、ou。

后响复韵母5个：ia、ie、ua、uo、üe。

中响复韵母4个：iao、iou、uai、uei。

（3）鼻韵母

复合鼻尾音韵母简称鼻韵母，由元音和鼻辅音韵尾构成。普通话鼻韵母共有16个，其中以-n为韵尾的前鼻音韵母有8个：an、en、in、ün、ian、uan、üan、uen。以-ng为韵尾的后鼻音韵母有8个：ang、eng、ing、ong、iong、iang、uang、ueng。

普通话韵母分类总表

按结构分 \ 按口形分		开口呼	齐齿呼	合口呼	撮口呼
单韵母		-i	i	u	ü
		a			
		o			
		e			
		ê			
		er			
复韵母	后响音韵母		ia	ua	
				uo	
			ie		üe
	前响音韵母	ai	中响复韵母	uai	
		ei		uei	
		ao	iao		
		ou	iou		
鼻韵母	前鼻音韵母	an	ian	uan	üan
		en	in	uen	ün
	后鼻音韵母	ang	iang	uang	
		eng	ing	ueng	
			ing	ong	iong

三、普通话韵母的发音分析

1. 单韵母的发音

a 舌面 央 低 不圆唇元音

口大开,舌尖微离下齿背,舌面中部微微隆起和硬腭后部相对。发音时,声带振动,软腭上升,关闭鼻腔通路。

发音例词:

打靶 dǎbǎ   大厦 dàshà   发达 fādá

喇叭 lǎba   马达 mǎdá   哪怕 nǎpà

o 舌面 后 半高 圆唇元音

上下唇自然拢圆,舌体后缩,舌面后部隆起和软腭相对,舌位介于半高半低之间。发音时,声带振动,软腭上升,关闭鼻腔通路。

发音例词:

伯伯 bóbo   婆婆 pópo   默默 mòmò   泼墨 pōmò

e 舌面 后 半高 不圆唇元音

口半闭,展唇,舌体后缩,舌面后部隆起和软腭相对,比元音 o 略高而偏前。发音时,声带振动,软腭上升,关闭鼻腔通路。

发音例词:

隔阂 géhé   合格 hégé   客车 kèchē

特色 tèsè   折射 zhéshè   这个 zhège

ê 舌面　前　半低　不圆唇元音
口自然打开,展唇,舌尖抵住下齿背,使舌面前部隆起和硬腭相对。发音时,声带振动,软腭上升,关闭鼻腔通路。

韵母 ê 除语气词"欸"外单用的机会不多,只出现在复韵母 ie、üe 中。

i 舌面　前　高　不圆唇元音
口微开,两唇呈扁平形,上下齿相对(齐齿),舌尖接触下齿背,使舌面前部隆起和硬腭前部相对。发音时,声带振动,软腭上升,关闭鼻腔通路。

发音例词:

| 笔记 bǐjì | 基地 jīdì | 激励 jīlì |
| 记忆 jìyì | 霹雳 pīlì | 习题 xítí |

u 舌面　后　高　圆唇元音
两唇收拢成圆形,略向前突出;舌体后缩,舌面后部隆起和软腭相对。发音时,声带振动,软腭上升,关闭鼻腔通路。

发音例词:

| 补助 bǔzhù | 读物 dúwù | 辜负 gūfù |
| 瀑布 pùbù | 入伍 rùwǔ | 疏忽 shūhu |

ü 舌面　前　高　圆唇元音
两唇拢圆,略向前突;舌尖抵住下齿背,使舌面前部隆起和硬腭前部相对。发音时,声带振动,软腭上升,关闭鼻腔通路。

发音例词:

| 聚居 jùjū | 区域 qūyù | 屈居 qūjū |
| 须臾 xūyú | 序曲 xùqǔ | 语序 yǔxù |

er 卷舌　央　中　不圆唇元音
口自然开启,舌位不前不后不高不低,舌前、中部上抬,舌尖向后卷,和硬腭前端相对。发音时,声带振动,软腭上升,关闭鼻腔通路。

发音例词:

| 儿歌 érgē | 而且 érqiě | 耳朵 ěrduo |

-i(前)舌尖　前　高　不圆唇元音
口略开,展唇,舌尖和上齿背相对,保持适当距离。发音时,声带振动,软腭上升,关闭鼻腔通路。这个韵母在普通话里只出现在 z、c、s 声母的后面。

发音例词:

| 次子 cìzǐ | 此次 cǐcì | 私自 sīzì |

-i(后)舌尖　后　高　不圆唇元音
口略开,展唇,舌前端抬起和前硬腭相对。发音时,声带振动,软腭上升,关闭鼻腔通路。这个韵母在普通话里只出现在 zh、ch、sh、r 声母的后面。

发音例词:

| 实施 shíshī | 试制 shìzhì | 支持 zhīchí |
| 知识 zhīshi | 值日 zhírì | 制止 zhìzhǐ |

2. 复韵母的发音

(1) 前响复韵母
普通话前响复韵母共有 4 个:ai、ei、ao、ou。发音的共同点是元音舌位都是由低向高滑动,开头的元音响亮清晰,收尾的元音轻短模糊,因此收尾的字母只表示舌位移动的方向。

ai

发音时,舌尖抵住下齿背,使舌面前部隆起与硬腭相对。发出 a 音,接着舌位向 i 的方向滑动升高,最后发出轻短含混的 i 音。

发音例词:

爱戴 àidài	采摘 cǎizhāi	海带 hǎidài
开采 kāicǎi	拍卖 pāimài	灾害 zāihài

ei

发音过程中,舌尖抵住下齿背,使舌面前部(略后)隆起对着硬腭中部。舌位从 e 开始升高,向 i 的方向往前高滑动,大体停在次高元音[I]。

发音例词:

肥美 féiměi	妹妹 mèimei	配备 pèibèi

ao

发音时,舌体后缩,使舌面后部隆起。从"后 a"开始,舌位向 u 的方向滑动升高。

发音例词:

懊恼 àonǎo	操劳 cāoláo	高潮 gāocháo
骚扰 sāorǎo	逃跑 táopǎo	早操 zǎocāo

ou

双唇拢成圆形,发响而长的 o,接着向 u 的舌位,唇形滑动,最后发出 u 音。这个复韵母动程很小。

发音例词:

丑陋 chǒulòu	兜售 dōushòu	喉头 hóutóu
口头 kǒutóu	漏斗 lòudǒu	收购 shōugòu

(2)后响复韵母

普通话后响复韵母有 5 个:ia、ie、ua、uo、üe。它们发音的共同点是舌位由高向低滑动,收尾的元音音素响亮清晰,在韵母中处在韵腹地位,因此舌位移动的终点是确定的。而开头的元音音素都是高元音 i-、u-、ü-,由于它处于韵母的韵头位置,发音不太响亮,比较短促。这些韵头在音节里特别是零声母音节里常伴有轻微摩擦。

ia

起点元音是前高元音 i,由它开始,舌位滑向央低元音 a[A]止。i 的发音较短,a 的发音响而长。止点元音 a 位置确定。

发音例词:

假牙 jiǎyá	恰恰 qiàqià	压价 yājià

ie

起点元音是前高元音 i,由它开始,舌位滑向前中元音 ê 止。i 较短,ê 响而长。止点元音 ê 位置确定。

发音例词:

结业 jiéyè	贴切 tiēqiè	铁屑 tiěxiè

ua

起点元音是后高圆唇元音 u,由它开始,舌位滑向央低元音 a[A]止。唇形由最圆逐步展开到不圆。u 较短,a 响而长。

发音例词:

挂花 guàhuā	耍滑 shuǎhuá	娃娃 wáwa

uo

由后圆唇元音音素复合而成。起点元音是后高元音 u,由它开始,舌位向下滑到后中元音 o 止。u 较短,o 响而长。发音过程中,唇形保持圆唇,开头最圆,结尾圆唇度略减。

发音例词:

错落 cuòluò　　　　　硕果 shuòguǒ　　　　　脱落 tuōluò

üe

由前元音音素复合而成。起点元音是圆唇的前高元音 ü,由它开始,舌位下滑到前中元音 ê,唇形由圆到不圆。ü 较短,ê 响而长。

发音例词:

雀跃 quèyuè　　　　　约略 yuēlüè

(3) 中响复韵母

普通话里的三合元音都是中响复合元音,共有 4 个:iao、iou、uai、uei。这些韵母发音的共同点是舌位由高向低滑动,再从低向高滑动。开头的元音音素不响亮,较短促,在音节里特别是在零声母音节里常伴有轻微的摩擦。中间的元音音素响亮清晰。收尾的元音音素轻短模糊。

iao

由前高元音 i 开始,舌位降至后低元音 a[ɑ]。然后再向后次高圆唇元音 u 的方向滑升。发音过程中,舌位先降后升,由前到后,曲折幅度大。唇形从中间的元音 a 开始由不圆唇变为圆唇。

发音例词:

吊销 diàoxiāo　　　　疗效 liáoxiào　　　　苗条 miáotiao

巧妙 qiǎomiào　　　　调料 tiáoliào　　　　逍遥 xiāoyáo

iou

由前高元音 i 开始,舌位降至央(略后)元音[ə](或[θ])然后再向后次高圆唇元音 u 的方向滑升。发音过程中,舌位先降后升,由前到后,曲折幅度较大。

发音例词:

久留 jiǔliú　　　　　求救 qiújiù　　　　　绣球 xiùqiú

优秀 yōuxiù　　　　　悠久 yōujiǔ　　　　　牛油 niúyóu

uai

由圆唇的后高元音 u 开始,舌位向前滑降到前低不圆唇元音 a(即"前 a"),然后再向前高不圆唇元音的方向滑升。舌位动程先降后升,由后到前,曲折幅度大。唇形从前元音 a 逐渐展唇。

发音例词:

外快 wàikuài　　　　怀揣 huáichuāi　　　　乖乖 guāiguāi

uei

由后高圆唇元音 u 开始,舌位向前向下滑到前半高不圆唇元音偏后靠下的位置(相当于央元音[ə]偏前的位置),然后再向前高不圆唇元音 i 的方向滑升。发音过程中,舌位先降后升,由后到前,曲折幅度较大。唇形从 e 逐渐展唇。

在音节中,韵母 uei 受声母和声调的影响,中间的元音弱化。大致有四种情况:①在阴平(第一声)或阳平(第二声)的零声母音节里,韵母 uei 中间的元音音素弱化接近消失;②在声母为舌尖音 z、c、s、d、t、zh、ch、sh、r 的阴平(第一声)和阳平(第二声)的音节里,韵母 uei 中间的元音音素弱化接近消失;③在舌尖音声母的上声(第三声)或去声(第四声)的音节里,韵母 uei 中间的元音音素只是弱化,但不会消失;④在舌面后(舌根)音声母 g、k、h 的阴平或阳平音节里,韵母 uei 中间的元音 e 也只是弱化而不消失。

发音例词：

垂危 chuíwēi	归队 guīduì	悔罪 huǐzuì
追悔 zhuīhuǐ	荟萃 huìcuì	推诿 tuīwěi

3. 鼻韵母的发音

鼻韵母是复合鼻尾音充当韵母。复合鼻尾音是在元音音素之后附带一个鼻辅音作为尾音（韵尾）。

（1）前鼻音韵母

an

起点元音是前低不圆唇元音 a，舌尖抵住下齿背，舌面前部隆起，舌位降到最低，软腭上升，关闭鼻腔通路。发"前 a"之后，软腭下降，打开鼻腔通路，同时舌面前部与硬腭前部闭合，使在口腔受到阻碍的气流从鼻腔里透出。口形开合度由大渐小，舌位动程较大。

发音例词：

参战 cānzhàn	反感 fǎngǎn	烂漫 lànmàn
谈判 tánpàn	坦然 tǎnrán	赞叹 zàntàn

en

起点元音是央元音 e[ə]，舌位居中（不高不低不前不后），舌尖接触下齿背，舌面隆起部位受韵尾影响略靠前。从央元音 e 开始，舌面升高，舌面前部抵住硬腭前部，当两者将要接触时，软腭下降，打开鼻腔通路，紧接着舌面前部与硬腭前部闭合，使在口腔受到阻碍的气流从鼻腔里透出。口形开合度由大渐小，舌位动程较小。

发音例词：

根本 gēnběn	门诊 ménzhěn	人参 rénshēn
认真 rènzhēn	深沉 shēnchén	振奋 zhènfèn

in

起点元音是前高不圆唇元音 i，舌尖抵住下齿背，软腭上升，关闭鼻腔通路。从舌位最高的前元音 i 开始，舌面升高，舌面前部抵住硬腭前部，当两者将要接触时，软腭下降，打开鼻腔通路，紧接着舌面前部与硬腭前部闭合，使在口腔受到阻碍的气流从鼻腔透出。开口度始终很小，几乎没有变化，舌位动程很小。

发音例词：

近邻 jìnlín	拼音 pīnyīn	信心 xìnxīn
辛勤 xīnqín	引进 yǐnjìn	濒临 bīnlín

ün

起点元音是前高圆唇元音 ü。与 in 的发音状况只是唇形变化不同。唇形从 ü 开始逐步展开，而 in 唇形始终展唇。

发音例词：

军训 jūnxùn	均匀 jūnyún	芸芸 yúnyún
群众 qúnzhòng	循环 xúnhuán	允许 yǔnxǔ

ian

发音时，从前高元音 i 开始，舌位向前低元音 a（前 a）的方向滑降。舌位只降到前次低元音 [æ] 的位置就开始升高，直到舌面前部抵住硬腭前部形成鼻音 -n。

发音例词：

艰险 jiānxiǎn	简便 jiǎnbiàn	连篇 liánpiān
前天 qiántiān	浅显 qiǎnxiǎn	田间 tiánjiān

uan

发音时,由圆唇的后高元音 u 开始,口形迅速由合口变开口状,舌位向前迅速滑降到不圆唇的前低元音(前 a);然后舌位升高,接续鼻音-n。

发音例词:

| 贯穿 guànchuān | 软缎 ruǎnduàn | 酸软 suānruǎn |
| 婉转 wǎnzhuǎn | 专款 zhuānkuǎn | 转换 zhuǎnhuàn |

üan

发音时,由圆唇的前高元音 ü 开始,向前低元音 a 的方向滑降。舌位只降到前次低元音[æ]略后就开始升高,直到舌面前部抵住硬腭前部形成鼻音-n。唇形由圆唇在向折点元音的滑动过程中逐渐展唇。

发音例词:

源泉 yuánquán   轩辕 xuānyuán   涓涓 juānjuān

uen

发音时,由圆唇的后高元音 u 开始,向央元音 e[ə]滑降,然后舌位升高,直到舌面前部抵住硬腭前部形成鼻音-n。唇形由圆唇在向折点元音滑动的过程中渐变为展唇。

鼻韵母 uen 受声母和声调的影响,中间的元音(韵腹)产生弱化。它的音变条件与 uei 相同。

发音例词:

| 昆仑 kūnlún | 温存 wēncún | 温顺 wēnshùn |
| 论文 lùnwén | 馄饨 húntun | 谆谆 zhūnzhūn |

(2)后鼻音韵母

ang

起点元音是后低不圆唇元音 a,口最开,舌尖离开下齿背,舌头后缩。从"后 a"开始,舌面后部抬起,当贴近软腭时,软腭下降,打开鼻腔通路,紧接着舌根与软腭接触,封闭了口腔通路,气流从鼻腔里透出。开口度由大渐小,舌位动程较大。

发音例词:

| 帮忙 bāngmáng | 苍茫 cāngmáng | 当场 dāngchǎng |
| 刚刚 gānggāng | 商场 shāngchǎng | 上当 shàngdàng |

eng

起点元音是后半高不圆唇元音 e,口半闭,展唇,舌身后缩,舌尖离开下齿背,舌面后部隆起。从 e 开始,舌面后部抬起,贴向软腭。当两者将要接触时,软腭下降,打开鼻腔通路,紧接着舌面后部抵住软腭,使在口腔受到阻碍的气流从鼻腔里透出。

发音例词:

| 承蒙 chéngméng | 丰盛 fēngshèng | 更正 gēngzhèng |
| 萌生 méngshēng | 声称 shēngchēng | 升腾 shēngténg |

ing

起点元音是前高不圆唇元音 i,舌尖接触下齿背,舌面前部隆起。从 i 开始,舌面隆起部位不降低,一直后移,舌尖离开下齿背,逐步使舌面后部隆起,贴向软腭,当两者将要接触时,软腭下降,打开鼻腔通路,紧接着舌面后部抵住软腭,封闭了口腔通路,气流从鼻腔透出。口形没有明显变化。

发音例词:

| 叮咛 dīngníng | 经营 jīngyíng | 命令 mìnglìng |
| 评定 píngdìng | 清静 qīngjìng | 姓名 xìngmíng |

ong

起点元音是比后高圆唇元音 u 舌位略低的后次高圆唇元音[ʊ],舌尖离开下齿背,舌头后缩,舌面后部隆起,软腭上升,关闭鼻腔通路。从后次高圆唇元音[ʊ]开始,舌面后部贴向软腭。当两者将要接触时,软腭下降,打开鼻腔通路,同时舌面后部与软腭闭合,使在口腔受到阻碍的气流从鼻腔里透出。唇形始终拢圆。

发音例词:

共同 gòngtóng　　　轰动 hōngdòng　　　空洞 kōngdòng
隆重 lóngzhòng　　　通融 tōngróng　　　恐龙 kǒnglóng

iang

发音时,由前高元音 i 开始,舌位向后滑降到后低元音 ɑ(后 ɑ),然后舌位升高,接续鼻音-ng。

发音例词:

两样 liǎngyàng　　　洋相 yángxiàng　　　响亮 xiǎngliàng

uang

发音时,由圆唇的后高元音 u 开始,舌位滑降至后低元音 ɑ(后 ɑ),然后舌位升高,接续鼻音-ng。唇形从圆唇在向折点元音的滑动中渐变为展唇。

发音例词:

狂妄 kuángwàng　　　双簧 shuānghuáng　　　状况 zhuàngkuàng

ueng

发音时,由圆唇的后高元音 u 开始,舌位滑降到后半高元音 e(稍稍靠前略低)的位置,然后舌位升高,接续鼻音-ng。唇形从圆唇在向中折点元音滑动过程中逐渐展唇。在普通话里,韵母 ueng 只有一种零声母的音节形式 weng。

发音例词:

蕹菜 wèngcài　　　水瓮 shuǐwèng　　　主人翁 zhǔrénwēng

iong

发音时,由前高元音 i 开始,舌位向后略向下滑动到后次高圆唇元音[ʊ]的位置,然后舌位升高,接续鼻音-ng。由于受后面圆唇元音的影响,开始的前高元音 i 也带上了圆唇色彩而近似 ü。

发音例词:

炯炯 jiǒngjiǒng　　　汹涌 xiōngyǒng　　　熊熊 xióngxióng

四、韵母辨正

1. 单韵母辨正

(1) ü 与 i 分辨

ü 与 i 的区别在于圆唇与不圆唇,在保持舌位不变的情况下,把嘴唇撮起来或是展开,就可以发出相应的 ü 与 i 的音来。

(2) u 与 ü 分辨

u 和 ü 的区别在于:ü 舌位在前,u 舌位在后。其次,ü 的圆唇与 u 的圆唇形状略有不同,u 最圆,ü 略扁;u 双唇向前突出,ü 双唇不太突出。

(3) e 与 o 分辨

e 与 o 的发音情况大致相同,它们之间的主要区别在唇形:e 不圆唇,o 圆唇。

(4) 分辨 er 单元音发音

这是一个特殊的元音韵母。汉语拼音用两个字母来表示,实际上只是一个元音。它的音色同[ə]很接近,发[ə]时,嘴自然张开,不大不小,舌位自然放置,不前不后,唇形自然,这是一个最容易发音的元音。发[ə]的同时,舌尖向硬腭卷起,即可发出 er,如"儿 ér、耳 ěr、二 èr"。

(5) 辨音对比练习

i 与 ü

①字对比练习

i—ü	qī—qū 期—屈	nǐ—nǚ 你—女	yǐ—yǔ 椅—雨	lǐ—lǚ 李—屡	xī—xū 稀—虚
ie—üe	qié—qué 茄—瘸	jié—jué 节—决	xiē—xuē 歇—靴	xié—xué 鞋—学	yè—yuè 页—悦
ian—üan	yān—yuān 烟—冤	qián—quán 前—全	jiǎn—juǎn 减—卷	yǎn—yuǎn 眼—远	jiān—juān 兼—娟
in—un	qín—qún 琴—群	yīn—yūn 因—晕	xìn—xùn 信—讯	yǐn—yǔn 引—陨	jìn—jùn 尽—郡

②组词对比练习

i—ü	bǐyì—bǐyù 比翼—比喻	bànlǐ—bànlǚ 办理—伴侣	bùjí—bùjú 不及—布局
ie—üe	xiēzi—xuēzi 蝎子—靴子	qièshí—quèshí 切实—确实	xiéhuì—xuéhuì 协会—学会
ian—üan	qiáncái—quáncái 钱财—全才	yóuyán—yóuyuán 油盐—游园	qiánshuǐ—quánshuǐ 潜水—泉水
in—ün	cānjīn—cānjūn 餐巾—参军	xīnzhì—xūnzhì 心智—熏制	báiyín—báiyún 白银—白云

u 与 ü

①字对比练习

u—ü	lù—lǜ 路—率	shǔ—xǔ 属—许	rú—yú 如—鱼	shū—xū 书—虚	chū—jū 出—居
uan—üan	shuān—xuān 栓—轩	zhuǎn—quǎn 转—犬	huán—xuán 环—旋	guān—juān 关—鹃	ruǎn—xuǎn 软—选
uen—ün	shùn—xùn 顺—迅	shǔn—yǔn 吮—陨	dùn—jùn 盾—郡	chūn—jūn 春—均	wén—yún 文—云

②组词对比练习

u—ü	shùmù—xùmù 树木—畜牧	jìshù—jìxù 技术—继续	jìlù—jìlǜ 纪录—纪律
uan—üan	huáchuán—huáquán 划船—划拳	shuānzi—xuànzi 栓子—楦子	chuánshuō—quànshuō 传说—劝说
uen—ün	shùndào—xùndǎo 顺道—训导	wēnshùn—xùnshùn 温顺—驯顺	shuǐwén—shuǐyùn 水文—水运

e 与 o

①字对比练习

e—o	gē—bō 歌—播	gé—pó 阁—婆	kē—pō 科—坡	hé—fó 禾—佛	hé—mō 河—摸	gé—bó 格—博

②组词对比练习

e—o	hégé—pògé 合格—破格	tèsè—pǒcè 特色—叵测	dàhé—dàfó 大河—大佛	kēpò—mópò 磕破—磨破

2. 复韵母辨正

复韵母要重点处理好韵头、韵腹、韵尾的关系，发音的动程要滑行到位，不要跳跃分割。在许多方言中容易出现单韵母复音化、复韵母单元音化、丢失韵头、归音不到位、口腔开度不够、圆唇不够等问题，这都会影响复韵母的正确发音。

（1）单韵母和复韵母分辨不清

有些方言中常有把单韵母读成复韵母或把复韵母读成单韵母的错误。

（2）辨音对比练习

①字对比练习

u—ou	zǔ—zǒu 组—走	dǔ—dǒu 堵—斗	shū—shōu 书—收	lù—lòu 路—漏	sū—sōu 苏—搜
i—ei	bǐ—běi 比—北	mǐ—měi 米—美	bì—bèi 碧—背	mì—mèi 密—妹	nǐ—něi 你—馁
ü—ou	xiū—lóu 修—楼	yù—ròu 欲—肉	xiù—lòu 锈—陋	yú—róu 于—揉	jǔ—chǒu 举—丑
uo—o	tuō—fó 拖—佛	luò—mò 落—末	suō—bō 缩—波	zuò—pò 做—迫	zuǒ—bǒ 左—跛
ai—e	chāi—chē 拆—车	zhāi—zhē 斋—折	gāi—gē 该—歌	mái—me 埋—么	cài—cè 菜—册
ai—a	pài—pà 派—怕	mǎi—mǎ 买—马	cāi—cā 猜—擦	zāi—zā 灾—匝	mài—mà 卖—骂
ia—a	qià—kā 恰—咖	xià—hā 吓—哈	qiā—gā 掐—旮	jiā—zá 夹—砸	yā—sǎ 鸭—洒
iao—ao	qiáo—cháo 桥—潮	xiāo—zhāo 宵—招	qiǎo—zǎo 巧—早	miào—mào 妙—貌	xiào—sǎo 笑—扫
ian—an	qián—chán 前—馋	xiān—shān 先—山	piàn—pàn 骗—盼	miàn—màn 面—慢	biān—bān 边—班
uen—en	sūn—sēn 孙—森	tūn—shēn 吞—身	shùn—shèn 顺—甚	zhǔn—zhěn 准—枕	hùn—hèn 混—恨
uei—ei	zuǐ—zéi 嘴—贼	tuǐ—děi 腿—得	suí—shéi 随—谁	guǐ—gěi 鬼—给	

②组词对比练习

u—ou	xiǎozǔ—xiǎozōu 小组—小邹	dúzhēn—dòuzhēng 毒针—斗争	mùhuà—móuhuà 募化—谋划	dàlù—dàlóu 大陆—大楼	
i—ei	zìbì—zìbēi 自闭—自卑	láolì—láolèi 劳力—劳累	pífū—pèifú 皮肤—佩服	mǐlì—měilì 米粒—美丽	
ü—ou	xùyì—shòuyì 蓄意—授意	qūzhǎng—shǒuzhǎng 区长—首长	júshì—lóushì 局势—楼市	yùzú—róuzú 狱卒—揉足	
ü—ei	lǚcì—lěicì 屡次—累次	nǚrén—nèirén 女人—内人	qùwèi—měiwèi 趣味—美味	jǔlì—fèilì 举例—费力	
uo—o	zhuómó—zhuōmō 琢磨—捉摸	luōsuo—mōsuǒ 啰唆—摸索	hǎiluó—hǎibō 海螺—海波	luòtuo—luòpò 骆驼—落魄	
ai—e	mùchái—mùchē 木柴—木车	kāibá—kēba 开拔—磕巴	bǐsài—bìsè 比赛—闭塞	cáilüè—cèlüè 才略—策略	

ai—a	càidì—cādì 菜地—擦地	hǎibá—hǎdá 海拔—哈达	kāishǐ—kāshí 开始—喀什	zhāiyào—zhàyào 摘要—炸药
ia—a	jiàzi—chāzi 架子—叉子	xiàtiān—shātián 夏天—沙田	qiàsì—shāsǐ 恰似—杀死	jiāfǎ—shāfā 加法—沙发
iao—ao	jiǎofèi—gǎofèi 缴费—稿费	qiāodǎ—kǎodǎ 敲打—拷打	miáotóu—máotóu 苗头—矛头	xìpiào—xìpáo 戏票—戏袍
ian—an	xiānrén—shānrén 仙人—山人	qiántóu—shàntóu 前头—汕头	miǎnyì—mǎnyì 免疫—满意	piānzhāng—pánzhàng 篇章—盘账
uen—en	sǔnrén—sēnlín 损人—森林	tūntǔ—shēnshǒu 吞吐—身手	kùnfá—kěnhuāng 困乏—垦荒	zūnshǒu—zěnyàng 遵守—怎样
uei—ei	huīsè—hēisè 灰色—黑色	xiǎozuǐ—xiǎozéi 小嘴—小贼	duìhuàn—děikuī 兑换—得亏	

3. 鼻韵母辨正

（1）an 和 ang

an 和 ang 在发音上有三点不同：第一，韵腹 a 舌位前后不同，an 由"前 a"开始发音，ang 由"后 a"开始发音。第二，舌位的滑动路线和终点位置不同：发 an，舌尖的活动是顶下齿背到抵上牙床（硬腭前部），舌面稍升；发 ang，舌尖离开下齿背，舌头后缩，舌根抬起与软腭接触。发完 an 音时，舌前伸，发完 ang 音时，舌头后缩。第三，收音时，比较二者口形，an 上下齿闭拢，ang 口微开。

（2）en 和 eng

en 和 eng 发音上的差异也有三点：第一，起点元音不同，en 由央 e[ə]舌位开始发音，eng 由央 e[ə]稍后开始发音；第二，发 en 舌头前伸，发 eng 舌头后缩；第三，发 en 音舌头位置变化不大，发完音上下齿也是闭拢的，而发 eng 音，舌根上升，软腭下降，收音时，口微开，上下齿不闭拢。

（3）in 和 ing

in 由 i 开始发音，上下齿始终不动，只是明显感觉到舌尖从下向上的动作，收音时，舌尖抵住上牙床，不后缩。ing 也是由 i 开始，然后舌尖离开下齿背，舌头后移，抵住软腭。发音时，要注意由 i 到 n、ng 时，舌位不要降低，不要发成 ien、ieng。

（4）辨音对比练习

①字对比练习

an—ang	mǎn—mǎng 满—莽 shǎn—shǎng 闪—赏	lán—láng 蓝—狼 zàn—zàng 赞—葬	hán—háng 寒—航 sān—sāng 叁—桑	dān—dāng 单—当 gān—gāng 干—刚
en—eng	mén—méng 门—蒙 hén—héng 痕—横	bèn—bèng 笨—蹦 sēn—sēng 森—僧	shēn—shēng 身—声 cén—céng 岑—层	zhēn—zhēng 真—争 zhēn—zhēng 珍—睁
in—ing	bīn—bīng 宾—兵 xìn—xìng 信—姓	pín—píng 贫—平 jìn—jìng 进—竞	yīn—yīng 因—英 lín—líng 林—灵	jǐn—jǐng 紧—井 bīn—bīng 彬—冰	pīn—pīng 拼—乒 mín—míng 民—名

②组词对比练习

an—ang	lànmàn—làngmàn 烂漫—浪漫	xīnfán—xīnfáng 心烦—新房	zànsòng—zàngsòng 赞颂—葬送
	dǎnliàng—dāngliàng 胆量—当量	bānshou—bāngshou 扳手—帮手	fǎnwèn—fǎngwèn 反问—访问
en—eng	shēnmíng—shēngmíng 申明—声明	qīngzhēn—qīngzhēng 清真—清蒸	shěnshì—shěngshì 审视—省事
	qiūfēn—qiūfēng 秋分—秋风	zhěnzhì—zhěngzhì 诊治—整治	fēnfù—fēngfù 吩咐—丰富
in—ing	qīnshēng—qīngshēng 亲生—轻生	bùjǐn—bùjǐng 不仅—布景	jǐnbào—jǐngbào 紧抱—警报

en、in、un、ün、eng、ing 等代表字声旁类推表

en 韵

人——认(rèn)
门——闷焖(mèn) 闻(wén) 问(wèn)
刃——忍(rěn) 仞纫韧轫(rèn)
壬——荏(rěn) 任饪衽妊(rèn) 恁(nèn)
分——芬昐氛酚雾(fēn) 汾棼(fén) 粉(fěn) 份忿(fèn) 坌(bèn) 盆溢(pén)
本——苯(běn) 笨(bèn)
申——伸呻绅砷(shēn) 神(shén) 审谂婶(shěn) 押(chēn)
亘——恒姮(héng)
贞——侦帧桢祯(zhēn)
艮——根跟(gēn) 哏(gén) 茛(gèn) 垦恳(kěn) 裉(kèn) 痕(hén) 很狠(hěn) 恨(hèn)
辰——宸晨(chén) 振赈震(zhèn) 娠(shēn) 蜃(shèn)
枕——鸩(zhèn) 忱(chón) 沈(shěn)
奔——锛(bēn)
肯——啃(kěn) 掯(kèn)
参——渗瘆(shèn) 碜(chěn)
珍——胗(zhēn) 诊轸畛疹(zhěn) 趁(chèn)
贲——喷(pēn) 偾愤(fèn)
甚——葚椹(shèn) 斟(zhēn) 谌(chén)
真——缜(zhěn) 镇(zhèn) 嗔(chēn) 慎(shèn)
深——琛(chēn)

in 韵

斤——近靳(jìn) 芹(qín) 忻昕欣新薪(xīn) 钦(qīn) 撳(qìn)
今——衿(jīn) 妗(jìn) 衾(qīn) 芩琴(qín) 吟(yín)
心——芯(xīn) 呐沁(qìn)
引——蚓蜘(yǐn)
民——苠岷珉(mín) 抿泯(mǐn)
因——茵洇姻氤铟(yīn)
尽——荩赆烬(jìn)
阴——荫(yīn)
辛——锌(xīn)
林——啉淋琳霖(lín) 襟(jīn) 禁噤(jìn)
金——锦(jǐn) 钦(qīn)
侵——寝锓(qǐn) 浸(jìn)
亲——新薪(xīn)
音——喑(yīn) 歆(xīn)
秦——蓁嗪溱(qín)

晋——缙(jìn)
宾——傧滨缤槟镔(bīn)　摈殡膑髌鬓(bìn)　嫔(pín)
寅——夤(yín)
禽——噙擒檎(qín)
频——颦(pín)　濒(bīn)
谨——馑瑾槿(jǐn)　觐(jìn)　勤(qín)　鄞(yín)
嶙——粼遴璘辚磷麟鳞(lín)　膦(lìn)

un 韵
寸——村(cūn)　忖(cǔn)
屯——饨(tún)　吨(dūn)　盹(dǔn)　沌炖钝顿(dùn)
仑——抡(lūn)　伦囵纶轮(lún)　论(lùn)
孙——狲荪(sūn)　逊(xùn)
困——捆悃(kǔn)
闰——润(rùn)
昆——琨锟醌鲲(kūn)　绲辊(gǔn)　棍(gùn)　馄(hún)　混(hùn)
昏——阍婚惛(hūn)
春——椿蝽(chūn)　蠢(chǔn)
盾——遁(dùn)　循(xún)
隼——榫(sǔn)
衮——滚磙(gǔn)
尊——遵樽鳟(zūn)　撙(zǔn)
温——氲(yūn)　愠韫蕴(yùn)

ün 韵
云——芸纭耘(yún)　运酝(yùn)　魂(hún)
匀——昀(yún)　韵(yùn)　均钧筠(jūn)
允——狁(yǔn)　吮(shǔn)
讯——汛迅(xùn)
军——皲(jūn)　荤(hūn)　浑(hún)　诨(hùn)　晕(yūn)　郓恽(yùn)
旬——洵询荀峋恂(xún)　殉(xùn)
寻——浔鲟(xún)
君——郡捃(jùn)　裙群(qún)
菌——菌(jūn)
俊——峻竣浚骏(jùn)　逡(qūn)　皴(cūn)
巽——撰馔(zhuàn)
熏——薰曛醺(xūn)

eng 韵
丰——沣峰烽锋蜂(fēng)　逢缝(féng)　蚌(bèng)　蓬篷(péng)
风——枫砜疯(fēng)　讽(fěng)
正——征钲(zhēng)　整(zhěng)　症证政(zhèng)　惩(chéng)
生——牲笙甥(shēng)　眚(shěng)　胜(shèng)　戥(děng)
圣——柽蛏(chēng)
成——诚城铖晟(chéng)　盛(shèng)
争——挣峥狰睁铮筝(zhēng)　净(zhèng)
丞——蒸(zhēng)　拯(zhěng)
更——埂哽绠梗鲠(gěng)
呈——酲埕程(chéng)　逞(chěng)　锃(zèng)
亨——哼(hēng)　烹(pēng)
奉——俸(fèng)　捧(pěng)
朋——鹏棚硼堋(péng)　崩嘣(bēng)　镚蹦(bèng)
蒙——朦礞艨檬鹲(méng)　蠓(měng)
孟——锰勐猛蜢艋(měng)

彭——嘭(pēng) 蟛膨(péng)

ing 韵

青——清蜻(qīng) 情晴氰(qíng) 请(qǐng) 精睛菁(jīng) 静靖(jìng)
平——评萍坪苹枰(píng)
京——惊鲸(jīng) 景(jǐng)
丁——盯钉叮仃町酊(dīng) 顶(dǐng) 订(dìng) 厅汀(tīng) 亭婷(tíng)
并——饼(bǐng) 摒(bìng) 屏瓶(píng)
定——锭啶碇(dìng)
丙——炳柄(bǐng) 病(bìng)
令——苓零龄铃羚玲翎伶聆瓴柃囹(líng) 领岭(lǐng)
廷——庭霆蜓莛(tíng) 挺艇(tǐng) 铤(dìng)
茎——经泾(jīng) 颈(jǐng) 径胫迳痉(jìng) 轻氢(qīng)
刑——形型邢(xíng)
亭——婷停葶(tíng)
婴——樱缨嘤撄罂瓔(yīng) 瘿(yǐng)
名——铭茗洺(míng) 酩(mǐng)
星——腥惺猩(xīng) 醒(xǐng)
莹——莺(yīng) 营萦萤荧滢(yíng)
菱——凌绫陵(líng)
英——瑛缨锳(yīng) 暎(yìng)

其他韵

十——什(shén) 针(zhēn)
川——圳(zhèn) 顺(shùn) 训驯(xùn) 钏(chuàn)
勿——刎吻(wěn)
冗——沉(chén)
坚——紧(jǐn) 肾(shèn) 贤(xián) 铿(kēng)
享——敦墩礅(dūn) 淳鹑醇(chún) 谆(zhūn)

第四节　普通话声调

一、声调及其作用

1. 声调

声调是汉语音节所固有的,可以区别意义的声音的高低升降。在汉语里,声调是音节结构中不可缺少的组成部分,担负着重要的辨义作用。例如,"题材"和"体裁"、"练习"和"联系"等,这些词语意义的不同主要靠声调来区别。声调贯穿整个音节的始终,主要作用在韵腹上。在汉语里,一个音节一般就是一个汉字,所以声调也叫字调。

声调和音长、音强都有关系,但是,它的性质主要决定于音高。音乐中的音阶也是由音高决定的,音高则决定于发音体在一定时间内颤动次数的多少,次数越多,声音越高,反之声音越低。发音时,声带越紧,在一定时间内振动的次数越多,声音越高,声带越松,在一定时间内振动的次数越少,声音就越低。在发音过程中,声带是可以随时调整的,这样就造成种种不同的音高变化,形成了不同的声调。

声调的音高是相对的,不要求音高频率的绝对值。由于人的嗓音高低各不相同,声调高低并不是要求人人都发的同样高。女人和小孩儿由于声带比成年男子短一些、窄一些、薄一些,所以他们的声调音高要比成年男子高一些;同一个人情绪紧张激动时,声带会控制得紧一些,所以这时他的声调音高要比平时情绪平静时高一些。此外,声调的高低升降变化是滑动的,不像从一个音阶到另一个音阶那样跳跃式地移动。

2. 声调的作用

(1) 区别词义,纯正字音

声调是汉语音节中不可缺少的成分,声调不同,词义就不一样。例如:"买"mǎi 和"卖"mài、"同志"tóngzhì 和"通知"tōngzhī、"语言"yǔyán 和"预演"yùyǎn 等,这些词语声母和韵母相同,声调不同,词的意义就不一样。

(2) 使语言富有节奏感

由于声调有高低升降、曲直长短的变化形式,各种声调的反差就形成了语音的节奏,表现出抑扬顿挫的音乐美。

二、调值、调类和调号

1. 调值

调值指声调高低、升降、曲折、长短的实际发音。调值高低、升降、曲直的不同是由声带的松紧造成的。

普通话调值的标记通常采用赵元任先生创制的"五度标记法"。五度标记法就是用五度标记调值的相对音高的一种方法。先用一条竖线表示"音高",分为四等份,共有五个点。从下面最低点开始共分为五度,即"低""半低""中""半高""高",分别用 1、2、3、4、5 表示。根据这种标调法,普通话声调的四种调值可以用下图表示出来。

下图中,标记的竖线本身只是个尺度,竖线左边表示调值的高低、升降、曲折。从左到右的横线、斜线、曲线,表示调值的起止点,显示声调调值的基本形状(调形)。

普通话声调调值的特点是:①调形区分明显,四种调值表现为一平、二升、三曲、四降;②调值高扬成分多,阴平是高平调,阳平是高升调,去声的起点高,上声虽然基本特征是低调,但在单字调的后半段也表现为上扬,止点在 4 度。

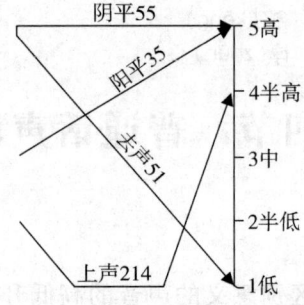

2. 调类

调类是指声调的种类,就是把调值相同的字归纳在一起而建立的类。普通话有四种基本的调值,因而有四个调类。阴平声、阳平声、上(注意:念 shǎng 不念 shàng)声、去声就是普通话调类的名称。调类名称也可以用序数表示,称一声、二声、三声、四声,简称为"四声"。如果把普通话四种声调分开来说明,可以形成下表。

调类(四声)	调值	例字	调形	调号	发音特点
1. 阴平	55	妈 mā	高平	ˉ	起音高高一路平
2. 阳平	35	麻 má	中升	ˊ	由中到高往上升
3. 上声	214	马 mǎ	降升	ˇ	先降后升曲折起
4. 去声	51	骂 mà	全降	ˋ	高起猛降到底层

3. 调号

调号就是标记普通话调类的符号。《汉语拼音方案》所规定的调号是:阴平"ˉ"、阳平"ˊ"、上

第二章 普通话的语音

声"ˇ"、去声"ˋ",调号要标在韵母的主要元音(韵腹)上。

汉语六个主要元音中,发音最响亮的是 a,依次下去是 o,e,i,u,ü。一个音节有 a,调号就标在 a 上,如 dào;没有 a,就标在 o 或 e 上,如 chōu,mèi。碰到 iu、ui 组成音节,就标在最后一个元音上。例如"xiù(秀)","tuī(推)"。调号如标在 i 上,那么 i 上面的一点就省去,例如:"yī(衣)","xīn(新)"。下面的顺口溜可以帮助我们记住标调的方法:

　　　　a 母出现莫放过,没有 a 母找 o、e;
　　　　i、u 并列标在后,i 上标调把点抹;
　　　　单个韵母头上画,这样标调不会错。

轻声音节不标调,例如:"zhuōzi(桌子)","wǎnshang(晚上)","hǎoma(好吗)"。

三、声调的发音要领

普通话声调的发音有鲜明的特点,阴平、阳平、上声和去声调声区别明显:一平、二升、三曲、四降。

1. 阴平

阴平又叫作高平调,调值 55。发音时,声带绷到最紧,始终没有明显变化,保持高音。注意"又高又平"的特点,不要发成了半高平 44 或中平 33。例如:

高 gāo　编 biān　接 jiē　修 xiū

2. 阳平

阳平又叫作高升调,调值 35。发音时,声带从不松不紧开始,逐渐绷紧,到最紧为止,声音由不低不高升到最高。例如:

常 cháng　能 néng　敌 dí　桃 táo

3. 上声

上声又叫作降升调,调值 214。发音时,声带从略微有些紧张开始,立刻松弛下来,稍稍延长,然后迅速绷紧,但没有绷到最紧。例如:

党 dǎng　紧 jǐn　雪 xuě　吵 chǎo

4. 去声

去声又叫作全降调,调值 51。发音时,声带从紧开始,到完全松弛为止。声音由高到低。注意不要把全降调发成了高升调。例如:

浪 làng　电 diàn　立 lì　借 jiè

四、声调辨正

1. 阴平、阳平

阴平与阳平训练中应防范出现的缺陷:阴平,一是不能达到调值 55 的高度,有的读成 44 或 33 的调值;二是出现前后调值高度不一致的现象,即在四个声调自然分布的普通话水平测试的第一题单音节字词的朗读时,阴平忽高忽低,音高不稳定。阳平的问题也有两个:一是升调带曲势,即通俗所谓"拐弯"的现象;二是为避免"拐弯"而发声急促,影响了普通话应有的舒展的语感。

(1) 全阴平练习

丹 dān　　　吨 dūn　　　装 zhuāng　　　机 jī　　　颁 bān
操 cāo　　　趴 pā　　　薪 xīn　　　发出 fāchū　　　干杯 gānbēi
呼吸 hūxī　　几乎 jīhū　　沙滩 shātān　　期间 qījiān　　贪污 tānwū
悄悄 qiāoqiāo　　弯曲 wānqū　　分工 fēngōng　　春天花开 chūntiānhuākāi
江山多娇 jiāngshānduōjiāo　　珍惜光阴 zhēnxīguāngyīn

(2) 阴平在前的词语练习

凄凉 qīliáng	清查 qīngchá	今年 jīnnián	珊瑚 shānhú	山河 shānhé
安稳 ānwěn	班长 bānzhǎng	包裹 bāoguǒ	参考 cānkǎo	缺点 quēdiǎn
机构 jīgòu	家教 jiājiào	开办 kāibàn	科室 kēshì	勘探 kāntàn

(3) 阴平在后的词语练习

儿孙 érsūn	繁多 fánduō	国家 guójiā	寒暄 hánxuān	胡说 húshuō
保温 bǎowēn	把关 bǎguān	厂家 chǎngjiā	处方 chǔfāng	打击 dǎjī
旱灾 hànzāi	假期 jiàqī	间接 jiànjiē	抗击 kàngjī	客观 kèguān

(4) 全阳平练习

才 cái	禅 chán	随 suí	言 yán	权 quán
敌 dí	成 chéng	人 rén	吉祥 jíxiáng	扛活 kánghuó
来由 láiyóu	离奇 líqí	茫然 mángrán	然而 rán'ér	神奇 shénqí
熟人 shúrén	杂文 záwén	颓唐 tuítáng	豪情昂扬 háoqíng'ángyáng	
回国华侨 huíguóhuáqiáo		人民团结 rénmíntuánjié		

(5) 阳平在前的词语

麻花 máhuā	南方 nánfāng	泥坑 níkēng	旁边 pángbiān	其间 qíjiān
毒品 dúpǐn	而且 érqiě	罚款 fákuǎn	烦恼 fánnǎo	国有 guóyǒu
鼻涕 bítì	白炽 báichì	裁判 cáipàn	常见 chángjiàn	答案 dá'àn

(6) 阳平在后的词语练习

超额 chāo'é	当局 dāngjú	单词 dāncí	阿谀 ēyú	恩情 ēnqíng
椭圆 tuǒyuán	网球 wǎngqiú	委员 wěiyuán	整洁 zhěngjié	主持 zhǔchí
课程 kèchéng	破除 pòchú	那时 nàshí	内容 nèiróng	漫长 màncháng

2. 上声、去声

上声，其调值是214，它是普通话四个声调里最不易学好的。常见的缺陷有六：一是调头太高（读314），二是调尾太高（读215），三是调尾太低（读212或213），四是整个声调偏高（几乎无曲势，读324），五是声调中断（读21-4），六是声调曲折生硬。去声的主要问题是缺乏音高概念，不是从最高降到最低，而是加大音强并读成调值31或53。

(1) 全上声练习

使 shǐ	扰 rǎo	保 bǎo	笔 bǐ	管 guǎn	奖 jiǎng	党 dǎng	此 cǐ
主 zhǔ	损 sǔn	紧 jǐn	所 suǒ	产 chǎn	港 gǎng	品 pǐn	打 dǎ
感 gǎn	委 wěi	粉 fěn	赶 gǎn	鼓 gǔ	舞 wǔ	海 hǎi	守 shǒu

(2) 上声在前的词语练习（上声读为半上211，这属于上声的变调现象）

海滨 hǎibīn	口腔 kǒuqiāng	假装 jiǎzhuāng	检修 jiǎnxiū	可观 kěguān
法人 fǎrén	改革 gǎigé	果实 guǒshí	海拔 hǎibá	广博 guǎngbó
倘若 tǎngruò	损耗 sǔnhào	体力 tǐlì	统治 tǒngzhì	往日 wǎngrì

(3) 上声在后的词语练习

撒谎 sāhuǎng	三角 sānjiǎo	听讲 tīngjiǎng	贪嘴 tānzuǐ	微小 wēixiǎo
如果 rúguǒ	食品 shípǐn	外语 wàiyǔ	田野 tiányě	提审 tíshěn
窃取 qièqǔ	入口 rùkǒu	授予 shòuyǔ	特点 tèdiǎn	神勇 shényǒng

(4) 全去声练习

件 jiàn	滥 làn	事 shì	布 bù	器 qì
告 gào	侧 cè	面 miàn	腊月 làyuè	浪漫 làngmàn
目录 mùlù	面貌 miànmào	那样 nàyàng	耐力 nàilì	怄气 òuqì

确定 quèdìng　　　锐利 ruìlì　　　　售货 shòuhuò　　　日夜变化 rìyèbiànhuà

（5）去声在前的词语练习

爱心 àixīn	报销 bàoxiāo	弊端 bìduān	刺激 cìjī	扩张 kuòzhāng
个人 gèrén	汉语 hànyǔ	好奇 hàoqí	价格 jiàgé	鉴别 jiànbié
号码 hàomǎ	见解 jiànjiě	教养 jiàoyǎng	电子 diànzǐ	矿井 kuàngjǐng

（6）去声在后的词语练习

帆布 fānbù	干脆 gāncuì	关注 guānzhù	黑夜 hēiyè	呵斥 hēchì
敌对 díduì	额外 éwài	然后 ránhòu	扶助 fúzhù	泊位 bówèi
讨论 tǎolùn	水利 shuǐlì	请假 qǐngjià	品质 pǐnzhì	暖气 nuǎnqì

3. 消除入声训练

普通话没有入声。古入声字都派到普通话的阴、阳、上、去四声里了，其中派到去声里的最多，约占一半以上；三分之一派到阳平；派到上声的最少。许多方言里都有入声。浙江吴方言里的入声后面几乎都带有塞音韵尾，读音短促。学习普通话声调时，这种短促的入声调的残留将会明显影响普通话整体语调，所以要特别注意消除入声调。

（1）声调对比练习

gēnggǎi—gěnggài　　　xiāngjiāo—xiàngjiāo　　　tícái—tǐcái　　　jìnqū—jìnqǔ
更改—梗概　　　　　香蕉—橡胶　　　　　　题材—体裁　　　禁区—进取

diāolíng—diàolìng　　bǎowèi—bāowéi　　　huānyíng—huànyǐng　　chūnjié—chúnjié
凋零—调令　　　　　保卫—包围　　　　　欢迎—幻影　　　　　春节—纯洁

bānjí—bānjī　　　　fénhuǐ—fēnhuì　　　féiliào—fèiliào　　　ānhǎo—ànhào
班级—班机　　　　焚毁—分会　　　　肥料—废料　　　　安好—暗号

liánxì—liànxí—liánxī
联系—练习—怜惜

chéngbāo—chéngbǎo—chéngbào
承包—城堡—呈报

chéngshì—chéngshí—chēngshì
城市—诚实—瞠视

dìzhǐ—dìzhì—dǐzhì—dìzhī
地址—地质—抵制—地支

biānzhì—biǎnzhí—biānzhī—biànzhì
编制—贬值—编织—变质

yǔyán—yúyàn—yùyán—yùyǎn
语言—鱼雁—预言—预演

gōngshì—gòngshì—gōngshí—gōngshǐ
公式—共事—工时—公使

fángzhǐ—fǎngzhī—fàngzhì—fángzhì—fǎngzhì—fāngzhì
防止—纺织—放置—防治—仿制—方志

（2）四声练习

sānhuángwǔdì　　　　qūbiéhǎojì　　　　shēnmóuyuǎnlǜ　　　　bīngqiángmǎzhuàng
三皇五帝　　　　　区别好记　　　　深谋远虑　　　　　　兵强马壮

gāopéngmǎnzuò　　　yīngxiónghǎohàn　　wànlǐchángzhēng　　　bèijǐnglíxiāng
高朋满座　　　　　英雄好汉　　　　　万里长征　　　　　背井离乡

nòngqiǎochéngzhuō　　xìqǔyánjiū　　　　tònggǎiqiánfēi　　　　mùgǔchénzhōng
弄巧成拙　　　　　戏曲研究　　　　痛改前非　　　　　暮鼓晨钟

第五节　普通话音变

学习普通话,仅仅掌握普通话的声母、韵母和声调是不够的。因为我们在读书或说话时,不是孤立地严格按照每一个音节的声、韵、调来发音的,而是根据需要将许多音节快速地组合,连续发出很多音节,形成一连串自然的"语流"。在这个过程中,相邻的音素与音素、音节与音节、声调与声调之间就不可避免地会发生相互影响,从而使有些音节的读音产生一定的变化,这就是语流音变。普通话的语流音变现象主要表现在变调、轻声、儿化和语气词"啊"的变读等几个方面。音变是有一定规律的,了解这些规律,一是有助于说好普通话,二是能使我们的口语表达给人以语音和谐之感。

一、变调与变调训练

普通话的四个声调是单个音节发音时的声调。在语流中,由于相邻音节声调的影响,使有些音节的声调本来的调值发生变化,这种声调变化现象叫变调。普通话中的变调主要包括上声变调、"一""不"的变调。

1. 上声变调

上声的调值是 214 降升调,但在语流中,很难允许上声四平八稳地把既长又曲折的调形发完整,往往是后面的音节一挤,就使得上声不得不改变原形,或者只发前一半,后半被挤掉,或者简化发音进程,把曲折调发成直上调,降而低的部分被挤掉。因此,上声只有在单念或处在词尾、句尾时,才读原字调,在阴平、阳平、上声、去声前面都要发生变调,上声音节的变调有以下几种情况:

(1) 上声+非上声→"半上"+非上声

上声在非上声前,即在阴平、阳平、去声、轻声前,上声音节的调值由降升调变为只降不升的"半上声",只读上声的前半截,丢掉后半段"14"上升的尾巴,调值由 214 变为半上声 211,即:上声+非上声(阴平、阳平、去声、轻声)→"半上"+非上声。例如:

上+阴→"半上"+阴:火车 huǒchē　　　214+55→211+55
上+阳→"半上"+阳:打球 dǎqiú　　　　214+35→211+35
上+去→"半上"+去:想念 xiǎngniàn　　214+51→211+51
上+轻(非上声)→"半上"+轻:喜欢 xǐhuan

练读下列词语,注意上声的变调:

①上声+阴平

北京 Běijīng	普通 pǔtōng	百般 bǎibān	摆脱 bǎituō	省心 shěngxīn
典章 diǎnzhāng	反击 fǎnjī	粉刷 fěnshuā	感激 gǎnjī	广播 guǎngbō
海关 hǎiguān	假山 jiǎshān	酒精 jiǔjīng	苦衷 kǔzhōng	冷风 lěngfēng
领先 lǐngxiān	抹杀 mǒshā	脑筋 nǎojīn	启发 qǐfā	取消 qǔxiāo
火车 huǒchē	警钟 jǐngzhōng	体积 tǐjī	统一 tǒngyī	挽歌 wǎngē

②上声+阳平

表扬 biǎoyáng	版权 bǎnquán	草原 cǎoyuán	齿轮 chǐlún	导航 dǎoháng
歹毒 dǎidú	法庭 fǎtíng	祖国 zǔguó	感觉 gǎnjué	改革 gǎigé
火柴 huǒchái	谎言 huǎngyán	旅行 lǚxíng	理由 lǐyóu	简捷 jiǎnjié
警察 jǐngchá	满足 mǎnzú	缅怀 miǎnhuái	奶油 nǎiyóu	跑鞋 pǎoxié
品格 pǐngé	乞求 qǐqiú	抢劫 qiǎngjié	导游 dǎoyóu	扫描 sǎomiáo

③上声+去声

| 保护 bǎohù | 彩色 cǎisè | 胆量 dǎnliàng | 法院 fǎyuàn | 感谢 gǎnxiè |

好看 hǎokàn	解放 jiěfàng	恐怖 kǒngbù	老练 lǎoliàn	美丽 měilì
暖气 nuǎnqì	品位 pǐnwèi	巧妙 qiǎomiào	忍耐 rěnnài	审讯 shěnxùn
坦率 tǎnshuài	晚会 wǎnhuì	广大 guǎngdà	响应 xiǎngyìng	土地 tǔdì

④上声+轻声

指甲 zhǐjia	哑巴 yǎba	伙计 huǒji	名气 míngqi	骨头 gǔtou
口袋 kǒudai	讲究 jiǎngjiu	老实 lǎoshi	点心 diǎnxin	暖和 nuǎnhuo
打听 dǎting	本事 běnshi			

上声在原调是上声的轻声前(表示亲属称谓和"子"作后缀的名词等除外),要读作"直上"+轻声。例如:

哪里 nǎli　　打手 dǎshou　　老鼠 lǎoshu

(2)上声+上声→阳平+上声

两个上声音节相连时,前一个上声音节的调值由降升调变为近乎阳平调值的值上,即调值由214度变为35度。

训练:

上声+上声→阳平+上声

总理 zǒnglǐ	比拟 bǐnǐ	口语 kǒuyǔ	指导 zhǐdǎo	补给 bǔjǐ
龋齿 qǔchǐ	辗转 zhǎnzhuǎn	草纸 cǎozhǐ	水藻 shuǐzǎo	首长 shǒuzhǎng
枸杞 gǒuqǐ	所属 suǒshǔ	勇敢 yǒnggǎn	给养 jǐyǎng	倘使 tǎngshǐ
堡垒 bǎolěi	假使 jiǎshǐ	猥琐 wěisuǒ	彼此 bǐcǐ	讲解 jiǎngjiě
五指 wǔzhǐ	笔者 bǐzhě	口齿 kǒuchǐ	眨眼 zhǎyǎn	管理 guǎnlǐ

(3)三个上声相连的变调

三个上声音节相连,如果后面没有其他音节,也不带什么语气,末尾音节一般不变调。开头、当中的上声音节有两种变调:

①当词语的结构是单音节+双音节(单双格)时,开头的音节处在被强调的逻辑重音时,读"半上",调值变为211,第二个音节变为35度,调值相当于阳平,即:上声+(上声+上声)→半上+阳平+上声。

训练:

纸/老虎 zhǐlǎohǔ	党/小组 dǎngxiǎozǔ	很/友好 hěnyǒuhǎo
李/厂长 lǐchǎngzhǎng	冷/处理 lěngchǔlǐ	小/两口 xiǎoliǎngkǒu
老/保守 lǎobǎoshǒu	小/拇指 xiǎomǔzhǐ	耍/笔杆 shuǎbǐgǎn

②当词语的结构是双音节+单音节(双单格)时,开头、中间的上声音节调值变为35度,相当于阳平的调值,即(上声+上声)+上声→阳平+阳平+上声。

训练:

演讲/稿 yǎnjiǎnggǎo	古典/美 gǔdiǎnměi	展览/馆 zhǎnlǎnguǎn
洗脸/水 xǐliǎnshuǐ	管理/组 guǎnlǐzǔ	选举/法 xuǎnjǔfǎ
勇敢/者 yǒnggǎnzhě	打靶/场 dǎbǎchǎng	

要是有更多的上声音节相连,则按语音停顿情况来变,停顿的上声仍为上声,其他上声变为近乎阳平调值的值上。也可以根据词语的内部组合情况划分为若干二字组或三字组,再按上述规律变调。快读时,也可以只保留最后一个音节读上声,前面音节一律变为相当于阳平的值上。

2."一""不"的变调

"一""不"在单念或用在词句末尾时,以及"一"在序数中,声调不变,读原调,"一"念阴平55,"不"念去声51。例如:第一,偏不。当它们处在其他音节前面时,声调往往发生变化,有以下几种情况：
(1)"一""不"在去声前变阳平
例如：

一味 yíwèi	一色 yísè	一样 yíyàng	一并 yíbìng
一下 yíxià	一道 yídào	一夜 yíyè	一阵 yízhèn
一刻 yíkè	一动 yídòng	一晃 yíhuàng	一路 yílù
不待 búdài	不在 búzài	不济 bújì	不见 bújiàn
不愧 búkuì	不吝 búlìn	不胜 búshèng	不逊 búxùn
不外 búwài	不厌 búyàn	不意 búyì	不测 búcè

(2)在非去声前，"一"读去声，"不"仍读其原调去声

一朝 yìzhāo	一经 yìjīng	一新 yìxīn	一口 yìkǒu
一生 yìshēng	一杯 yìbēi	一棵 yìkē	一根 yìgēn
一手 yìshǒu	一览 yìlǎn	一点儿 yìdiǎnr	一些 yìxiē
一心 yìxīn	一行 yìxíng	不同 bùtóng	不说 bùshuō

(3)夹在词中间读轻声（次轻音）

说一声 shuōyisheng　　　　　　　　　想一想 xiǎngyixiǎng
看一看 kànyikàn　　　　　　　　　　好不好 hǎobuhǎo
去不去 qùbuqù　　　　　　　　　　　等不及 děngbují

"一"的变调规律，可以概括成下面的歌诀：
　　　　　"一"的基调是阴平，非去声前变去声，
　　　　　去声前面变阳平，嵌在词中读轻声。

二、轻声

在普通话里，除了阴平、阳平、上声、去声四种声调之外，有些词里的音节或句子里的词，失去原有的声调，念成又轻又短的调子，这种音节叫轻声。

1.轻声的作用

轻声不单纯是一种语音现象，它不但和词义、词性有关系，而且还和语法有很大关系。

(1)轻声具有区别词义的作用

zìzài　　　　　　　　　　　　　　　　zìzai
自在(自由,不受拘束)　　　　　　　　自在(安闲舒适)

dàyì　　　　　　　　　　　　　　　　dàyi
大意(主要意思)　　　　　　　　　　　大意(粗心)

shìfēi　　　　　　　　　　　　　　　shìfei
是非(事理的正确与错误)　　　　　　是非(纠纷,口舌)

xiōngdì　　　　　　　　　　　　　　xiōngdi
兄弟(哥哥和弟弟)　　　　　　　　　兄弟(弟弟)

dōngxī　　　　　　　　　　　　　　dōngxi
东西(指方位)　　　　　　　　　　　东西(指物品)

(2)轻声具有区别词性的作用

dìdào　　　　　　　　　　　　　　　dìdao
地道(名词,在地面下挖成的通道)　　地道(形容词,真正的、纯粹)

kāitōng　　　　　　　　　　　　　　kāitong
开通(动词,使原来闭塞的不闭塞)　　开通(形容词,不守旧,不拘谨固执)

duìtóu	duìtou
对头（形容词，正确、合适）	对头（名词，仇敌、对手）

2. 轻声的规律

普通话里大多数轻声都同词汇、语法上的意义有密切关系。

（1）助词

①结构助词"的、地、得"

tāde	chīde	chànggēde	yúkuàide	mànmànde	xiědehǎo
他的	吃的	唱歌的	愉快地	慢慢地	写得好

②时态助词"着、了、过"

kànzhe	kànle	qùle	kànguo	láiguo
看着	看了	去了	看过	来过

③语气助词"啊、吧、了、吗、呢、的"

lái'a	zǒuba	zhōngxiǎngle	zhīdàoma	zěnmene	tāzhīdàode
来啊	走吧	钟响了	知道吗	怎么呢	他知道的

（2）名词的后缀"子、儿、头、们"

zhuōzi	yǐzi	gūduor	shítou	mántou	wǒmen
桌子	椅子	骨朵儿	石头	馒头	我们

（3）名词后面表示方位的"上、下、里"

fāngzhuōshang	jiǎoxia	shùxia	kǒudàili	héli
方桌上	脚下	树下	口袋里	河里

（4）动词后面表示趋向的"来、去、上、下、出、回、开、起、上来、下来、进来、出去、过来、回去"

nálai	dūnxiaqu	kǎoshang	zuòxia
拿来	蹲下去	考上	坐下

kànchu	lākai	táiqi	bēishanglai
看出	拉开	抬起	背上来

（5）叠音词和单音节动词重叠的第二个音节

māma	tàitai	tiáotiao	xiěxie
妈妈	太太	调调	写写

（6）联绵词的第二个音节

língli	luóbo	duōsuo	gēda
伶俐	萝卜	哆嗦	疙瘩

普通话水平测试用必读轻声词语表

说　明

1. 本表根据《普通话水平测试用普通话词语表》编制。
2. 本表供普通话水平测试第二项——读多音节词语（100个音节）测试使用。
3. 本表按汉语拼音字母顺序排列。
4. 条目中的非轻声音节只标本调，不标变调；条目中的轻声音节，注音不标调号，如："明白 míngbai"。

A

爱人 àiren　　　　　　　案子 ànzi

B

巴掌 bāzhang　　　把子 bǎzi　　　把子 bàzi　　　爸爸 baba

白净 báijing	班子 bānzi	板子 bǎnzi	帮手 bāngshou
梆子 bāngzi	膀子 bǎngzi	棒槌 bàngchui	棒子 bàngzi
包袱 bāofu	包涵 bāohan	包子 bāozi	豹子 bàozi
杯子 bēizi	被子 bèizi	本事 běnshi	本子 běnzi
鼻子 bízi	比方 bǐfang	鞭子 biānzi	扁担 biǎndan
辫子 biànzi	别扭 bièniu	饼子 bǐngzi	拨弄 bōnong
脖子 bózi	簸箕 bòji	补丁 bǔding	不由得 bùyóude
不在乎 bùzàihu	步子 bùzi	部分 bùfen	

C

裁缝 cáifeng	财主 cáizhu	苍蝇 cāngying	差事 chāishi
柴火 cháihuo	肠子 chángzi	厂子 chǎngzi	场子 chǎngzi
车子 chēzi	称呼 chēnghu	池子 chízi	尺子 chǐzi
虫子 chóngzi	绸子 chóuzi	除了 chúle	锄头 chútou
畜生 chùsheng	窗户 chuānghu	窗子 chuāngzi	锤子 chuízi
刺猬 cìwei	凑合 còuhe	村子 cūnzi	

D

耷拉 dāla	答应 dāying	打扮 dǎban	打点 dǎdian
打发 dǎfa	打量 dǎliang	打算 dǎsuàn	打听 dǎting
大方 dàfang	大爷 dàye	大夫 dàifu	带子 dàizi
袋子 dàizi	耽搁 dānge	耽误 dānwu	单子 dānzi
胆子 dǎnzi	担子 dànzi	刀子 dāozi	道士 dàoshi
稻子 dàozi	灯笼 dēnglong	提防 dīfang	笛子 dízi
底子 dǐzi	地道 dìdao	地方 dìfang	弟弟 dìdi
弟兄 dìxiong	点心 diǎnxin	调子 diàozi	钉子 dīngzi
东家 dōngjia	东西 dōngxi	动静 dòngjing	动弹 dòngtan
豆腐 dòufu	豆子 dòuzi	嘟囔 dūnang	肚子 dǔzi
肚子 dùzi	缎子 duànzi	对付 duìfu	对头 duìtou
队伍 duìwu	多么 duōme		

E

蛾子 ézi	儿子 érzi	耳朵 ěrduo	

F

贩子 fànzi	房子 fángzi	份子 fènzi	风筝 fēngzheng
疯子 fēngzi	福气 fúqi	斧子 fǔzi	

G

盖子 gàizi	甘蔗 gānzhe	杆子 gānzi	杆子 gǎnzi
干事 gànshi	杠子 gàngzi	高粱 gāoliang	膏药 gāoyao
稿子 gǎozi	告诉 gàosu	疙瘩 gēda	哥哥 gēge
胳膊 gēbo	鸽子 gēzi	格子 gézi	个子 gèzi
根子 gēnzi	跟头 gēntou	工夫 gōngfu	弓子 gōngzi
公公 gōnggong	功夫 gōngfu	钩子 gōuzi	姑姑 gūgu
姑娘 gūniang	谷子 gǔzi	骨头 gǔtou	故事 gùshi
寡妇 guǎfu	褂子 guàzi	怪物 guàiwu	关系 guānxì
官司 guānsi	罐头 guàntou	罐子 guànzi	规矩 guīju
闺女 guīnü	鬼子 guǐzi	柜子 guìzi	棍子 gùnzi

第二章 普通话的语音

| 锅子 guōzi | 果子 guǒzi | | |

H

蛤蟆 háma	孩子 háizi	含糊 hánhu	汉子 hànzi
行当 hángdang	合同 hétóng	和尚 héshang	核桃 hétao
盒子 hézi	红火 hónghuo	猴子 hóuzi	后头 hòutou
厚道 hòudao	狐狸 húli	胡琴 húqin	糊涂 hútu
皇上 huángshang	幌子 huǎngzi	胡萝卜 húluóbo	活泼 huópō
火候 huǒhou	伙计 huǒji	护士 hùshi	

J

机灵 jīling	脊梁 jīliang	记号 jìhao	记性 jìxing
夹子 jiāzi	家伙 jiāhuo	架势 jiàshi	架子 jiàzi
嫁妆 jiàzhuang	尖子 jiānzi	茧子 jiǎnzi	剪子 jiǎnzi
见识 jiànshi	毽子 jiànzi	将就 jiāngjiu	交情 jiāoqing
饺子 jiǎozi	叫唤 jiàohuan	轿子 jiàozi	结实 jiēshi
街坊 jiēfang	姐夫 jiěfu	姐姐 jiějie	戒指 jièzhi
金子 jīnzi	精神 jīngshen	镜子 jìngzi	舅舅 jiùjiu
橘子 júzi	句子 jùzi	卷子 juànzi	

K

咳嗽 késou	客气 kèqi	空子 kòngzi	口袋 kǒudai
口子 kǒuzi	扣子 kòuzi	窟窿 kūlong	裤子 kùzi
快活 kuàihuo	筷子 kuàizi	框子 kuàngzi	困难 kùnnan
阔气 kuòqi			

L

喇叭 lǎba	喇嘛 lǎma	篮子 lánzi	懒得 lǎnde
浪头 làngtou	老婆 lǎopo	老实 lǎoshi	老太太 lǎotàitai
老头子 lǎotóuzi	老爷 lǎoye	老子 lǎozi	姥姥 lǎolao
累赘 léizhui	篱笆 líba	里头 lǐtou	力气 lìqi
厉害 lìhai	利落 lìluo	利索 lìsuo	例子 lìzi
栗子 lìzi	痢疾 lìji	连累 liánlei	帘子 liánzi
凉快 liángkuai	粮食 liángshi	两口子 liǎngkǒuzi	料子 liàozi
林子 línzi	翎子 língzi	领子 lǐngzi	溜达 liūda
聋子 lóngzi	笼子 lóngzi	炉子 lúzi	路子 lùzi
轮子 lúnzi	萝卜 luóbo	骡子 luózi	骆驼 luòtuo

M

妈妈 māma	麻烦 máfan	麻利 máli	麻子 mázi
马虎 mǎhu	码头 mǎtóu	买卖 mǎimai	麦子 màizi
馒头 mántou	忙活 mánghuo	冒失 màoshi	帽子 màozi
眉毛 méimao	媒人 méiren	妹妹 mèimei	门道 méndao
眯缝 mīfeng	迷糊 míhu	面子 miànzi	苗条 miáotiao
苗头 miáotou	名堂 míngtang	名字 míngzi	明白 míngbai
蘑菇 mógu	模糊 móhu	木头 mùtou	木匠 mùjiàng

N

| 那么 náme | 奶奶 nǎinai | 难为 nánwei | 脑袋 nǎodai |
| 脑子 nǎozi | 能耐 néngnai | 你们 nǐmen | 念叨 niàndao |

49

| 念头 niàntou | 娘家 niángjia | 镊子 nièzi | 奴才 núcai |
| 女婿 nǚxu | 暖和 nuǎnhuo | 疟疾 nüèji | |

P

拍子 pāizi	牌楼 páilou	牌子 páizi	盘算 pánsuan
盘子 pánzi	胖子 pàngzi	狍子 páozi	盆子 pénzi
朋友 péngyou	棚子 péngzi	脾气 píqi	皮子 pízi
痞子 pǐzi	屁股 pìgu	片子 piānzi	便宜 piányi
骗子 piànzi	票子 piàozi	漂亮 piàoliang	瓶子 píngzi
婆家 pójia	婆婆 pópo	铺盖 pūgai	

Q

欺负 qīfu	旗子 qízi	前头 qiántou	钳子 qiánzi
茄子 qiézi	亲戚 qīnqi	勤快 qínkuai	清楚 qīngchu
亲家 qìngjia	曲子 qǔzi	圈子 quānzi	拳头 quántou
裙子 qúnzi			

R

| 热闹 rè'nào | 人家 rénjia | 人们 rénmen | 认识 rènshi |
| 日子 rìzi | 褥子 rùzi | | |

S

塞子 sāizi	嗓子 sǎngzi	嫂子 sǎozi	扫帚 sàozhou
沙子 shāzi	傻子 shǎzi	扇子 shànzi	商量 shāngliang
晌午 shǎngwǔ	上司 shàngsi	上头 shàngtou	烧饼 shāobing
勺子 sháozi	少爷 shàoye	哨子 shàozi	舌头 shétou
身子 shēnzi	什么 shénme	婶子 shěnzi	生意 shēngyi
牲口 shēngkou	绳子 shéngzi	师父 shīfu	师傅 shīfu
虱子 shīzi	狮子 shīzi	石匠 shíjiang	石榴 shíliu
石头 shítou	时候 shíhou	实在 shízai	拾掇 shíduo
使唤 shǐhuan	世故 shìgu	似的 shìde	事情 shìqing
柿子 shìzi	收成 shōucheng	收拾 shōushi	首饰 shǒushi
叔叔 shūshu	梳子 shūzi	舒服 shūfu	舒坦 shūtan
疏忽 shūhu	爽快 shuǎngkuai	思量 sīliang	算计 suànji
岁数 suìshu	孙子 sūnzi		

T

他们 tāmen	它们 tāmen	她们 tāmen	台子 táizi
太太 tàitai	摊子 tānzi	坛子 tánzi	毯子 tǎnzi
桃子 táozi	特务 tèwu	梯子 tīzi	蹄子 tízi
挑剔 tiāoti	挑子 tiāozi	条子 tiáozi	跳蚤 tiàozao
铁匠 tiějiang	亭子 tíngzi	头发 tóufa	头子 tóuzi
兔子 tùzi	妥当 tuǒdang	唾沫 tuòmo	

W

挖苦 wāku	娃娃 wáwa	袜子 wàzi	晚上 wǎnshang
尾巴 wěiba	委屈 wěiqu	为了 wèile	位置 wèizhì
位子 wèizi	蚊子 wénzi	稳当 wěndang	我们 wǒmen
屋子 wūzi			

X

| 稀罕 xīhan | 席子 xízi | 媳妇 xífu | 喜欢 xǐhuan |

瞎子 xiāzi	匣子 xiázi	下巴 xiàba	吓唬 xiàhu
先生 xiānsheng	乡下 xiāngxia	箱子 xiāngzi	相声 xiàngsheng
消息 xiāoxi	小伙子 xiǎohuǒzi	小气 xiǎoqi	小子 xiǎozi
笑话 xiàohua	谢谢 xièxie	心思 xīnsi	星星 xīngxing
猩猩 xīngxing	行李 xíngli	性子 xìngzi	兄弟 xiōngdi
休息 xiūxi	秀才 xiùcai	秀气 xiùqi	袖子 xiùzi
靴子 xuēzi	学生 xuésheng	学问 xuéwen	

Y

丫头 yātou	鸭子 yāzi	衙门 yámen	哑巴 yǎba
胭脂 yānzhi	烟筒 yāntong	眼睛 yǎnjing	燕子 yànzi
秧歌 yāngge	养活 yǎnghuo	样子 yàngzi	吆喝 yāohe
妖精 yāojing	钥匙 yàoshi	椰子 yēzi	爷爷 yéye
叶子 yèzi	一辈子 yībèizi	衣服 yīfu	衣裳 yīshang
椅子 yǐzi	意思 yìsi	银子 yínzi	影子 yǐngzi
应酬 yìngchou	柚子 yòuzi	冤枉 yuānwang	院子 yuànzi
月饼 yuèbing	月亮 yuèliang	云彩 yúncai	运气 yùnqi

Z

在乎 zàihu	咱们 zánmen	早上 zǎoshang	怎么 zěnme
扎实 zhāshi	眨巴 zhǎba	栅栏 zhàlan	宅子 zháizi
寨子 zhàizi	张罗 zhāngluo	丈夫 zhàngfu	帐篷 zhàngpeng
丈人 zhàngren	帐子 zhàngzi	招呼 zhāohu	招牌 zhāopai
折腾 zhēteng	这个 zhège	这么 zhème	枕头 zhěntou
镇子 zhènzi	芝麻 zhīma	知识 zhīshi	侄子 zhízi
指甲 zhǐjia(zhījia)	指头 zhǐtou(zhítou)	种子 zhǒngzi	珠子 zhūzi
竹子 zhúzi	主意 zhǔyi(zhúyi)	主子 zhǔzi	柱子 zhùzi
爪子 zhuǎzi	转悠 zhuànyou	庄稼 zhuāngjia	庄子 zhuāngzi
壮实 zhuàngshi	状元 zhuàngyuan	锥子 zhuīzi	桌子 zhuōzi
字号 zìhao	自在 zìzai	粽子 zòngzi	祖宗 zǔzong
嘴巴 zuǐba	作坊 zuōfang	琢磨 zuómo	

三、儿化

1. 什么是儿化

　　普通话是以北方话为基础的,儿化现象是北方话的特点之一。口语中儿化是指由词尾"儿"在其他音节的韵母之后,与前面的音节流利地连读而产生音变,"儿"失去了独立性,"化"到前一个音节上,只保持一个卷舌动作,使两个音节融合成一个儿化的音节,前面音节的韵母或多或少地发生变化的语音现象。我们把这种带有卷舌色彩的韵母称作"儿化韵"。用汉语拼音拼写这些儿化音节,只需在原来的音节之后加上"r"(表示卷舌作用)即可。例如:

　　麻花儿 máhuār　　小曲儿 xiǎoqǔr

2. 儿化的作用

(1) 区别词义

　　火星(一个星球的名称)　　火星儿(一小点儿火)
　　头(脑袋)　　头儿(领头的人)

(2) 区别词性

　　盖儿　　画儿　　堆儿(动变名)　　尖儿　　明儿(形变名)

(3)表示细小、轻微的意思
小米儿　　小鸡儿　　笔尖儿　　冰棍儿　　板凳儿
(4)表示喜欢、亲切的感情色彩
宝贝儿　　脸蛋儿　　电影儿　　画片儿　　大婶儿

3. 儿化的音变规律

加儿化韵尾就是加上一个卷舌动作。如果韵母的发音动作与儿化卷舌动作不冲突,儿化时只要在韵尾处加上卷舌动作即可。如果与卷舌动作冲突,就要在卷舌的同时变更原来韵母的音色。其规律如下:

原韵或尾音	儿化	实际发音	
韵母或韵尾是 a,o,e,u	不变,加 r	刀把儿(dāobàr) 山坡儿(shānpōr) 小道儿(xiǎodàor) 小树儿(xiǎoshùr)	号码儿(hàomǎr) 灯泡儿(dēngpàor) 高个儿(gāogèr)
韵尾是 i,n(in,ün 除外)	去 i 或 n,加 r	盖儿(gàr) 弯儿(wār) 书签儿(shūqiār)	味儿(wèr) 心眼儿(xīnyǎr) 窍门儿(qiàomér)
韵尾是 ng	去 ng,加 r,元音鼻化	板凳儿(bǎnd~èr) 香肠儿(xiāngch~ár)	电影儿(diàny~ǐr)
韵母是 -i[前],-i[后],ê	去 -i[前],或 -i[后],ê,加 er	半截儿(bànjiér) 瓜子儿(guāzér) 词儿(cér)	橛儿(juér) 墨汁儿(mòzhēr) 事儿(shèr)
韵母是 i,ü	不变,加 er	有趣儿(yǒuquèr)	小鸡儿(xiǎojīer)
韵母是 ui,in,un,ün	去 i 或 n,加 er	脚印儿(jiǎoyièr) 烟嘴儿(yānzuér)	飞轮儿(fēiluér) 花裙儿(huāquér)

普通话水平测试用儿化词语表
说　明

1. 本表参照《普通话水平测试用普通话词语表》及《现代汉语词典》编制,加 ＊ 的是以上二者未收,根据测试需要而酌情增加的条目。

2. 本表仅供普通话水平测试第二项——读多音节词语(100 个音节)测试使用。本表儿化音节,在书面上一律加"儿",但并不表明所列词语在任何语用场合都必须儿化。

3. 本表共收词 200 条,列出原形韵母和所对应的儿化韵,用符号>表示由哪个原形韵母变为儿化韵。描写儿化韵中的":"表示":"之前的是主要元音(韵腹),不是介音(韵头)。

4. 本表的汉语拼音注音,只在基本形式后面加 r,如"一会儿 yíhuìr",不标语音上的实际变化。

a>ar
刀把儿 dāobàr　　　　　　号码儿 hàomǎr　　　　　　戏法儿 xìfǎr
没法儿 méifǎr　　　　　　找碴儿 zhǎochár　　　　　打杂儿 dǎzár
板擦儿 bǎncār

ai>ar
名牌儿 míngpáir　　　　　＊鞋带儿 xiédàir　　　　　＊壶盖儿 húgàir
小孩儿 xiǎoháir　　　　　加塞儿 jiāsāir

an>ar
快板儿 kuàibǎnr　　　　　老伴儿 lǎobànr　　　　　蒜瓣儿 suànbànr

第二章　普通话的语音

脸盘儿 liǎnpánr	脸蛋儿 liǎndànr	收摊儿 shōutānr
栅栏儿 zhàlanr	包干儿 bāogānr	笔杆儿 bǐgǎnr
门槛儿 ménkǎnr		

ang > ar（鼻化）

药方儿 yàofāngr	赶趟儿 gǎntàngr	香肠儿 xiāngchángr
*瓜瓤儿 guārángr		

ia > iar

掉价儿 diàojiàr	一下儿 yíxiàr	豆芽儿 dòuyár

ian > iar

小辫儿 xiǎobiànr	照片儿 zhàopiānr	扇面儿 shànmiànr
差点儿 chàdiǎnr	一点儿 yìdiǎnr	雨点儿 yǔdiǎnr
聊天儿 liáotiānr	拉链儿 lāliànr	冒尖儿 màojiānr
坎肩儿 kǎnjiānr	牙签儿 yáqiānr	露馅儿 lòuxiànr
心眼儿 xīnyǎnr	半点儿 bàndiǎnr	馅儿饼 xiànrbǐng
有点儿 yǒudiǎnr		

iang > iar（鼻化）

鼻梁儿 bíliángr	透亮儿 tòuliàngr	花样儿 huāyàngr

ua > uar

脑瓜儿 nǎoguār	大褂儿 dàguàr	麻花儿 máhuār
笑话儿 xiàohuar	牙刷儿 yáshuār	马褂儿 mǎguàr
小褂儿 xiǎoguàr		

uai > uar

一块儿 yíkuàir	

uan > uar

茶馆儿 cháguǎnr	饭馆儿 fànguǎnr	火罐儿 huǒguànr
落款儿 luòkuǎnr	打转儿 dǎzhuànr	拐弯儿 guǎiwānr
好玩儿 hǎowánr	大腕儿 dàwànr	

uang > uar（鼻化）

蛋黄儿 dànhuángr	打晃儿 dǎhuàngr	天窗儿 tiānchuāngr

üan > üar

烟卷儿 yānjuǎnr	手绢儿 shǒujuànr	出圈儿 chūquānr
包圆儿 bāoyuánr	人缘儿 rényuánr	绕远儿 ràoyuǎnr
杂院儿 záyuànr		

ei > er

刀背儿 dāobèir	摸黑儿 mōhēir

en > er

老本儿 lǎoběnr	*花盆儿 huāpénr	嗓门儿 sǎngménr
把门儿 bǎménr	哥们儿 gēmenr	纳闷儿 nàmènr
后跟儿 hòugēnr	*高跟儿鞋 gāogēnrxié	别针儿 biézhēnr
一阵儿 yízhènr	走神儿 zǒushénr	大婶儿 dàshěnr
小人儿书 xiǎorénrshū	杏仁儿 xìngrénr	刀刃儿 dāorènr
压根儿 yàgēnr		

eng > er（鼻化）

钢镚儿 gāngbèngr	夹缝儿 jiāfèngr	脖颈儿 bógěngr
提成儿 tíchéngr		

ie > ier

半截儿 bànjiér	小鞋儿 xiǎoxiér

53

üe > üer
旦角儿 dànjuér　　　　　　　主角儿 zhǔjuér
uei > uer
跑腿儿 pǎotuǐr　　　　　一会儿 yíhuìr　　　　　耳垂儿 ěrchuír
墨水儿 mòshuǐr　　　　围嘴儿 wéizuǐr　　　　走味儿 zǒuwèir
uen > uer
打盹儿 dǎdǔnr　　　　　胖墩儿 pàngdūnr　　　砂轮儿 shālúnr
冰棍儿 bīnggùnr　　　　没准儿 méizhǔnr　　　开春儿 kāichūnr
光棍儿 guānggùnr
ueng>uer(鼻化)
*小瓮儿 xiǎowèngr
-i(前) > er
瓜子儿 guāzǐr　　　　　石子儿 shízǐr　　　　　没词儿 méicír
挑刺儿 tiāocìr
-i(后) > er
墨汁儿 mòzhīr　　　　　锯齿儿 jùchǐr　　　　　记事儿 jìshìr
i > i:er
针鼻儿 zhēnbír　　　　垫底儿 diàndǐr　　　　肚脐儿 dùqír
玩意儿 wányìr
in > i:er
有劲儿 yǒujìnr　　　　　送信儿 sòngxìnr　　　　脚印儿 jiǎoyìnr
ing > i:er(鼻化)
花瓶儿 huāpíngr　　　　打鸣儿 dǎmíngr　　　图钉儿 túdīngr
门铃儿 ménlíngr　　　　眼镜儿 yǎnjìngr　　　蛋清儿 dànqīngr
火星儿 huǒxīngr　　　　人影儿 rényǐngr
ü > ü:er
毛驴儿 máolǘr　　　　　小曲儿 xiǎoqǔr　　　　痰盂儿 tányúr
ün > ü:er
合群儿 héqúnr
e > er
模特儿 mótèr　　　　　逗乐儿 dòulèr　　　　*唱歌儿 chànggēr
挨个儿 āigèr　　　　　　打嗝儿 dǎgér　　　　　饭盒儿 fànhér
在这儿 zàizhèr
u > ur
碎步儿 suìbùr　　　　　没谱儿 méipǔr　　　　　媳妇儿 xífur
*梨核儿 líhúr　　　　　泪珠儿 lèizhūr　　　　有数儿 yǒushùr
ong > or(鼻化)
果冻儿 guǒdòngr　　　　门洞儿 méndòngr　　　胡同儿 hútòngr
抽空儿 chōukòngr　　　酒盅儿 jiǔzhōngr　　　小葱儿 xiǎocōngr
iong > ior(鼻化)
*小熊儿 xiǎoxióngr
ao > aor
红包儿 hóngbāor　　　　灯泡儿 dēngpàor　　　半道儿 bàndàor
手套儿 shǒutàor　　　　跳高儿 tiàogāor　　　叫好儿 jiàohǎor
口罩儿 kǒuzhàor　　　　绝招儿 juézhāor　　　口哨儿 kǒushàor
蜜枣儿 mìzǎor

iao > iaor

| 鱼漂儿 yúpiāor | 火苗儿 huǒmiáor | 跑调儿 pǎodiàor |
| 面条儿 miàntiáor | 豆角儿 dòujiǎor | 开窍儿 kāiqiàor |

ou > our

衣兜儿 yīdōur	老头儿 lǎotóur	年头儿 niántóur
小偷儿 xiǎotōur	门口儿 ménkǒur	纽扣儿 niǔkòur
线轴儿 xiànzhóur	小丑儿 xiǎochǒur	个头儿 gètóur

iou > iour

| 顶牛儿 dǐngniúr | 抓阄儿 zhuājiūr | *棉球儿 miánqiúr |
| 加油儿 jiāyóur | | |

uo > uor

火锅儿 huǒguōr	做活儿 zuòhuór	大伙儿 dàhuǒr
出活儿 chūhuór		
邮戳儿 yóuchuōr	小说儿 xiǎoshuōr	被窝儿 bèiwōr
绝活儿 juéhuór		

o> or

| *耳膜儿 ěrmór | 粉末儿 fěnmòr | |

四、"啊"的音变

"啊"是兼词,既可作语气词,也可作叹词。

1. "啊"的用法

(1)"啊"作叹词

"啊"作叹词时,出现在句首,有阴平、阳平、上声和去声四种声调的变化。在韵母 ɑ 不变的情况下,读哪种声调和说话人的思想感情有着密切的关系,只要按照不同声调读"啊",就是后面不跟随补充的语句,听者也能明白说话人的情感。

例如:

ā　啊,真让人高兴,你入党了。(叹词,表示惊异,赞叹)

á　啊?你说什么?(叹词,表示追问)

ǎ　啊?怎么会有这种事?(叹词,表示惊疑)

à　啊,好吧。(叹词,表示应诺)

(2)"啊"作语气词

"啊"作语气词时,出现在句尾,它的读音受前边音节末尾音素的影响而发生变化,其变化规律如下:

①当"啊"前面音节末尾音素是 ɑ、o、e、i、ü 和 ê 时,"啊"字读 yɑ,也可以写作"呀"。例如:

a　他的手真大啊(dàya)!

o　这里的人真多啊(duōya)!

e　赶车啊(chēya)!

i　是小丽啊(lìya)!

ü　快去啊(qùya)!

ê　应该注意节约啊(yuēya)!

②当"啊"前面音节末尾音素是 u、ao、iao 时,"啊"字读 wa,也可以写作"哇"。例如:

u　你在哪儿住啊(zhùwa)?
　　有没有啊(yǒuwa)?

ao　写得多好啊(hǎowa)!

iao　她的手多巧啊(qiǎowa)!

③当"啊"前面音节末尾音素是 -n 时,"啊"字读 nɑ,也可以写作"哪"。例如:

-n 这糖可真甜啊(tiánna)!
　　你走路可要小心啊(xīnna)!

④当"啊"前面音节末尾音素是-ng时,"啊"字读nga,仍写作"啊"。例如:

-ng 这事办不成啊(chéngnga)!
　　大家唱啊(chàngnga)!

⑤当"啊"前面音节末尾音素是舌尖前元音-i时,"啊"字读za,仍写作"啊"。例如:

-i 你真是乖孩子啊(ziza)!
　　你到过那里几次啊(cìza)?

⑥当"啊"前面音节末尾音素是舌尖后元音-i和卷舌韵母er时,"啊"字读ra,仍写作"啊"。例如:

-i 这是一件大事啊(shìra)!
　　你吃啊(chīra)!

"啊"的音变规律表

"啊"前面的韵母	"啊"前面音节尾音素	"啊"的音变	举例
a、ia、ua、o、uo、e、ie、üe	a、o、e、ê	ya	快画呀! 真多呀!
i、ai、uai、ei、uei、ü	i、ü	ya	快来呀! 出去呀!
u、ou、iou、ao、iao	u、ao、iao	wa	在这儿住哇! 真好哇!
an、ian、uan、üan、en、in、uen、ün	-n	na	好人哪! 路真远哪!
ang、iang、uang、eng、ing、ueng、ong、iong	-ng	nga	大声唱啊! 行不行啊!
-i(前)	-i(前)	za	真自私啊!
-i(后)、er	-i(后)	ra	什么事啊!

2. "啊"辨读词语练习

打岔啊 chàya　　　　喝茶啊 cháya　　　　广播啊 bōya　　　　上坡啊 pōya
唱歌啊 gēya　　　　合格啊 géya　　　　祝贺啊 hèya　　　　上街啊 jiēya
快写啊 xiěya　　　　白雪啊 xuěya　　　　节约啊 yuēya　　　可爱啊 àiya
喝水啊 shuǐya　　　早起啊 qǐya　　　　东西啊 xiya　　　　不去啊 qùya
大雨啊 yǔya　　　　别哭啊 kūwa　　　　没有啊 yǒuwa　　　巧手啊 shǒuwa
跳舞啊 wǔwa　　　　中秋啊 qiūwa　　　　里头啊 tóuwa　　　吃饱啊 bǎowa
可笑啊 xiàowa　　　真好啊 hǎowa　　　　报告啊 gàowa　　　小心啊 xīnna
家人啊 rénna　　　　围裙啊 qúnna　　　　大干啊 gànna　　　没门啊 ménna
真准啊 zhǔnna　　　联欢啊 huānna　　　运转啊 zhuǎnna　　太脏啊 zāngnga
不用啊 yòngnga　　　好冷啊 lěngnga　　　小熊啊 xióngnga　　好听啊 tīngnga
劳动啊 dòngnga　　　青松啊 sōngnga　　　完成啊 chéngnga　　写字啊 zìza
一次啊 cìza　　　　蚕丝啊 sīza　　　　公司啊 sīza　　　　可耻啊 chǐra
老师啊 shīra　　　　花儿啊 huārra　　　女儿啊 érra　　　　先吃啊 chīra
节日啊 rìra　　　　开门儿啊 ménrra　　小曲儿啊 qǔrra

第六节　普通话音节

一、普通话的音节结构

音节是语音的基本结构单位，由一个或几个音素按一定规律组合而成。普通话音节一般由声母、韵母和声调三个部分构成，有些较为复杂的韵母还包含了韵头、韵腹、韵尾。其结构类型如下表：

音节的结构类型

结构成分 例　字	声母 （辅音）	韵母			声调
		韵头 （介音）	韵腹 （主要元音）	韵尾	
				元音	辅音	
鹅 é			e			阳平
我 wǒ		u	o			上声
袄 ǎo			a	o		上声
安 ān			a		n	阴平
优 yōu		i	o	u		阴平
王 wáng		u	a		ng	阳平
姑 gū	g		u			阴平
雀 què	q		ü			去声
才 cái	c		a	i		阳平
针 zhēn	zh		e		n	阴平
怪 guài	g	u	a	i		去声
爽 shuǎng	sh	u	a		ng	上声

我们由上表可以看出，普通话的音节有以下几个特点：

（1）一个音节包含至少一个音素，最多四个音素。

（2）在音节中必须有元音音素，少则一个，多则三个，而且连续排列，分别充当韵母的韵头、韵腹和韵尾。

（3）辅音固定在音节首尾，不能连缀。

（4）每个音节可以没有韵头、韵尾，但都必须有韵腹和声调。

（5）普通话里的十个单元音都可以充当韵腹；充当韵头的只有 i-、u-、ü-三个；充当元音韵尾的只有-i、-o、-u 三个；充当辅音韵尾的只有-n、-ng 两个。

（6）单韵母（除舌尖韵母外）、复韵母和鼻韵母（除 eng、ong 外）都能自成音节，是零声母音节。

二、声韵调拼合规律

普通话声母、韵母和声调的配合有很强的规律性。各方言声韵调的配合也都有自己的规律性。掌握了普通话声韵调的配合规律，可以更清楚地认识普通话的语音系统，帮助我们区别普通话音节和方言音节的读音，对学习普通话有很大帮助。

普通话声母和韵母配合的规律性主要表现在声母的发音部位和韵母"四呼"的关系上，可以根据声母的发音部位和韵母的"四呼"把普通话声母和韵母的配合关系列成表：

声母和韵母的配合关系

	开口呼	齐齿呼	合口呼	撮口呼
双唇音 b、p、m	+	+	只跟 u 相拼	
唇齿音 f	+		只跟 u 相拼	
舌尖中音 d、t	+	+	+	
舌尖中音 n、l	+	+	+	+
舌根音 g、k、h	+		+	
舌面音 j、q、x		+		+
舌尖后音 zh、ch、sh、r	+		+	
舌尖前音 z、c、s	+		+	
零声母	+	+	+	+

注:"+"表示全部或局部声韵能相拼,空白表示不能相拼。

了解了声母和韵母的拼合规律,就可避免在拼读、拼写中出现差错,还可以帮助纠正方言口音。

三、音节的拼读方法及拼写规则

1. 音节的拼读方法

拼读就是按照普通话音节的结构规律,把声母、韵母、声调组合成有声音节的过程。普通话音节常用的拼读方法主要有两拼法、三拼法、声介合拼法和整体认读法等。

(1)两拼法

只有声母和韵母的,采用两拼连读法。这种方法的要领是"前音(指声母)轻短后音(指韵母)重,两音相连猛一碰"。例如:b+ao→bào(报),m+a→mǎ(马),h+ong→hóng(红)。

(2)三拼法

对有声母、介音和韵母三段的音节,采用三拼连读法。这种方法的要领是"声短介快韵母响,三音连读很顺当"。例如:j+i+ao→jiào(教),n+u+an→nuǎn(暖),d+u+o→duō(多)。

(3)声介合拼法

拼读时先把声母和介音看作一个整体,再同后边的韵身相拼。这种方法只适合于有介音的音节。例如:ku+an→kuān(宽),hu+a→huá(华),mi+ao→miáo(苗)。

(4)整体认读法

整体认读法又叫音节直呼法,就是直接读出音节,不需要用声母去拼读,这些方法要以熟悉四百多个基本音节为基础。

2. 音节的拼写规则

(1)隔音符号的用法

汉语音节是以词为单位连写的。a、o、e 开头的音节,跟在其他音节的后面,容易造成混淆,就用隔音符号"'"隔开。例如:

xi'ān(西安)   jī'áng(激昂)   míng'é(名额)   kù'ài(酷爱)

(2)i、u 的用法

①i、u 自成音节时,前面加上 y、w。例如:

wúyí(无疑)   yìwù(义务)

②i、u 开头的零声母音节,i、u 改为 y、w。例如:

yīngwén(英文)   wǎngyè(网页)   wàiyán(外延)

(3) ü 的用法

① ü 自成音节或以 ü 开头的零声母音节，ü 去两点，前面加 y。例如：
yuányuè（圆月）　　yùnyù（孕育）

② 以 ü 开头的韵母与声母 j、q、x 相拼时，省略两点。例如：
jūnquǎn（军犬）　　xuǎnqǔ（选取）　　qúnjū（群居）　　juéxué（绝学）

(4) iou、uei、uen 的省写

iou、uei、uen 三个韵母与声母相拼时，省略中间音素 o、e。例如：
xiūkuì（羞愧）　　gǔnqiú（滚球）　　guǐhún（鬼魂）

(5) 标调的顺序和位置

有 a 不放过，无 a 找 o、e，i 上去掉点，iu、ui 标在末；轻声不标调，儿化韵附着在前一音节的末尾。例如：
ōuyuán（欧元）　　ēnhuì（恩惠）　　yōujiǔ（悠久）　　guīxiù（闺秀）　　yǎnjīng（眼睛）
měihǎo（美好）　　jīnyúr（金鱼儿）

(6) 连写

汉语音节一般以词为单位连写，包括双音节词、三音节词和四音节词语等，词与词分开写。
yīnjié（音节）　　pǔtōnghuà（普通话）　　tóngzhìmen（同志们）　　zìyǐwéishì（自以为是）

(7) 大写字母的用法

① 一个句子开头的第一个字母，诗歌每行第一个字母，地名、国名等专有名词的第一个字母，都要大写。例如：
Nóngyè shì guómín jīngjì de jīchǔ（农业是国民经济的基础）
Zhōnghuá Rénmín Gònghéguó（中华人民共和国）

② 姓氏和名字的第一个字母大写。例如：
Liú Dān（刘丹）　　Duānmù Qīngyún（端木青云）

第三章 "读单音节字词"应试指导与训练

第一节 "读单音节字词"应试指导

一、"读单音节字词"应试指导

1. 声母、韵母、声调要发标准,发到位

声母、韵母、声调是普通话语音系统中最基本、最重要的内容,一个人要说标准的普通话,声母、韵母、声调是一个完整的统一体,任何一项错了,这个音节就错了,因此三项都要读标准。在这个测试项的测试中,任何一个应试者在说普通话时声母、韵母、声调方面的一些主要问题,包括错误和缺陷都将在测试时露出来。所以,这是测查一个人普通话水平高低的最基本内容。

此测试项考查要点是:①声母发音部位、发音方法的准确程度;②韵母舌位、唇形、舌位动程、归音是否到位;③声调调值是否饱满,调形是否正确。

要顺利地通过这个测试项就要求应试者对每个字词读得有准确度、清晰度、响亮度和力度。具体地说就是:声母有力,发音部位要准确,发音方法要得当;韵母要注意唇形和舌位,韵腹要拉得开、立得住,韵尾要收住,归音要到位;声调的调值、调形要标准;发音时声韵调三者兼顾,要发完整,不能含糊不清,模棱两可,出现"半截字"的情况。当然,也不要为把音节发饱满而过分地展开音节,不自然,训练痕迹过重。此项不涉及语流音变问题。

2. 不要将形近字误读

汉字的形体很多是相近或相似的,由于语境缺失,单独认读,稍不注意很容易读错,形近字误读有两种情况,一是有的人朗读过快,把很简单的字也读错了,如把"太"读作"大"。二是有些日常生活中不多用的字,或在词语中能念准,而单字一下子难以念准的字,极易念错。比如"赅""骇"在书面上有"言简意赅""惊涛骇浪"之词,如单独出现,一下子难以把握,可能读错。

另外,此题没有轻声,都是有声调的。除"耳、而、儿"等字外没有儿化韵。

3. 多音字可选读一音

单音节字词中有不少多音字,朗读时任何一个音都是对的。比如"咯",念 kǎ 或 gē 都算对。不必费时间琢磨到底读哪一个音,分散精力,影响情绪。

4. 速度要快慢适中

读单音节字词,只要每个音节读完整,一个接一个地往下读,就不会超时。有的人担心时间不够,快速抢读,有的字未读完全,"吃"掉了,降低了准确率,因此切忌抢读,朗读也不能太慢,不能每一个字都揣摩或试读,速度太慢,说明基础太差,不熟练,准备不足。而超时则要一次性扣分。

5. 要从左至右横读

单音节字词 100 个,测试题一般分为 10 排,每排 10 个字。朗读时从第一排起从左至右,不要从第一个字起从上往下读。

6. 一个字允许读两遍

应试人发觉第一次读音有口误时可以改读,按第二次读音评判。如果对有的拿不准是否读错了,不必去想它,以免影响后面的朗读。

二、普通话水平测试用多音字表

A

阿①ā 阿姨 阿拉伯　　②ē 阿谀 阿胶

第三章 "读单音节字词"应试指导与训练

挨①āi 挨个儿　挨近　　　　　　　②ái 忍饥挨饿　挨骂
艾①ài 方兴未艾　艾蒿　　　　　　②yì 自怨自艾
熬①áo 熬药　熬夜　　　　　　　②āo 熬豆腐　熬白菜
拗①ào 拗口　　　　　　　　　　②niù 执拗　拗脾气

B

扒①bā 扒开　扒皮　　　　　　　②pá 扒痒　扒手　扒鸡
把①bǎ 把握　把关　车把　　　　　②bà 刀把儿　茶壶把儿
耙①bà 耙地　　　　　　　　　　②pá 耙子　耙开
蚌①bàng 河蚌　鹬蚌相争　　　　　②bèng 蚌埠(地名)
磅①bàng 过磅　磅秤　　　　　　　②páng 磅礴
薄①báo 薄冰　薄脆　　　　　　　②bó 淡薄　刻薄　薄弱
　③bò 薄荷
堡①bǎo 堡垒　南堡(地名)　　　　　②bǔ 堡子　瓦窑堡(地名)
　③pù 十里堡(地名)
暴①bào 暴动　凶暴　暴躁　　　　　②pù 一暴十寒
背①bèi 脊背　违背　背诵　　　　　②bēi 背东西　背包袱
奔①bēn 奔跑　奔放　奔流　　　　　②bèn 投奔　奔头儿
绷①bēng 绷带　绷紧　　　　　　　②běng 绷着个脸
　③bèng 绷硬　绷脆　绷直
辟①bì 复辟　辟邪　　　　　　　　②pì 开辟　辟谣
臂①bì 臂膀　臂助　臂章　　　　　②bei 胳臂
扁①biǎn 扁平　扁豆　扁担　　　　②piān 扁舟
便①biàn 方便　随便　便条　　　　②pián 便宜　大腹便便
别①bié 分别　类别　别人　　　　　②biè 别扭
剥①bō 剥削　剥夺　　　　　　　　②bāo 剥花生　剥皮
伯①bó 伯父　河伯(神名)　　　　　②bǎi 大伯子

C

参①cān 参加　参考　参谋　　　　　②shēn 人参　海参
　③cēn 参差不齐
藏①cáng 埋藏　躲藏　藏书　　　　②zàng 西藏　宝藏　藏青
差①chà 差不多　成绩差　　　　　　②chā 差别　差错　差数
　③chāi 差遣　出差　当差　　　　④cī 参差不齐
颤①chàn 颤动　颤音　　　　　　　②zhàn 颤栗
长①cháng 长短　特长　长期　　　　②zhǎng 生长　长辈　首长
场①cháng 打场　一场雨　场院　　　②chǎng 广场　市场　立场
朝①cháo 朝前　朝代　朝廷　　　　②zhāo 朝阳　朝气　朝夕
吵①chǎo 争吵　吵闹　吵醒　　　　②chāo 吵吵
车①chē 车辆　车间　车水马龙　　　②jū 车(象棋棋子名)
称①chēng 名称　称赞　　　　　　②chèn 称心　称职　对称
匙①chí 汤匙　　　　　　　　　　②shi 钥匙
臭①chòu 臭气　　　　　　　　　②xiù 乳臭　铜臭
处①chù 处所　好处　办事处　　　　②chǔ 处理　处分　相处
揣①chuāi 揣在怀里　　　　　　　②chuǎi 揣测　揣摩
　③chuài 挣揣
传①chuán 传递　传电　宣传　　　　②zhuàn 小传　传记
幢①chuáng 人影幢幢　　　　　　　②zhuàng 一幢楼
创①chuàng 创造　创刊　　　　　　②chuāng 创伤　创口

刺①cì 刺杀　讽刺　鱼刺　　　　　　　　②cī 刺溜

D

答①dá 问答　报答　　　　　　　　　　②dā 答应　答言
打①dǎ 打击　打扫　　　　　　　　　　②dá 一打铅笔
大①dà 大众　大约　大小　　　　　　　②dài 大夫（医生）
待①dài 等待　待遇　　　　　　　　　　②dāi 待一会儿
逮①dài 逮捕　　　　　　　　　　　　　②dǎi 逮老鼠
担①dān 担水　担任　　　　　　　　　　②dàn 担子　重担
单①dān 简单　单数　单据　　　　　　　②shàn 姓单
　③chán 单于
弹①dàn 子弹　炸弹　　　　　　　　　　②tán 弹琴　弹性
当①dāng 当选　应当　相当　　　　　　②dàng 妥当　当真　当铺
倒①dǎo 倒下　倒闭　颠倒　　　　　　②dào 倒退　倒茶
得①dé 得到　得意　得当　　　　　　　②děi 得亏
　③de 好得很　看得见
的①de 我的书　红的花　　　　　　　　②dì 目的　有的放矢
　③dí 的确
调①diào 调查　调动　曲调　　　　　　②tiáo 调和　调整　调皮
钉①dīng 钉子　钉住　钉耙　　　　　　②dìng 钉扣子　钉本子
都①dū 大都（地名）　　　　　　　　　②dōu 都是　都有　都要
读①dú 读书　朗读　读音　　　　　　　②dòu 句读
度①dù 程度　温度　制度　　　　　　　②duó 忖度　揣度
囤①dùn 粮囤　　　　　　　　　　　　②tún 囤积　囤粮

E

恶①è 恶劣　凶恶　恶化　　　　　　　②wù 可恶　厌恶
　③ě 恶心

F

发①fā 发生　发表　发达　　　　　　　②fà 理发　发指
番①fān 三番五次　番茄　　　　　　　　②pān 番禺（地名）
坊①fāng 牌坊　街坊　　　　　　　　　②fáng 作坊　染坊
菲①fēi 芳菲　菲律宾　　　　　　　　　②fěi 菲薄
分①fēn 分开　分别　分数　　　　　　　②fèn 本分　成分　充分
缝①féng 缝纫　缝合　　　　　　　　　②fèng 裂缝　缝隙
佛①fó 佛教　佛山　　　　　　　　　　②fú 仿佛
服①fú 服装　服从　服役　　　　　　　②fù 一服药
脯①fǔ 肉脯　果脯　　　　　　　　　　②pú 胸脯

G

干①gān 干燥　干涉　干脆　　　　　　②gàn 干活　干部　才干
杆①gān 旗杆　栏杆　桅杆　　　　　　②gǎn 笔杆儿　一杆枪
岗①gǎng 岗位　岗楼　土岗　　　　　　②gāng 山岗　花岗石
葛①gé 葛布　葛藤　纠葛　　　　　　　②gě 姓葛
给①gěi 送给　　　　　　　　　　　　②jǐ 供给　自给自足
更①gēng 更改　自力更生　　　　　　　②gèng 更加　更上一层楼
供①gōng 供给　供销　　　　　　　　　②gòng 供认　供养　供奉
勾①gōu 勾结　勾销　勾留　　　　　　②gòu 勾当
骨①gǔ 骨骼　骨肉　骨气　骨头　　　　②gū 骨朵儿　骨碌
观①guān 观看　壮观　乐观　　　　　　②guàn 道观

冠①guān 衣冠　冠冕堂皇　　　　　　　②guàn 冠军
龟①guī 乌龟　　　　　　　　　　　　②jūn 龟裂
　③qiū 龟兹(地名)

H

哈①hā 哈哈笑　哈腰　　　　　　　　②hǎ 哈巴狗　哈达
　③hà 哈士蟆
汗①hàn 出汗　汗颜　　　　　　　　②hán 可汗　大汗
好①hǎo 好人　友好　好看　　　　　②hào 爱好　好高骛远
号①hào 记号　号码　号令　　　　　②háo 呼号　号叫
喝①hē 喝水　　　　　　　　　　　　②hè 喝令　喝彩
和①hé 和平　和解　　　　　　　　　②hè 和诗　附和
　③huó 和面　和泥　　　　　　　　④huò 和药　头和药
　⑤huo 暖和　热和　掺和　　　　　⑥hú 和了(打牌用语)
合①hé 合眼　合作　合格　　　　　　②gě 一合米
核①hé 杏核　核心　核对　　　　　　②hú 核儿
横①héng 横幅　横行　横竖　　　　　②hèng 蛮横　横死　横财
哄①hōng 哄闹　哄堂大笑　　　　　　②hǒng 哄骗　哄小孩儿
　③hòng 起哄　一哄而散
红①hóng 红色　红人　　　　　　　　②gōng 女红
糊①hú 糊涂　裱糊　糊口　　　　　　②hù 辣椒糊　糊弄
　③hū 糊墙缝
划①huà 划分　计划　划一　　　　　　②huá 划船　划火柴
还①huán 还原　还手　归还　　　　　②hái 还是　还有　还要
晃①huǎng 晃眼　一晃　明晃晃　　　 ②huàng 摇晃　晃荡　晃悠
会①huì 开会　会合　机会　　　　　　②kuài 会计　会稽(山名)
混①hún 混蛋　混水摸鱼　　　　　　　②hùn 混合　混纺　混日子
豁①huō 豁口　豁出命　　　　　　　　②huò 豁达　豁然开朗

J

缉①jī 通缉　缉捕　　　　　　　　　　②qī 缉鞋口　缉边儿
几①jǐ 几个　几何　　　　　　　　　　②jī 几乎　茶几儿
纪①jì 纪念　世纪　纪律　　　　　　　②jǐ 姓纪
济①jì 救济　经济　　　　　　　　　　②jǐ 济南(地名)　济济一堂
夹①jiā 夹道　夹杂　夹子　　　　　　 ②jiá 夹袄　夹被
　③gā 夹肢窝
贾①jiǎ 姓贾　　　　　　　　　　　　②gǔ 商贾　余勇可贾
假①jiǎ 假如　假借　　　　　　　　　②jià 放假　请假
间①jiān 中间　房间　时间　　　　　　②jiàn 离间　间断　间谍
监①jiān 监察　监狱　　　　　　　　　②jiàn 钦天监　监生
将①jiāng 将来　将军　将息　　　　　②jiàng 将领　将兵　将官
浆①jiāng 豆浆　泥浆　浆衣服　　　　②jiàng 浆糊
降①jiàng 降落　降临　降级　　　　　②xiáng 投降　降伏　劝降
嚼①jiáo 嚼碎　嚼舌　　　　　　　　　②jué 咀嚼
　③jiào 倒嚼
角①jiǎo 牛角　直角　号角　　　　　　②jué 口角　角斗　角色
教①jiào 教育　教训　宗教　　　　　　②jiāo 教书
节①jié 季节　节日　礼节　　　　　　 ②jiē 节子　节骨眼
结①jié 结合　结论　打结　　　　　　 ②jiē 结实　结巴　结果子
解①jiě 分解　解放　解答　　　　　　 ②jiè 解运　解元

③xiè 姓解　跑马卖解
尽①jǐn 尽力　尽职　尽头
禁①jìn 禁止　犯禁　禁闭
劲①jìn 用劲　干劲　劲头儿
据①jù 依据　证据　占据
觉①jué 感觉　觉悟
倔①jué 倔强
菌①jūn 细菌

②jǐn 尽管　尽量　尽快
②jīn 禁受　不禁
②jìng 劲敌　劲风　刚劲
②jū 拮据
②jiào 睡觉
②juè 倔头倔脑
②jùn 香菌　菌核

K

卡①kǎ 卡车　卡片
看①kàn 看见　看病
扛①káng 扛枪　扛活
壳①ké 蛋壳　贝壳
可①kě 可以　可能　可爱
吭①kēng 一声不吭
空①kōng 空想　空跑　天空

②qiǎ 关卡　卡子
②kān 看守　看家
②gāng 扛鼎
②qiào 地壳　甲壳
②kè 可汗
②háng 引吭高歌
②kòng 空白　空额　空闲

L

烙①lào 烙印　烙饼　烙铁
勒①lè 勒索　勒令
乐①lè 快乐　取乐　姓乐
累①léi 累积　连累　罪行累累
　③léi 累赘　硕果累累
擂①lèi 擂台　打擂
俩①liǎ 咱俩　兄弟俩
量①liàng 数量　计量　胆量
撩①liāo 撩起来
溜①liū 溜冰　溜走
馏①liú 蒸馏　干馏
笼①lóng 笼子　蒸笼
搂①lǒu 搂抱
露①lù 露水　暴露　果子露
绿①lǜ 绿色
率①lǜ 效率　出勤率
论①lùn 评论　理论　讨论
落①luò 降落　没落　落后
　③là 丢三落四

②luò 炮烙
②lēi 勒紧点
②yuè 音乐　姓乐（与 lè 不同姓）
②lèi 劳累

②léi 擂钵
②liǎng 伎俩
②liáng 测量　衡量　思量
②liáo 撩拨
②liù 大溜　一溜儿烟
②liù 把馒头馏一馏
②lǒng 笼罩　箱笼　笼统
②lōu 搂柴火　搂头盖顶
②lòu 露底　露面　露马脚
②lù 绿林好汉
②shuài 率领　轻率　直率
②lún《论语》
②lào 落汗　落枕　落色

M

蚂①mǎ 蚂蚁　蚂蟥
　③mà 蚂蚱
埋①mái 埋葬　埋没　埋头
脉①mài 动脉　脉搏　山脉
蔓①màn 蔓延　蔓草
　③mán 蔓青
氓①máng 流氓
没①méi 没有
闷①mèn 愁闷　闷气　闷葫芦
蒙①méng 启蒙　蒙蔽　蒙难
　③měng 蒙古

②mā 蚂螂

②mán 埋怨
②mò 脉脉含情
②wàn 瓜蔓儿　花蔓

②méng（古代称百姓）
②mò 沉没　没落　没收
②mēn 闷热
②mēng 蒙骗　打蒙了

第三章 "读单音节字词"应试指导与训练

眯①mī 眯缝　笑眯眯　　　　　　　　②mí 沙子眯了眼
靡①mí 奢靡　靡费　　　　　　　　②mǐ 风靡　披靡　萎靡
泌①mì 分泌　泌尿　　　　　　　　②bì 泌阳(地名)
秘①mì 秘密　秘方　　　　　　　　②bì 秘鲁
模①mó 模范　模仿　模糊　　　　　②mú 模具　模样
磨①mó 磨炼　折磨　磨灭　　　　　②mò 磨坊　磨豆腐
抹①mǒ 涂抹　抹眼泪　　　　　　　②mò 转弯抹角
　③mā 抹布　抹不下脸

N

难①nán 艰难　难免　为难　　　　　②nàn 灾难　非难
呢①ne 怎么办呢　　　　　　　　　②ní 呢绒　呢喃
泥①ní 泥土　印泥　枣泥　泥墙　　 ②nì 拘泥
宁①níng 安宁　宁夏　　　　　　　 ②nìng 宁可　宁死不屈　姓宁
拧①nǐng 拧螺丝　　　　　　　　　②níng 拧毛巾
　③nìng 拧脾气
弄①nòng 玩弄　弄饭　　　　　　　②lòng 弄堂
疟①nüè 疟疾　　　　　　　　　　②yào 发疟子

P

排①pái 排列　排除　排演　　　　　②pǎi 排子车
胖①pàng 肥胖　　　　　　　　　　②pán 心广体胖
刨①páo 刨土　刨根儿　　　　　　　②bào 刨床　刨平
炮①páo 炮制　　　　　　　　　　②bāo 炮羊肉
　③pào 大炮　炮仗
喷①pēn 喷泉　喷嚏　　　　　　　　②pèn 喷香
片①piān 相片儿　影片儿　　　　　　②piàn 薄片　片面　一片
漂①piāo 漂浮　漂流　　　　　　　　②piǎo 漂白
　③piào 漂亮
撇①piē 撇开　撇清　撇油　　　　　②piě 撇嘴　撇捺　一撇
屏①píng 屏风　荧光屏　　　　　　　②bǐng 屏除　屏气　屏弃
迫①pò 逼迫　迫近　急迫　　　　　②pǎi 迫击炮
仆①pū 前仆后继　　　　　　　　　②pú 仆从　风尘仆仆
铺①pū 铺平　铺张　　　　　　　　②pù 铺子　床铺
朴①pǔ 朴素　　　　　　　　　　　②pò 朴硝
　③pō 朴刀　　　　　　　　　　　④piáo 姓朴

Q

栖①qī 栖息　栖身　　　　　　　　②xī 栖栖
奇①qí 奇怪　引以为奇　　　　　　②jī 奇数　奇偶
呛①qiāng 呛着了　吃呛了　　　　　②qiàng 呛人　够呛
强①qiǎng 强迫　强词夺理　　　　　②qiáng 强大　能力强
　③jiàng 倔强　脾气强
悄①qiāo 静悄悄　　　　　　　　　②qiǎo 悄然　低声悄语
翘①qiào 翘舌音　翘尾巴　　　　　②qiáo 翘首　翘望
切①qiē 切开　切线　切磋　　　　　②qiè 切实　迫切　一切
茄①qié 茄子　番茄　　　　　　　　②jiā 雪茄
亲①qīn 亲属　亲热　亲吻　　　　　②qìng 亲家　亲家母
曲①qū 弯曲　歪曲　姓曲　　　　　②qǔ 歌曲　曲艺
圈①quān 圆圈　圈点　　　　　　　②juàn 猪圈
　③juān 把鸭圈起来

雀①què 麻雀　　　　　　　　　　　　②qiāo 雀子(即雀斑)
　　③qiǎo 雀盲眼　家雀儿

R

嚷①rǎng 吵嚷　喧嚷　　　　　　　　②rāng 嚷嚷
任①rèn 信任　任命　担任　　　　　②rén 姓任　任县(地名)

S

撒①sā 撒网　撒娇　撒谎　　　　　　②sǎ 撒种　撒播
塞①sāi 塞子　塞住　　　　　　　　②sè 阻塞　塞责　塞音
　　③sài 要塞
散①sàn 散会　散发　散步　　　　　②sǎn 散文　散装
丧①sàng 丧失　丧气　颓丧　　　　　②sāng 丧事
扫①sǎo 扫地　扫兴　扫射　　　　　②sào 扫帚
色①sè 颜色　脸色　货色　　　　　　②shǎi 掉色　走色
刹①shā 刹车　　　　　　　　　　　②chà 古刹　刹那
煞①shà 煞费苦心　凶煞　　　　　　②shā 煞车　煞尾
扇①shàn 扇子　一扇门　　　　　　②shān 用力扇　扇动
少①shǎo 多少　缺少　少许　　　　②shào 少年　少壮　少将
蛇①shé 毒蛇　　　　　　　　　　　②yí 虚与委蛇
舍①shě 舍弃　施舍　舍不得　　　　②shè 宿舍　退避三舍
省①shěng 省会　节省　省略　　　　②xǐng 反省　省悟　省亲
盛①shèng 茂盛　盛况　　　　　　　②chéng 盛饭　盛不下
什①shí 什物　什锦　家什　　　　　②shén 什么
石①shí 石头　石油　石膏　　　　　②dàn 一石米
识①shí 识别　见识　　　　　　　　②zhì 标识　博闻强识
属①shǔ 家属　金属　属于　　　　　②zhǔ 属文　属望
术①shù 技术　战术　术语　　　　　②zhú 白术　苍术(一种草本植物)
数①shù 数目　数学　分数　　　　　②shǔ 数说　数不清
　　③shuò 数见不鲜
刷①shuā 刷子　刷牙　刷新　　　　②shuà 刷白
说①shuō 说话　说明　学说　　　　②shuì 游说
似①sì 相似　似乎　　　　　　　　②shì 似的
伺①sì 伺机　　　　　　　　　　　②cì 伺候
宿①sù 住宿　宿将　宿志　　　　　②xiǔ 一宿
　　③xiù 星宿
遂①suì 遂心　未遂　　　　　　　　②suí 半身不遂

T

踏①tà 踏步　践踏　　　　　　　　②tā 踏实
苔①tāi 舌苔　　　　　　　　　　　②tái 青苔　苔藓
提①tí 提水　提升　提醒　　　　　②dī 提防　提溜
体①tǐ 身体　集体　体验　　　　　②tī 体己话
挑①tiāo 挑担　挑选　挑剔　　　　②tiǎo 挑动　挑战　挑拨
帖①tiě 请帖　字帖儿　　　　　　　②tiē 妥帖　服帖
　　③tiè 碑帖　画帖
通①tōng 通行　通信　通商　　　　②tòng 说了一通
吐①tǔ 吐气　吐痰　吐露　　　　　②tù 呕吐　吐血　吐沫

W

瓦①wǎ 瓦器　瓦房　瓦解　　　　　②wà 瓦刀

为①wéi 作为 为首 成为　　　　　②wèi 为了 因为 为什么
尾①wěi 尾巴 末尾 尾随　　　　　②yǐ 马尾儿
委①wěi 委托 委屈 原委　　　　　②wēi 委蛇
乌①wū 乌鸦　　　　　　　　　　　②wù 乌拉

X

系①xì 系统 关系 联系　　　　　②jì 系带子
吓①xià 吓唬 吓了一跳　　　　　　②hè 恐吓 威吓 恫吓
纤①xiān 纤维　　　　　　　　　　②qiàn 拉纤
鲜①xiān 新鲜 鲜艳 鲜美　　　　　②xiǎn 鲜见 朝鲜
相①xiāng 互相 相信 相当　　　　②xiàng 相貌 真相 相声
巷①xiàng 小巷　　　　　　　　　　②hàng 巷道
削①xiāo 削皮 削铅笔　　　　　　　②xuē 剥削 削减 瘦削
校①xiào 学校 校官　　　　　　　　②jiào 校场 校对
芯①xīn 灯芯　　　　　　　　　　　②xìn 芯子
兴①xīng 兴修 兴起 兴旺　　　　　②xìng 兴趣 高兴
旋①xuán 旋转 凯旋 旋即　　　　　②xuàn 旋风 旋工 旋床
血①xuè 血液 血统 心血　　　　　　②xiě 流血了

Y

咽①yān 咽喉 咽头　　　　　　　　②yàn 吞咽 咽气
　③yè 呜咽 哽咽
燕①yàn 燕子 燕居　　　　　　　　②yān 燕山 姓燕
要①yào 需要 紧要 将要　　　　　②yāo 要求 要挟
叶①yè 树叶 荷叶 姓叶　　　　　　xié 叶韵
掖①yè 奖掖　　　　　　　　　　　②yē 把被角掖好
殷①yīn 殷切 殷勤 殷实　　　　　②yān 殷红
饮①yǐn 饮食 冷饮 饮恨　　　　　②yìn 饮马
应①yīng 应该 应允 姓应　　　　　②yìng 答应 应付 应用
佣①yōng 佣工 雇佣　　　　　　　　②yòng 佣金
与①yǔ 与其 相与 赠与　　　　　　②yù 与闻 与会
吁①yù 呼吁 吁请　　　　　　　　　②xū 长吁短叹 气吁吁
晕①yùn 日晕 晕车　　　　　　　　②yūn 头晕 晕头转向

Z

载①zài 装载 载歌载舞　　　　　　②zǎi 登载 一年半载
攒①zǎn 积攒　　　　　　　　　　　②cuán 攒动
脏①zāng 肮脏　　　　　　　　　　②zàng 内脏
轧①zhá 轧钢 轧辊　　　　　　　　②yà 轧场 轧马路
　③gá 轧帐 轧朋友
炸①zhà 爆炸 轰炸　　　　　　　　②zhá 炸糕 油炸
粘①zhān 粘牙 粘贴　　　　　　　　②nián 姓粘
占①zhàn 占领 占先　　　　　　　　②zhān 占卜
涨①zhǎng 涨潮 涨价　　　　　　　②zhàng 涨红了脸
折①zhé 折断 转折 折叠　　　　　　②shé 折本 腿摔折了
　③zhē 折跟头 折腾
挣①zhēng 挣扎　　　　　　　　　　②zhèng 挣脱 挣钱
正①zhèng 正中 正面 正确　　　　　②zhēng 正月
症①zhèng 急症 症候　　　　　　　②zhēng 症结
殖①zhí 繁殖　　　　　　　　　　　②shi 骨殖（尸骨）
只①zhǐ 只有 只要 只管　　　　　　②zhī 船只 只身

67

中①zhōng 中心 空中 中等　　②zhòng 中肯 中毒
种①zhǒng 种子 种类 种族　　②zhòng 种田 点种
　③chóng 姓种
重①zhòng 重量 重任 重视　　②chóng 重复 重重 重阳
轴①zhóu 轴心 画轴　　　　　②zhòu 压轴戏
爪①zhuǎ 爪子　　　　　　　②zhǎo 爪牙 张牙舞爪
拽①zhuāi 把球拽得老远　　　②zhuài 拽上 生拉硬拽
　③yè(同曳)
转①zhuǎn 转变 转送 婉转　　②zhuàn 旋转 打转 转台
椎①zhuī 脊椎骨　　　　　　②chuí 椎心泣血
着①zhuó 着衣 着落 着眼　　②zháo 着凉 着火 睡着
　③zhāo 高着儿　　　　　　④zhe 顺着 忙着 为着
钻①zuān 钻探 钻研　　　　　②zuàn 钻头 钻石
作①zuò 工作 振作 作文　　　②zuō 作坊
柞①zuò 柞树 柞蚕 柞丝绸　　②zhà 柞水(地名)

第二节 "读单音节字词"训练

(一)

坝(bà)	达(dá)	卡(kǎ)	颇(pō)	摸(mō)	舍(shě)	哥(gē)	惹(rě)
帆(fān)	籽(zǐ)	拜(bài)	室(shì)	呆(dāi)	内(nèi)	折(zhé)	薄(báo)
稍(shāo)	凹(āo)	吼(hǒu)	柔(róu)	走(zǒu)	畔(pàn)	丝(sī)	埋(mái)
染(rǎn)	瘦(shòu)	闷(mèn)	真(zhēn)	分(fēn)	忍(rěn)	胖(pàng)	疯(fēng)
赏(shǎng)	梦(mèng)	牛(niú)	哼(hēng)	静(jìng)	痛(tòng)	乘(gǒng)	熔(róng)
逼(bī)	其(qí)	味(wèi)	跌(diē)	血(xuè)	钓(diào)	鸟(niǎo)	修(xiū)
偏(piān)	留(liú)	甜(tián)	临(lín)	心(xīn)	顶(dǐng)	零(líng)	巷(xiàng)
度(dù)	星(xīng)	秃(tū)	路(lù)	族(zú)	捆(kǔn)	粗(cū)	挪(nuó)
作(zuò)	搓(cuō)	锁(suǒ)	乖(guāi)	举(jǔ)	悬(xuán)	于(yú)	脆(cuì)
宽(kuān)	唤(huàn)	涌(yǒng)	虽(suī)	春(chūn)	钻(zuàn)	寸(cùn)	旅(lǚ)
闯(chuǎng)	扬(yáng)	摔(shuāi)	捐(juān)	最(zuì)	弹(dàn)	街(jiē)	舞(wǔ)
吊(diào)	笋(sǔn)	谈(tán)	道(dào)	老(lǎo)	撞(zhuàng)	玲(líng)	翁(wēng)
俩(liǎng)	更(gèng)	给(gěi)	副(fù)				

(二)

胸(xiōng)	存(cún)	捅(tǒng)	画(huà)	培(péi)	巨(jù)	财(cái)	掠(lüè)
女(nǚ)	参(cān)	昨(zuó)	弃(qì)	婆(pó)	手(shǒu)	砖(zhuān)	款(kuǎn)
抓(zhuā)	仰(yǎng)	搁(gē)	咏(yǒng)	碟(dié)	贰(èr)	卓(zhuó)	缓(huǎn)
墨(mò)	袁(yuán)	贴(tiē)	蠕(rú)	好(hǎo)	跟(gēn)	壤(rǎng)	淮(huái)
惕(tì)	凝(níng)	压(yā)	名(míng)	愕(è)	橄(gǎn)	黑(hēi)	卷(juǎn)
歉(qiàn)	懂(dǒng)	炫(xuàn)	樟(zhāng)	评(píng)	勤(qín)	捻(niǎn)	夺(duó)
熨(yùn)	持(chí)	眶(kuàng)	佳(jiā)	荔(lì)	妈(mā)	辨(biàn)	侮(wǔ)
扣(kòu)	润(rùn)	呛(qiàng)	丰(fēng)	损(sǔn)	吠(fèi)	食(shí)	牡(mǔ)
萧(xiāo)	等(děng)	胞(bāo)	恩(ēn)	谓(wèi)	贫(pín)	走(zǒu)	纠(jiū)
蜕(tuì)	舱(cāng)	私(sī)	橙(chéng)	拐(guǎi)	学(xué)	肢(zhī)	暇(xiá)
八(bā)	瘫(tān)	氨(ān)	渤(bó)	骏(jùn)	溜(liū)	枣(zǎo)	灾(zāi)
返(fǎn)	刺(cì)	菜(cài)	扭(niǔ)	憔(qiáo)	蜡(là)	魁(kuí)	饼(bǐng)
崇(chóng)	涩(sè)	梢(shāo)	肠(cháng)				

第四章 "读多音节词语"应试指导与训练

第一节 "读多音节词语"应试指导

一、注意声母、韵母、声调的准确发音

声母、韵母、声调仍然是本测试项很根本、很重要的内容,应试者在朗读多音节词语时一定要注意声母、韵母、声调的准确发音,避免出现语音错误和语音缺陷。

关于声母、韵母、声调方面典型的错误和缺陷类型,在"读单音节字词"应试指导中已经列举,这里不再重复。但这里要强调的是读多音节词语要注意区分几组并列在一起的难点音。

1. 平翘相间音

赞助 zànzhù	宗旨 zōngzhǐ	珠子 zhūzi	尊重 zūnzhòng
储藏 chǔcáng	残喘 cánchuǎn	长足 chángzú	插座 chāzuò
声色 shēngsè	素食 sùshí	私事 sīshì	丧失 sàngshī

2. 边、鼻相间音

| 嫩绿 nènlǜ | 老年 lǎonián | 能量 néngliàng |
| 冷暖 lěngnuǎn | 奶酪 nǎilào | 烂泥 lànní |

3. 前后鼻韵母相间音

| 烹饪 pēngrèn | 聘请 pìnqǐng | 成品 chéngpǐn |
| 平信 píngxìn | 冷饮 lěngyǐn | 盆景 pénjǐng |

4. 舌根音和唇齿音相间音

| 返还 fǎnhuán | 盒饭 héfàn | 粉红 fěnhóng |
| 缝合 fénghé | 富豪 fùháo | 黄蜂 huángfēng |

二、注意上声的变调

双音节词语相邻的两个音节互相影响,会产生音变。声调的变化是其中很重要的一个方面,比如上声的变调,上声变调的一般规则是"前变后不变"。在多音节词语中,上声作"前字"时一定要变调,作"后字"(处于词尾)时不变调。

如果上声在非上声前没有读成半上,或者两个上声相连时前一个上声没有读成阳平,都算错误。同时要注意该测试项中可能出现的两个以上上声相连的多音节词语的正确发音。

当然,应试人在考试中不能忘记:一个多音节词语的末一个音节如果是上声,一定要读出完整的降升调,不能只降不升;如果读成半上,就是语音缺陷。

训练:

雨衣 yǔyī	脚跟 jiǎogēn	垦荒 kěnhuāng	卷烟 juǎnyān
朗读 lǎngdú	古文 gǔwén	口形 kǒuxíng	坦白 tǎnbái
选举 xuǎnjǔ	手指 shǒuzhǐ	古典 gǔdiǎn	反省 fǎnxǐng
景色 jǐngsè	比较 bǐjiào	改正 gǎizhèng	暖气 nuǎnqì

三、要注意"一""不"的变调

一定要掌握"一""不"变调的音变规则,在具体语境中进行正确发音。"一""不"的变调都是

以它们后边的音节为变调条件,如果后一音节为去声,则"一""不"应该读成阳平;后一音节为非去声,则"一""不"应该读成去声。

四、要准确判断轻声词

读多音节词语(100个音节)中有不少于3个的轻声词,这些轻声词分散排列在中间,因此要准确判断哪些词是轻声词,并正确朗读。要防止受前面非轻声词的影响,把已经准确判断出来的轻声词读重了,或把轻声读得让人听不见,即所谓"吃"字。

五、要把儿化韵的卷舌色彩"化"在第二个音节上

读多音节词语(100个音节)中,儿化不少于4个。儿化音有明显的标志,在第二个音节的末尾写有"儿"字,不要把儿化音节读得近乎两个音节,要把"儿"音"化"在第二个音节的韵母之中。要熟练掌握儿化韵的音变规则。

儿化的"语音错误"主要表现在:①把儿化音节读成近乎两个音节,即有"儿"未"化";②把儿化音节中带有 ar 的儿化韵读作带有 er 的儿化韵;③把儿化音节中带有 er 的儿化韵读作带有 ar 的儿化韵;④把儿化韵 aor、iaor 分别读成 ar、iar;⑤把儿化韵 ir、ür 分别读成 ier、uer,即把"小鸡儿、趣儿"读成"小街儿、鹊儿"。

儿化的语音缺陷一般主要表现在儿化音节卷舌色彩生硬或卷舌色彩不明显。

六、读多音节词语要连贯

多音节词语一般由 2~4 个语素组合在一起表示一个意义,也有的是两个音节构成的单纯词,分开不表示任何意义。朗读时不能把它们割裂开来一字一字地读,而应该读得自然连贯。

七、读好多音节词语的轻重音格式

普通话多音节词语中的音节在读音上往往有相对定型的轻重差别,这就是词语的轻重音格式。在实际发音中,如果不能比较准确地掌握普通话词语的轻重音格式,听起来就会觉得生硬不自然,甚至带有方言腔调,应试人平时要多辨别、多练习,在测试时要表现出纯正自然的语感。普通话轻重音分为四个等级:重音、中音、次轻音、轻音。

1. 双音节词的轻重格式

(1)中·重

前一个读中音,后一个读重音。双音节词绝大部分是这个格式。

训练:

长城　和平　学校　蝴蝶　语法　拼音　汽车　节奏　弹琴　小桥
出版　电话　绿叶　炊烟　泥土　世界　海洋　爱国　阿姨　提高

(2)重·次轻

后面轻读的音节,原调调值仍可分辨,但不稳定。其中有的词语在《现代汉语词典》中轻读音节标注声调符号,但在轻读音节前加圆点表示提示。例如:客人、碰见、新鲜、均匀。有的词语在《现代汉语词典》中未明确标注,但一般也轻读,读音不大稳定,称"可轻读词语"。

(3)重·轻

训练:

清楚　唠叨　力气　痛快　明白　体现　喉咙　利落　儿子　木头

2. 三音节词的轻重格式

(1)中·次轻·重

测试中绝大部分三音节词语都读这种格式。

训练:

办公室　胆固醇　计算机　科学院　领事馆　服务员　共产党　红领巾

锦标赛　农产品　普通话　世界观　圣诞节　图书馆　维生素　消费品

(2) 中·重·轻

训练：

好家伙　老头子　拿架子　做生意　好朋友　闹别扭　赔不是　做事情
胡萝卜　小姑娘　凑热闹　打交道　硬骨头　拉关系　明摆着　不见得

(3) 中·轻·重

西红柿　生意经　冷不防　吃不消　对不起　差不多　机器人　禁不住

(4) 重·轻·轻

这种格式的三音节词数虽较少，其中有的相当于轻声后面加上一个轻读的词缀。

训练：

舍不得　走出去　桌子上　出来了　屋子里　朋友们　拿过来

3. 四音节词的轻重格式

(1) 中·重·中·重

绝大多数四音节词都是这个格式。

训练：

理直气壮　千方百计　赤手空拳　一丝不苟　轻描淡写　语重心长
百花齐放　方兴未艾　自始至终　心旷神怡　出类拔萃　得心应手
兴高采烈　冰天雪地　触目惊心　大惊小怪　自始至终　因地制宜

(2) 重·中·中·重

训练：

背道而驰　不速之客　不胫而走　畅所欲言　持之以恒　出其不意
奋不顾身　后顾之忧　了如指掌　梦寐以求　名副其实　名列前茅
迫不及待　如释重负　若无其事　似是而非　肆无忌惮　与日俱增

(3) 中·轻·中·重

训练：

社会主义　清华大学　奥林匹克　慢慢腾腾　大大方方　嘻嘻哈哈

第二节 "读多音节词语"训练

（一）

胳膊(gēbo)	柏树(bǎishù)	自制(zìzhì)	配套(pèitào)
本市(běnshì)	飞翔(fēixiáng)	快乐(kuàilè)	描写(miáoxiě)
冷饮(lěngyǐn)	一点儿(yìdiǎnr)	责怪(zéguài)	偶尔(ǒuěr)
打算(dǎsuàn)	尺寸(chǐcùn)	哀求(āiqiú)	插秧(chāyāng)
长寿(chángshòu)	港口(gǎngkǒu)	寻找(xúnzhǎo)	好玩儿(hǎowánr)
耽误(dānwù)	奋斗(fèndòu)	空气(kōngqì)	当然(dāngrán)
安静(ānjìng)	纸张(zhǐzhāng)	磋商(cuōshāng)	风俗(fēngsú)
能源(néngyuán)	板擦儿(bǎncār)	真正(zhēnzhèng)	农民(nóngmín)
阐明(chǎnmíng)	扩充(kuòchōng)	欢送(huānsòng)	随即(suíjí)
家具(jiājù)	凑合(còuhe)	桥梁(qiáoliáng)	面条儿(miàntiáor)
连续(liánxù)	抓紧(zhuājǐn)	翠绿(cuìlǜ)	暖和(nuǎnhuo)
准确(zhǔnquè)	现代化(xiàndàihuà)	图书馆(túshūguǎn)	汗流浃背(hànliújiābèi)

（二）

菲薄(fěibó)	中旬(zhōngxún)	闹事(nàoshì)	任免(rènmiǎn)
风筝(fēngzheng)	成就(chéngjiù)	东南(dōngnán)	帮助(bāngzhù)
商量(shāngliang)	小曲儿(xiǎoqǔr)	开拓(kāituò)	干杯(gānbēi)
价格(jiàgé)	融洽(róngqià)	悬挂(xuánguà)	日元(rìyuán)
地球(dìqiú)	碧绿(bìlǜ)	猜想(cāixiǎng)	打盹儿(dǎdǔnr)
雄兵(xióngbīng)	水疱(shuǐpào)	条约(tiáoyuē)	了得(liǎode)
龟裂(jūnliè)	文明(wénmíng)	灵活(línghuó)	春节(chūnjié)
印刷(yìnshuā)	走调儿(zǒudiàor)	盛典(shèngdiǎn)	好处(hǎochù)
创造(chuàngzào)	军粮(jūnliáng)	确诊(quèzhěn)	证券(zhèngquàn)
切口(qiēkǒu)	推算(tuīsuàn)	赔款(péikuǎn)	纳闷儿(nàmènr)
刺耳(cìěr)	思索(sīsuǒ)	蚕蛾(cán'é)	拐卖(guǎimài)
勺子(sháozi)	原材料(yuáncáiliào)	马铃薯(mǎlíngshǔ)	屡见不鲜(lǚjiànbùxiān)

第五章 "朗读短文"应试指导与训练

第一节 "朗读短文"应试指导

一、"朗读短文"应试指导

普通话水平测试中的"朗读短文",它的主要目的不是评定应试人对于朗读技巧掌握的熟练程度,而是"测查应试人使用普通话朗读书面作品的水平。在测查声母、韵母、声调读音标准程度的同时,重点测查连读音变、停连、语调以及流畅程度。"当然,应试人如果能在此基础上运用纯熟的朗读技巧,朗读得声情并茂、生动感人,那就是锦上添花了。因此,在"朗读短文"训练中应试人应根据该项测试目的,注重多从语音、停连、语调、流畅度、语速这五个方面下功夫。

1. 语音规范

从评分六项中我们可以看出,语音的评分占了三项,这就显示出语音规范的重要性。在朗读测试项中,因语音不规范失分的情况,主要表现在声母、韵母、声调、上声和"一、不"的变调、轻声、儿化以及"啊"的变读等方面的读音错误和缺陷上。下面介绍一下应注意的主要问题:

一是"朗读短文"要把普通话语音的标准度和规范性放在首位,不能因注意内容和感情而忽略字音的准确性,夹有大量的方言音或完全用方言音去朗读。对容易读错的字词要查词典后用拼音标记下来,对于语音缺陷问题,要掌握科学的方法,反复训练。

二是要忠于原文,按原文的语句去朗读,千万不要错读,也不要漏读或增读,否则每个音节要扣0.1分。

2. 语调准确

语调是人们在语流中用高低轻重、抑扬顿挫来帮助表达思想感情的语音形式,是一句话里语音高低轻重的配置。语调是句子所特有的,它是句子的语音标志。语调偏误就是指在用普通话朗读或说话的过程中,受方音影响而形成的在语流中留下的具有方言色彩的语调形式。

语调与"语音四要素"中的音高、音强、音长联系很紧密。字调(声调)不准确,词语的轻重不当,句子的高低、轻重不当,是形成语调偏误的主要因素。朗读训练要注意以下几个方面:

(1) 字调要准确

字调不准是直接影响普通话语调偏误的重要因素。河南方言在声调的调值方面主要是阴平音高不够高,阳平上升高度不够,上声降升不明显,时值过长,去声起音不够高,降得不够低。调类方面,有的地方,尤其是豫北,将方言的入声调带进各调类的声调。在朗读中出现的怪腔怪调,洋腔洋调,都同没有掌握普通话声调有直接的关系。尽管声调的标准程度是准确表达语调的前提,但在连续的语流当中字调应服从语调。

(2) 词语轻重格式准确

要解决词语轻重格式上的问题,一是要加强语感的训练,多听标准的普通话朗读,听时注意分辨轻重格式;二是记好普通话双音节词语中"重·轻"格式的词语(即"轻声词语"),此外,还应该读好"中·重"格式的词语。

(3) 语句的轻重要准确

朗读中那些组成句子的词和短语,在表达基本语意和思想感情的时候,绝不是并列地处在同

一个地位上。就是说，有的词和短语在表达语意上显得十分重要，而与之相比，另外一些词和短语就处于一个较为次要的地位。这种情况就是朗读中的轻重音处理。

什么是重音？朗读时需要强调或突出的词或词组，甚至某个音节，叫作重音。朗读中我们强调什么，不强调什么的依据是我们所说的语句目的，是作者的思想感情。因此掌握重音的要点是对文章意思的理解，一般说来，句子理解正确了，重音也就容易找对。应试者应该根据不同材料所表现的不同思想感情，具体处理句子中的轻重词语，不可错误处理重读、轻念，以至歪曲作品的思想感情，传递错误的言语信息。

（4）语句的语调要准确

语调是有声语言所特有的，它是句子的语言标志，任何句子都带有一定的语调。借助语调，有声语言才具有极强的表现力。在普通话水平测试中，不少应试者的句调没有高低、升降和曲折的变化，表现为平直而生硬，或是有变化却变化不当，形成一种语调的偏误现象。这种现象要在短时间里克服是有一定的难度的，但是只要我们注意读准字调、掌握词语的轻重格式、把握好语势，加上多听、多练、多想，我们就能提高普通话朗读水平。

3. 停连得当

停连指声音的停顿和连接。《普通话水平测试大纲》规定："停连不当，视程度扣 0.5 分、1 分、2 分。"在测试中主要是考查应试人是否停连得当，即该停则停、该连则连。在朗读测试中，应试者要从具体的语境入手，根据语义和思想感情表达的需要进行停连。朗读时，有些句子较短，按书面标点停顿即可。有些句子较长，结构也比较复杂，句中虽没有标点符号，但为了表达清晰，中途也可以做些短暂的停顿。但有些应试者由于对朗读材料不太熟悉，或对材料内容理解有偏误，因此，出现停连不当所引起的误读现象。譬如朗读中停连不当致使词、句产生歧义；或因停顿不当而破坏句子的结构；或因换气造成的句子停连不当；或者无论什么标点符号，停顿的时间都一样等情况。

4. 流畅自然

流畅是指流利顺畅，干净利索，自然得体，不添字，不漏字，不改字，不间断，不读破句，避免出现语流生涩、句子结巴、回读较多、"字化""词化"的现象。在朗读中，眼睛看到的文辞常常先于口中读出的文辞，这种看先于读的程度叫"视读广度"，又叫"视音距"。视读广度越大，理解越完全，中间重复、断读或读破句的情况越少。因此，要做到流畅自然地读，关键在于扩大视读广度。朗读视觉提前量一般是 3 至 5 个字，不能看到哪儿就读到哪儿，要逼着视觉往前走。尤其不能用手指着读。要眼脑并用，同步动作，让"看—想—说"在瞬间先后完成。当然，这只有通过多朗读，多练习，才能达到。

5. 语速适中，用声恰当

语速太快，容易出现含混不清的现象，或发音不到位，或两个音节合成一个音（如西安 xian），或读掉了字，或中断后又重复。语速太慢，则容易将语句读得支离破碎，言不达意，以至超时。

在朗读过程中，速"看"速"想"，非常迅捷，而"读"就要从容。"读"一定要快慢适中，一般情况下 400 字读三分钟左右。朗读的速度要从作品整体上去把握。在朗读较艰深的作品，或是碰到生僻的字词时，尤其要适当放慢速度，既照顾自己的朗读状态，又能够使听者明白其意义。

"用声恰当"就是选取最佳音域、最佳音量。朗读过程中发觉用声偏高，可以在适当的时机把声音降低；如声音偏低，也可以在适当的地方略提高一点儿。

6. 不要"回读"或"纠错读"

应试时若是遇上读错或误读的情况时，应采取"将错就错"的应对措施，千万不要"回读"或"纠错读"，这样将导致更多的失分率。另外，"朗读短文"要力戒用固定腔调的形式，如"念书腔""唱书调""朗诵调""念经式"或"读文件、作报告式的官腔",否则,就会给人一种语调偏误的印象。

二、"朗读短文"的备考技巧

1. 平时要多练

练就一口标准的普通话,绝不是一朝一夕的事,平时必须下一番苦功夫。"朗读短文"测试的准备工作主要在平时的朗读训练中。平时朗读训练,要注意从以下几方面进行:

(1)弄清朗读作品内容

首先要弄清楚,每篇作品到底写了什么——什么人,什么事,什么理,什么景,什么情,什么物。

(2)分析朗读作品结构

结构是思路的具体展现,只要分析透结构,就能把握作者的思路;只要厘清作者的思路,就能真正理解作者的意图。要搞清楚作品内部段与段之间、句与句之间的层次关系,即先写什么,后写什么,如何开头结尾,怎么过渡照应等。层次有大小,篇有层次,段有层次,句也有层次。要由大到小,由粗到细依次划分。

(3)研究朗读作品的表达方式

在表达方式上,看看用的是记叙、描写、说明、议论、抒情中的哪一种,或是兼而有之。在表达方法上,看看是象征,是对比,还是衬托?是托物言志,还是借景抒情?朗读作品的表达方式方法不同,朗读时的情感表达方式与技巧也不同。

(4)分析每一篇文章的词句

在平时的朗读训练中,对50篇朗读作品都要从结构层次、节奏停顿、语速快慢、感情基调、停连的安排、重音的位置、语调的抑扬以及其他表达技巧的设计等方面,进行细致的分析,反复揣摩,做到心中有数,甚至在书上标上一些记号。同时每个应试人应该针对自己的实际,确定自己练习的重点,攻破自己的难点。

(5)熟读每一篇文章

对50篇朗读作品都要读上好几遍,烂熟于心。尤其是对重点段落和拗口之处不妨多读几遍。不要存在侥幸心理,只有把准备工作做得全面、认真、细致,才会有高质量、高水平的朗读。

(6)对照光盘进行训练

规定的50篇朗读作品,都有规范标准的朗读光盘,可以模仿别人的语音语调和语速节奏进行练习,以增强语感,帮助朗读。

(7)准确把握语音

①读准每篇文章中容易读错的难点字词

例如:平翘舌音的字词,n、l、f、h声母的字词,前后鼻音的字词,读阳平"一"和"不"的字词,读去声"一"和"不"的字词,必读轻声词,两可的轻声词,儿化词等。同时要读准容易读错的其他词语,包括多音字、难点字、形近字等。

②正确判断容易混淆的轻声词

容易混淆的轻声词有:

a.以"子"为词尾的词语。一是"子"为词缀,没有实际意义的读轻声。例如:村子、底子、影子、鼻子。二是"子"为合成词中的有实际意义的语素,不读轻声。例如:莲子、童子、电子、原子。

b.以"头"为词尾的词语。一是"头"为词缀,没有实际意义的读轻声。二是"头"为合成词中的有实际意义的语素,不读轻声。例如:钟头、水龙头、枝头、源头。

c.AA式重叠词语。一是动词AA式重叠,第二个音节读轻声。例如:看看、尝尝、摸摸。二是称呼人的名词或少数非人称名词AA式重叠,第二个音节读轻声。例如:星星、爸爸、娃娃。三是形容词、副词 AA 式重叠,第二个音节不读轻声。例如:茫茫、微微、静静、恰恰。四是名词 AA 式重叠,表示"每一""所有"等附加意义,第二个音节不读轻声。

③读准短文中的儿化词

对短文中的儿化词,要力求读得准确、自然。要做到这一点,就必须了解不同儿化词的不同读法。另外,有些词语中的"儿"并不是儿化韵,不产生"儿化"这种变音。例如:小儿、幼儿、孙儿、女儿等。

④读好短文中的音译外来词

短文中出现的音译外来词(主要是人名、地名等一些专有名词)应该按所用汉字的普通话声母、韵母、声调读,不能按外语的发音习惯改变汉字的声母、韵母或声调。

⑤读好短文中的长句

有的短文中存在一些拗口难读的长句,如果处理不好,就会犯停连不当的错误,影响测试成绩。这就需要注意以下两点:

一是朗读前要根据表情达意的需要合理安排停连的位置。

二是生理上需要的顿歇(如换气)必须服从内容表达的需要,不能因句子过长而随意停顿,造成停连不当的失误,破坏语意的完整性。

2.应试前的准备

(1)发音准确,注重语调

应试人在朗读前,首先快速浏览材料,找出自己平时容易读错的字词,轻声、儿化、"啊"的变读;然后,找准难点句段的断句、停顿;确立感情基调;最后最好能有感情地小声朗读一遍,做到胸有成竹。

(2)要有良好的心态

过于紧张或过于懈怠,都是不好的心理状态,它会影响朗读的正常发挥,应尽力克服。

正确的朗读状态应该是充满自信,以积极主动、轻松自如的心态参与应试,这样才能引发强烈的朗读愿望,发挥最佳朗读水平。

第二节 "朗读短文"训练

说明:1.每篇作品在第 400 个音节后用"//"标注。

2.注音一般只标本调,不标变调。

3.作品中的必读轻声音节,拼音不标调号。一般轻读,间或重读的音节,拼音加注调号,并在拼音前加圆点提示,如:"因为",拼音写作"yīn·wèi","差不多",拼音写作"chà·bù duō"。

作品 1 号

Zhào Běi jīng de lǎo guī ju　 Chūn jié chà·bù duō zài là yuè de chū xún jiù
　照　北　京　的 老　规　矩,　春　节　差　不　多　在 腊 月　的 初 旬 就
kāi shǐ le　　 Là qī Là bā　dòng sǐ hán yā　　zhè shì yī nián·lǐ zuì lěng de shí
开　始 了。"腊 七 腊 八,　冻 死 寒　鸦",　这 是 一　年　里 最　冷　的 时
hou　 Zài Là bā zhè tiān　jiā jiā dōu áo là bā zhōu　 Zhōu shì yòng gè zhǒng mǐ　gè
候。在 腊 八 这　天,　家 家 都 熬 腊 八 粥。　粥　是　用　各　种　米,　各
zhǒng dòu　 yǔ gè zhǒng gān guǒ áo chéng de　 Zhè bù shì zhōu　 ér shì xiǎo xíng de nóng
　种　豆,　与 各　种　干　果 熬　成　的。 这 不 是　粥,　而 是 小　型 的 农

扫码听音频

业展览会。

除此之外，这一天还要泡腊八蒜。把蒜瓣放进醋里，封起来，为过年吃饺子用。到年底，蒜泡得色如翡翠，醋也有了些辣味，色味双美，使人忍不住要多吃几个饺子。在北京，过年时，家家吃饺子。

孩子们准备过年，第一件大事就是买杂拌儿。这是用花生、胶枣、榛子、栗子等干果与蜜饯掺和成的。孩子们喜欢吃这些零七八碎儿。第二件大事是买爆竹，特别是男孩子们。恐怕第三件事才是买各种玩意儿——风筝、空竹、口琴等。

孩子们欢喜，大人们也忙乱。他们必须预备过年吃的、喝的、穿的、用的，好在新年时显出万象更新的气象。

腊月二十三过小年，差不多就是过春节的"彩排"。天一擦黑儿，鞭炮响起来，便有了过年的味道。这一天，是要吃糖的，街上早有好多卖麦芽糖与江米糖的，糖形或为长方块或为瓜形，又甜又黏，小孩子们最喜欢。

过了二十三，大家更忙。必须大扫除一次，还要把肉、鸡、鱼、青菜、年糕什么的都预备充足——店//铺多数正月初一到初五关门，到正月初六才开张。

——节选自老舍《北京的春节》

作品2号

盼望着,盼望着,东风来了,春天的脚步近了。

一切都像刚睡醒的样子,欣欣然张开了眼。山朗润起来了,水涨起来了,太阳的脸红起来了。

小草偷偷地从土里钻出来,嫩嫩的,绿绿的。园子里,田野里,瞧去,一大片一大片满是的。坐着,躺着,打两个滚儿,踢几脚球,赛几趟跑,捉几回迷藏。风轻悄悄的,草软绵绵的。……

"吹面不寒杨柳风",不错的,像母亲的手抚摸着你。风里带来些新翻的泥土的气息,混着青草味儿,还有各种花的香,都在微微湿润的空气里酝酿。鸟儿将巢安在繁花嫩叶当中,高兴起来了,呼朋引伴地卖弄清脆的喉咙,唱出宛转的曲子,跟轻风流水应和着。牛背上牧童的短笛,这时候也成天嘹亮地响着。

雨是最寻常的,一下就是三两天。可别恼。看,像牛毛,像花针,像细丝,密密地斜织着,人家屋顶上全笼着一层薄烟。树叶儿却绿得发亮,小草儿也青得逼你的眼。傍晚时候,上灯了,一点点黄晕的光,烘托出一片安静而和平的夜。在乡下,小路上,石桥边,有撑起伞慢慢走着的人,地里还有工作的农民,披着蓑戴着笠。他们的房屋,稀稀疏疏的,在雨里静默着。

天上风筝渐渐多了,地上孩子也多了。城里

乡下，家家户户，老老小小，//也赶趟儿似的，一个个都出来了。舒活舒活筋骨，抖擞抖擞精神，各做各的一份儿事去。"一年之计在于春"，刚起头儿，有的是工夫，有的是希望。

春天像刚落地的娃娃，从头到脚都是新的，它生长着。

春天像小姑娘，花枝招展的，笑着，走着。

春天像健壮的青年，有铁一般的胳膊和腰脚，领着我们上前去。

——节选自朱自清《春》

作品3号

扫码听音频

燕子去了，有再来的时候；杨柳枯了，有再青的时候；桃花谢了，有再开的时候。但是，聪明的，你告诉我，我们的日子为什么一去不复返呢？——是有人偷了他们罢：那是谁？又藏在何处呢？是他们自己逃走了罢：现在又到了哪里呢？

去的尽管去了，来的尽管来着；去来的中间，又怎样地匆匆呢？早上我起来的时候，小屋里射进两三方斜斜的太阳。太阳他有脚啊，轻轻悄悄地挪移了；我也茫茫然跟着旋转。于是——洗手的时候，日子从水盆里过去；吃饭的时候，日子从饭碗里过去；默默时，便从凝然的双眼前过去。我觉察他去的匆匆了，伸出手遮挽时，他又从遮挽着的手边过去，天黑时，我躺在床上，他便伶伶俐俐地从我身上跨过，从我脚边飞去了。等我睁开眼和太阳再见，这算又溜走了一日。我掩着面叹息，但是新来的日子的影儿又开始在叹息里闪过了。

在逃去如飞的日子里，在千门万户的世界里的我能做些什么呢？只有徘徊罢了，只有匆匆罢了；在八千多日的匆匆里，除徘徊外，又剩些什么呢？过去的日子如轻烟，被微风吹散了，如薄雾，被初阳蒸融了；我留着些什么痕迹呢？我何曾留着像游丝样的痕迹呢？我赤裸裸//来到这世界，转眼间也将赤裸裸地回去罢？但不能平的，为什么偏白白走这一遭啊？

你聪明的，告诉我，我们的日子为什么一去不复返呢？

——节选自朱自清《匆匆》

作品4号

有的人在工作、学习中缺乏耐性和韧性，他们一旦碰了钉子，走了弯路，就开始怀疑自己是否有研究才能。其实，我可以告诉大家，许多有名的科学家和作家，都是经过很多次失败，走过很多弯路才成功的。有人看见一个作家写出一本好小说，或者看见一个科学家发表几篇有分量的论文，便仰慕不已，很想自己能够信手拈来，妙手成章，一觉醒来，誉满天下。其实，成功的作品和论文只不过是作家、学者们整个创作和研究中的极小部分，甚至数量上还不及失败作品的十分之一。大家看到的只是他们成功的作品，而失败的作品是不会公开发表出来的。

要知道，一个科学家在攻克科学堡垒的长征中，失

扫码听音频

败的次数和经验，远比成功的经验要丰富、深刻得多。失败虽然不是什么令人快乐的事情，但也决不应该因此气馁。在进行研究时，研究方向不正确，走了些岔路，白费了许多精力，这也是常有的事。但不要紧，可以再调换方向进行研究。更重要的是要善于吸取失败的教训，总结已有的经验，再继续前进。

　　根据我自己的体会，所谓天才，就是坚持不断的努力。有些人也许觉得我在数学方面有什么天分，//其实从我身上是找不到这种天分的。我读小学时，因为成绩不好，没有拿到毕业证书，只拿到一张修业证书。初中一年级时，我的数学也是经过补考才及格的。但是说来奇怪，从初中二年级以后，我就发生了一个根本转变，因为我认识到既然我的资质差些，就应该多用点儿时间来学习。别人学一小时，我就学两小时，这样，我的数学成绩得以不断提高。

　　一直到现在我也贯彻这个原则：别人看一篇东西要三小时，我就花三个半小时。经过长期积累，就多少可以看出成绩来。并且在基本技巧烂熟之后，往往能够一个钟头就看懂一篇人家看十天半月也解不透的文章。所以，前一段时间的加倍努力，在后一段时间能收到预想不到的效果。

　　是的，聪明在于学习，天才在于积累。

——节选自华罗庚《聪明在于学习，天才在于积累》

作品5号

去过故宫大修现场的人,就会发现这里和外面工地的劳作景象有个明显的区别:这里没有起重机,建筑材料都是以手推车的形式送往工地,遇到人力无法运送的木料时,工人们会使用百年不变的工具——滑轮组。故宫修缮,尊重着"四原"原则,即原材料、原工艺、原结构、原型制。在不影响体现传统工艺技术手法特点的地方,工匠可以用电动工具,比如开荒料、截头。大多数时候工匠都用传统工具:木匠画线用的是墨斗、画签、毛笔、方尺、杖竿、五尺;加工制作木构件使用的工具有锛、凿、斧、锯、刨等等。

最能体现大修难度的便是瓦作中"苫背"的环节。"苫背"是指在房顶做灰背的过程,它相当于为木建筑添上防水层。有句口诀是三浆三压,也就是上三遍石灰浆,然后再压上三遍。但这是个虚数。今天是晴天,干得快,三浆三压硬度就能符合要求,要是赶上阴天,说不定就要六浆六压。任何一个环节的疏漏都可能导致漏雨,而这对建筑的损坏是致命的。

"工"字早在殷墟甲骨卜辞中就已经出现过。《周官》与《春秋左传》记载周王朝与诸侯都设有掌管营造的机构。无数的名工巧匠为我们留下了那么多宏伟的建筑,但却//很少被列入史籍,扬名于后世。

匠人之所以称之为"匠",其实不仅仅是因为他们拥有了某种娴熟的技能,毕竟技能还可以通过时间的累积"熟能生巧",但蕴藏在"手艺"之上的那种对建筑本身的敬畏和热爱却需要从历史的长河中去寻觅。

将壮丽的紫禁城完好地交给未来,最能仰仗的便是这些默默奉献的匠人。故宫的修护注定是一场没有终点的接力,而他们就是最好的接力者。

——节选自单霁翔《大匠无名》

作品6号

扫码听音频

立春过后,大地渐渐从沉睡中苏醒过来。冰雪融化,草木萌发,各种花次第开放。再过两个月,燕子翩然归来。不久,布谷鸟也来了。于是转入炎热的夏季,这是植物孕育果实的时期。到了秋天,果实成熟,植物的叶子渐渐变黄,在秋风中簌簌地落下来。北雁南飞,活跃在田间草际的昆虫也都销声匿迹。到处呈现一片衰草连天的景象,准备迎接风雪载途的寒冬。在地球上温带和亚热带区域里,年年如是,周而复始。

几千年来,劳动人民注意了草木荣枯、候鸟去来等自然现象同气候的关系,据以安排农事。杏花开了,就好像大自然在传语要赶快耕地;桃花开了,又好像在暗示要赶快种谷子。布谷鸟开始唱歌,劳动人民懂得它在唱什么:"阿公阿婆,割麦插禾。"这样看来,花香鸟语,草长莺飞,都是大自然的语言。

这些自然现象,我国古代劳动人民称它为物候。物候知识在我国起源很早。古代流传下来的许多农谚就包含了丰富的物候知识。到了近代,利用物候知识来研究农业生产,已经发展为一门科学,就是物候学。物候学记录植物的生长荣枯,动物的养育往来,如桃花开、燕子来等自然现象,从而了解随着时节//推移的气候变化和这种变化对动植物的影响。

——节选自竺可桢《大自然的语言》

作品7号

当高速列车从眼前呼啸而过时,那种转瞬即逝的感觉让人们不得不发问:高速列车跑得那么快,司机能看清路吗?

高速列车的速度非常快,最低时速标准是二百公里。且不说能见度低的雾霾天,就是晴空万里的大白天,即使是视力好的司机,也不能保证正确识别地面的信号。当肉眼看到前面有障碍时,已经来不及反应。

专家告诉我,目前,我国时速三百公里以上的高铁线路不设置信号机,高速列车不用看信号行车,而是通过列控系统自动识别前进方向。其工作流程为,由铁路专用的全球数字移动通信系统来实现数据传输,控制中心实时接收无线电波信号,由计算机自动排列出每趟列车的最佳运行速度和最小行车间隔距离,实现实时追踪控制,确保高速列车间隔合理地安全运行。当然,时速二百至二百五十公里的高铁线路,仍然设置信号灯控制装置,由传统的轨道电路进行信号传输。中国自古就有"千里眼"的传说,今日高铁让古人的传说成为现实。

所谓"千里眼",即高铁沿线的摄像头,几毫米见方的石子儿也逃不过它的法眼。通过摄像头实时采集沿线高速列车运行的信息,一旦//出现故障或者异物侵限,高铁调度指挥中心监控终端的界面上就会出现一个红色的框将目标锁定,同时,监控系统马上报警显示。调度指挥中心会迅速把指令传递给高速列车司机。

——节选自王雄《当今"千里眼"》

作品8号

扫码听音频

从肇庆市驱车半小时左右,便到了东郊风景名胜鼎湖山。下了几天的小雨刚停,满山笼罩着轻纱似的薄雾。

过了寒翠桥,就听到淙淙的泉声。进山一看,草丛石缝,到处都涌流着清亮的泉水。草丰林茂,一路·上泉水时隐时现,泉声不绝于耳。有时几股泉水交错流泻,遮断路面,我们得寻找着垫脚的石块跳跃着前进。愈往上走树愈密,绿阴愈浓。湿漉漉的绿叶,犹如大海的波浪,一层一层涌向山顶。泉水隐到了浓阴的深处,而泉声却更加清纯悦耳。忽然,云中传·来钟声,顿时山鸣谷应,悠悠扬扬。安详厚重的钟声和欢快活泼的泉声,在雨后宁静的暮色中,汇成一片美妙的音响。

我们循着钟声,来到了半山腰的庆云寺。这是一座建于明代、规模宏大的岭南著名古刹。庭院里繁花似锦,古树参天。有一株与古刹同龄的茶花,还有两株从斯里兰卡引种的、有二百多年树龄的菩提树。我们决定就在这座寺院里借宿。

入夜,山中万籁俱寂,只有泉声一直传送到枕边。一路上听到的各种泉声,这时候躺在床上,可以用心细细地聆听、辨识、品味。那像小提琴一样轻柔的,是草丛中流淌的小溪的声音;那像琵琶一样清脆的,//是在石缝间跌落的涧水的声音;那像大提琴一样厚重回响的,是无数道细流汇聚于空谷的声音;那像铜管齐鸣一样雄浑磅礴的,是飞瀑急流跌入深潭的声音。还有一些泉声忽高忽低,忽急忽缓,忽清忽浊,忽扬忽抑,是泉水正在绕过树根,拍打卵石,穿越草丛,流连花间……

蒙眬中,那滋润着鼎湖山万木,孕育出蓬勃生机的清泉,仿佛汩汩地流进了我的心田。

——节选自谢大光《鼎湖山听泉》

作品9号

我常想读书人是世间幸福人,因为他除了拥有现实的世界之外,还拥有另一个更为浩瀚也更为丰富的世界。现实的世界是人人都有的,而后一个世界却为读书人所独有。由此我想,那些失去或不能阅读的人是多么的不幸,他们的丧失是不可补偿的。世间有诸多的不平等,财富的不平等,权力的不平等,而阅读能力的拥有或丧失却体现为精神的不平等。

一个人的一生，只能经历自己拥有的那一份欣悦，那一份苦难，也许再加上他亲自闻知的那一些关于自身以外的经历和经验。然而，人们通过阅读，却能进入不同时空的诸多他人的世界。这样，具有阅读能力的人，无形间获得了超越有限生命的无限可能性。阅读不仅使他多识了草木虫鱼之名，而且可以上溯远古下及未来，饱览存在的与非存在的奇风异俗。

更为重要的是，读书加惠于人们的不仅是知识的增广，而且还在于精神的感化与陶冶。人们从读书学做人，从那些往哲先贤以及当代才俊的著述中学得他们的人格。人们从《论语》中学得智慧的思考，从《史记》中学得严肃的历史精神，从《正气歌》中学得人格的刚烈，从马克思学得人世//的激情，从鲁迅学得批判精神，从托尔斯泰学得道德的执着。歌德的诗句刻写着睿智的人生，拜伦的诗句呼唤着奋斗的热情。一个读书人，一个有机会拥有超乎个人生命体验的幸运人。

——节选自谢冕《读书人是幸福人》

作品10号

扫码听音频

我爱月夜，但我也爱星天。从前在家乡七八月的夜晚在庭院里纳凉的时候，我最爱看天上密密麻麻的繁星。望着星天，我就会忘记一切，仿佛回到了母亲的怀里似的。

三年前在南京我住的地方有一道后门，每晚我打开

87

后门，便看见一个静寂的夜。下面是一片菜园，上面是星群密布的蓝天。星光在我们的肉眼里虽然微小，然而它使我们觉得光明无处不在。那时候我正在读一些天文学的书，也认得一些星星，好像它们就是我的朋友，它们常常在和我谈话一样。

如今在海上，每晚和繁星相对，我把它们认得很熟了。我躺在舱面上，仰望天空。深蓝色的天空里悬着无数半明半昧的星。船在动，星也在动，它们是这样低，真是摇摇欲坠呢！渐渐地我的眼睛模糊了，我好像看见无数萤火虫在我的周围飞舞。海上的夜是柔和的，是静寂的，是梦幻的。我望着许多认识的星，我仿佛看见它们在对我眨眼，我仿佛听见它们在小声说话。这时我忘记了一切。在星的怀抱中我微笑着，我沉睡着。我觉得自己是一个小孩子，现在睡在母亲的怀里了。

有一夜，那个在哥伦波上船的英国人指给我看天上的巨人。他用手指着：//那四颗明亮的星是头，下面的几颗是身子，这几颗是手，那几颗是腿和脚，还有三颗星算是腰带。经他这一番指点，我果然看清楚了那个天上的巨人。看，那个巨人还在跑呢！

——节选自巴金《繁星》

作品11号

扫码听音频

钱塘江大潮,自古以来被称为天下奇观。农历八月十八是一年一度的观潮日。这一天早上,我们来到了海宁市的盐官镇,据说这里是观潮最好的地方。我们随着观潮的人群,登上了海塘大堤。宽阔的钱塘江横卧在眼前。江面很平静,越往东越宽,在雨后的阳光下,笼罩着一层蒙蒙的薄雾。镇海古塔、中山亭和观潮台屹立在江边。远处,几座小山在云雾中若隐若现。江潮还没有来,海塘大堤上早已人山人海。大家昂首东望,等着,盼着。

午后一点左右,从远处传来隆隆的响声,好像闷雷滚动。顿时人声鼎沸,有人告诉我们,潮来了!我们踮着脚往东望去,江面还是风平浪静,看不出有什么变化。过了一会儿,响声越来越大,只见东边水天相接的地方出现了一条白线,人群又沸腾起来。

那条白线很快地向我们移来,逐渐拉长,变粗,横贯江面。再近些,只见白浪翻滚,形成一堵两丈多高的水墙。浪潮越来越近,犹如千万匹白色战马齐头并进,浩浩荡荡地飞奔而来;那声音如同山崩地裂,好像大地都被震得颤动起来。

霎时,潮头奔腾西去,可是余波还在漫天卷地般涌来,江面上依旧风号浪吼。过了好久,钱塘江才恢复了//平静。看看堤下，江水已经涨了两丈来高了。

——节选自赵宗成、朱明元《观潮》

作品12号

我和几个孩子站在一片园子里，感受秋天的风。园子里长着几棵高大的梧桐树，我们的脚底下，铺了一层厚厚的梧桐叶。叶枯黄，脚踩在上面，嘎吱嘎吱脆响。风还在一个劲儿地刮，吹打着树上可怜的几片叶子，那上面，就快成光秃秃的了。

我给孩子们上写作课，让孩子们描摹这秋天的风。以为他们一定会说寒冷、残酷和荒凉之类的，结果却出乎我的意料。

一个孩子说，秋天的风，像把大剪刀，它剪呀剪的，就把树上的叶子全剪光了。

我赞许了这个比喻。有二月春风似剪刀之说，秋天的风，何尝不是一把剪刀呢？只不过，它剪出来的不是花红叶绿，而是败柳残荷。

剪完了，它让阳光来住，这个孩子突然接着说一句。他仰向我的小脸，被风吹着，像只通红的小苹果。我怔住，抬头看树，那上面，果真的，爬满阳光啊，每根枝条上都是。失与得，从来都是如此均衡，树在失去叶子的同时，却承接了满树的阳光。

一个孩子说，秋天的风，像个魔术师，它会变出好多好吃的，菱角呀，花生呀，苹果呀，葡萄呀。还有桂花，可以做桂花糕。我昨天吃了桂花糕，妈妈说，是风变出来的。

我笑了。小可爱,经你这么一说,秋天的风,还真是香的。我和孩//子们一起嗅,似乎就闻见了风的味道,像一块蒸得热气腾腾的桂花糕。

——节选自丁立梅《孩子和秋风》

作品13号

扫码听音频

夕阳落山不久,西方的天空,还燃烧着一片橘红色的晚霞。大海,也被这霞光染成了红色,而且比天空的景色更要壮观。因为它是活动的,每当一排排波浪涌起的时候,那映照在浪峰上的霞光,又红又亮,简直就像一片片霍霍燃烧着的火焰,闪烁着,消失了。而后面的一排,又闪烁着,滚动着,涌了过来。

天空的霞光渐渐地淡下去了,深红的颜色变成了绯红,绯红又变为浅红。最后,当这一切红光都消失了的时候,那突然显得高而远了的天空,则呈现出一片肃穆的神色。最早出现的启明星,在这蓝色的天幕上闪烁起来了。它是那么大,那么亮,整个广漠的天幕上只有它在那里放射着令人注目的光辉,活像一盏悬挂在高空的明灯。

夜色加浓,苍空中的"明灯"越来越多了。而城市各处的真的灯火也次第亮了起来,尤其是围绕在海港周围山坡上的那一片灯光,从半空倒映在乌蓝的海面上，随着波浪，晃动着，闪烁着，像一串流动着的珍珠，和那一片片密布在苍穹里的星斗互相辉映，煞是好看。

在这幽美的夜色中，我踏着软绵绵的沙滩，沿着海边，慢慢地向前走去。海水，轻轻地抚摸着细软的沙滩，发出温柔的//唰唰声。晚来的海风，清新而又凉爽。我的心里，有着说不出的兴奋和愉快。

夜风轻飘飘地吹拂着，空气中飘荡着一种大海和田禾相混合的香味儿，柔软的沙滩上还残留着白天太阳炙晒的余温。那些在各个工作岗位上劳动了一天的人们，三三两两地来到这软绵绵的沙滩上，他们浴着凉爽的海风，望着那缀满了星星的夜空，尽情地说笑，尽情地休憩。

——节选自峻青《海滨仲夏夜》

作品14号

生命在海洋里诞生绝不是偶然的，海洋的物理和化学性质，使它成为孕育原始生命的摇篮。

我们知道，水是生物的重要组成部分，许多动物组织的含水量在百分之八十以上，而一些海洋生物的含水量高达百分之九十五。水是新陈代谢的重要媒介，没有它，体内的一系列生理和生物化学反应就无法进行，生命也就停止。因此，在短时期内动物缺水要比缺少食物更加危险。水对今天的生命是如此重要，它对脆弱的原始生命，更是举足轻重了。生命在海洋里诞生,就不会有缺水之忧。

水是一种良好的溶剂。海洋中含有许多生命所必需的无机盐,如氯化钠、氯化钾、碳酸盐、磷酸盐,还有溶解氧,原始生命可以毫不费力地从中吸取它所需要的元素。

水具有很高的热容量,加之海洋浩大,任凭夏季烈日曝晒,冬季寒风扫荡,它的温度变化却比较小。因此,巨大的海洋就像是天然的"温箱",是孕育原始生命的温床。

阳光虽然为生命所必需,但是阳光中的紫外线却有扼杀原始生命的危险。水能有效地吸收紫外线,因而又为原始生命提供了天然的"屏障"。

这一切都是原始生命得以产生和发展的必要条件。//

——节选自童裳亮《海洋与生命》

作品15号

扫码听音频

在我国历史地理中,有三大都城密集区,它们是:关中盆地、洛阳盆地、北京小平原。其中每一个地区都曾诞生过四个以上大型王朝的都城。而关中盆地、洛阳盆地是前朝历史的两个都城密集区,正是它们构成了早期文明核心地带中最重要的内容。

为什么这个地带会成为华夏文明最先进的地区?这主要是由两个方面的条件促成的,一个是自然环境方面的,一个是人文环境方面的。

在自然环境方面,这里是我国温带季风气候带的南部,降雨、气温、土壤等条件都可以满足旱作农业的需

93

求。中国北方的古代农作物，主要是一年生的粟和黍。黄河中下游的自然环境为粟黍作物的种植和高产提供了得天独厚的条件。农业生产的发达，会促进整个社会经济的发展，从而推动社会的进步。

在人文环境方面，这里是南北方、东西方大交流的轴心地区。在最早的六大新石器文化分布形势图中可以看到，中原处于这些文化分布的中央地带。无论是考古发现还是历史传说，都有南北文化长距离交流、东西文化相互碰撞的证据。中原地区在空间上恰恰位居中心，成为信息最发达、眼界最宽广、活动最//繁忙、竞争最激烈的地方。正是这些活动，推动了各项人文事务的发展，文明的方方面面就是在处理各类事务的过程中被开创出来的。

——节选自唐晓峰《华夏文明的发展与融合》

作品16号

于很多中国人而言，火车就是故乡。在中国人的心中，故乡的地位尤为重要，老家的意义非同寻常，所以，即便是坐过无数次火车，但印象最深刻的，或许还是返乡那一趟车。那一列列返乡的火车所停靠的站台边，熙攘的人流中，匆忙的脚步里，张望的目光下，涌动着的都是思乡的情绪。每一次看见返乡那趟火车，总觉得是那样可爱与亲切，仿佛看见了千里之外的故乡。上火车后，车启动的一刹那，在车轮与铁轨碰撞的"况且"声中，思乡的情绪便陡然在车厢里弥漫开来。你知道,它将驶向的,是你最熟悉也最温暖的故乡。再过几个或者十几个小时,你就会回到故乡的怀抱。这般感受,相信在很多人的身上都曾发生过。尤其在春节、中秋等传统节日到来之际,亲人团聚的时刻,更为强烈。

火车是故乡,火车也是远方。速度的提升,铁路的延伸,让人们通过火车实现了向远方自由流动的梦想。今天的中国老百姓,坐着火车,可以去往九百六十多万平方公里土地上的天南地北,来到祖国东部的平原,到达祖国南方的海边,走进祖国西部的沙漠,踏上祖国北方的草原,去观三山五岳,去看大江大河……

火车与空//间有着密切的联系,与时间的关系也让人觉得颇有意思。那长长的车厢,仿佛一头连着中国的过去,一头连着中国的未来。

——节选自舒翼《记忆像铁轨一样长》

作品17号

扫码听音频

奶奶给我讲过这样一件事:有一次她去商店,走在她前面的一位阿姨推开沉重的大门,一直等到她跟上来才松开手。当奶奶向她道谢的时候,那位阿姨轻轻地说:"我的妈妈和您的年龄差不多,我希望她遇到这种时候,也有人为她开门。"听了这件事,我的心温暖了许久。

一天,我陪患病的母亲去医院输液,年轻的护士为母亲扎了两针也没有扎进血管里,眼见针眼处鼓起青包。我正要抱怨几句,一抬头看见了母亲平静的眼神——她正在注视着护士额头上密密的汗珠,我不禁收住了涌到嘴边的话。只见母亲轻轻地对护士说:"不要紧,再来一次!"第三针果然成功了。那位护士终于长出了一口气,她连声说:"阿姨,真对不起。我是来实习的,这是我第一次给病人扎针,太紧张了。要不是您的鼓励,我真不敢给您扎了。"母亲用另一只手拉着我,平静地对护士说:"这是我的女儿,和你差不多大小,正在医科大学读书,她也将面对自己的第一个患者。我真希望她第一次扎针的时候,也能得到患者的宽容和鼓励。"听了母亲的话,我的心里充满了温暖与幸福。

是啊,如果我们在生活中能将心比心,就会对老人生出一份//尊重,对孩子增加一份关爱,就会使人与人之间多一些宽容和理解。

——节选自姜桂华《将心比心》

作品18号

晋祠之美,在山,在树,在水。

这里的山,巍巍的,有如一道屏障;长长的,又如伸开的两臂,将晋祠拥在怀中。春日黄花满山,径幽香远;秋来草木萧疏,天高水清。无论什么时候拾级登山都会心旷神怡。

这里的树,以古老苍劲见长。有两棵老树:一棵是周

第五章 "朗读短文"应试指导与训练

柏,另一棵是唐槐。那周柏,树干劲直,树皮皱裂,顶上挑着几根青青的疏枝,偃卧于石阶旁。那唐槐,老干粗大,虬枝盘屈,一簇簇柔条,绿叶如盖。还有水边殿外的松柏槐柳,无不显出苍劲的风骨。以造型奇特见长的,有的偃如老妪负水,有的挺如壮士托天,不一而足。圣母殿前的左扭柏,拔地而起,直冲云霄,它的树皮上的纹理一齐向左边拧去,一圈一圈,丝纹不乱,像地下旋起了一股烟,又似天上垂下了一根绳。晋祠在古木的荫护下,显得分外幽静、典雅。

这里的水,多、清、静、柔。在园里信步,但见这里一泓深潭,那里一条小渠。桥下有河,亭中有井,路边有溪。石间细流脉脉,如线如缕;林中碧波闪闪,如锦如缎。这些水都来自"难老泉"。泉上有亭,亭上悬挂着清代著名学者傅山写的"难老泉"三个字。这么多的水长流不息,日日夜夜发出叮叮咚咚的响声。水的清澈真令人叫绝,无论//多深的水,只要光线好,游鱼碎石,历历可见。水的流势都不大,清清的微波,将长长的草蔓拉成一缕缕的丝,铺在河底,挂在岸边,合着那些金鱼、青苔以及石栏的倒影,织成一条条大飘带,穿亭绕榭,冉冉不绝。当年李白来到这里,曾赞叹说:"晋祠流水如碧玉。"当你沿着流水去观赏那亭台楼阁时,也许会这样问:这几百间建筑怕都是在水上漂着的吧!

——节选自梁衡《晋祠》

作品19号

人们常常把人与自然对立起来，宣称要征服自然。殊不知在大自然面前，人类永远只是一个天真幼稚的孩童，只是大自然机体上普通的一部分，正像一株小草只是她的普通一部分一样。如果说自然的智慧是大海，那么，人类的智慧就只是大海中的一个小水滴，虽然这个水滴也能映照大海，但毕竟不是大海，可是，人们竟然不自量力地宣称要用这滴水来代替大海。

看着人类这种狂妄的表现，大自然一定会窃笑——就像母亲面对无知的孩子那样的笑。人类的作品飞上了太空，打开了一个个微观世界，于是人类沾沾自喜，以为揭开了大自然的秘密。可是，在自然看来，人类上下翻飞的这片巨大空间，不过是咫尺之间而已，就如同鲲鹏看待斥鷃一般，只是蓬蒿之间罢了。即使从人类自身智慧发展史的角度看，人类也没有理由过分自傲：人类的知识与其祖先相比诚然有了极大的进步，似乎有嘲笑古人的资本；可是，殊不知对于后人而言我们也是古人，一万年以后的人们也同样会嘲笑今天的我们，也许在他们看来，我们的科学观念还幼稚得很，我们的航天器在他们眼中不过是个非常简单的//儿童玩具。

——节选自严春友《敬畏自然》

作品 20 号

舞台上的幕布拉开了,音乐奏起来了。演员们踩着音乐的拍子,以庄重而有节奏的步法走到灯光前面来了。灯光射在他们五颜六色的服装和头饰上,一片金碧辉煌的彩霞。

当女主角穆桂英以轻盈而矫健的步子出场的时候,这个平静的海面陡然动荡起来了,它上面卷起了一阵暴风雨:观众像触了电似的迅即对这位女英雄报以雷鸣般的掌声。她开始唱了。她圆润的歌喉在夜空中颤动,听起来辽远而又切近,柔和而又铿锵。戏词像珠子似的从她的一笑一颦中,从她优雅的"水袖"中,从她婀娜的身段中,一粒一粒地滚下来,滴在地上,溅到空中,落进每一个人的心里,引起一片深远的回音。这回音听不见,却淹没了刚才涌起的那一阵热烈的掌声。

观众像着了魔一样,忽然变得鸦雀无声。他们看得入了神。他们的感情和舞台上女主角的感情融在了一起。女主角的歌舞渐渐进入高潮。观众的情感也渐渐进入高潮。潮在涨。没有谁能控制住它。这个一度平静下来的人海忽然又动荡起来了。戏就在这时候要到达顶点。我们的女主角在这时候就像一朵盛开的鲜花,观众想把这朵鲜花捧在手里,不让//它消逝。他们不约而同地从座位上立起来,像潮水一样,涌到我们这位艺术家面前。舞台已经失去了界限,整个的剧场成了一个

庞大的舞台。

我们这位艺术家是谁呢?他就是梅兰芳同志。半个世纪的舞台生涯过去了,六十六岁的高龄,仍然能创造出这样富有朝气的美丽形象,表现出这样充沛的青春活力,这不能不说是奇迹。这奇迹的产生是必然的,因为我们拥有这样热情的观众和这样热情的艺术家。

——节选自叶君健《看戏》

作品21号

十年,在历史上不过是一瞬间。只要稍加注意,人们就会发现:在这一瞬间里,各种事物都悄悄经历了自己的千变万化。

这次重新访日,我处处感到亲切和熟悉,也在许多方面发觉了日本的变化。就拿奈良的一个角落来说吧,我重游了为之感受很深的唐招提寺,在寺内各处匆匆走了一遍,庭院依旧,但意想不到还看到了一些新的东西。其中之一,就是近几年从中国移植来的"友谊之莲"。

在存放鉴真遗像的那个院子里,几株中国莲昂然挺立,翠绿的宽大荷叶正迎风而舞,显得十分愉快。开花的季节已过,荷花朵朵已变为莲蓬累累。莲子的颜色正在由青转紫,看来已经成熟了。

我禁不住想:"因"已转化为"果"。

中国的莲花开在日本,日本的樱花开在中国,这不是偶然。我希望这样一种盛况延续不衰。

在这些日子里,我看到了不少多年不见的老朋友,又结识了一些新朋友。大家喜欢涉及的话题之一，就是古长安和古奈良。那还用得着问吗，朋友们缅怀过去，正是瞩望未来。瞩目于未来的人们必将获得未来。

我不例外，也希望一个美好的未来。

为了中日人民之间的友谊，我将不会浪费今后生命的每一瞬间。//

——节选自严文井《莲花和樱花》

作品22号

我打猎归来，沿着花园的林阴路走着。狗跑在我前边。

突然，狗放慢脚步，蹑足潜行，好像嗅到了前边有什么野物。

我顺着林阴路望去，看见了一只嘴边还带黄色、头上生着柔毛的小麻雀。风猛烈地吹打着林阴路上的白桦树，麻雀从巢里跌落下来，呆呆地伏在地上，孤立无援地张开两只羽毛还未丰满的小翅膀。

我的狗慢慢向它靠近。忽然，从附近一棵树上飞下一只黑胸脯的老麻雀，像一颗石子似的落到狗的跟前。老麻雀全身倒竖着羽毛，惊恐万状，发出绝望、凄惨的叫声，接着向露出牙齿、大张着的狗嘴扑去。

老麻雀是猛扑下来救护幼雀的。它用身体掩护着自己的幼儿……但它整个小小的身体因恐怖而战栗着，它小小的声音也变得粗暴嘶哑，它在牺牲自己！

在它看来，狗该是多么庞大的怪物啊！然而，它还是不

能站在自己高高的、安全的树枝上……一种比它的理智更强烈的力量,使它从那儿扑下身来。

我的狗站住了,向后退了退……看来,它也感到了这种力量。

我赶紧唤住惊慌失措的狗,然后我怀着崇敬的心情,走开了。

是啊,请不要见笑。我崇敬那只小小的、英勇的鸟儿,我崇敬它那种爱的冲动和力量。

爱,我//想,比死和死的恐惧更强大。只有依靠它,依靠这种爱,生命才能维持下去,发展下去。

——节选自[俄]屠格涅夫《麻雀》,巴金译

作品23号

在浩瀚无垠的沙漠里,有一片美丽的绿洲,绿洲里藏着一颗闪光的珍珠。这颗珍珠就是敦煌莫高窟。它坐落在我国甘肃省敦煌市三危山和鸣沙山的怀抱中。

鸣沙山东麓是平均高度为十七米的崖壁。在一千六百多米长的崖壁上,凿有大小洞窟七百余个,形成了规模宏伟的石窟群。其中四百九十二个洞窟中,共有彩色塑像两千一百余尊,各种壁画共四万五千多平方米。莫高窟是我国古代无数艺术匠师留给人类的珍贵文化遗产。

莫高窟的彩塑,每一尊都是一件精美的艺术品。最大的有九层楼那么高,最小的还不如一个手掌大。这些彩塑个

性鲜明，神态各异。有慈眉善目的菩萨，有威风凛凛的天王，还有强壮勇猛的力士……

莫高窟壁画的内容丰富多彩，有的是描绘古代劳动人民打猎、捕鱼、耕田、收割的情景，有的是描绘人们奏乐、舞蹈、演杂技的场面，还有的是描绘大自然的美丽风光。其中最引人注目的是飞天。壁画上的飞天，有的臂挎花篮，采摘鲜花；有的反弹琵琶，轻拨银弦；有的倒悬身子，自天而降；有的彩带飘拂，漫天遨游；有的舒展着双臂，翩翩起舞。看着这些精美动人的壁画，就像走进了//灿烂辉煌的艺术殿堂。

莫高窟里还有一个面积不大的洞窟——藏经洞。洞里曾藏有我国古代的各种经卷、文书、帛画、刺绣、铜像等共六万多件。由于清朝政府腐败无能，大量珍贵的文物被外国强盗掠走。仅存的部分经卷，现在陈列于北京故宫等处。

莫高窟是举世闻名的艺术宝库。这里的每一尊彩塑、每一幅壁画、每一件文物，都是中国古代人民智慧的结晶。

——节选自《莫高窟》

作品24号

森林涵养水源，保持水土，防止水旱灾害的作用非常大。据专家测算，一片十万亩面积的森林，相当于一个两百万立方米的水库，这正如农谚所说的："山上多栽树，等于修水库。雨多它能吞，雨少它能吐。"

扫码听音频

说起森林的功劳，那还多得很。它除了为人类提供木材及许多种生产、生活的原料之外，在维护生态环境方面也是功劳卓著，它用另一种"能吞能吐"的特殊功能孕育了人类。因为地球在形成之初，大气中的二氧化碳含量很高，氧气很少，气温也高，生物是难以生存的。大约在四亿年之前，陆地才产生了森林。森林慢慢将大气中的二氧化碳吸收，同时吐出新鲜氧气，调节气温：这才具备了人类生存的条件，地球上才最终有了人类。

森林，是地球生态系统的主体，是大自然的总调度室，是地球的绿色之肺。森林维护地球生态环境的这种"能吞能吐"的特殊功能是其他任何物体都不能取代的。然而，由于地球上的燃烧物增多，二氧化碳的排放量急剧增加，使得地球生态环境急剧恶化，主要表现为全球气候变暖，水分蒸发加快，改变了气流的循环，使气候变化加剧，从而引发热浪、飓风、暴雨、洪涝及干旱。

为了//使地球的这个"能吞能吐"的绿色之肺恢复健壮，以改善生态环境，抑制全球变暖，减少水旱等自然灾害，我们应该大力造林、护林，使每一座荒山都绿起来。

——节选自《"能吞能吐"的森林》

作品 25 号

中国没有人不爱荷花的。可我们楼前池塘中独独缺少荷花。每次看到或想到，总觉得是一块心病。有人从湖北来，带来了洪湖的几颗莲子，外壳呈黑色，极硬。据说，如果埋在淤泥中，能够千年不烂。我用铁锤在莲子上砸开了一条缝，让莲芽能够破壳而出，不至永远埋在泥中。把五六颗敲破的莲子投入池塘中，下面就是听天由命了。

这样一来，我每天就多了一件工作：到池塘边上去看上几次。心里总是希望，忽然有一天，"小荷才露尖尖角"，有翠绿的莲叶长出水面。可是，事与愿违，投下去的第一年，一直到秋凉落叶，水面上也没有出现什么东西。但是到了第三年，却忽然出了奇迹。有一天，我忽然发现，在我投莲子的地方长出了几个圆圆的绿叶，虽然颜色极惹人喜爱，但是却细弱单薄，可怜兮兮地平卧在水面上，像水浮莲的叶子一样。

真正的奇迹出现在第四年上。到了一般荷花长叶的时候，在去年飘浮着五六个叶片的地方，一夜之间，突然长出了一大片绿叶，叶片扩张的速度，范围的扩大，都是惊人地快。几天之内，池塘内不小一部分，已经全为绿叶所覆盖。而且原来平卧在水面上的像是水浮莲一样的//叶片，不知道是从哪里聚集来了力量，有一些竟然跃出了水面，长成了亭亭的荷叶。这样一来，我心中的疑云一扫而光：池塘中生长的真正是洪湖莲花的子孙了。我心中狂喜，这几年总算是没有白等。

——节选自季羡林《清塘荷韵》

作品26号

在原始社会里，文字还没有创造出来，却先有了歌谣一类的东西。这也就是文艺。

文字创造出来以后，人就用它把所见所闻所想所感的一切记录下来。一首歌谣，不但口头唱，还要刻呀，漆呀，把它保留在什么东西上。这样，文艺和文字就并了家。

后来纸和笔普遍地使用了，而且发明了印刷术。凡是需要记录下来的东西，要多少份就可以有多少份。于是所谓文艺，从外表说，就是一篇稿子，一部书，就是许多文字的集合体。

文字是一道桥梁，通过了这一道桥梁，读者才和作者会面。不但会面，并且了解作者的心情，和作者的心情相契合。

就作者的方面说，文艺的创作决不是随便取许多文字来集合在一起。作者着手创作，必然对于人生先有所见，先有所感。他把这些所见所感写出来，不作抽象的分析，而作具体的描写，不作刻板的记载，而作想象的安排。他准备写的不是普通的论说文、记叙文；他准备写的是文艺。他动手写，不但选择那些最适当的文字，让它们集合起来，还要审查那些写下来的文字，看有没有应当修改或是增减的。总之,作者想做到的是:写下来的文字正好传达出他的所见所感。

就读者的//方面说,读者看到的是写在纸面或者印在纸面的文字,但是看到文字并不是他们的目的。他们要通过文字去接触作者的所见所感。

——节选自叶圣陶《驱遣我们的想象》

作品27号

语言,也就是说话,好像是极其稀松平常的事儿。可是仔细想想,实在是一件了不起的大事。正是因为说话跟吃饭、走路一样的平常,人们才不去想它究竟是怎么回事儿。其实这三件事儿都是极不平常的,都是使人类不同于别的动物的特征。

记得在小学里读书的时候,班上有一位"能文"的大师兄,在一篇作文的开头写下这么两句:"鹦鹉能言,不离于禽;猩猩能言,不离于兽。"我们看了都非常佩服。后来知道这两句是有来历的,只是字句有些出入。又过了若干年,才知道这两句话都有问题。鹦鹉能学人说话,可只是作为现成的公式来说,不会加以变化。只有人们说话是从具体情况出发,情况一变,话也跟着变。西方学者拿黑猩猩做实验,它们能学会极其有限的一点儿符号语言,可是学不会把它变成有声语言。人类语言之所以能够"随机应变",在于一方面能把语音分析成若干音素,又把这些音素组合成音节,再把音节连缀起来。另一方面,又能分析外界事物及其变化,形成无数的"意念",一一

107

配以语音，然后综合运用，表达各种复杂的意思。一句话，人类语言的特点就在于能用变化无穷的语音，表达变化无穷的//意义。这是任何其他动物办不到的。

——节选自吕叔湘《人类的语言》

作品28号

父亲喜欢下象棋。那一年，我大学回家度假，父亲教我下棋。

我们俩摆好棋，父亲让我先走三步，可不到三分钟，三下五除二，我的兵将损失大半，棋盘上空荡荡的，只剩下老帅、士和一车两卒在孤军奋战。我还不肯罢休，可是已无力回天，眼睁睁看着父亲"将军"，我输了。

我不服气，摆棋再下。几次交锋，基本上都是不到十分钟我就败下阵来。我不禁有些泄气。父亲对我说："你初学下棋，输是正常的。但是你要知道输在什么地方；否则，你就是再下上十年，也还是输。"

"我知道，输在棋艺上。我技术上不如你，没经验。""这只是次要因素，不是最重要的。"

"那最重要的是什么？"我奇怪地问。

"最重要的是你的心态不对。你不珍惜你的棋子。"

"怎么不珍惜呀？我每走一步，都想半天。"我不服气地说。

"那是后来，开始你是这样吗？我给你计算过，你三分之二的棋子是在前三分之一的时间内丢失的。这期间你走棋不假思索，拿起来就走，失了也不觉得可惜。因为你觉得棋子很多，失一两个不算什么。"

我看看父亲，不好意思地低下头。"后三分之二的时间，你又犯了相反的错误：对棋子过于珍惜，每走一步，都思前想后，患得患失，一个棋也不想失，//结果一个一个都失去了。

——节选自林夕《人生如下棋》

作品29号

仲夏，朋友相邀游十渡。在城里住久了，一旦进入山水之间，竟有一种生命复苏的快感。

下车后，我们舍弃了大路，挑选了一条半隐半现在庄稼地里的小径，弯弯绕绕地来到了十渡渡口。夕阳下的拒马河慷慨地撒出一片散金碎玉，对我们表示欢迎。

岸边山崖上刀斧痕犹存的崎岖小道，高低凸凹，虽没有"难于上青天"的险恶，却也有踏空了滚到拒马河洗澡的风险。狭窄处只能手扶岩石贴壁而行。当"东坡草堂"几个红漆大字赫然出现在前方岩壁时，一座镶嵌在岩崖间的石砌茅草屋同时跃进眼底。草屋被几级石梯托得高高的，屋下俯瞰着一湾河水，屋前顺山势辟出了一片空地，算是院落吧！右侧有一小小的蘑菇形的凉亭，内设石桌石凳，亭顶褐黄色的茅草像流苏般向下垂泻，把现实和童话串成了一体。草屋的构思者最精彩的一笔，是设在院落边沿的柴门和篱笆，走近这儿，便有了"花径不曾缘客扫，蓬门今始为君开"的意思。

当我们重登凉亭时，远处的蝙蝠山已在夜色下化为剪

扫码听音频

影,好像就要展翅扑来。拒马河趁人们看不清它的容貌时豁开了嗓门儿韵味十足地唱呢!偶有不安分的小鱼儿和青蛙蹦跳//成声,像是为了强化这夜曲的节奏。此时,只觉世间唯有水声和我,就连偶尔从远处赶来歇脚的晚风,也悄无声息。

当我渐渐被夜的凝重与深邃所融蚀,一缕新的思绪涌动时,对岸沙滩上燃起了篝火,那鲜亮的火光,使夜色有了躁动感。篝火四周,人影绰约,如歌似舞。朋友说,那是北京的大学生们,结伴来这儿度周末的。遥望那明灭无定的火光,想象着篝火映照的青春年华,也是一种意想不到的乐趣。

——节选自刘延《十渡游趣》

作品30号

在闽西南和粤东北的崇山峻岭中,点缀着数以千计的圆形围屋或土楼,这就是被誉为"世界民居奇葩"的客家民居。

客家人是古代从中原繁盛的地区迁到南方的。他们的居住地大多在偏僻、边远的山区,为了防备盗匪的骚扰和当地人的排挤,便建造了营垒式住宅,在土中掺石灰,用糯米饭、鸡蛋清作黏合剂,以竹片、木条作筋骨,夯筑起墙厚一米,高十五米以上的土楼。它们大多为三至六层楼,一百至二百多间房屋如橘瓣状排列,布局均匀,宏伟壮观。大部分土楼有两三百年甚至五六百年的历史,经受无数次地震撼动、风雨侵蚀以及炮火攻击而安然无恙,显示了传统建筑文化的魅力。

客家先民崇尚圆形,认为圆是吉祥、幸福和安宁的象征。土楼围成圆形的房屋均按八卦布局排列,卦与卦之间设有防火墙,整齐划一。

客家人在治家、处事、待人、立身等方面,无不体现出明显的文化特征。比如,许多房屋大门上刻着这样的正楷对联:"承前祖德勤和俭,启后子孙读与耕",表现了先辈希望子孙和睦相处、勤俭持家的愿望。楼内房间大小一模一样,他们不分贫富、贵贱,每户人家平等地分到底层至高层各//一间房。各层房屋的用途惊人地统一,底层是厨房兼饭堂,二层当贮仓,三层以上作卧室,两三百人聚居一楼,秩序井然,毫不混乱。土楼内所保留的民俗文化,让人感受到中华传统文化的深厚久远。

——节选自张宇生《世界民居奇葩》

作品31号

我国的建筑,从古代的宫殿到近代的一般住房,绝大部分是对称的,左边怎么样,右边也怎么样。苏州园林可绝不讲究对称,好像故意避免似的。东边有了一个亭子或者一道回廊,西边决不会来一个同样的亭子或者一道同样的回廊。这是为什么?我想,用图画来比方,对称的建筑是图案画,不是美术画,而园林是美术画,美术画要求自然之趣,是不讲究对称的。

苏州园林里都有假山和池沼。

扫码听音频

111

假山的堆叠，可以说是一项艺术而不仅是技术。或者是重峦叠嶂，或者是几座小山配合着竹子花木，全在乎设计者和匠师们生平多阅历，胸中有丘壑，才能使游览者攀登的时候忘却苏州城市，只觉得身在山间。

至于池沼，大多引用活水。有些园林池沼宽敞，就把池沼作为全园的中心，其他景物配合着布置。水面假如成河道模样，往往安排桥梁。假如安排两座以上的桥梁，那就一座一个样，决不雷同。

池沼或河道的边沿很少砌齐整的石岸，总是高低屈曲任其自然。还在那儿布置几块玲珑的石头，或者种些花草。这也是为了取得从各个角度看都成一幅画的效果。池沼里养着金鱼或各色鲤鱼，夏秋季节荷花或睡莲//开放，游览者看"鱼戏莲叶间"，又是入画的一景。

——节选自叶圣陶《苏州园林》

作品32号

泰山极顶看日出，历来被描绘成十分壮观的奇景。有人说：登泰山而看不到日出，就像一出大戏没有戏眼，味儿终究有点寡淡。

我去爬山那天，正赶上个难得的好天，万里长空，云彩丝儿都不见。素常烟雾腾腾的山头，显得眉目分明。同伴们都欣喜地说："明天早晨准可以看见日出了。"我也是抱着这种想头，爬上山去。

扫码听音频

112

第五章 "朗读短文"应试指导与训练

一路从山脚往上爬，细看山景，我觉得挂在眼前的不是五岳独尊的泰山，却像一幅规模惊人的青绿山水画，从下面倒展开来。在画卷中最先露出的是山根底那座明朝建筑岱宗坊，慢慢地便现出王母池、斗母宫、经石峪。山是一层比一层深，一叠比一叠奇，层层叠叠，不知还会有多深多奇。万山丛中，时而点染着极其工细的人物。王母池旁的吕祖殿里有不少尊明塑，塑着吕洞宾等一些人，姿态神情是那样有生气，你看了，不禁会脱口赞叹说："活啦。"

画卷继续展开，绿阴森森的柏洞露面不太久，便来到对松山。两面奇峰对峙着，满山峰都是奇形怪状的老松，年纪怕都有上千岁了，颜色竟那么浓，浓得好像要流下来似的。来到这儿，你不妨权当一次画里的写意人物，坐在路旁的对松亭里，看看山色，听听流//水和松涛。

一时间，我又觉得自己不仅是在看画卷，却又像是在零零乱乱翻着一卷历史稿本。

——节选自杨朔《泰山极顶》

作品33号

在太空的黑幕上，地球就像站在宇宙舞台中央那位最美的大明星，浑身散发出夺人心魄的、彩色的、明亮的光芒，她披着浅蓝色的纱裙和白色的飘带，如同天上的仙女缓缓飞行。

地理知识告诉我，地球上大部分地区覆盖着海洋，我果

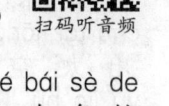
扫码听音频

113

然看到了大片蔚蓝色的海水，浩瀚的海洋骄傲地披露着广阔壮观的全貌，我还看到了黄绿相间的陆地，连绵的山脉纵横其间；我看到我们平时所说的天空，大气层中飘浮着片片雪白的云彩，那么轻柔，那么曼妙，在阳光普照下，仿佛贴在地面上一样。海洋、陆地、白云，它们呈现在飞船下面，缓缓驶来，又缓缓离去。

我知道自己还是在轨道上飞行，并没有完全脱离地球的怀抱，冲向宇宙的深处，然而这也足以让我震撼了，我并不能看清宇宙中众多的星球，因为实际上它们离我们的距离非常遥远，很多都是以光年计算。正因为如此，我觉得宇宙的广袤真实地摆在我的眼前，即便作为中华民族第一个飞天的人我已经跑到离地球表面四百公里的空间，可以称为太空人了，但是实际上在浩瀚的宇宙面前，我仅像一粒尘埃。

虽然独自在太空飞行，但我想到了此刻千万//中国人翘首以待，我不是一个人在飞，我是代表所有中国人甚至人类来到了太空。我看到的一切证明了中国航天技术的成功，我认为我的心情一定要表达一下，就拿出太空笔，在工作日志背面写了一句话："为了人类的和平与进步，中国人来到太空了。"以此来表达一个中国人的骄傲和自豪。

——节选自杨利伟《天地九重》

作品 34 号

最使我难忘的,是我小学时候的女教师蔡芸芝先生。

现在回想起来,她那时有十八九岁。右嘴角边有榆钱大小一块黑痣。在我的记忆里,她是一个温柔和美丽的人。她从来不打骂我们。仅仅有一次,她的教鞭好像要落下来,我用石板一迎,教鞭轻轻地敲在石板边上,大伙儿笑了,她也笑了。我用儿童的狡猾的眼光察觉,她爱我们,并没有存心要打的意思。孩子们是多么善于观察这一点啊。

在课外的时候,她教我们跳舞,我现在还记得她把我扮成女孩子表演跳舞的情景。

在假日里,她把我们带到她的家里和女朋友的家里。在她的女朋友的园子里,她还让我们观察蜜蜂;也是在那时候,我认识了蜂王,并且平生第一次吃了蜂蜜。

她爱诗,并且爱用歌唱的音调教我们读诗。直到现在我还记得她读诗的音调,还能背诵她教我们的诗:

圆天盖着大海,

黑水托着孤舟,

远看不见山,

那天边只有云头,

也看不见树,

那水上只有海鸥……

今天想来,她对我的接近文学和爱好文学,是有着多么有益的影响!

像这样的教师,我们怎么会不喜欢她,怎么会不愿意和她亲近呢?我们见了她不由得就围上去。即使她写字的时候,我//们也默默地看着她,连她握铅笔的姿势都急于模仿。

——节选自魏巍《我的老师》

作品35号

我喜欢出发。

凡是到达了的地方,都属于昨天。哪怕那山再青,那水再秀,那风再温柔。太深的流连便成了一种羁绊,绊住的不仅有双脚,还有未来。

怎么能不喜欢出发呢?没见过大山的巍峨,真是遗憾;见了大山的巍峨没见过大海的浩瀚,仍然遗憾;见了大海的浩瀚没见过大漠的广袤,依旧遗憾;见了大漠的广袤没见过森林的神秘,还是遗憾。世界上有不绝的风景,我有不老的心情。

我自然知道,大山有坎坷,大海有浪涛,大漠有风沙,森林有猛兽。即便这样,我依然喜欢。

打破生活的平静便是另一番景致,一种属于年轻的景致。真庆幸,我还没有老。即便真老了又怎么样,不是有句话叫老当益壮吗?

于是,我还想从大山那里学习深刻,我还想从大海那里学习勇敢,我还想从大漠那里学习沉着,我还想从森林那里学习机敏。我想学着品味一种缤纷的人生。

人能走多远?这话不是要问两脚而是要问志向。人能攀多高?这事不是要问双手而是要问意志。于是,我想用青春的热血给自己树起一个高远的目标。不仅是为了争取一种光荣,更是为了追求一种境界。目标实现了,便是光荣;目标实现不了,人生也会因//这一路风雨跋涉变得丰富而充实;在我看来,这就是不虚此生。

是的,我喜欢出发,愿你也喜欢。

——节选自汪国真《我喜欢出发》

作品36号

乡下人家总爱在屋前搭一瓜架,或种南瓜,或种丝瓜,让那些瓜藤攀上棚架,爬上屋檐。当花儿落了的时候,藤上便结出了青的、红的瓜,它们一个个挂在房前,衬着那长长的藤,绿绿的叶。青、红的瓜,碧绿的藤和叶,构成了一道别有风趣的装饰,比那高楼门前蹲着一对石狮子或是竖着两根大旗杆,可爱多了。

有些人家,还在门前的场地上种几株花,芍药,凤仙,鸡冠花,大丽菊,它们依着时令,顺序开放,朴素中带着几分华丽,显出一派独特的农家风光。还有些人家,在屋后种几十枝竹,绿的叶,青的竿,投下一片浓浓的绿荫。几场春雨过后,到那里走走,你常常会看见许多鲜嫩的笋,成群地从土里探出头来。

鸡,乡下人家照例总要养几只的。从他们的房前屋后走过，你肯定会瞧见一只母鸡，率领一群小鸡，在竹林中觅食；或是瞧见耸着尾巴的雄鸡，在场地上大踏步地走来走去。

他们的屋后倘若有一条小河，那么在石桥旁边，在绿树荫下，你会见到一群鸭子游戏水中，不时地把头扎到水下去觅食。即使附近的石头上有妇女在捣衣，它们也从不吃惊。

若是在夏天的傍晚出去散步，你常常会瞧见乡下人家吃晚饭//的情景。他们把桌椅饭菜搬到门前，天高地阔地吃起来。天边的红霞，向晚的微风，头上飞过的归巢的鸟儿，都是他们的好友。它们和乡下人家一起，绘成了一幅自然、和谐的田园风景画。

——节选自陈醉云《乡下人家》

作品37号

我们的船渐渐地逼近榕树了。我有机会看清它的真面目：是一棵大树，有数不清的丫枝，枝上又生根，有许多根一直垂到地上，伸进泥土里。一部分树枝垂到水面，从远处看，就像一棵大树斜躺在水面上一样。

现在正是枝繁叶茂的时节。这棵榕树好像在把它的全部生命力展示给我们看。那么多的绿叶，一簇堆在另一簇的上面，不留一点儿缝隙。翠绿的颜色明亮地在我们的眼前闪耀，似乎每一片树叶上都有一个新的生命在颤动,这美丽的南国的树!

船在树下泊了片刻,岸上很湿,我们没有上去。朋友说这里是"鸟的天堂",有许多鸟在这棵树上做窝,农民不许人去捉它们。我仿佛听见几只鸟扑翅的声音,但是等到我的眼睛注意地看那里时,我却看不见一只鸟的影子。只有无数的树根立在地上,像许多根木桩。地是湿的,大概涨潮时河水常常冲上岸去。

"鸟的天堂"里没有一只鸟,我这样想到。船开了,一个朋友拨着船,缓缓地流到河中间去。

第二天,我们划着船到一个朋友的家乡去,就是那个有山有塔的地方。从学校出发,我们又经过那"鸟的天堂"。

这一次是在早晨,阳光照在水面上,也照在树梢上。一切都//显得非常光明。我们的船也在树下泊了片刻。

起初四周围非常清静。后来忽然起了一声鸟叫。我们把手一拍,便看见一只大鸟飞了起来,接着又看见第二只,第三只。我们继续拍掌,很快地这个树林就变得很热闹了。到处都是鸟声,到处都是鸟影。大的,小的,花的,黑的,有的站在枝上叫,有的飞起来,在扑翅膀。

——节选自巴金《鸟的天堂》

作品 38 号

两百多年前,科学家做了一次实验。他们在一间屋子里横七竖八地拉了许多绳子,绳子上系着许多铃铛,然后把蝙蝠的眼睛蒙上,让它在屋子里飞。蝙蝠飞了几个钟头,铃铛一个也没响,那么多的绳子,它一根也没碰着。

科学家又做了两次实验:一次把蝙蝠的耳朵塞上,一次把蝙蝠的嘴封住,让它在屋子里飞。蝙蝠就像没头苍蝇似的到处乱撞,挂在绳子上的铃铛响个不停。

三次实验的结果证明,蝙蝠夜里飞行,靠的不是眼睛,而是靠嘴和耳朵配合起来探路的。

后来,科学家经过反复研究,终于揭开了蝙蝠能在夜里飞行的秘密。它一边飞,一边从嘴里发出超声波。而这种声音,人的耳朵是听不见的,蝙蝠的耳朵却能听见。超声波向前传播时,遇到障碍物就反射回来,传到蝙蝠的耳朵里,它就立刻改变飞行的方向。

知道蝙蝠在夜里如何飞行,你猜到飞机夜间飞行的秘密了吗?现代飞机上安装了雷达,雷达的工作原理与蝙蝠探路类似。雷达通过天线发出无线电波,无线电波遇到障碍物就反射回来,被雷达接收到,显示在荧光屏上。从雷达的荧光屏上,驾驶员能够清楚地看到前方有没有障碍物,所//以飞机飞行就更安全了。

——节选自《夜间飞行的秘密》

作品39号

扫码听音频

北宋时候,有位画家叫张择端。他画了一幅名扬中外的画《清明上河图》。这幅画长五百二十八厘米,高二十四点八厘米,画的是北宋都城汴梁热闹的场面。这幅画已经有八百多年的历史了,现在还完整地保存在北京的故宫博物院·里。

张择端画这幅画的时候,下了很大的功夫。光是画·上的人物,就有五百多个:有从乡下来的农民,有撑船的船工,有做各种买卖的生意人,有留着长胡子的道士,有走江湖的医生,有摆小摊的摊贩,有官吏和读书人,三百六十行,哪一行的人都画在上·面了。

画·上的街市可热闹了。街·上有挂着各种招牌的店铺、作坊、酒楼、茶馆,走在街·上的,是来来往往、形态各异的人:有的骑着马,有的挑着担,有的赶着毛驴,有的推着独轮车,有的悠闲地在街·上溜达。画面·上的这些人,有的不到一寸,有的甚至只有黄豆那么大。别看画·上的人小,每个人在干什么,都能看得清清楚楚。

最有意思的是桥北头的情景:一个人骑着马,正往桥下走。因·为人太多,眼看就要碰·上对面来的一乘轿子。就在这个紧急时刻,那个牧马人一下子拽住了马笼头,这才没碰上那乘轿子。不过，这么一来，倒把马右边的//两头小毛驴吓得又踢又跳。站在桥栏杆边欣赏风景的人，被小毛驴惊扰了，连忙回过头来赶小毛驴。你看，张择端画的画，是多么传神啊！

《清明上河图》使我们看到了八百年以前的古都风貌，看到了当时普通老百姓的生活场景。

——节选自滕明道《一幅名扬中外的画》

作品40号

二〇〇〇年，中国第一个以科学家名字命名的股票"隆平高科"上市。八年后，名誉董事长袁隆平所持有的股份以市值计算已经过亿。从此，袁隆平又多了个"首富科学家"的名号。而他身边的学生和工作人员，却很难把这位老人和"富翁"联系起来。

"他哪里有富人的样子。"袁隆平的学生们笑着议论。在学生们的印象里，袁老师永远黑黑瘦瘦，穿一件软塌塌的衬衣。在一次会议上，袁隆平坦言："不错，我身价二〇〇八年就一千零八亿了，可我真的有那么多钱吗？没有。我现在就是靠每个月六千多元的工资生活，已经很满足了。我今天穿的衣服就五十块钱，但我喜欢的还是昨天穿的那件十五块钱的衬衫，穿着很精神。"袁隆平认为，"一个人的时间和精力是有限的，如果老想着享受，哪有心思搞科研？搞科学研究就是要淡泊名利，踏实做人"。

在工作人员眼中，袁隆平其实就是一位身板硬朗的"人民农学家"，"老人下田从不要人搀扶，拿起套鞋，脚一蹬就走"。袁隆平说："我有八十岁的年龄，五十多岁的身体，三十多岁的心态，二十多岁的肌肉弹性。"袁隆平的业余生活非常丰富，钓鱼、打排球、听音乐……他说，就是喜欢这些//不花钱的平民项目。

二〇一〇年九月，袁隆平度过了他的八十岁生日。当时，他许了个愿：到九十岁时，要实现亩产一千公斤！如果全球百分之五十的稻田种植杂交水稻，每年可增产一点五亿吨粮食，可多养活四亿到五亿人口。

——节选自刘畅《一粒种子造福世界》

作品41号

北京的颐和园是个美丽的大公园。

进了颐和园的大门，绕过大殿，就来到有名的长廊。绿漆的柱子，红漆的栏杆，一眼望不到头。这条长廊有七百多米长，分成二百七十三间。每一间的横槛·上都有五彩的画，画着人物、花草、风景，几千幅画没有哪两幅是相同的。长廊两旁栽满了花木，这一种花还没谢，那一种花又开了。微风从左·边的昆明湖·上吹·来，使人神清-气爽。

走完长廊，就来到了万寿山脚·下。抬头一看，一座八角宝塔形的三层建筑耸立在半山腰·上，黄色的琉·璃瓦闪闪发光。那就是佛香阁。下·面的一排排金碧辉

扫码听音频

煌的宫殿,就是排云殿。

登上万寿山,站在佛香阁的前面向下望,颐和园的景色大半收在眼底。葱郁的树丛,掩映着黄的绿的琉璃瓦屋顶和朱红的宫墙。正前面,昆明湖静得像一面镜子,绿得像一块碧玉。游船、画舫在湖面慢慢地滑过,几乎不留一点儿痕迹。向东远眺,隐隐约约可以望见几座古老的城楼和城里的白塔。

从万寿山下来,就是昆明湖。昆明湖围着长长的堤岸,堤上有好几座式样不同的石桥,两岸栽着数不清的垂柳。湖中心有个小岛,远远望去,岛上一片葱绿,树丛中露出宫殿的一角。//游人走过长长的石桥,就可以去小岛上玩。这座石桥有十七个桥洞,叫十七孔桥。桥栏杆上有上百根石柱,柱子上都雕刻着小狮子。这么多的狮子,姿态不一,没有哪两只是相同的。

颐和园到处有美丽的景色,说也说不尽,希望你有机会去细细游赏。

——节选自袁鹰《颐和园》

作品42号

一谈到读书,我的话就多了!我自从会认字后不到几年,就开始读书。倒不是四岁时读母亲给我的商务印书馆出版的国文教科书第

一册的"天、地、日、月、山、水、土、木"以后的那几册,而是七岁时开始自己读的"话说天下大势,分久必合,合久必分……"的《三国演义》。

那时,我的舅父杨子敬先生每天晚饭后必给我们几个表兄妹讲一段《三国演义》,我听得津津有味,什么"宴桃园豪杰三结义,斩黄巾英雄首立功",真是好听极了。但是他讲了半个钟头,就停下去干他的公事了。我只好带着对于故事下文的无限悬念,在母亲的催促下,含泪上床。

此后,我决定咬了牙,拿起一本《三国演义》来,自己一知半解地读了下去,居然越看越懂,虽然字音都读得不对,比如把"凯"念作"岂",把"诸"念作"者"之类,因为我只学过那个字一半部分。

谈到《三国演义》,我第一次读到关羽死了,哭了一场,把书丢下了。第二次再读到诸葛亮死了,又哭了一场,又把书丢下了,最后忘了是什么时候才把全书读到"分久必合"的结局。

这时我同时还看了母亲针线笸箩里常放着的那几本《聊斋志异》,聊斋故事是短篇的,可以随时拿起放下,又是文言的,这对于我的//作文课很有帮助,因为老师曾在我的作文本上批着"柳州风骨,长吉清才"的句

125

子，其实我那时还没有读过柳宗元和李贺的文章，只因那时的作文，都是用文言写的。

书看多了，从中也得到一个体会，物怕比，人怕比，书也怕比，"不比不知道，一比吓一跳"。

因此，某年的六一国际儿童节，有个儿童刊物要我给儿童写几句指导读书的话，我只写了九个字，就是：

读书好，多读书，读好书。

——节选自冰心《忆读书》

作品43号

徐霞客是明朝末年的一位奇人。他用双脚，一步一步地走遍了半个中国大陆，游览过许多名山大川，经历过许多奇人异事。他把游历的观察和研究记录下来，写成了《徐霞客游记》这本千古奇书。

当时的读书人，都忙着追求科举功名，抱着"十年寒窗无人问，一举成名天下知"的观念，埋头于经书之中。徐霞客却卓尔不群，醉心于古今史籍及地志、山海图经的收集和研读。他发现此类书籍很少，记述简略且多有相互矛盾之处，于是他立下雄心壮志，要走遍天下，亲自考察。

此后三十多年，他与长风为伍，云雾为伴，行程九万里，历尽千辛万苦，获得了大量第一手考察资料。徐霞客日间攀险峰，涉危涧，晚上就是再疲劳，也一定录下当日见闻。即使荒野露宿，栖身洞穴，也要"燃松拾穗，走笔为记"。

徐霞客的时代,没有火车,没有汽车,没有飞机,他所去的许多地方连道路都没有,加上明朝末年治安不好,盗匪横行,长途旅行是非常艰苦又非常危险的事。

有一次,他和三个同伴到西南地区,沿路考察石灰岩地形和长江源流。走了二十天,一个同伴难耐旅途劳顿,不辞而别。到了衡阳附近又遭遇土匪抢劫,财物尽失,还险//些被杀害。好不容易到了南宁,另一个同伴不幸病死,徐霞客忍痛继续西行。到了大理,最后一个同伴也因为吃不了苦,偷偷地走了,还带走了他仅存的行囊。但是,他还是坚持目标,继续他的研究工作,最后找到了答案,推翻历史上的错误,证明长江的源流不是岷江而是金沙江。

——节选自《阅读大地的徐霞客》

作品44号

造纸术的发明,是中国对世界文明的伟大贡献之一。

扫码听音频

早在几千年前,我们的祖先就创造了文字。可那时候还没有纸,要记录一件事情,就用刀把文字刻在龟甲和兽骨上,或者把文字铸刻在青铜器上。后来,人们又把文字写在竹片和木片上。这些竹片、木片用绳子穿起来,就成了一册书。但是,这种书很笨重,阅读、携带、保存都很不方便。古时候用"学富五车"形容一个人学问高,是因为书多的时候需要用车来拉。再后来,有了蚕丝织成的帛，就可以在帛上写字了。帛比竹片、木片轻便，但是价钱太贵，只有少数人能用，不能普及。

人们用蚕茧制作丝绵时发现，盛放蚕茧的篾席上，会留下一层薄片，可用于书写。考古学家发现，在两千多年前的西汉时代，人们已经懂得了用麻来造纸。但麻纸比较粗糙，不便书写。

大约在一千九百年前的东汉时代，有个叫蔡伦的人，吸收了人们长期积累的经验，改进了造纸术。他把树皮、麻头、稻草、破布等原料剪碎或切断，浸在水里捣烂成浆；再把浆捞出来晒干，就成了一种既轻便又好用的纸。用这种方法造的纸，原料容易得到，可以大量制造，价格又便宜，能满足多数人的需要，所//以这种造纸方法就传承下来了。

我国的造纸术首先传到邻近的朝鲜半岛和日本，后来又传到阿拉伯世界和欧洲，极大地促进了人类社会的进步和文化的发展，影响了全世界。

——节选自《纸的发明》

作品 45 号

中国的第一大岛、台湾省的主岛台湾，位于中国大陆架的东南方，地处东海和南海之间，隔着台湾海峡和大陆相望。天气晴朗的时候，站在福建沿海较高的地方，就可以隐隐约约地望见岛上的高山和云朵。

台湾岛形状狭长，从东到西，最宽处只有一百四十多公里；由南至北，最长的地方约有三百九十多公里。地形像一个纺织用的梭子。

台湾岛上的山脉纵贯南北，中间的中央山脉犹如全岛的脊梁。西部为海拔近四千米的玉山山脉，是中国东部的最高峰。全岛约有三分之一的地方是平地，其余为山地。岛内有缎带般的瀑布，蓝宝石似的湖泊，四季常青的森林和果园，自然景色十分优美。西南部的阿里山和日月潭，台北市郊的大屯山风景区，都是闻名世界的游览胜地。

台湾岛地处热带和温带之间，四面环海，雨水充足，气温受到海洋的调剂，冬暖夏凉，四季如春，这给水稻和果木生长提供了优越的条件。水稻、甘蔗、樟脑是台湾的"三宝"。岛上还盛产鲜果和鱼虾。

台湾岛还是一个闻名世界的"蝴蝶王国"。岛上的蝴蝶共有四百多个品种，其中有不少是世界稀有的珍贵品种。岛上还有不少鸟语花香的蝴//蝶谷，岛上居民利用蝴蝶制作的标本和艺术品，远销许多国家。

——节选自《中国的宝岛——台湾》

作品46号

对于中国的牛，我有着一种特别尊敬的感情。

留给我印象最深的，要算在田垄上的一次"相遇"。

一群朋友郊游，我领头在狭窄的阡陌上走，怎料迎面来了几头耕牛，狭道容不下人和牛，终有一方要

扫码听音频

129

让路。它们还没有走近，我们已经预计斗不过畜牲，恐怕难免踩到田地泥水里，弄得鞋袜又泥又湿了。正踟蹰的时候，带头的一头牛，在离我们不远的地方停下来，抬起头看看，稍迟疑一下，就自动走下田去。一队耕牛，全跟着它离开阡陌，从我们身边经过。

我们都呆了，回过头来，看着深褐色的牛队，在路的尽头消失，忽然觉得自己受了很大的恩惠。

中国的牛，永远沉默地为人做着沉重的工作。在大地上，在晨光或烈日下，它拖着沉重的犁，低头一步又一步，拖出了身后一列又一列松土，好让人们下种。等到满地金黄或农闲时候，它可能还得担当搬运负重的工作；或终日绕着石磨，朝同一方向，走不计程的路。

在它沉默的劳动中，人便得到应得的收成。

那时候，也许，它可以松一肩重担，站在树下，吃几口嫩草。偶尔摇摇尾巴，摆摆耳朵，赶走飞附身上的苍蝇，已经算是它最闲适的生活了。

中国的牛，没有成群奔跑的习//惯，永远沉沉实实的，默默地工作，平心静气。这就是中国的牛！

——节选自（香港）小思《中国的牛》

作品47号

石拱桥的桥洞成弧形，就像虹。古代神话里说，雨后彩虹是"人间天上的桥"，通过彩虹就能上天。我国的诗人爱把拱桥比作虹，说拱

扫码听音频

桥是"卧虹""飞虹",把水上拱桥形容为"长虹卧波"。

我国的石拱桥有悠久的历史。《水经注》里提到的"旅人桥",大约建成于公元二八二年,可能是有记载的最早的石拱桥了。我国的石拱桥几乎到处都有。这些桥大小不一,形式多样,有许多是惊人的杰作。其中最著名的当推河北省赵县的赵州桥。

赵州桥非常雄伟,全长五十点八二米。桥的设计完全合乎科学原理,施工技术更是巧妙绝伦。全桥只有一个大拱,长达三十七点四米,在当时可算是世界上最长的石拱。桥洞不是普通半圆形,而是像一张弓,因而大拱上面的道路没有陡坡,便于车马上下。大拱的两肩上,各有两个小拱。这个创造性的设计,不但节约了石料,减轻了桥身的重量,而且在河水暴涨的时候,还可以增加桥洞的过水量,减轻洪水对桥身的冲击。同时,拱上加拱,桥身也更美观。大拱由二十八道拱圈拼成,就像这么多同样形状的弓合拢在一起,做成一个弧形的桥洞。每道拱圈都能独立支撑上面的重量,一道坏了,其//他各道不致受到影响。全桥结构匀称,和四周景色配合得十分和谐;桥上的石栏石板也雕刻得古朴美观。赵州桥高度的技术水平和不朽的艺术价值,充分显示了我国劳动人民的智慧和力量。

——节选自茅以升《中国石拱桥》

作品 48 号

不管我的梦想能否成为事实，说出来总是好玩儿的：

春天，我将要住在杭州。二十年前，旧历的二月初，在西湖我看见了嫩柳与菜花，碧浪与翠竹。由我看到的那点儿春光，已经可以断定，杭州的春天必定会教人整天生活在诗与图画之中。所以，春天我的家应当是在杭州。

夏天，我想青城山应当算作最理想的地方。在那里，我虽然只住过十天，可是它的幽静已拴住了我的心灵。在我所看见过的山水中，只有这里没有使我失望。到处都是绿，目之所及，那片淡而光润的绿色都在轻轻地颤动，仿佛要流入空中与心中似的。这个绿色会像音乐，涤清了心中的万虑。

秋天一定要住北平。天堂是什么样子，我不知道，但是从我的生活经验去判断，北平之秋便是天堂。论天气，不冷不热。论吃的，苹果、梨、柿子、枣儿、葡萄，每样都有若干种。论花草，菊花种类之多，花式之奇，可以甲天下。西山有红叶可见，北海可以划船——虽然荷花已残，荷叶可还有一片清香。衣食住行，在北平的秋天，是没有一项不使人满意的。

冬天，我还没有打好主意，成都或者相当地合适，虽然并不怎样和暖，可是为了水仙，素心蜡梅，各色的茶花，仿佛就受一点儿寒//冷，也颇值得去了。昆明的花也多，而且天气比成都好,可是旧书铺与精美而便宜的小吃远不及成都那么多。好吧,就暂这么规定:冬天不住成都便住昆明吧。

——节选自老舍《"住"的梦》

作品49号

在北京市东城区著名的天坛公园东侧,有一片占地面积近二十万平方米的建筑区域,大大小小的十余栋训练馆坐落其间。这里就是国家体育总局训练局。许多我们耳熟能详的中国体育明星都曾在这里挥汗如雨,刻苦练习。

中国女排的一天就是在这里开始的。

清晨八点钟,女排队员们早已集合完毕,准备开始一天的训练。主教练郎平坐在场外长椅上,目不转睛地注视着跟随助理教练们做热身运动的队员们,她身边的座位上则横七竖八地堆放着女排姑娘们的各式用品:水、护具、背包,以及各种外行人叫不出名字的东西。不远的墙上悬挂着一面鲜艳的国旗,国旗两侧是"顽强拼搏"和"为国争光"两条红底黄字的横幅,格外醒目。

"走下领奖台,一切从零开始"十一个大字,和国旗遥遥相望,姑娘们训练之余偶尔一瞥就能看到。只要进入这个训练馆,过去的鲜花、掌声与荣耀皆成为历史,所有人都只是最普通的女排队员。曾经的辉煌、骄傲、胜利,在踏入这间场馆的瞬间全部归零。

133

踢球跑、垫球跑、夹球跑……这些对普通人而言和杂技差不多的项目是女排队员们必须熟练掌握的基本技能。接下来//的任务是小比赛。郎平将队员们分为几组，每一组由一名教练监督，最快完成任务的小组会得到一面小红旗。

看着这些年轻的姑娘们在自己的眼前来来去去，郎平的思绪常飘回到三十多年前。那时风华正茂的她是中国女排的主攻手，她和队友们也曾在这间训练馆里夜以继日地并肩备战。三十多年来，这间训练馆从内到外都发生了很大的变化：原本粗糙的地面变成了光滑的地板，训练用的仪器越来越先进，中国女排的团队中甚至还出现了几张陌生的外国面孔。

但时光荏苒，不变的是这支队伍对排球的热爱和"顽强拼搏，为国争光"的初心。

——节选自宋元明《走下领奖台，一切从零开始》

作品50号

在一次名人访问中，被问及上个世纪最重要的发明是什么时，有人说是电脑，有人说是汽车，等等。但新加坡的一位知名人士却说是冷气机。他解释，如果没有冷气，热带地区如东南亚国家，就不可能有很高的生产力，就不可能达到今天的生活水准。他的回答实事求是，有理有据。

看了上述报道，我突发奇想：为什么没有记者问："二十世纪最糟糕的发明是什么？"其实二〇〇二年十月中旬，英国的一家报纸就评出了"人类最糟糕的发明"。获此"殊荣"的，就是人们每天大量使用的塑料袋。

诞生于上个世纪三十年代的塑料袋，其家族包括用塑料制成的快餐饭盒、包装纸、餐用杯盘、饮料瓶、酸奶杯、雪糕杯等等。这些废弃物形成的垃圾，数量多、体积大、重量轻、不降解，给治理工作带来很多技术难题和社会问题。

比如，散落在田间、路边及草丛中的塑料餐盒，一旦被牲畜吞食，就会危及健康甚至导致死亡。填埋废弃塑料袋、塑料餐盒的土地，不能生长庄稼和树木，造成土地板结，而焚烧处理这些塑料垃圾，则会释放出多种化学有毒气体，其中一种称为二噁英的化合物，毒性极大。

此外，在生产塑料袋、塑料餐盒的过//程中使用的氟利昂，对人体免疫系统和生态环境造成的破坏也极为严重。

——节选自林光如《最糟糕的发明》

第六章 "命题说话"应试指导与训练

第一节 "命题说话"应试指导

一、"命题说话"应试指导

命题说话是在读单音节字词、读多音节词语、朗读短文这三项基础上的难度较大的测试项。前三项都是有文字凭借的,是计算机辅助普通话水平测试系统认定分数。其内容通过强化训练在一定时间内就可以达到相当熟练的程度。命题说话是没有文字凭借的,其内容比前三项多了一个由思维(内部言语)转化为有声语言(外部言语)的过程。如果未做充分的考前准备,应试人往往容易顾此失彼。说话测试得分是由测试员认定的,在整个测试中,此项分值最高,比重最大,此项是否测试成功,将直接影响应试人是否能够普通话"达标"。因此,我们对该项内容应给予高度重视,要按照《普通话水平测试实施纲要》的要求,根据该项测试自身的具体特点,有针对性地充分准备和强化训练。

1. 语音要标准

命题说话的测试重点在于语音。语音标准程度直接关系到整个测试得分的高低。语音准确,即声、韵、调不能出现失误,无系统的方音错误,无方音尾巴,变调、儿化、轻声以及语气"啊"音变均按普通话训练所述要求去说。尤其要注意克服舌尖前音与舌尖后音、n 与 l、f 与 h、前后鼻韵母不分等问题。

2. 词汇、语法要规范

测试中,应试人一是用语要符合现代语法规范,不生造词、不说病句,并注意摒弃那些不符合现代汉语语法规范的方言句子。二是用词要得体、恰当,要避免使用方言词汇。例如:"那邦"(那边)、"中""管"(好、行)、"疵毛"(差劲)、"争个说"(一直说)、"不得法"(有病、不舒服)等。受测人由于平时说惯了方言,再加上情绪紧张,仓促之中往往来不及进行转换,方言词汇或方言语法在测试中不小心就会显现出来,因而在平时训练中要努力克服。

3. 语句自然流畅、口语化

命题说话要做到自然流畅、口语化,应注意以下四点:

一是气韵连贯。说话时,音节与音节的组合是连贯的,每一句话都要表现出内在气韵的贯通,说说停停或边想边说,或边说边纠正发音错误,或带口头禅,或一句话重复几遍,或结结巴巴,都是说话不够自然流畅的表现。

二是语速处理适当。正常语速为每分钟170~180字,实际表达时,语速稍快或稍慢都是正常的,但如果语速过快,容易导致音节发音不到位,方音容易出现;语速过慢,容易导致语意表达不连贯、不顺畅等。

三是不要有类似背稿子的情况。说话本来是一种无文字凭借的即兴讲话,由于是测试,许多人准备了文字材料甚至将其背诵下来,如果把此项测试变为背诵材料,就会在语音中带上较浓重的书面文字的色彩,失掉说话应有的口语化色彩,出现背书腔。

四是口语化,语调自然。说话是口语化表达,语调要平稳自然,能够按照普通话的口语语调来说话,不带有朗读和背诵的腔调。

相比较而言,读单音节字词、读多音节词语、朗读短文三项都是需要应试人下功夫逐个、逐篇朗读记忆的,没有什么捷径可走,而命题说话项有不少事半功倍的准备技巧,应试人说话时若想做到口语化、语调自然,就要注意口语化语言本身的特点。一是在用词方面,少用书面语,尽可能选用口头使用的词语,如"洗澡—沐浴"这一对词语,前者适用口语化的表达,后者常用于书面表达。不用时髦语、网络语,避免出现同音词。二是在造句方面,注意多用短句、散句、无主句、省略句、独词句等自然句,少用长句、整句、成分臃肿的句子和多重复句。三是在语调方面,停顿、重音、快慢、升降等都应呈现日常口语时的自然状态,因此,有文字材料准备的应试人应把稿纸上的文字内容转换成记忆中的信息代码,然后,在思维机制的控制下,按照"编码"程序逐句地转化为口头表达的语言,使"说话"充分体现口语化的特点。

二、"命题说话"话题分析

在普通话水平测试中,命题说话的测试目的是"测查应试人在无文字凭借的情况下说普通话的水平,重点测查语音标准程度,语汇语法规范程度和自然流畅程度"。可见命题说话着重测查的是应试人在无文字凭借的自然状态下组织语言、运用语言表达思想的能力及应试人真实的口语状态。

应试人在命题说话这一环节测试时,往往会出现以下情况:不知从何说起,抓不住话题的中心;话题往往局限于一点,缺乏内容;逻辑混乱,表达欠缺层次和连贯性等情况。归结起来主要是应试人对命题说话的话题缺乏分析,对说话内容没有进行必要的设计。以下内容主要就是想帮助应试人对说话话题进行分析,对说话的内容进行必要的设计。

新大纲所列举的 50 个话题是为保证"说话"测试得以顺利进行所提供的开说的源头和构思内容所围绕的中心。测试时要保证围绕一个话题有话可说,并且要达到语言规范,表意明确,语感自然、流畅的效果,因此我们总结出说话的方略是"3W 的组合+典型事例"。3W 即"What""Why""How"。简单讲即"是什么(哪些)""为什么""怎么样(进行、实现)"。"3W"的组合可以保证有话可说,典型事例可以保证所说内容形象生动,二者是表达技巧和效果的有机结合。

普通话水平测试用的 50 个话题,大致可以分为以下三种类型:

1. 叙述描写类

记人:尊敬的人、朋友、老师。

记事:我的理想(或愿望)、假日生活、童年生活、难忘的旅行。

叙述类的话题,要求中心突出、内容具体、线索清楚,注意表达的顺序,交代清楚人物、时间、地点和事情的发生、发展过程和结局。描写类题目的说话,要用形象生动的语言把描述对象的特征再现出来。

说话举例与点评:

(一)朋友

友谊是冬日的阳光,使人感到人间的温暖;友谊是沙漠里的泉水,使人重新看到生的希望;友谊是夜空中的歌谣,使人获得心灵的慰藉。

我有一个朋友,她个子很高,有一头乌黑靓丽的长发,笑起来的时候眼睛眯成了一条线,可爱极了。虽然她看起来有一些傻傻的,但事实与这恰好相反,她的名字叫小美,她学习非常好。

记得有一次,我拿着羽毛球去找她。我不断敲门,过了好久她才来开门。我刚想带着她出去,她却对我说:"你快过来!我有一道题一直解不开。"

我很好奇,像她这种学霸也有解不开的题吗?我连忙跑过去和她一起思考,过了很长一段时间终于解出来了,我们高兴极了。我望了望窗外,天已经黑了,我连忙跟她道别回了家。

她除了爱学习,还非常喜欢帮助别人。

记得那次我和她一起放学回家,路上我们一直在嬉戏,一不小心撞到了一位年迈的老人家,我们十分慌张,赶忙去扶起老人。她见老人提着一筐十分重的菜,便说:"老奶奶我帮您拿吧。"这老奶奶见她十分诚恳的样子,便成全了我们想做好事的心。我们在路上跟老奶奶聊着天儿,直到老奶奶到家后我们才回了家。

友谊之火温暖了朋友受伤的心,照亮了迷途者前进的方向,驱散了孤独者心中的阴云,给失败者新的希望。

点评:这篇说话围绕朋友展开,开篇讲了友谊的作用,中间讲了和朋友之间的事例。最后说明了友谊的重要性。

(二)尊敬的人

看到这个题目,我脑子里第一个想到的人就是爸爸,以前无论什么时候写作文,只要是写这个题目我总是会提到他,直到现在也是如此,我想在将来这个答案也不会再变了,因为我深信,我对爸爸的爱只会越来越浓,对爸爸的尊敬也会越来越深!

爸爸是一个平凡的人,但是他却是一个伟大而优秀的父亲!他给予了我跟弟弟太多的爱,为了我们,他付出了很多。爱无须太多语言,有时候,一个动作、一个眼神就能将爱表达得淋漓尽致,父爱如海,深沉博大。

爸爸曾经是一位军人,虽然多年的退伍生活从他身上带走了许多军人特有的个性,但是从他坚定的目光中我总能读出军人特有的严谨与气质。

爸爸现在的工作虽然不是很忙,但是他总是尽心尽力,每年都能得到很多荣誉与奖励。他经常告诫我们:工作不仅仅是赚钱,还要从中体会到它的乐趣,结交志同道合的朋友,锻炼自己的能力。所以爸爸一直都十分努力地工作,任劳任怨,尽自己最大的努力把工作做好。

其实讲起爸爸,用这短短几分钟的时间是永远说不完的,他把他的一切都献给了我们这个家。爸爸像一座大山,担起所有的重担,让我们活得轻松安然;爸爸像一把雨伞,遮住所有的风吹雨打,留给我们一片晴暖;爸爸像一轮太阳,照亮我们的心田,让我们永远阳光灿烂。爸爸的爱是深沉的,它像一杯浓茶,开始时是苦的,细细品味却有缕缕的清香。爸爸的爱像一片湖泊,儿女的任何不适都会惊起一片涟漪。爸爸的爱会陪我走过孤独,走过失败,走向成功,而我对爸爸的尊敬,也是一辈子也不会变的。

点评:这篇说话思路清晰,语言流畅,感情真挚,整篇洋溢着对父亲的尊敬和爱。从语言表达技巧看,应试人用一系列比喻阐释尊敬、爱戴父亲的原因。不足之处是缺乏典型事例,只是泛泛而谈,如果能说说父亲所做的最让自己尊敬的一件或几件事情,表达效果会更真实、更生动。

(三)我的理想(或愿望)

每个人都有自己的愿望,有的人希望将来当工程师,有的人希望当科学家,我在很小的时候就有一个愿望,就是长大后考上师范学校,当一名优秀的教师。

我喜欢当教师有以下原因,首先是外在原因,我觉得教师这个职业很神圣,我认为做教师的最大价值在于把自己的知识传授给学生,实现自己的社会价值。其次是当教师有许多业余时间,可以做自己想做的事情。比如:每年有两个假期,寒假与暑假,每周有两天休息,我可以利用这些时间来学习、回顾或总结。最后是父母都希望我将来能有一份稳定的工作,生活不用那样奔波。

我喜欢当教师最大的原因是受父亲的影响。父亲大学毕业后,就分配在离家乡三百里外的地方当一名中学教师,在我还没有出生的时候,父亲因为一些事情被迫回到农村,一次次地上诉,都是无功而返,所以我从小就暗暗地对自己说,我长大后要当教师,实现父亲未遂的心愿。

初中毕业后,为了早点出来工作,我报考了中等师范学校,但因为种种缘故,我没有被录取,我的愿望落空了。心里很难过,感觉上天是那样不公平,但在父母的鼓励下,我又恢复了自信心。

之后,我就上了高中,但我仍然不放弃自己的愿望,为了实现我当教师的心愿,我在学习上更加努力,在高考中我再次报师范院校,我终于以优异成绩考上华南师范大学,并读了自己喜欢的汉语言文学专业,这是我一生中最高兴的事。因为我多年的努力没有白费,我当教师的愿望终于实现了。

记得第一次走上讲台的时候,我心里很激动,当面对学生尊敬的目光的时候,我的心里有一种自豪感。做教师,要给学生一碗水,自己必须要有一桶水,所以我在教学的同时也在不断地自我增值,提高自己的知识水平。

我从小就希望自己能成为一名老师,一名人类灵魂的工程师!我实现了自己的愿望。

点评:这篇说话开篇点题,说明了我的愿望是"当一名优秀的教师"。接下来阐释了产生这种愿望的原因,"最大的原因是受父亲的影响"。继而讲述了如何努力去实现这一愿望。从语言表达技巧看,整篇说话结构严谨,表达清楚,用语规范,事例选择有亲历性,整篇说话合情合理,充满真实感。

2. 介绍说明类

我喜爱的植物,我喜爱的动物,我喜欢的职业,我喜爱的艺术形式,我喜欢的季节(或天气),我了解的地域文化(或风俗),家乡(或熟悉的地方),我喜欢的节日,我所在的学校(或公司、团队、其他机构),印象深刻的书籍(或报刊),向往的地方。

介绍、说明类题目的说话,要通过科学细致的观察,运用分类说明、举例说明、引用说明等说明方法,比较全面地介绍说明对象的整体面貌。

说话举例与点评:

我喜欢的职业(或专业)

我最喜欢的职业是教师。

我喜欢这个职业是受我的一位老师的影响。

她是我初中时的班主任,教政治课。她大概有四十多岁,瘦瘦小小的,一年四季都穿着优雅的长裙,她喜欢笑,对人非常亲切,说话的时候总是轻声细语,同学们都很喜欢她。

同学们不仅喜欢她温柔的性格,也喜欢听她的政治课。她喜欢在课堂上做游戏、设置比赛、组织活动,把枯燥的初中政治课变得妙趣横生。在她的教育下,就连成绩最差的学生,也能把整本政治书倒背如流。

她讲课的时候像魔术师,充满魅力,让人无法挪开视线。在课下,她又像是大家的好朋友,跟同学们打成一片。她跟别的老师不一样,她不喜欢批评学生,但是大家都愿意听她的话。每一个同学都愿意把自己心里的秘密跟她分享,将自己成长中遇到的烦恼告诉她。

初中毕业之后,我们有时候组织同学聚会也会邀请班主任,然后,她会像老朋友一样跟大家聊聊过去的趣事,问问大家学习怎么样,工作怎么样,问女生有没有男朋友,问男生女朋友漂亮么。

教师是一种神圣的职业,教书育人是根本。我的班主任不但课讲得好,而且是我的人生中永远发光的灯塔。她不仅是灯塔,也是我的偶像,我希望自己也能够通过不断的学习,成为一名像班主任一样优秀的人民教师,和班主任一起为祖国的教育事业贡献自己微薄的力量。

点评:这篇说话的结构是总—分—总。起首两段总说喜欢的职业及原因,开门见山;中间四段从外貌与性格、课上、下课、毕业后四个方面塑造"我的初中班主任"这一形象,简洁有力;最后一段重申主旨,收束全篇,照应开头。

3. 议论评说类

谈谈卫生与健康、学习普通话的体会、谈谈服饰、谈谈科技发展与社会生活、谈谈美食、谈谈社会公德(或职业道德)、谈谈个人修养、谈谈对环境保护的认识、购物(消费)的感受。

议论类题目的说话,要求观点明确,论证有序,材料具体,结构比较完整。

说话举例与点评:

(一)科技发展与社会生活
——注意你的手机礼仪

随着手机的日益普及,无论是在社交场所还是工作场合随意地使用手机,已经成为礼仪的最大威胁之一,因此,手机礼仪越来越受到关注。

在国外,如澳大利亚电讯的各营业厅就采取了向顾客提供"手机礼节"宣传册的方式,宣传手机礼仪。公共场合特别是楼梯、电梯、路口、人行道等地方,不可以旁若无人地使用手机。在会议中和别人洽谈的时候,最好的方式还是把手机关掉,起码也要调到震动状态。这样既显示出对别人的尊重,又不会打断发言者的思路。那种在会场上铃声不断,并不能反映你"业务忙",反而显示出你缺少修养。因为在会场或会谈的短短时间里,你不和别人联系天也不会塌下来。

在一些场所,比如在电影院或在剧院打电话是极其不合适的,如果非得回话,或许采用静音的方式发送手机短信是比较合适的。在餐桌上,关掉手机或是把手机调到震动状态也是必要的。不要正吃到兴头上的时候,被一阵烦人的铃声打断。无论业务多忙,为了自己和其他乘客的安全,在飞机上都不要使用手机。使用手机,特别是在公共场合,应该把自己的声音尽可能地压低一些,而绝不能大声说话,以博取路人的眼球。

在一切公共场合,手机在没有使用时,都要放在合乎礼仪的常规位置。无论如何,都不要在并没使用的时候放在手里或是挂在上衣口袋外。放手机的常规位置:一是随身携带的公文包里(这种位置最正规);二是上衣的内袋里。有时候,可以将手机暂放腰带上,或是开会的时候交给秘书、会务人员代管,也可以放在不起眼的地方,如手边、背后、手袋里,但不要放在桌上。

手机短信被越来越广泛地使用,使得它也成为手机礼仪关注的焦点之一。在一切需要手机震动状态或是关机的场合,如果短信的声音此起彼伏,那么和直接接、打手机又有什么区别?所以,在会议中或是和别人洽谈的时候,注意要将手机设定成震动状态,不要在别人注视到你的时候查看短信。一边和别人说话,一边查看手机短信,能说明你对别人的尊重吗?

在短信内容的选择和编辑上,应该和通话文明一样重视。因为你发的短信,意味着你赞同至少不否认短信的内容,也同时反映了你的品位和水准,所以不要编辑或转发不健康的短信。

我们要宣传手机礼仪,捍卫短信的纯洁。

点评:科技发展对人们生活的影响是多方面的。随着科技的发展,手机日益普及,成了人们生活中不可缺少的交流工具。应试人选取手机礼仪作为话题切入点,使话题说得更加深入和集中。从语言表达技巧上看,整篇说话以评说为主,条理清楚,逻辑性强,从正反两方面论证,更能使人信服。

(二)谈个人修养

小的时候,总是以为那种吃饭的时候抿着嘴巴、笑不露齿,甚至走路内八字的女人是很有修养的人。因此极力地模仿,但是以自己的性格实在很难做到。长大了才知道,是否具备个人修养,基本不看外表,主要看个人的内在德行。德,即品德,是内在的东西,是个人修养的主要内涵。行,是由内在品德素质决定的外在表现。这两样构成了个人修养。

那么,一个有修养的人到底要具备什么标准呢?

首先,对人要和善亲切、诚恳热情。从内心去爱、去关心、去帮助别人。朋友之间更要互相理解、互相宽容。

其次,谦虚随和。古人说:"满招损,谦受益。"谦虚总是受人欢迎的美德,社交场合上任何自傲情绪的流露都会成为你通向成功的障碍。

最后,诚信守约。一个人能够在社会上立足,靠的是信用。随着现代生活节奏的加快和生活内涵的多样化,人们的时间观念越来越强。参加各种活动要守时,不论是什么原因迟到都是失礼的。

另外,修养往往与个人的文化水平有关。有文化的人,在谈吐举止之间,自然地流露出一种高雅,一种文质彬彬的感觉。当然,修养也包括了举止、仪态、谈吐等。

一个有修养的人,是一个你乐于交往的人,与这样的人交往,不论是谈古论今,或是只谈谈家常琐事,都会是人生快事,在这样的交往中,你会发现时间过得很快;反之,如果和一个毫无修养的人交往,你会感觉如坐针毡,时间过得太慢,分分秒秒都是一种折磨。相信这不只是我一个人的感觉吧!

如何提高自己的修养,我想在日常生活中要注意自己的谈吐和举止,不做不文雅的举动,不说不文雅的话,更重要的是要让自己多看点书,从书里沾染一些书香气息。

点评:这篇说话通过否定小时候的错误观点,谈出自己认为的个人品德修养是什么,包含哪些内容,同时论述包含这些内容的理由。然后阐释如何提高个人修养。逻辑清楚,条理分明。只是在阐释如何提高个人修养时,稍显简略。

第二节 "命题说话"话题训练及示例

命题说话的成功关键在于平时说话是否坚持使用标准普通话,有没有养成用标准普通话说话的习惯。如果平时经常借助新闻媒体学习普通话,并针对自己的主要语音毛病有的放矢地、有重点地进行训练,那么经过一段时间的努力,普通话语音就会得到全面改善,普通话水平也就能逐步提高。

命题说话话题示例:

我喜爱的动物

我喜欢的动物有很多种,比如说温顺可爱的小白兔,憨态可掬的大熊猫,乖巧听话的大花狗……在这么多种动物中,我最喜欢的还是猫。

喜欢猫,是因为它很勤奋、很能干,能够帮助人们捕捉老鼠。猫都是白天睡觉,晚上开始活动,它的两只眼睛在夜间炯炯有神,任何风吹草动都逃不出它的视线;猫的四只爪子都有厚厚的一层肉垫子,不管是走还是跑,一点声音都没有,等到老鼠发现的时候,想逃也来不及;猫的爪子非常锋利,老鼠一旦被它逮住,是不可能从它的爪子下逃脱的;猫还有长长的胡须,据说是用来测量鼠洞的大小。

记得我上小学三年级的时候,家里曾经养了一只猫,由于它全身都是黑毛,一根杂毛都没有,所以我给它取了个好听的名字,叫小黑。我家的这只小猫被我养得胖胖的,妈妈为此还不止一次地提醒我,说不要让它长得太肥,否则看到老鼠会跑不动的,其实不然,因为有小黑的那段日子里,我家里一只老鼠都没发现。由于我经常给它好吃的,小黑一看到我放学回家,就摇着尾巴来接我;而且在冬天的时候,它经常蹲在我的脚边,用它那柔软的皮毛为我取暖。总之,这只调皮可爱的小黑猫给我的童年带来了许多的欢声笑语。可是不幸的是,一天,我家的小黑由于吃了被老鼠药毒死的老鼠,也中毒死了。当时我非常伤心,哭着将它埋葬了。再后来,我家再也没有养过猫。随着时间的推移,我也渐渐长大,但我对动物的热情丝毫未减。

童年生活

每当看到活泼可爱、天真无邪的小孩从我身边蹦蹦跳跳经过时,总会勾起我对童年往事的回忆。

我的童年是快乐而又幸福的。那时候的我和同龄的孩子一样,是那么的贪玩、调皮。捉迷藏、过家家、上山采蘑菇、爬树掏鸟窝、下河摸鱼虾,这些可都是我们小孩最喜欢玩的事。特别是下河捉鱼,这是我们最拿手的本领。一有空,我们就呼朋引伴向村边的那条小河奔去。大伙儿跑到河边时,连小裤管也顾不上挽起来,就争先恐后地纷纷跳进河里去了。其实这条小河严格来讲只是一条小水沟!水不深,只没到膝盖,水清澈见底,可以看到一群一群的小鱼游来游去。我们下水后,就在水里跑来跑去,"扑通扑通"的,水花乱溅,我们乐得哈哈大笑,不久,清澈的水已被我们搞得浑浊不清,甚至连水底的淤泥也翻上来了。这样一来,那些原本还在逍遥自在游玩的小鱼就被迫把头浮出水面呼吸,而我们呢?一看到那些小鱼,就飞快地伸出小手把它们迅速地从水中抓起来,放进事先就准备好的小塑料桶里。于是这些可怜却又可爱的鱼儿只能乖乖地在桶里游来游去了。每一次,我们都是采用这种方法,先把鱼儿搞得晕头转向,再来个浑水摸鱼,于是几乎每次都能满载而归。不过回到家总免不了挨大人的骂,为什么呢?因为每次捉鱼回来,总搞得浑身上下湿漉漉的,衣服上、脸上,甚至头发上都沾上了泥,活像一个小泥人。即使是这样,却丝毫没有挫伤我们贪玩的积极性。因为小孩顽皮的天性已占据了我们幼小的心灵。

那条小河,成了我记忆中童年的乐园。回忆总是美好的。虽然属于我的童年已离我远去,但童年那段无忧无虑的时光,依旧散发着迷人的芬芳。

我喜欢的职业(或专业)

我喜欢的职业是教师。为什么我喜欢教师这个职业呢?主要有两个原因:第一个是因为我初中的一位老师,她是我初中三年的班主任李老师。她对工作非常热爱,对学生也很关心。记得有一次,她生病了,可是为了不影响我们的学习,她坚持带病上课。在课堂上,她不停地咳嗽,脸色苍白,我们都叫她停下来休息,可是她摇摇头说,不能因为自己的病情而耽误了我们学习的进度。这样的事情还有很多,她就是这样的无私奉献。我敬佩她这样的精神,也就是在那时我立志当一名教师,当一名像李老师这样的教师。第二个是因为我喜欢做教师的时间安排。比如说教师一年有两个长假:寒假和暑假,每个星期又有两天的休息日,这样我就可以有更多的时间去做我自己想做的事情,有更多的时间学习,有更多的时间陪我的家人。

如果我真的站在讲台上的话,我一定会做好这份自己喜欢的职业。第一,我会备好课,并且上好每一节课。教师的主要工作就是教学,所以我会耐心地向我的学生讲解,直到他们明白为止。第二,我会关心他们的学习,关心他们的生活。课后,我会帮助那些成绩不好的学生复习功课,帮助他们把成绩提上去。除了学习,我还会关心他们的生活,我会主动找他们谈心聊天,帮助他们解决难题。第三,我会对每一个学生一视同仁。我不会以成绩的好坏来评价学生。第四,我会说话算话。答应学生的事情我会尽一切努力去做好。我知道要当一名教师是很难的,当一名优秀的教师更是难上加难。不过我相信凭着我的热情和努力,我一定可以做好这份工作。

难忘的旅行

每年的国庆节、劳动节,还有暑假和寒假,我与朋友们都喜欢出去旅游。最让我难忘的旅行是有一次和一些朋友去探险。记不清那座山的名字,只记得那天天气很冷,又下着雨,不知是哪位同事心血来潮,建议大家去登山。大家也就同意了。到了那里,我们在一个同事的带领下,直奔目的地,到达时我才发现这是一座没有路的山,又或者路不在我们所走的地方,总之,我是稀里糊涂跟着同事们去登的山。这是我第一次,也是最后一次的探险活动,因为我天生是个胆小鬼,如果一开始知道要做这样的冒险活动,说什么我都不会去的,但到了那里我就没有退路了,只好硬着头皮往上走。起初,还有一点点路的痕迹,但是当我们爬了一会儿以后,就没有什么路可以走了。即使有冷雨落在身上,都没有感觉,因为所有的注意力已经集中在如何往上爬。我偶然一回头,发现自己已经身处山腰,我往下一看就感到头晕目眩,便再也不敢往下看了。走到一处,发现一个不大的山洞,我们几个人就挤在山洞里,让几个有经验的同事先上去,他们上去之后找来一些藤条,放下去拉我们,我们就这样一个一个地被拉上去。正在这时,有个同事的手机却不合时宜地响了起来,接起来一听,发现是保险公司打来,要他参加保险。这让我更加为自己的处境感到担忧。再后来,我们听到了几声鸡叫声,知道山顶上有人家,心里才稍微放松了一些。于是就派一个人先上去问路,后来他请来了几个山里人,拿一根非常粗大的绳子,把我们一个个拉了上去。这样的经历真是难忘。

朋友

我是个幸运儿,因为我的性格随和,所以有很多朋友。但是,能够无所顾忌地谈论任何事情的朋友也只有两三个。但是,鲁迅先生说:"人生得一知己,足矣。"何况我还不止一个。所以,我很知足。现在,我就讲讲其中的一个吧!

她叫燕,是我最知心的好友。我们是小学同学,自从六年级开始,我们就已经成了很要好的朋友。在学校的日子,我们形影不离,当然除了体育课。因为她不喜欢运动,而我喜欢的是乒乓球。

但在一般情况下，朋友之间的爱好是可以传染的，一方有这个爱好，那么经过一段时间的相处之后，另一方也极有可能会生成这个爱好。我和她也不例外。由于她经常看我打乒乓球，时间长了也很手痒，想尝试一下，于是我就耐心地教她握拍子的手法、发球和接球的基本功，过了一段时间以后，她的技术进步很快，有时都能跟我较量好几个回合呢。

我和她无话不谈。从天上谈到地下，从古代谈到现代，从过去谈到未来……总之，我们在一起，总有说不完的话。我们之间没有隐私可言，而且有许多连自己父母都不知道的事情，我们彼此却了解得很透彻。直到现在，她在家乡，而我在天津，我们也依然如此。我们在对方面前，都可以毫不掩饰：伤心的时候可以尽情地哭，不用担心被对方取笑；开心的时候，可以尽情地笑，不用担心影响形象……总之，在对方面前，我们都可以做一个真真正正的自己！有这样的朋友，我还有什么不知足的呢？

我喜爱的艺术形式

工作之余，我最喜欢读书了。在书籍的海洋里遨游，真是一件非常惬意的事情，因为这样不仅可以使我忘却身边的烦恼，还可以增长知识，开阔视野。从上学认字以来，我看了很多的书：有李白和杜甫的诗歌，也有余秋雨的散文。但我最喜欢小说，每当自己买回一本新的小说后，总会迫不及待地翻开它，一读就放不开手，遇到感人的情节时，也会掉下眼泪。我读了不少小说，包括《呼啸山庄》《复活》这样的外国名著，也有《家》《平凡的世界》这样的中国名著，以及我最喜欢的《西游记》《红楼梦》等中国古典小说。

《西游记》既有神话小说的离奇，又有武侠小说的精彩，满足了我的好奇心，让我爱不释手。《西游记》塑造了个性鲜明的人物形象：唐僧的善良、孙悟空的机智勇敢、猪八戒的好吃懒做和沙僧的忠厚老实都给人留下了深刻的印象。我现在脑海中依然可以清晰地回忆出孙悟空与妖怪打斗的场面，不仅被他的勇敢与机智所折服，也为唐僧的顽固而感到惋惜。后来有时间，我又把《西游记》读了几遍，每次都有新的收获。慢慢地，我也读懂了唐僧的良苦用心，也被他的菩萨心肠所感动！是啊！只有尊重生命，爱惜生命，才能使自己有一颗宽容博爱的心。

《红楼梦》也是我喜爱的一部小说。记得第一次读《红楼梦》的时候，正值我青春期的开始。当时我只是完全着迷于作者笔下缠绵的男情女爱，对作者的"荒唐言""辛酸泪"，并无太多感觉。与《西游记》一样，多读几遍之后，我不仅感受到一个家族由盛到衰的过程，也对当时的社会环境深有体悟，于是在一定程度上，读懂了那个社会变革的历史。

中华文化博大精深，在历史的长河中留下了许多经典小说。在以后的生活中，我将更加努力地读书，读一切好书。

谈谈卫生与健康

卫生与健康是紧密相关的，讲卫生是拥有健康身体的前提。人们常说病从口入，而一旦生病就必然影响人的身体健康。首先我们一定要保证进入我们口中的食物是干净卫生的：蔬菜水果要清洗干净，餐具要做好消毒处理。如果我们忽视了生活中的一些细节，往往会因不卫生而导致身体的不适。现在多数蔬菜水果为了防止生虫而喷洒了化学药品，所以我们在食用前一定要用清水先浸泡一会儿再清洗，使用菜板时要先切蔬菜类，再切禽肉类。其次我们生活环境的卫生，在家庭中，要做好个人的卫生，养成良好的卫生习惯，做到饭前便后洗手，饭后漱口，勤洗澡，勤换衣，定期做家庭大扫除，保持房间的空气流通清新。最后在整个社会环境中，要做好环境保护，讲究社会公德，不乱扔垃圾。其实保护环境卫生也是在保护着我们个人的身体健康。

假日生活

因为我的兴趣爱好很多,放假时假日生活也很丰富。我尤其喜欢读书与写作。在书中可以找到现实生活中的答案,可以看到人间的欢乐与悲苦,可以窥测人的崇高与卑劣,所以,我爱读书。写作是一种很好的锻炼思维的方式,也是一种提升思想的过程。我经常在闲暇时写上一点随感、读后感什么的。我喜欢上网,因为网络世界资源丰富,无奇不有。我利用网络查找学习资料,并且学到很多电脑知识。作为21世纪的主人,运用现代化的信息技术来驾驭这个世界应该是我们的目标,在业余生活中,网络已占去了我三分之一的时间。它丰富了我的生活,开阔了我的视野。

除此之外,我还喜欢种花。家里种活的几盆花全归功于我。别人说一朵美丽的花要用心去浇灌,我认为这句话并不全对,因为我最喜欢的太阳花就不必精心浇灌,却照样能开出美丽的花。初种太阳花时,只需把苗种植在盆内,浇上一点水,其他的可以不用操心,因为无论天气怎样干旱,它都不会向死神屈服。太阳花结籽,也不必收藏,它自己会落在盆内的土壤中。等到第二年春天,自会破土而出,由此,周而复始,它的生命之火,就会永不熄灭。

这就是我丰富多彩的假日生活。

我喜欢的季节(或天气)

我生活在中国的华北地区,在这里,四季是最分明的,而在春夏秋冬四个季节之中我喜欢的季节不是含苞待放的春天,不是热情奔放的夏天,更不是银装素裹的冬季,我最爱的是舒坦安静的秋季。

我喜欢秋季的原因是,秋季宁静、柔美,却又不代表枯萎。这时,小草开始熟睡,绿树开始脱衣,只有松柏依然挺拔。北方的秋天,雨不算大,每当细雨飘洒在大地上,就像给植物们唱起了平和的摇篮曲。一阵风吹来,树叶枯黄落下,仿佛是一种衰老的象征,给人们内心也带来了一丝凉意,其实在我看来,并非如此。在我心里,那纷飞的黄叶代替了平时五彩的蝴蝶,这时的蝴蝶,颜色有黄的,有绿的,有半黄半绿的,还有红的。叶子落在地上,给地面铺上了一层厚厚的地毯,玩耍的孩子们踩在上面,沙沙作响。

秋天也是大丰收的季节。到了秋天,果园里弥漫着果实的清香,农民们或架着梯子,或骑在树上,忙碌着采摘一年的劳动成果。市场上,水果的品种也极其丰富,苹果、梨、橘子、葡萄等,每一种都有好几样。记得中国一位作家最喜欢北方的秋天,就是因为这时的水果最丰富了。

我喜欢秋季,更爱它的宁静和柔美!

谈服饰

俗话说"人靠衣装,马靠鞍",这说明服饰对人们是很重要的。看着大街上的人们,穿着各不相同、各具特色的服饰,我心中总是很感叹,在改革开放之前,人们的服饰款式基本上是统一的,颜色也只有绿色、蓝色、黑色、灰色那么几种。现在,每个人都会根据自己的个性特点以及气质风格来选择适合自己的服饰,其实随着社会的发展,服饰穿着也渐渐成为一门学问,只有在不同的场合穿着最适合的服饰,穿着最适合自己气质的服饰,才会给人以和谐的美感。我认为,对于服饰,每个人都有每个人的看法,而且随着年龄的增长,对服饰的看法也会随之改变。"爱美之心,人皆有之",这点不会变。

小时候,我不怎么会打扮自己,妈妈给我买什么样的衣服,我就穿什么样的衣服,只要是新衣服,我就很喜欢。现在我慢慢地长大了,对于服饰也有了自己的看法。以前一般都是我和妈妈一起去逛街,我自己选择衣服的款式,而妈妈主要负责查看衣服的价格与质量。现在出来上大学了,我对于服饰的看法,又发生了相当大的改变。起初大概是追求时尚,自己买回来的衣服,时间久了,往往都不喜欢了,现在倒觉得,衣服不用多么的花枝招展,只要搭配恰当,简洁大方,适合自己就可以了。因为赶潮流永远都是一件辛苦的事情。现在一些青年人盲目追求名牌,其实在我看来,服饰是否恰当,与品牌没有必然联系。不穿名牌而穿着适合自己身份和气质的衣服,同样能吸引别人的眼球,令自己自信。

我了解的地域文化(或风俗)

我知道的节日很多,有春节、清明节、端午节、中秋节等,这些节日都是我国的传统节日。

先来说说春节吧!春节是所有节日中规模最大、礼仪最隆重的节日,过春节又叫"过年"。即使是千里之外的人,都会尽量赶回来跟家人团聚,过一个和和美美、团团圆圆的快乐年。过年时,小孩子那就更开心了,不仅可以吃到美味的食物,穿上漂亮的衣服,而且还可以拿到压岁钱呢!有一首儿歌我至今还记得:新年到,新年到,穿新衣,戴新帽。姑娘要花,小子要炮,噼里啪啦真热闹。春节的前几天,家家户户都要打扫卫生,把屋里屋外打扫得干干净净,整理得整整齐齐。大年三十是最忙碌的一天,人们一大早就起来,杀鸡、宰鹅、包饺子、打年糕。还有就是挂年画、贴春联。除夕的晚饭,非常丰盛,一家老小围在一起吃团圆饭,好不热闹!吃完年夜饭,一家人一起放烟火,看中央电视台的春节联欢晚会,一片快乐祥和。再说说清明节,这是对先人表示追忆和哀思的日子。每到清明,人们会为祖先扫墓,学校就会组织学生去烈士陵园祭扫烈士墓。接下来说说端午节,端午节的由来和我国古代爱国诗人屈原有关。插艾叶、挂香囊、吃粽子、饮雄黄酒是端午节的风俗,只是现在雄黄酒已经很少见了。中秋节吃月饼、赏明月,真是一件美事。每到中秋,家人团聚,仰望一轮圆月,我不禁想起苏东坡的诗句:"但愿人长久,千里共婵娟。"

家乡(或熟悉的地方)

我的家乡是在茂名市的一个小山村里,那里没有城市热闹也没有城市繁华,不过那里有山有水,山清水秀,是我最熟悉的地方,有着我童年美好的回忆。

记得春天的时候,小草就钻出地面,树上的绿叶也抽出来了,大地一片绿色,就像穿上了一件绿衣裳。我就会与小朋友们一起到田野去捉蜻蜓,玩游戏,比如老鹰捉小鸡或是捉迷藏,又或是跳格子。到了夏天,天气热了,我就会与小朋友们到水库里面游泳,那时候水库的安全系数还不是很高,几乎每年都会有事故发生,所以父母都不会让我去游泳,被发现之后当然就是处罚或是责骂了。可是那时候自己真的很叛逆,也不知道什么是危险,被处罚之后下一次还是会去的。到了秋天,田野一片金黄,山上的野果也成熟了,我就会与自己的伙伴拿着篮子到山上去采,采回来了还要跟自己的好朋友一起分享。

我喜欢我的家乡,还因为那里有朴实的村民,只要一方有难就有八方来帮助。记得有一次,我感冒了,父母又刚好不在家,邻居知道了都过来看我,还带我去看医生,还给我做了中午饭,那次我真的很感动啊!

家乡的变化很大。记得我小时候,家里要买什么日常生活用品,都要步行许久到镇上去买,不过现在交通方便了,经济也发达了,现在村里也有了好几家商店了,货架上的商品琳琅满目,高、中、低档次的应有尽有,可以满足不同的消费需求。现在买东西方便多了,再也不用愁了。

家乡的经济也是芝麻开花节节高。一栋栋的楼房拔地而起,代替了以往的平房,墙壁五颜六色,有白色的、黄色的、粉红色的,有一层有两层,房顶还有太阳能热水器呢。特别是近两年,经济更加日新月异,很多家庭都买上了空调和电脑。

我爱我的家乡,因为我爱那里的山山水水,爱那里的乡亲们。我衷心地祝愿家乡会越来越富裕。

我喜欢的美食

不同地方有不同的美食,也都有各自的特色。我觉得新疆的美食是最典型的了。

新疆少数民族一般都吃牛肉、羊肉。到新疆人家里做客要尊重他们的礼节,他们热情好客,对待外来人很友善,到那里一定要去尝尝烤羊肉、抓饭和拉面,这些都很好吃,还有那里的水果。新疆是有名的瓜果之乡,瓜果品种繁多,最有名的是哈密瓜和葡萄。品尝新疆的特色美食,是每个到新疆的游人所向往的。馕是新疆人日常生活的主食,它是用面粉发酵后烘烤而成的,可以存放很长时间,而且种类也很多。抓饭是过节、待客必备的美食,吃饭时是用手抓的,因此而得名。抓饭营养丰富,具有食补的功效,受到新疆各民族的普遍喜爱。还有烤全羊,它是最具特色的美食,在招待贵宾的宴会上,是必上的大菜。烤羊肉串是维吾尔族一种传统小吃,味道微辣,香而不腻,鲜嫩可口,大家对这个应该是一点也不陌生的。更有趣的要数肚子烤肉了,肚子烤肉就是把羊肚子洗干净后,把羊肉剔下来塞进羊肚子里,再倒些盐水把肉拌匀,然后把口系牢,埋进用篝火烧热的沙子里烤熟。烧烤的只是那肚子,羊肚子在这里成了饭锅子。人们尝了这种烤肉后都赞不绝口,说只有吃到这种肉时,才能享受到羊肉特有的、天然的鲜嫩香味,那独特的滋味是任何其他方法烹制而成的肉食无法替代的,或许,这是最原始、最久远的食俗之一吧!新疆美食还有烤包子、羊头肉、拌面、凉皮等。

我喜欢的节日

我喜欢的节日是春节。春节是中国最富有特色的传统佳节,它标志着农历旧的一年的结束和新的一年的开始,人们即将告别寒冷单调的冬季,迎来生机盎然的春天。

在我的家乡,除夕之夜,家家户户都要张灯结彩,贴对联,包饺子。除此之外,人们还要杀鸡杀猪用来拜神或祭祀祖先,拜神或祭祀祖先时,还喃喃祈祷,求上天保佑,说完了求保佑的话,还要放鞭炮,人们是想借鞭炮的响声来驱除妖魔鬼怪,带来福气。接下来就是准备年夜饭,除夕团圆之夜是中国人非常看重的,即使人在天涯,也要在除夕之夜赶回家吃年夜饭。吃完年夜饭后,我们一般都是围在电视机旁一边聊天儿玩耍,一边看春节联欢晚会。

每当新年的钟声敲响的时候,我总会闭起眼睛静静地许愿,有时也会给自己定下新年的奋斗目标,听到新年的钟声,有时我的心里会有一种遗憾的感觉,感慨时光过得如此匆匆,而自己往年的愿望还没达成,尽管如此,经过岁月的洗礼,我已长大成熟,学会了勇敢地面对现实的一切,乐观地接受新的一年的挑战。我喜欢过年,因为过年不仅能带给我新年的快乐,还能让我增长年岁,让我不断成熟。

谈社会公德(或职业道德)

大家一定对"见义勇为"这个词都不陌生,但又有多少人真正理解这个词的意义呢?那么,今天就让我们来谈论一下:见义勇为成为人们关注的热点,人们呼吁进行立法以保护见义勇为者的合法权益。见义勇为的立法属于法律范畴,有着可能性、必然性和现实性。见义勇为者救助的对象是国家利益、社会公共利益或他人的人身、财产利益,并且这些利益是正在或将要遭受到不法侵害、自然灾害或意外事故。主观上,见义勇为者必须有使国家利益、社会公共利益或他人利益免受或少受损害的目的。见义勇为者是在这些利益面临危险时,出于崇高的精神而实施救助行为,其受到社会的褒扬之处也在于此。据此,行为人虽然实施了危难救助,但其主观目的却是为了获得报酬,就不能构成见义勇为。见义勇为获得社会褒扬的原因之一,就是因为见义勇为者实施救助时都冒着较大的人身危险,要实施救助很可能遭受巨大伤害,如伤残,甚至献出生命。见义勇为者置自己的安危于不顾,挺身而出。与一般的助人为乐相比,体现出见义勇为者崇高的思想境界,应该将它们区别开来。值得注意的是,救助应该是以积极的方式表现出来,消极不作为不构成见义勇为。见义勇为者面对危险，挺身而出，实属难能可贵。

谈个人修养

中国自古以来对人们就有"修身、齐家、治国、平天下"的严肃要求。一个人若要在社会上有所作为，首先就要修养自己的身心，包括为人正直、善良，言谈举止温文尔雅，具有君子的风范。那么在当今社会科技日益进步、人民生活水平不断提高的21世纪，在各种利益驱使之下，甚至是以金钱至上、利欲熏心的社会中，个人的修养是否依然那么重要呢？回答是肯定的，因为一个人若是没有修养，特别是道德修养，那样的话势必不会尊重他人，不会保持良好的习惯。不管在道德行为上，还是在职场中，个人的修养都显得极为重要。社会上的任何家庭、任何单位、任何城市都是难以容纳一个没有修养的人的，因为你的存在势必会影响这个家庭、这个单位、这个城市的形象。严重的话甚至会毁掉一个国家的形象。试想，我们又怎么能因为自己的修养而去影响集体呢？当然，个人修养的形成绝非是必然的，它跟个人的种种因素有关，比如家庭经济或者其他原因的限制，都有可能影响个人修养的形成。这是很简单的问题，因为没有过剩的生产资料，没有多余的劳动力，没有物质文明做后盾，就不可能有精神文明的出现。但每个人都应该记住：个人修养是每个时代，每个成功的人必不可少的精神素养。

印象深刻的书籍（或报刊）

我喜爱的书刊有很多，但是《女友》杂志是我最钟情的。我和它结缘的故事，还要从高中说起。那个时候学习非常紧张，考试的书都没有时间全部看完，哪有心思看别的杂志。

那一日，我经过报刊亭，顺手拿起《女友》翻了翻，马上就被里面丰富的内容所吸引，就这样和《女友》杂志结下了深厚的友情。为什么我喜欢《女友》，很重要的原因就是标题，一看就知道和女孩的生活息息相关。自然，里面大多写的是女生的故事。每次翻开杂志，我先看的就是卷首，因为在这样一页空间里，主编所写的每一篇内容，都为整本杂志拉开了序幕，也为每期的主打内容进行了铺垫，文字温暖，思绪流畅，总能给我带来很多思考和遐想，也令我回味无穷。《女友》设计的每个栏目，都有好听的名字，像"青春志""女孩走四方""也许有灵犀"等。这些栏目不仅名字好听，内容更是好看，没有浮夸，没有虚伪，有的是真实，有的是质朴。面对当今复杂的社会，《女友》杂志教会女生们如何保护自己和爱护身体，如何在职场脱颖而出，如何把握人际关系，如何对待爱情和友情等。《女友》所采用的并不是空洞的教条式方法，而是通过一些女生经常碰到的事情为例子，通过她们的现身说法，达到让我们切身体会的目的，这是我喜欢《女友》杂志的很大原因。《女友》杂志，在多年的发展中也蜕变成一个成熟的少女，虽然用华丽的封面来装饰，却保留了其固有的内涵精华。这样的《女友》杂志既给我带来了视觉享受，也给我带来了心灵享受，让我无法不喜欢它。

如何保持良好的心态

在生活和学习中，我们都会遇到各种各样的问题和挑战，有时候会感到压力很大，心情也会变得很糟糕。在面对这些困难和挑战时，保持一个良好的心态非常重要。今天，我想分享一些我自己的经验和看法，谈谈如何保持良好的心态。

我觉得，首先我们要学会放松自己。当我们感到压力很大的时候，我们往往会变得很紧张，心情也会变得很沉重。这时候，可以试着让自己放松下来。可以听听音乐，看看电影，或者和朋友聊聊天。这些活动可以帮助我们缓解压力，让心情变得更加轻松和愉悦。

其次，我们也要学会积极面对问题。在生活和学习中，我们都会遇到各种各样的问题和挑战。有时候，可能会感到很沮丧。但不能让这些负面情绪影响到我们。我们要学会积极面对问题，想方设法去解决问题。可以先列出问题的原因，然后找出解决问题的方法，最后再付诸实践。这样可以帮助我们更好地解决问题，同时也可以让我们更加积极向上。

最后，我们要学会调整自己的心态。在面对困难和挑战时，要学会调整自己的心态。要相信自己能够克服困难，迎接挑战。同时，我们也要学会从失败中吸取经验教训，不断完善自己。比如,在考试失败后,可以总结经验教训,找出自己的不足之处,然后制定计划去提高自己的成绩。这样可以帮助我们更好地调整自己的心态,同时也可以让我们更加自信和勇敢。

总之,保持良好的心态对于我们的生活和学习都非常重要。要学会放松自己、积极面对问题和调整自己的心态。只有这样才能更好地面对生活中的挑战,在学习中不断进步成为更好的自己。

网络时代的生活

在我们现在生活的时代,网络对我们的生活影响真的是太大了。

现在,我们可以通过手机、电脑等设备随时随地获取信息,与朋友交流,进行购物、订餐、订高铁票飞机票等,生病了甚至还可以在手机上预约挂号治疗。可以说,网络已经成为我们生活中不可或缺的一部分。

现在,我们只需要在电商平台的手机软件上动动手指,就可以购买全世界的商品。而且,网络支付也变得越来越方便,我们可以通过支付宝、微信等支付方式轻松完成交易。这样不仅节省了时间和精力,还让我们能够更加便捷地享受购物带来的乐趣。

除了购物,网络还为我们提供了各种各样的学习资源。以前,我们需要到图书馆或者书店去查找资料,但是现在,我们只需要在手机搜索引擎中输入关键词,就可以找到大量的学习资料和教程。这不仅节省了我们的时间和精力,还让我们能够更加自主地学习自己感兴趣的知识。

当然,网络时代的生活也有一些挑战。比如网络安全问题、个人隐私泄露等。我们需要时刻保护自己的个人信息和账户安全,避免遭受网络攻击和诈骗。同时,我们也需要学会辨别信息的真伪和来源,避免被虚假信息误导。

最后,我想说,网络时代的生活虽然带来了很多便利和挑战,但是我们不能完全依赖网络。我们需要保持真实社交和面对面交流的习惯,同时也要学会独立思考和辨别信息的真伪。我相信,只有这样,我们才能更好地享受网络时代带来的便利和乐趣!

第七章　计算机辅助普通话水平测试应试指南

一、计算机辅助普通话水平测试流程

计算机辅助普通话水平测试是目前普通话水平测试的主要方式。计算机辅助普通水平测试是计算机评测系统借助语音识别技术,部分代替人工评测,对应试人在普通话水平测试第一项"读单音节字词"、第二项"读多音节词语"和第三项"朗读短文"的语音标准程度进行辨识和评测;第四项"命题说话"则由测试员通过网络听取应试人录音进行评分。

1. 候测

应试人在测试当天携带身份证和准考证,在管理人员的安排下进入候测室。随后,管理人员采集应试人的身份证信息、照片作为本次测试的认证信息,采集的照片还将用于普通话水平测试等级证书。

(1)身份证信息采集。应试人将身份证贴到终端设备相应的位置上进行身份信息验证。

(2)照片现场采集。应试人坐到管理人员指定的位置上采集照片。

(3)系统抽签。采集照片后,系统自动将考试机号随机分配给应试人,应试人应记住自己的考试机号。

2. 登录系统,核对信息

(1)考生确保戴好耳机之后,用鼠标点击计算机屏幕"下一步"按钮,进入考生登录页面。

(2)考生按照屏幕提示,输入准考证号的后4位数字,并点击"进入"。

(3)如果屏幕上出现的信息无误,请点击"确认"按钮继续下一步;如果出现的不是本人的个人信息,请点击"返回"按钮重新登录。

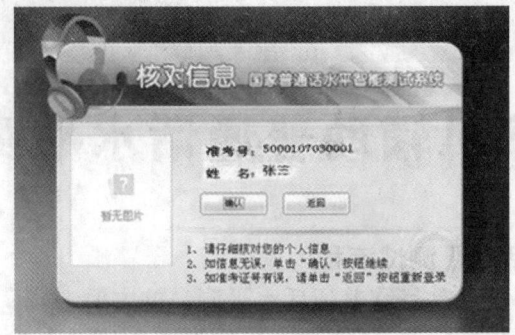

3. 测试前试音

（1）点击"确认"按钮之后，页面会弹出提示框"请等待考场指令准备试音"。

（2）按照系统语音提示，朗读屏幕文本框中的信息，要求声音洪亮、朗读流畅。

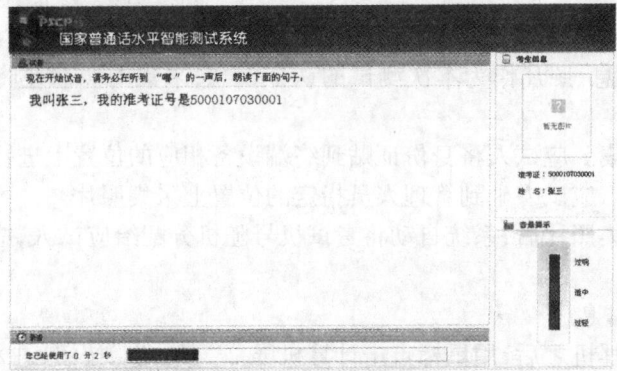

试音完成之后，系统会提示考生试音是否成功。若试音失败，页面会弹出提示框，请点击"确认"按钮，重新试音。若试音成功，页面会弹出提示框"请等待考场指令，准备考试"。

4. 进行测试

（1）系统进入第一题时，系统会发出提示语音："第一题：读单音节字词，限时3.5分钟，请横向朗读。"在听到"嘟"的一声之后，考生就可以开始朗读了，每一题的页面下方都有时间提示，考生应在规定的时间内完成每道题的内容。

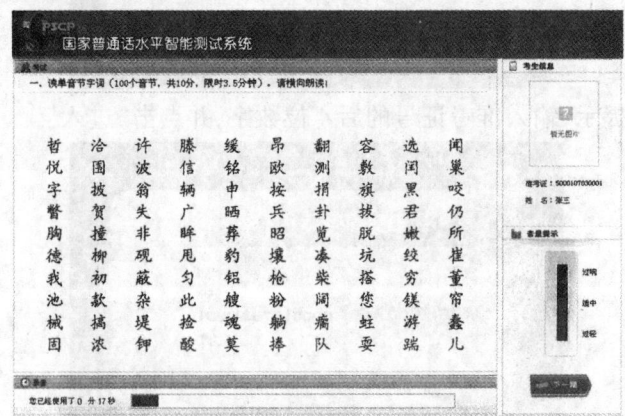

（2）朗读完第一题之后，考生无须等待，直接点击"下一题"，进入第二题测试。第二题限时2.5分钟完成。

第七章 计算机辅助普通话水平测试应试指南

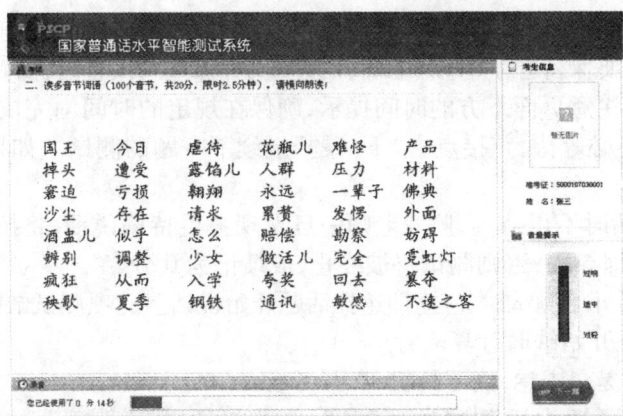

(3) 第三题朗读短文部分需要在4分钟之内完成。

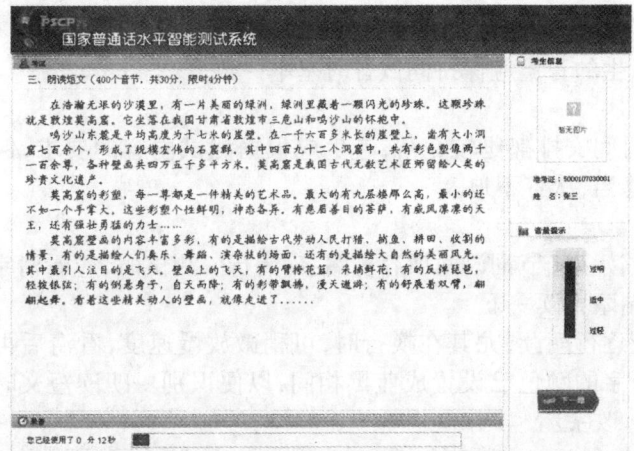

(4) 第四题命题说话,中间不能出现长时间间断,必须说满3分钟,才能点击"确定"按钮结束考试。

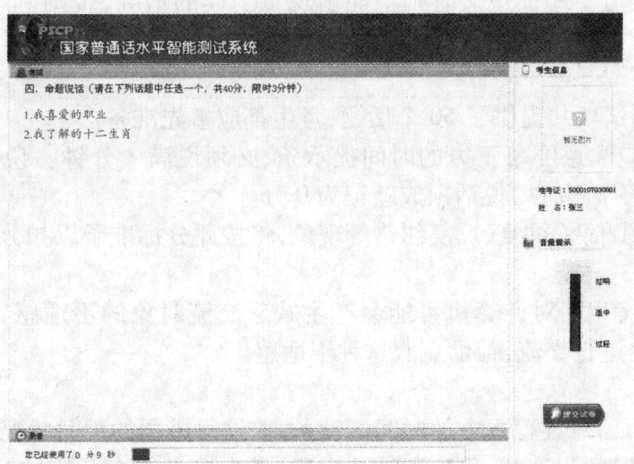

5. 结束测试

在完成第四题之后,请及时点击屏幕右下角"提交试卷"按钮,结束考试。之后屏幕会弹出提示框,点击"确认"按钮之后就可以离开考场了。

6. 注意事项

(1) 正确佩戴耳机,麦克风应该在左侧,避免麦克风离嘴唇太近或太远,影响录音质量。

(2)每项试题之前都有一段提示语音,请在提示语结束并听到"嘟"的一声之后,开始录音。

(3)录音过程中,需要保持吐字清晰、准确,语速适中,音量同试音时保持一致。

(4)录音过程中,请注意页面下方的时间提示,确保在规定的时间内完成每项考试。如果在时间限制之前完成测试,不必等待,直接点击"下一题"继续下一题的测试。如果规定时间结束,系统会自动进入下一项试题。

(5)第四题命题说话时不得持稿,监考老师一旦发现考生持稿说话,将按红色警示灯警告。考生见到红灯闪烁必须立即弃稿,否则测试将被终止,成绩记为 0 分。

(6)第四题命题说话开始测试时,应立即选择话题开始说话。此项测试缺时扣分,考生超过 6 秒未开口说话,机测系统将开始缺时计算。

(7)测试结束之后,提交试卷,摘下耳机,离开考场。

二、计算机辅助普通话水平测试注意事项

1. 关于音量

(1)考生测试时应保持中等音量(即两三个人之间正常交谈时的音量),不宜过大或过小。

(2)测试过程中,考生的音量应保持同试音时基本一致。

2. 关于语速

测试时,每道题的时间安排都比较宽裕,考生应根据测试内容的要求,保持适当的语速,要做到吐字清晰完整,速度稳当,从容不迫。

3. 关于漏读

(1)读单音节字词、读多音节词语两项容易漏字、漏行。测试时,应看清字、词,从容地朗读,即使有不认识的字,也应揣摩着读一下。

(2)测试时,考生应逐行朗读,尤其在换行时,可稍微放慢速度,看清后再读,不要漏行。第一项"读单音节字词"各行字的颜色已设置成蓝黑相间,以便识别。朗读短文时应注意语音清晰、语义连贯,防止添字、漏字、改字。

4. 关于重复读

第一、二项测试时,考生因个别字词读错而重复读,计算机评分时会自动识别,不会因为一个字的重读而影响整体评分。朗读短文时则不能出现重复读的情况,否则,计算机评分时将根据评分标准扣分。

5. 关于"命题说话"

(1)"命题说话"测试项共提供了 50 个话题,考生都应事先准备。

(2)测试时,考生应注意屏幕下方的时间提示条,必须说满 3 分钟。说话时间每缺 30 秒,扣 3 分;说话时间少于或等于 30 秒,说话项成绩记为 0 分。

(3)如有背稿、离题、简单重复、反复纠错等现象,将按评分标准予以扣分。

6. 关于对象感

测试过程中,部分考生面对计算机可能会产生缺乏交流对象的不适感。考生应调整心态,可假设一位交流对象与之进行交流,帮助克服这种不适感。

7. 关于时间把握

(1)测试时,考生可留意屏幕下方的时间滚动条,监控每道题的用时状况。

(2)前三项试题的时间很充裕,每项测试结束后,考生可点击右下方的"下一题"按钮,进入下一项测试。

8. 关于环境影响

(1)如果测试安排在常规教室或机房,通常会安排几位考生,所以会有一定的声音干扰。但各个机位之间有一定的距离,考生应专注于自己的测试,不要刻意去听别人的声音,以免影响自己的发挥。

(2)测试所选用的话筒能屏蔽别处的声音,不会影响计算机对你的录音的评分。

附录一 普通话异读词审音表

说 明

一、本表为《普通话异读词审音表》(1985年)的修订版。

二、本表条目按照异读音节的音序排列。

三、审音以异读词(包括单音节词和多音节词)为对象。例如:名物义"瓦"没有异读,动作义存在wǎ、wà两读,本表只对动作义"瓦"的读音进行审订。"装订"有zhuāngdīng和zhuāngdìng两读,是审音对象;"订单、预订"等词没有异读,不审。

四、不审订是否轻声、是否儿化,原表涉及轻声、儿化的条目除外。

五、不审订人名、地名等专有名词的读音,原表涉及人名、地名的条目除外。

六、条目后注明"统读"的,表示涉及此字的所有词语均读此音。例如:熏xūn(统读),表示"熏香、烟熏、熏陶、煤气熏着了"等中的"熏"都读xūn。

七、有些条目涉及文白异读,本表以"文"和"语"作注。前者一般用于书面语,后者一般用于口语。这种情况在必要时各举词例。例如:剥bō(文),bāo(语),表示在"剥削"等书面复合词中读bō,在"剥皮儿"等口语单用时读bāo。

八、有些异读涉及词义区别,酌加简单说明,以便读者分辨。例如:泊(一)bó 停留、平静:停泊、泊车、淡泊、漂泊;(二)pō 湖泊义:湖泊、血泊。

九、个别条目中的"旧读""口语也读"等括注,表示在推荐读音之外读古书或口语等特定范围内实际存在的常见读音。

十、此次修订基于以下原则:

1. 以北京语音系统为审音依据。
2. 充分考虑北京语音发展趋势,同时适当参考在官话及其他方言区中的通行程度。
3. 以往审音确定的为普通话使用者广泛接受的读音,保持稳定。
4. 尽量减少没有别义作用或语体差异的异读。
5. 在历史理据和现状调查都不足以硬性划一的情况下暂时保留异读并提出推荐读音。

A

阿(一)ā~訇 ~罗汉 ~木林 ~姨
　(二)ē~谀 ~附 ~胶 ~弥陀佛
挨(一)āi~个 ~近
　(二)ái~打 ~说
癌 ái(统读)
霭 ǎi(统读)
蔼 ǎi(统读)
隘 ài(统读)
谙 ān(统读)
埯 ǎn(统读)
昂 áng(统读)
凹 āo(统读)
拗(一)ào~口
　(二)niù 执~ 脾气很~
坳 ào(统读)

B

拔 bá(统读)
把 bà 印~子
白 bái(统读)
拜 bái~~(再见;分手)
膀 bǎng 翅~
蚌(一)bàng 河~
　(二)bèng ~埠
傍 bàng(统读)
磅 bàng 过~
鲍 bào(统读)
胞 bāo(统读)
薄(一)báo(语)常单用,如"纸很~ 厚~不均"。
　(二)bó(文)多用于复音词。~弱 稀~
　　　　　　淡~ 尖嘴~舌 单~ 厚~
堡(一)bǎo 碉~ ~垒

（二）bǔ ~子 吴~ 瓦窑~ 柴沟~
（三）pù 十里~
暴（一）bào ~露
（二）pù 一~（曝）十寒
爆 bào （统读）
焙 bèi （统读）
惫 bèi （统读）
背 bèi ~脊 ~静
鄙 bǐ （统读）
俾 bǐ （统读）
笔 bǐ （统读）
比 bǐ （统读）
臂（一）bì 手~ ~膀
（二）bei 胳~
庇 bì （统读）
髀 bì （统读）
避 bì （统读）
辟 bì 复~
裨 bì~补 ~益
婢 bì （统读）
痹 bì （统读）
壁 bì （统读）
蝙 biān （统读）
遍 biàn （统读）
骠（一）biāo 黄~马
（二）piào ~骑 ~勇
傧 bīn （统读）
缤 bīn （统读）
濒 bīn （统读）
殡 bìn （统读）
屏（一）bǐng ~除 ~弃 ~气 ~息
（二）píng ~藩 ~风
柄 bǐng （统读）
波 bō （统读）
播 bō （统读）
菠 bō （统读）
剥（一）bō（文）~削
（二）bāo（语）
泊（一）bó（停留、平静） 停~ ~车 淡~ 飘~
（二）pō 湖~ 血~
帛 bó （统读）
勃 bó （统读）
钹 bó （统读）
伯（一）bó ~~ (bo) 老~
（二）bǎi 大~子（丈夫的哥哥）
箔 bó （统读）
簸（一）bǒ 颠~

（二）bò ~箕
膊 bo 胳~
卜 bo 萝~
醭 bú （统读）
哺 bǔ （统读）
捕 bǔ （统读）
鹁 bǔ （统读）
埠 bù （统读）

C

残 cán（统读）
惭 cán（统读）
灿 càn（统读）
藏（一）cáng 矿~ 库~（丰富）
（二）zàng 宝~ 大~经
糙 cāo （统读）
嘈 cáo （统读）
螬 cáo （统读）
厕 cè （统读）
岑 cén （统读）
差（一）chā（文）不~ 累黍 偏~ 色~ ~别 视~
误~ 电势~ 一念之~ ~池
~错 言~语错 一~二错 阴错阳~ ~等 ~额~价
~强人意 ~数 ~异
（二）chà（语）不~ 什么 ~不多 ~不离
~点儿
（三）cī 参~
猹 chá （统读）
搽 chá （统读）
阐 chǎn （统读）
羼 chàn （统读）
颤（一）chàn ~动 ~发
（二）zhàn ~栗（战栗）
韂 chàn （统读）
伥 chāng （统读）
场（一）chǎng ~合 ~所 冷~ 捧~ 外~
圩~ ~大雨 一~大雨
（二）cháng ~院
（三）chang 排~
钞 chāo （统读）
巢 cháo （统读）
嘲 cháo~讽 ~骂 ~笑
耖 chào （统读）
车（一）chē 安步当~ 杯水~薪 闭门造~
螳臂当~
（二）jū（象棋棋子名称）
晨 chén （统读）

附录一 普通话异读词审音表

称 chèn ~心 ~意 ~职 对~ 相~
撑 chēng （统读）
乘（一）chéng（动作义）包~ 制~ ~便 ~风破浪
　　　　~客 ~势 ~兴
　　（佛教术语）大~ 小~ 上~
　　（二）shèng（名物义）千~之国
橙 chéng （统读）
惩 chéng （统读）
澄（一）chéng（文）~清（如"清混乱""清问题"）
　　（二）dèng（语）单用，如"把水~清了"。
痴 chī （统读）
吃 chī （统读）
弛 chí （统读）
褫 chǐ （统读）
尺 chǐ ~寸 ~头
豉 chǐ （统读）
侈 chǐ （统读）
炽 chì （统读）
春 chōng （统读）
冲 chòng ~床 ~模
臭（一）chòu 遗~万年
　　（二）xiù 乳~ 铜~
储 chǔ （统读）
处 chǔ（动作义）~罚 ~分 ~决 ~理 ~女
　　　　　　 ~置
畜（一）chù（名物义）~力 家~ 牲~ 幼~
　　　　　　 ~类
　　（二）xù（动作义）~产 ~牧 ~养
触 chù （统读）
搐 chù （统读）
绌 chù （统读）
黜 chù （统读）
闯 chuǎng （统读）
创（一）chuàng 草~ ~举 首~ ~造 ~作
　　（二）chuāng ~伤 重~
绰（一）chuò ~~有余
　　（二）chuo 宽~
疵 cī （统读）
雌 cí （统读）
赐 cì （统读）
伺 cì ~候
枞（一）cōng ~树
　　（二）zōng ~阳〔地名〕
从 cóng （统读）
丛 cóng （统读）
攒 cuán 万头~动 万箭~心
脆 cuì （统读）
撮（一）cuō ~儿 一~儿盐 一~儿匪帮

（二）zuǒ 一~儿毛
措 cuò （统读）

D

搭 dā （统读）
答（一）dá 报~ ~复
　　（二）dā ~理 ~应
打 dá 苏~ 一~（十二个）
大（一）dà ~夫（古官名） ~王（如爆破~王、钢铁
　　　　　　 ~王） ~黄
　　（二）dài ~夫（医生） ~王（如山~王）
呆 dāi （统读）
傣 dǎi （统读）
逮（一）dài（文）如"~捕"。
　　（二）dǎi（语）单用，如"~蚊子""~特务"。
当（一）dāng ~地 ~间儿 ~年（指过去） ~日
　　　　（指过去） ~天（指过去）
　　　　~时（指过去）
　　（二）dàng 一个~俩 安步~车 适~ 勾~
　　　　~年（同一年） ~日（同一时候）
　　　　~天（同一天）
档 dàng （统读）
蹈 dǎo （统读）
导 dǎo （统读）
倒（一）dǎo 颠~ 颠~是非 颠~黑白 颠三~四
　　　　排山~海 ~板 ~嚼 ~仓 ~嗓
　　　　~戈 ~潦
　　（二）dào ~粪（翻动粪肥） 倾箱~箧
悼 dào （统读）
纛 dào （统读）
凳 dèng （统读）
羝 dī （统读）
氐 dī〔古民族名〕
堤 dī （统读）
提 dī ~防
的（一）dī 打~
　　（二）dí ~当 ~确
抵 dǐ （统读）
蒂 dì （统读）
缔 dì （统读）
谛 dì （统读）
跌 diē （统读）
蝶 dié （统读）
订 dìng （统读）
都（一）dōu ~来了
　　（二）dū ~市 首~ 大~（大多）
堆 duī （统读）
吨 dūn （统读）

盾 dùn （统读）
多 duō （统读）
咄 duō （统读）
掇(一)duō("拾取、采取"义)
　 (二)duo 撺~ 掂~
裰 duō （统读）
踱 duó （统读）
度 duó 忖~ ~德量力

E

婀 ē （统读）

F

伐 fá （统读）
阀 fá （统读）
砝 fǎ （统读）
法 fǎ （统读）
发 fà 理~ 脱~ 结~
帆 fān （统读）
藩 fān （统读）
梵 fàn （统读）
坊(一)fāng 牌~ ~巷
　 (二)fáng 粉~ 磨~ 碾~ 染~ 油~ 谷~
妨 fáng （统读）
防 fáng （统读）
肪 fáng （统读）
沸 fèi （统读）
汾 fén （统读）
讽 fěng （统读）
肤 fū （统读）
敷 fū （统读）
俘 fú （统读）
浮 fú （统读）
服 fú ~毒 ~药
拂 fú （统读）
辐 fú （统读）
幅 fú （统读）
甫 fǔ （统读）
复 fù （统读）
缚 fù （统读）

G

噶 gá （统读）
冈 gāng （统读）
刚 gāng （统读）
岗 gǎng ~楼 ~哨 ~子 门~ 站~ 山~子
港 gǎng （统读）
隔 gé （统读）
革 gé ~命 ~新 改~

合 gě(一升的十分之一)
给(一)gěi(语)单用。
　 (二)jǐ(文)补~ 供~ 供~制 ~予 配~
　　 自~自足
亘 gèn （统读）
更 gēng 五~ ~生
粳 gēng （统读）
供(一)gōng ~给 提~ ~销
　 (二)gòng 口~ 翻~ 上~
佝 gōu （统读）
枸 gǒu ~杞
勾 gòu ~当
估(除"~衣"读 gù 外,都读 gū)
骨(除"~碌""~朵"读 gū 外,都读 gǔ)
谷 gǔ ~雨
锢 gù （统读）
冠(一)guān(名物义) ~心病
　 (二)guàn(动作义)沐猴而~ ~军
犷 guǎng （统读）
庋 guǐ （统读）
匮 guì （同"柜"）石室金~ 《金~要略》
桧(一)guì(树名)
　 (二)huì(人名)"秦~"。
刽 guì （统读）
聒 guō （统读）
蝈 guō （统读）
过(除姓氏读 guō 外,都读 guò)

H

虾 há ~蟆
汗 hán 可~
巷 hàng ~道
号 háo ~叫
和(一)hè 唱~ 附~ 曲高~寡
　 (二)huo 掺~ 搅~ 暖~ 热~ 软~
貉(一)hé(文)一丘之~
　 (二)háo(语)~绒 ~子
壑 hè （统读）
褐 hè （统读）
喝 hè ~采 ~道 ~令 ~止 呼幺~六
鹤 hè （统读）
黑 hēi （统读）
亨 hēng （统读）
横(一)héng ~肉 ~行霸道
　 (二)hèng 蛮~ ~财
訇 hōng （统读）
虹 hóng （统读）(口语单说也读 jiàng)
讧 hòng （统读）

囫 hú （统读）
瑚 hú （统读）
蝴 hú （统读）
桦 huà （统读）
徊 huái （统读）
踝 huái （统读）
浣 huàn （统读）
黄 huáng （统读）
荒 huang 饥~（指经济困难）
贿 huì （统读）
贿 huì （统读）
会 huì 一~儿 多~儿 ~厌(生理名词)
混 hùn ~合 ~乱 ~凝土 ~淆 ~血儿 ~杂
蠖 huò （统读）
霍 huò （统读）
豁 huò ~亮
获 huò （统读）

J

羁 jī （统读）
击 jī （统读）
奇 jī ~数
赍 jī （统读）
缉 (一) jī 通~ 侦~
　 (二) qī ~鞋口
几 jǐ 茶~ 条~ ~乎
圾 jī （统读）
戟 jǐ （统读）
疾 jí （统读）
汲 jí （统续）
棘 jí （统读）
藉 jí 狼~（籍）
嫉 jí （统读）
脊 jǐ （统读）
纪 jǐ （统读）（纪姓旧读 jǐ）
偈 jì ~语
绩 jì （统读）
迹 jì （统读）
寂 jì （统读）
箕 jī 簸~
辑 jí 逻~
茄 jiā 雪~
夹 jiā（除夹层、双层义读 jiá，如"~袄 ~衣"，其余
　 义读 jiā）
浃 jiā （统读）
甲 jiǎ （统读）
歼 jiān （统读）
鞯 jiān （统读）

间 (一) jiān ~不容发 中~
　 (二) jiàn 中~儿 ~道 ~谍 ~断 ~或 ~
　 接 ~距 ~隙 ~续 ~阻 ~作
　 挑拨离~
趼 jiǎn （统读）
俭 jiǎn （统读）
缰 jiāng （统读）
膙 jiǎng （统读）
嚼 (一) jiáo (语) 味同~蜡 咬文~字
　 (二) jué (文) 咀~ 过屠门而大~
　 (三) jiào 倒~（倒噍）
侥 jiǎo ~幸
角 (一) jiǎo 八~（大茴香） ~落 独~戏 ~膜
　 　 ~度 ~儿（犄~） ~楼 勾心斗~
　 　 号~ 口~（~嘴） 鹿~菜 头~
　 (二) jué ~斗 ~儿（脚色） 口~（吵嘴）
　 　 主~儿 配~儿 ~力 捧~儿
脚 (一) jiǎo ~根
　 (二) jué ~儿（也作"角儿"，脚色）
剿 (一) jiǎo ~围
　 (二) chāo ~说 ~袭
校 jiào ~勘 ~样 ~正
较 jiào （统读）
酵 jiào （统读）
嗟 jiē （统读）
疖 jiē （统读）
结 （除"~了个果子""开花~果""~巴""~实"
　 　 念 jiē 之外，其他都念 jié）
睫 jié （统读）
芥 jiè （统读）
矜 jīn ~持 自~ ~怜
仅 jǐn ~~ 绝无~有
馑 jǐn （统读）
觐 jìn （统读）
浸 jìn （统读）
茎 jīng （统读）
鲸 jīng （统读）
颈 jǐng ~椎
境 jìng （统读）
痉 jìng （统读）
劲 jìng 刚~
窘 jiǒng （统读）
究 jiū （统读）
纠 jiū （统读）
鞠 jū （统读）
鞫 jū （统读）
掬 jū （统读）
苴 jū （统读）

咀 jǔ ~嚼
矩（一）jǔ ~形
　　（二）ju 规~
俱 jù （统读）
龟 jūn ~裂（也作"皲裂"）
菌（一）jūn 细~　病~　杆~　霉~
　　（二）jùn 香~　~子
俊 jùn （统读）

K

卡（一）kǎ ~宾枪　~车　~介苗　~片　~通
　　（二）qiǎ ~子　关~
揩 kāi （统读）
慨 kǎi （统读）
忾 kài （统读）
勘 kān （统读）
看 kān ~管　~护　~守
慷 kāng （统读）
拷 kǎo （统读）
坷 kē ~拉（垃）
疴 kē （统读）
壳 ké （除"地壳、金蝉脱壳"中的"壳"读 qiào 外，其余读为 ké）
可（一）kě ~~儿的
　　（二）kè ~汗
恪 kè （统读）
刻 kè （统读）
克 kè ~扣
空（一）kōng ~心砖　~城计
　　（二）kòng ~心吃药
眍 kōu （统读）
矻 kū （统读）
酷 kù （统读）
框 kuàng （统读）
矿 kuàng （统读）
傀 kuǐ （统读）
溃（一）kuì ~烂
　　（二）huì ~脓
篑 kuì （统读）
括 kuò （统读）

L

垃 lā （统读）
邋 lā （统读）
斓 lǎn （统读）
缆 lǎn （统读）
琅 láng （统读）
捞 lāo （统读）
劳 láo （统读）
醪 láo （统读）
烙（一）lào ~印　~铁　~饼
　　（二）luò ~炮~（古酷刑）
勒（一）lè（文）~逼　~令　~派　~索　悬崖~马
　　（二）lēi（语）多单用。
擂（除"~台""打~"读 lèi 外，都读 léi）
礌 léi （统读）
羸 léi （统读）
蕾 lěi （统读）
累（一）lèi（辛劳义、牵连义）劳~　受~　带~　~及　连~　牵~
　　（二）léi ~赘
　　（三）lěi（积累义、多次义）~积　~教不改　硕果~~　罪行~~
蠡（一）lí 管窥~测
　　（二）lǐ ~县　范~
喱 lí （统读）
连 lián （统读）
敛 liǎn （统读）
恋 liàn （统读）
量（一）liàng ~入为出　忖~
　　（二）liang 打~　掂~
踉 liàng ~跄
潦 liáo ~草　~倒
劣 liè （统读）
捩 liè （统读）
趔 liè （统读）
拎 līn （统读）
遴 lín （统读）
淋（一）lín ~浴　~漓　~巴
　　（二）lìn ~盐　~病
蛉 líng （统读）
榴 liú （统读）
馏（一）liú（文）如"干~""蒸~"。
　　（二）liù（语）如"~馒头"。
镏 liú ~金
碌 liù ~碡
笼（一）lóng（名物义）~子　牢~
　　（二）lǒng（动作义）~络　~括　~统　~罩
偻（一）lóu 佝~
　　（二）lǚ 伛~
瞜 lou 眍~
赂 lù （统读）
掳 lǔ （统读）
露（一）lù（文）赤身~体　~天　~骨　~头角　藏头~尾　抛头~面　~头（矿）
　　（二）lòu（语）~富　~苗　~光　~相　~马脚　~头

158

附录一 普通话异读词审音表

橹 lǔ （统读）
捋（一）lǚ ~胡子
　　（二）luō ~袖子
绿（一）lǜ（语）
　　（二）lù（文）~林　鸭~江
孪 luán （统读）
挛 luán （统读）
掠 lüè （统读）
囵 lún （统读）
络 luò ~腮胡子
落（一）luò（文）~膘　~花生　~魄　涨~
　　　　　~槽　着~
　　（二）lào（语）~架　~色　~炕　~枕　~儿
　　　　　~子（一种曲艺）
　　（三）là（语）遗落义。丢三~四　~在后面

M

脉（除"~~"念 mòmò 外，一律念 mài）
漫 màn （统读）
蔓（一）màn（文）~延　不~不枝
　　（二）wàn（语）瓜~　压~
牤 māng （统读）
氓 máng 流~
芒 máng （统读）
铆 mǎo （统读）
瑁 mào （统读）
虻 méng （统读）
盟 méng （统读）
祢 mí （统读）
眯（一）mí ~了眼（灰尘等入目，也作"迷"）
　　（二）mī ~了一会儿（小睡）　~缝着眼（微微合
　　　　　目）
靡（一）mí　~费
　　（二）mǐ　风~　委~　披~
秘（除"~鲁"读 bì 外，都读 mì）
泌（一）mì（语）分~
　　（二）bì（文）~阳〔地名〕
娩 miǎn （统读）
缈 miǎo （统读）
皿 mǐn （统读）
闽 mǐn （统读）
茗 míng （统读）
酩 mǐng （统读）
谬 miù （统读）
摸 mō （统读）
模（一）mó ~范　~式　~型　~糊　~特儿　~
　　　　　棱两可
　　（二）mú ~子　~具　~样

膜 mó （统读）
摩 mó 按~　抚~
嬷 mó （统读）
墨 mò （统读）
耱 mò （统读）
沫 mò （统读）
缪 móu 绸~

N

难（一）nán 困~（或变轻声）　~兄~弟（难得的
　　　　　兄弟，现多用作贬义）
　　（二）nàn 排~　解~纷　发~　刁~　责~　~兄~
　　　　　弟（共患难或同受苦难的人）
蝻 nǎn （统读）
蛲 náo （统读）
讷 nè （统读）
馁 něi （统读）
嫩 nèn （统读）
恁 nèn （统读）
妮 nī （统读）
拈 niān （统读）
鲇 nián （统读）
酿 niàng （统读）
尿（一）niào 糖~　~病
　　（二）suī（只用于口语名词）尿（niào）~　~脬
嗫 niè （统读）
宁（一）níng 安~
　　（二）nìng ~可
妞 niū （统读）
脓 nóng （统读）
弄（一）nòng 玩~
　　（二）lòng ~堂
暖 nuǎn （统读）
衄 nǜ （统读）
疟（一）nüè（文）~疾
　　（二）yào（语）发~子
娜（一）nuó 婀~　袅~
　　（二）nà（人名）

O

殴 ōu （统读）
呕 ǒu （统读）

P

杷 pá （统读）
琶 pá （统读）
牌 pái （统读）
排 pǎi ~子车
迫 pǎi ~击炮

159

澎 pài （统读）
爿 pán （统读）
胖 pán （一）pán 心广体~（安舒义）
　　　 （二）pàng ~子
蹒 pán （统读）
畔 pàn （统读）
乓 pāng （统读）
滂 pāng （统读）
脬 pāo （统读）
胚 pēi （统读）
喷 （一）pēn ~嚏
　　 （二）pèn ~香
　　 （三）pen 嚏~
澎 péng （统读）
坯 pī （统读）
披 pī （统读）
匹 pǐ （统读）
僻 pì （统读）
譬 pì （统读）
片 （一）piàn ~子 唱~ 画~ 相~ 影~ ~儿会
　　 （二）piān（口语一部分词）~子 ~儿 唱~儿 画~儿 相~儿 影~儿
剽 piāo （统读） ~窃
缥 piāo ~缈（飘渺）
撇 piē ~弃
聘 pìn （统读）
乒 pīng （统读）
颇 pō （统读）
剖 pōu （统读）
仆 （一）pū 前~后继
　　 （二）pú ~从
扑 pū （统读）
朴 （一）pǔ 俭~ ~素 ~质
　　 （二）pō ~刀
　　 （三）pò ~硝
蹼 pǔ （统读）
瀑 pù ~布
曝 （一）pù 一~十寒
　　 （二）bào ~光（摄影术语）

Q

栖 qī 两~
戚 qī （统读）
漆 qī （统读）
期 qī （统读）
蹊 qī ~跷

蛴 qí （统读）
畦 qí （统读）
萁 qí （统读）
骑 qí （统读）
企 qǐ （统读）
绮 qǐ （统读）
杞 qǐ （统读）
憩 qì （统读）
洽 qià （统读）
签 qiān （统读）
潜 qián （统读）
嵌 qiàn （统读）
欠 qian 打哈~
戕 qiāng （统读）
镪 qiāng ~水
强 （一）qiáng ~渡 ~取豪夺 ~制 博闻~识
　　 （二）qiǎng 勉~ 牵~ ~词夺理 ~颜为笑 ~迫
　　 （三）jiàng 倔~
襁 qiǎng （统读）
跄 qiàng （统读）
悄 （一）qiāo ~~儿的
　　 （二）qiǎo ~默声儿的
橇 qiāo （统读）
翘 （一）qiào（语）~尾巴
　　 （二）qiáo（文）~首 ~楚 连~
怯 qiè （统读）
挈 qiè （统读）
趄 qie 趔~
侵 qīn （统读）
衾 qīn （统读）
噙 qín （统读）
倾 qīng （统读）
亲 qìng ~家
穹 qióng （统读）
黢 qū （统读）
曲 qū 大~ ~解
渠 qú （统读）
瞿 qú （统读）
蠼 qú （统读）
苣 qǔ ~荬菜
龋 qǔ （统读）
趣 qù （统读）
雀 què ~斑 ~盲症

R

髯 rán （统读）
攘 rǎng （统读）

附录一 普通话异读词审音表

桡 ráo（统读）
绕 rào（统读）
任 rén〔姓,地名〕
妊 rèn（统读）
扔 rēng（统读）
容 róng（统读）
糅 róu（统读）
茹 rú（统读）
孺 rú（统读）
蠕 rú（统读）
辱 rǔ（统读）
挼 ruó（统读）

S

靸 sǎ（统读）
噻 sāi（统读）
散（一）sǎn 懒~　零零~~　~漫
　（二）sàn ~开　~落　~布　~失
丧 sāng 哭~着脸
扫（一）sǎo ~兴
　（二）sào ~帚
埽 sào（统读）
色（一）sè（文）
　（二）shǎi（语）
塞（一）sè（文）。如:交通堵~;堰~湖。
　（二）sāi（语）。如:"活~""瓶~";"把瓶口~
　　　　　上"。
森 sēn（统读）
煞（一）shā ~尾　收~
　（二）shà ~白
啥 shá（统读）
厦（一）shà 大~
　（二）xià ~门　噶~
衫 shān（统读）
姗 shān（统读）
苫（一）shàn（动作义）如"~布""把屋顶~上"
　（二）shān（名物义）如"草~子"
墒 shāng（统读）
猞 shē（统读）
舍 shè 宿~
慑 shè（统读）
摄 shè（统读）
射 shè（统读）
谁 shéi,又音 shuí
娠 shēn（统读）
什(甚) shén ~么
蜃 shèn（统读）
葚 shèn（统读）

胜 shèng（统读）
识 shí 常~　~货　~字
似 shì ~的
室 shì（统读）
螫 shì（统读）("蜇人"不写作"螫人")
匙 shi 钥~
殊 shū（统读）
蔬 shū（统读）
疏 shū（统读）
叔 shū（统读）
淑 shū（统读）
菽 shū（统读）
熟（一）shú（文）
　（二）shóu（语）
署 shǔ（统读）
曙 shǔ（统读）
漱 shù（统读）
戍 shù（统读）
蟀 shuài（统读）
孀 shuāng（统读）
说（一）shuō ~服
　（二）shuì 游~　~客
数 shuò ~见不鲜
硕 shuò（统读）
蒴 shuò（统读）
艘 sōu（统读）
嗽 sǒu（统读）
速 sù（统读）
塑 sù（统读）
虽 suī（统读）
绥 suí（统读）
髓 suǐ（统读）
遂（一）suì 不~　毛~自荐
　（二）suí 半身不~
隧 suì（统读）
隼 sǔn（统读）
莎 suō ~草
缩（一）suō 收~
　（二）sù ~砂密（一种植物）
唆 suō（统读）
索 suǒ（统读）

T

趿 tā（统读）
鳎 tǎ（统读）
獭 tǎ（统读）
沓（一）tà 重~　疲~
　（二）dá 一~纸

161

苔(一)tái(文)
　(二)tāi(语)
探 tàn　（统读）
涛 tāo　（统读）
悌 tì　（统读）
佻 tiāo　（统读）
调 tiáo　~皮
帖(一)tiē 妥~　伏伏~~　俯首~耳
　(二)tiě 请~　字~儿
　(三)tiè 字~　碑~
听 tīng　（统读）
庭 tíng　（统读）
骰 tóu　（统读）
凸 tū　（统读）
突 tū　（统读）
颓 tuí　（统读）
蜕 tuì　（统读）
臀 tún　（统读）
唾 tuò　（统读）

W

娲 wā　（统读）
挖 wā　（统读）
瓦 wà　~刀
喎 wāi　（统读）
蜿 wān　（统读）
玩 wán　（统读）
惋 wǎn　（统读）
脘 wǎn　（统读）
往 wǎng　（统读）
忘 wàng　（统读）
微 wēi　（统读）
巍 wēi　（统读）
薇 wēi　（统读）
危 wēi　（统读）
韦 wéi　（统读）
违 wéi　（统读）
唯 wéi　（统读）
圩(一)wéi ~子
　(二)xū ~（墟）场
纬 wěi　（统读）
委 wěi　~靡
伪 wěi　（统读）
萎 wěi　（统读）
尾(一)wěi(文)　~巴　~部
　(二)yǐ(语)　~巴　马~儿
尉 wèi ~官
文 wén　（统读）

闻 wén　（统读）
紊 wěn　（统读）
喔 wō　（统读）
蜗 wō　（统读）
硪 wò　（统读）
诬 wū　（统读）
梧 wú　（统读）
牾 wǔ　（统读）
乌 wù ~拉（也作"靰鞡"）　~拉草
杌 wù　（统读）
鹜 wù　（统读）

X

夕 xī　（统读）
汐 xī　（统读）
晰 xī　（统读）
析 xī　（统读）
皙 xī　（统读）
昔 xī　（统读）
溪 xī　（统读）
悉 xī　（统读）
熄 xī　（统读）
蜥 xī　（统读）
螅 xī　（统读）
惜 xī　（统读）
锡 xī　（统读）
樨 xī　（统读）
袭 xí　（统读）
檄 xí　（统读）
峡 xiá　（统读）
暇 xiá　（统读）
吓 xià 杀鸡~猴
鲜(一)xiān　屡见不~　数见不~
　(二)xiǎn　~为人知　寡廉~耻
纤 xiān ~维
涎 xián　（统读）
弦 xián　（统读）
陷 xiàn　（统读）
霰 xiàn　（统读）
向 xiàng　（统读）
相 xiàng ~机行事
淆 xiáo　（统读）
哮 xiào　（统读）
些 xiē　（统读）
颉 xié ~颃
携 xié　（统读）
偕 xié　（统读）
挟 xié　（统读）

械 xiè（统读）
馨 xīn（统读）
凶 xiōng（统读）
行 xíng 操～ 德～ 发～ 品～
省 xǐng 内～ 反～ ～亲 不～人事
芎 xiōng（统读）
朽 xiǔ（统读）
宿 xiù 星～ 二十八～
煦 xù（统读）
蓿 xu 苜～
癣 xuǎn（统读）
削（一）xuē（文）剥～ ～减 ～瘦～
（二）xiāo（语）切～ ～铅笔 ～球
穴 xué（统读）
学 xué（统读）
雪 xuě（统读）
血 xuě（统读）（口语单用也读 xiě）
谑 xuè（统读）
寻 xún（统读）
驯 xùn（统读）
逊 xùn（统读）
熏 xūn（统读）
徇 xùn（统读）
殉 xùn（统读）
蕈 xùn（统读）

Y

押 yā（统读）
崖 yá（统读）
哑 yǎ ～然失笑
亚 yà（统读）
殷 yān ～红
芫 yán ～荽
筵 yán（统读）
沿 yán（统读）
焰 yàn（统读）
夭 yāo（统读）
肴 yáo（统读）
杳 yǎo（统读）
舀 yǎo（统读）
钥（一）yào（语）～匙
（二）yuè（文）锁～
曜 yào（统读）
耀 yào（统读）
椰 yē（统读）
噎 yē（统读）
叶 yè ～公好龙
曳 yè 弃甲～兵 摇～ ～光弹

屹 yì（统读）
轶 yì（统读）
谊 yì（统读）
懿 yì（统读）
诣 yì（统读）
艾 yì 自怨自～
应（一）yīng ～届 ～名儿 ～许 提出的条件他
　　　　都～了 是我～下来的任务
（二）yìng ～承 ～付 ～声 ～时 ～验 ～邀
　　　　～用 ～运 ～征 里～外合
萦 yíng（统读）
映 yìng（统读）
佣（一）yōng ～工
（二）yòng ～金
庸 yōng（统读）
臃 yōng（统读）
壅 yōng（统读）
拥 yōng（统读）
踊 yǒng（统读）
咏 yǒng（统读）
泳 yǒng（统读）
莠 yǒu（统读）
愚 yú（统读）
娱 yú（统读）
愉 yú（统读）
伛 yǔ（统读）
屿 yǔ（统读）
吁 yù 呼～
跃 yuè（统读）
晕（一）yūn（昏迷、发昏义） ～倒 头～
（二）yùn（光圈义） 月～ 红～
酝 yùn（统读）

Z

匝 zā（统读）
杂 zá（统读）
载（一）zǎi 登～ 记～
（二）zài 搭～ 怨声～道 重～ 装～ ～歌
　　　　～舞 下～
簪 zān（统读）
咱 zán（统读）
暂 zàn（统读）
凿 záo（统读）
择（一）zé 选～
（二）zhái ～不开 ～菜 ～席
贼 zéi（统读）
憎 zēng（统读）
甑 zèng（统读）
喳 zhā 唧唧～～

163

轧（除"~钢""~辊"念 zhá 外，其他都念 yà）（gá 为方言，不审）
摘 zhāi （统读）
粘 zhān ~贴
涨 zhǎng ~落　高~
着 (一) zháo ~慌　~急　~家　~凉　~忙　~迷　~水　~雨
　　(二) zhuó ~落　~手　~眼　~意　~重　不~边际
　　(三) zhāo 失~
沼 zhǎo （统读）
召 zhào （统读）
遮 zhē （统读）
蛰 zhé （统读）
辙 zhé （统读）
贞 zhēn （统读）
侦 zhēn （统读）
帧 zhēn （统读）
胗 zhēn （统读）
枕 zhěn （统读）
诊 zhěn （统读）
振 zhèn （统读）
知 zhī （统读）
织 zhī （统读）
脂 zhī （统读）
植 zhí （统读）
殖 zhí （统读）
指 zhǐ （统读）
掷 zhì （统读）
质 zhì （统读）
蛭 zhì （统读）
秩 zhì （统读）
栉 zhì （统读）
炙 zhì （统读）
中 zhōng 人~（人口上唇当中处）
种 zhòng 点~（义同"点播"。动宾结构念 diǎnzhǒng，义为点播种子）
诌 zhōu （统读）
骤 zhòu （统读）
轴 zhòu 大~子戏　压~子
碡 zhou 碌~
烛 zhú （统读）
逐 zhú （统读）
属 zhǔ ~望
筑 zhù （统读）
著 zhù 土~
转 zhuǎn 运~
撞 zhuàng （统读）
幢 (一) zhuàng 一~楼房
　　(二) chuáng 经~（佛教所设刻有经咒的石柱）
拙 zhuō （统读）
茁 zhuó （统读）
灼 zhuó （统读）
卓 zhuó （统读）
综 zōng ~合
纵 zòng （统读）
粽 zòng （统读）
镞 zú （统读）
组 zǔ （统读）
钻 (一) zuān　~孔（从孔穴中通过）　~探　~营　~研
　　(二) zuàn　~床　~杆　~具　~孔（用钻头打孔）　~头
佐 zuǒ （统读）
唑 zuò （统读）
柞 (一) zuò ~蚕　~绸
　　(二) zhà ~水（在陕西）
做 zuò （统读）
作 (一) zuò ~揖　~坊　~弄　~践　~死
　　(二) zuó ~料
　　(三) zuò ~孽　~祟

附录二　普通话易读错词语表

A
1. 挨紧 āi
2. 挨饿受冻 ái
3. 白皑皑 ái ái
4. 狭隘 ài
5. 不谙水性 ān
6. 熬菜 āo
7. 煎熬 áo
8. 鏖战 áo
9. 拗断 ǎo
10. 拗口令 ào

B
1. 纵横捭阖 bǎi hé
2. 稗官野史 bài
3. 扳平 bān
4. 同胞 bāo
5. 炮羊肉 bāo
6. 剥皮 bāo
7. 薄纸 báo
8. 并行不悖 bèi
9. 蓓蕾 bèi lěi
10. 奔波 bō
11. 投奔 bèn
12. 迸发 bèng
13. 包庇 bì
14. 麻痹 bì
15. 奴颜婢膝 bì xī
16. 刚愎自用 bì
17. 复辟 bì
18. 濒临 bīn
19. 针砭 biān
20. 屏气 bǐng
21. 摒弃 bìng
22. 剥削 bō xuē
23. 波涛 bō
24. 菠菜 bō
25. 停泊 bó
26. 淡薄 bó
27. 哺育 bǔ

C
1. 粗糙 cāo
2. 嘈杂 cáo
3. 参差 cēn cī
4. 差错 chā
5. 偏差 chā
6. 差距 chā
7. 搽粉 chá
8. 猹 chá
9. 刹那 chà
10. 差遣 chāi
11. 谄媚 chǎn
12. 忏悔 chàn
13. 羼水 chàn
14. 场院 cháng
15. 一场雨 cháng
16. 赔偿 cháng
17. 倘佯 cháng
18. 绰起 chāo
19. 风驰电掣 chè
20. 瞠目结舌 chēng
21. 乘机 chéng
22. 惩前毖后 chéng
23. 惩创 chéng chuàng
24. 驰骋 chěng
25. 鞭笞 chī
26. 痴呆 chī
27. 痴心妄想 chī
28. 白痴 chī
29. 踟蹰 chí chú
30. 奢侈 chǐ
31. 整饬 chì
32. 炽热 chì
33. 不啻 chì
34. 叱咤风云 chì zhà
35. 忧心忡忡 chōng chōng
36. 憧憬 chōng
37. 崇拜 chóng
38. 惆怅 chóu chàng
39. 踌躇 chóu chú
40. 相形见绌 chù
41. 黜免 chù
42. 揣摩 chuǎi
43. 椽子 chuán
44. 创伤 chuāng
45. 凄怆 chuàng
46. 啜泣 chuò
47. 辍学 chuò
48. 宽绰 chuò
49. 瑕疵 cī
50. 伺候 cì
51. 烟囱 cōng
52. 从容 cóng
53. 淙淙流水 cóng cóng
54. 一蹴而就 cù
55. 璀璨 cuǐ
56. 忖度 cǔn duó
57. 蹉跎 cuō tuó
58. 挫折 cuò

D
1. 呆板 dāi
2. 答应 dā
3. 逮老鼠 dǎi
4. 逮捕 dài
5. 殚精竭虑 dān
6. 虎视眈眈 dān dān
7. 肆无忌惮 dàn
8. 档案 dàng
9. 当(本)年 dàng
10. 叨咕 dáo
11. 追悼 dào
12. 提防 dī
13. 瓜熟蒂落 dì
14. 缔造 dì
15. 掂掇 diān duo
16. 玷污 diàn
17. 装订 dìng
18. 订正 dìng
19. 恫吓 dòng hè
20. 句读 dòu
21. 兑换 duì
22. 踱步 duó

E
1. 阿谀 ē yú
2. 婀娜 ē nuó
3. 扼要 è

F
1. 菲薄 fěi
2. 沸点 fèi
3. 氛围 fēn
4. 肤浅 fū

165

5. 敷衍塞责 fū	6. 仿佛 fú	7. 凫水 fú	8. 篇幅 fú
9. 辐射 fú	10. 果脯 fǔ	11. 随声附和 fù hè	

G

1. 准噶尔 gá	2. 大动干戈 gē	3. 葛藤 gé	4. 脖颈 gěng
5. 提供 gōng	6. 供销 gōng	7. 供给 gōng jǐ	8. 供不应求 gōng yìng
9. 供认 gòng	10. 口供 gòng	11. 佝偻 gōu lóu	12. 勾当 gòu
13. 骨朵 gū	14. 骨气 gǔ	15. 蛊惑 gǔ	16. 商贾 gǔ
17. 桎梏 gù	18. 粗犷 guǎng	19. 皈依 guī	20. 瑰丽 guī
21. 刽子手 guì	22. 聒噪 guō		

H

1. 哈达 hǎ	2. 尸骸 hái	3. 罕见 hǎn	4. 引吭高歌 háng
5. 沆瀣一气 hàng xiè	6. 干涸 hé	7. 一丘之貉 hé	8. 上颌 hé
9. 喝彩 hè	10. 负荷 hè	11. 蛮横 hèng	12. 飞来横祸 hèng
13. 发横财 hèng	14. 一哄而散 hòng	15. 糊口 hú	16. 囫囵吞枣 hú lún
17. 华山 huà	18. 怙恶不悛 hù quān	19. 豢养 huàn	20. 病入膏肓 huāng
21. 讳疾忌医 huì jì	22. 诲人不倦 huì	23. 阴晦 huì	24. 污秽 huì
25. 浑水摸鱼 hún	26. 混淆 hùn xiáo	27. 和泥 huó	28. 搅和 huo
29. 豁达 huò	30. 霍乱 huò		

J

1. 茶几 jī	2. 畸形 jī	3. 羁绊 jī	4. 羁旅 jī
5. 放荡不羁 jī	6. 无稽之谈 jī	7. 跻身 jī	8. 通缉令 jī
9. 汲取 jí	10. 即使 jí	11. 开学在即 jí	12. 疾恶如仇 jí
13. 嫉妒 jí	14. 棘手 jí	15. 贫瘠 jí	16. 狼藉 jí
17. 一触即发 jí	18. 脊梁 jǐ	19. 人才济济 jǐ jǐ	20. 给予 jǐ yǔ
21. 觊觎 jì yú	22. 成绩 jì	23. 事迹 jì	24. 雪茄 jiā
25. 信笺 jiān	26. 歼灭 jiān	27. 草菅人命 jiān	28. 缄默 jiān
29. 渐染 jiān	30. 眼睑 jiǎn	31. 间断 jiàn	32. 矫枉过正 jiǎo
33. 缴纳 jiǎo	34. 校对 jiào	35. 开花结果 jiē	36. 事情结果 jié
37. 结冰 jié	38. 反诘 jié	39. 拮据 jié jū	40. 攻讦 jié
41. 桔梗 jié	42. 押解 jiè	43. 情不自禁 jīn	44. 根茎叶 jīng
45. 长颈鹿 jǐng	46. 杀一儆百 jǐng	47. 强劲 jìng	48. 劲敌 jìng
49. 劲旅 jìng	50. 痉挛 jìng	51. 抓阄 jiū	52. 针灸 jiǔ
53. 韭菜 jiǔ	54. 内疚 jiù	55. 既往不咎 jiù	56. 狙击 jū
57. 咀嚼 jǔ jué	58. 循规蹈矩 jǔ	59. 矩形 jǔ	60. 沮丧 jǔ
61. 龃龉 jǔ yǔ	62. 前倨后恭 jù	63. 镌刻 juān	64. 隽永 juàn
65. 角色 jué	66. 口角 jué	67. 角斗 jué	68. 角逐 jué
69. 倔强 jué jiàng	70. 崛起 jué	71. 猖獗 jué	72. 一蹶不振 jué
73. 诡谲 jué	74. 矍铄 jué	75. 攫取 jué	76. 细菌 jūn
77. 龟裂 jūn	78. 俊杰 jùn	79. 崇山峻岭 jùn	80. 竣工 jùn
81. 隽秀 jùn			

K

1. 同仇敌忾 kài	2. 不卑不亢 kàng	3. 坎坷 kě	4. 可汗 kè hán
5. 恪守 kè	6. 倥偬 kǒng zǒng	7. 会计 kuài	8. 窥探 kuī
9. 傀儡 kuǐ			

L

1. 邋遢 lā ta
2. 拉家常 lā
3. 丢三落四 là
4. 书声琅琅 láng láng
5. 唠叨 láo
6. 落枕 lào
7. 奶酪 lào
8. 勒索 lè
9. 勒紧 lēi
10. 擂鼓 léi
11. 羸弱 léi
12. 果实累累 léi léi
13. 罪行累累 lěi lěi
14. 擂台 lèi
15. 罹难 lí
16. 潋滟 liàn
17. 打量 liang
18. 量入为出 liàng
19. 撩水 liāo
20. 撩拨 liáo
21. 寂寥 liáo
22. 瞭望 liào
23. 趔趄 liè qie
24. 恶劣 liè
25. 雕镂 lòu
26. 贿赂 lù
27. 棕榈 lú
28. 掠夺 lüè

M

1. 抹桌子 mā
2. 阴霾 mái
3. 埋怨 mán
4. 耄耋 mào dié
5. 联袂 mèi
6. 闷热 mēn
7. 扪心自问 mén
8. 愤懑 mèn
9. 蒙头转向 mēng
10. 蒙头盖脸 méng
11. 靡费 mí
12. 萎靡不振 mǐ
13. 静谧 mì
14. 分娩 miǎn
15. 酩酊 mǐng dǐng
16. 荒谬 miù
17. 脉脉 mò mò
18. 抹墙 mò
19. 蓦然回首 mò
20. 牟取 móu
21. 模样 mú

N

1. 羞赧 nǎn
2. 呶呶不休 náo náo
3. 泥淖 nào
4. 口讷 nè
5. 气馁 něi
6. 拟人 nǐ
7. 隐匿 nì
8. 拘泥 nì
9. 亲昵 nì
10. 拈花惹草 niān
11. 宁死不屈 nìng
12. 泥泞 nìng
13. 忸怩 niǔ ní
14. 执拗 niù
15. 驽马 nú
16. 虐待 nüè

O

偶然 ǒu

P

1. 扒手 pá
2. 迫击炮 pǎi
3. 心宽体胖 pán
4. 蹒跚 pán
5. 滂沱 pāng tuó
6. 彷徨 páng
7. 炮制 páo
8. 咆哮 páo xiào
9. 炮烙 páo luò
10. 胚胎 pēi
11. 香喷喷 pēn pēn
12. 抨击 pēng
13. 澎湃 péng pài
14. 纰漏 pī
15. 毗邻 pí
16. 癖好 pǐ
17. 否极泰来 pǐ
18. 媲美 pì
19. 扁舟 piān
20. 大腹便便 pián pián
21. 剽窃 piāo
22. 饿殍 piǎo
23. 乒乓 pīng pāng
24. 湖泊 pō
25. 居心叵测 pǒ
26. 糟粕 pò
27. 解剖 pōu
28. 前仆后继 pū
29. 奴仆 pú
30. 风尘仆仆 pú pú
31. 玉璞 pú
32. 匍匐 pú fú
33. 瀑布 pù
34. 一曝十寒 pù

Q

1. 休戚与共 qī
2. 蹊跷 qī qiao
3. 祈祷 qí
4. 颀长 qí
5. 歧途 qí
6. 绮丽 qǐ
7. 修葺 qì
8. 休憩 qì
9. 关卡 qiǎ
10. 悭吝 qiān
11. 掮客 qián
12. 潜移默化 qián
13. 虔诚 qián
14. 天堑 qiàn
15. 戕害 qiāng
16. 强迫 qiǎng
17. 勉强 qiǎng
18. 强求 qiǎng
19. 牵强附会 qiǎng
20. 襁褓 qiǎng
21. 翘首 qiáo
22. 讥诮 qiào
23. 怯懦 qiè
24. 提纲挈领 qiè
25. 锲而不舍 qiè
26. 惬意 qiè
27. 衾枕 qīn
28. 倾盆大雨 qīng
29. 引擎 qíng
30. 亲家 qìng
31. 曲折 qū
32. 祛除 qū
33. 黢黑 qū
34. 水到渠成 qú
35. 清癯 qú
36. 瞿塘峡 qú
37. 通衢大道 qú
38. 龋齿 qǔ
39. 兴趣 qù
40. 面面相觑 qù
41. 债券 quàn
42. 商榷 què
43. 逡巡 qūn
44. 麇集 qún

R

1. 围绕 rào
2. 荏苒 rěn rǎn
3. 稔知 rěn
4. 妊娠 rèn shēn
5. 仍然 réng
6. 冗长 rǒng

S

1. 缫丝 sāo
2. 稼穑 jià sè
3. 堵塞 sè
4. 刹车 shā
5. 芟除 shān
6. 潸然泪下 shān
7. 禅让 shàn
8. 讪笑 shàn
9. 赡养 shàn
10. 折本 shé
11. 慑服 shè
12. 退避三舍 shè
13. 海市蜃楼 shèn
14. 舐犊之情 shì
15. 教室 shì
16. 有恃无恐 shì
17. 狩猎 shòu
18. 倏忽 shū
19. 束缚 shù fù
20. 刷白 shuà
21. 游说 shuì
22. 吸吮 shǔn
23. 瞬息万变 shùn
24. 怂恿 sǒng yǒng
25. 塑料 sù
26. 簌簌 sù sù
27. 虽然 suī
28. 鬼鬼祟祟 suì suì
29. 婆娑 suō

T

1. 趿拉 tā
2. 鞭挞 tà
3. 叨扰 tāo
4. 熏陶 táo
5. 体己 tī
6. 孝悌 tì
7. 倜傥 tì tǎng
8. 恬不知耻 tián
9. 殄灭 tiǎn
10. 轻佻 tiāo
11. 调皮 tiáo
12. 妥帖 tiē
13. 请帖 tiě
14. 字帖 tiè
15. 恸哭 tòng
16. 如火如荼 tú
17. 湍急 tuān
18. 颓废 tuí
19. 蜕化 tuì
20. 囤积 tún

W

1. 逶迤 wēi yí
2. 违反 wéi
3. 崔嵬 wéi
4. 冒天下之大不韪 wěi
5. 为虎作伥 wèi chāng
6. 龌龊 wò chuò
7. 斡旋 wò
8. 深恶痛疾 wù jí

X

1. 膝盖 xī
2. 檄文 xí
3. 狡黠 xiá
4. 厦门 xià
5. 纤维 xiān wéi
6. 翩跹 xiān
7. 屡见不鲜 xiān
8. 垂涎三尺 xián
9. 勾股弦 xián
10. 鲜见 xiǎn
11. 肖像 xiào
12. 采撷 xié
13. 叶韵 xié
14. 纸屑 xiè
15. 机械 xiè
16. 省亲 xǐng
17. 不朽 xiǔ
18. 铜臭 xiù
19. 星宿 xiù
20. 长吁短叹 xū
21. 自诩 xǔ
22. 抚恤金 xù
23. 酗酒 xù
24. 煦暖 xù
25. 眩晕 xuàn yùn
26. 炫耀 xuàn
27. 洞穴 xué
28. 戏谑 xuè
29. 驯服 xùn
30. 徇私舞弊 xùn

Y

1. 倾轧 yà
2. 揠苗助长 yà
3. 殷红 yān
4. 湮没 yān
5. 筵席 yán
6. 百花争妍 yán
7. 河沿 yán
8. 偃旗息鼓 yǎn
9. 奄奄一息 yǎn yǎn
10. 赝品 yàn
11. 佯装 yáng
12. 怏怏不乐 yàng yàng
13. 安然无恙 yàng
14. 杳无音信 yǎo
15. 窈窕 yǎo tiǎo
16. 发疟子 yào
17. 耀武扬威 yào
18. 因噎废食 yē
19. 揶揄 yé yú
20. 陶冶 yě
21. 呜咽 yè
22. 摇曳 yè
23. 拜谒 yè
24. 笑靥 yè
25. 甘之如饴 yí
26. 颐和园 yí
27. 迤逦 yǐ lǐ
28. 旖旎 yǐ nǐ
29. 自怨自艾 yì
30. 游弋 yì
31. 后裔 yì
32. 奇闻轶事 yì
33. 络绎不绝 yì
34. 造诣 yì
35. 友谊 yì
36. 肄业 yì
37. 熠熠闪光 yì yì
38. 一望无垠 yín
39. 荫凉 yìn
40. 应届 yīng
41. 应承 yìng
42. 应用文 yìng
43. 应试教育 yìng
44. 邮递员 yóu
45. 黑黝黝 yǒu yǒu
46. 良莠不齐 yǒu
47. 迂回 yū
48. 向隅而泣 yú

49. 愉快 yú	50. 始终不渝 yú	51. 逾越 yú	52. 年逾古稀 yú
53. 娱乐 yú	54. 伛偻 yǔ lǚ	55. 舆论 yú	56. 尔虞我诈 yú
57. 囹圄 yǔ	58. 参与 yù	59. 驾驭 yù	60. 家喻户晓 yù
61. 熨帖 yù	62. 寓情于景 yù	63. 鹬蚌相争 yù	64. 卖儿鬻女 yù
65. 断瓦残垣 yuán	66. 苑囿 yuàn yòu	67. 头晕 yūn	68. 允许 yǔn
69. 晕船 yùn	70. 酝酿 yùn niàng		

Z

1. 扎小辫 zā	2. 柳荫匝地 zā	3. 登载 zǎi	4. 载重 zài
5. 载歌载舞 zài zài	6. 怨声载道 zài	7. 拒载 zài	8. 暂时 zàn
9. 臧否 zāng pǐ	10. 宝藏 zàng	11. 确凿 záo	12. 啧啧称赞 zé zé
13. 谮言 zèn	14. 憎恶 zēng	15. 赠送 zèng	16. 驻扎 zhā
17. 咋呼 zhā	18. 挣扎 zhá	19. 札记 zhá	20. 咋舌 zé
21. 择菜 zhái	22. 占卜 zhān	23. 客栈 zhàn	24. 破绽 zhàn
25. 精湛 zhàn	26. 颤栗 zhàn	27. 高涨 zhǎng	28. 涨价 zhǎng
29. 着慌 zháo	30. 沼泽 zhǎo	31. 召开 zhào	32. 肇事 zhào
33. 折腾 zhē	34. 动辄得咎 zhé jiù	35. 蛰伏 zhé	36. 贬谪 zhé
37. 铁砧 zhēn	38. 日臻完善 zhēn	39. 甄别 zhēn	40. 箴言 zhēn
41. 缜密 zhěn	42. 赈灾 zhèn	43. 症结 zhēng	44. 拯救 zhěng
45. 症候 zhèng	46. 诤友 zhèng	47. 挣脱 zhèng	48. 脂肪 zhī
49. 踯躅 zhí zhú	50. 近在咫尺 zhǐ	51. 博闻强识 zhì	52. 款识 zhì
53. 质量 zhì	54. 脍炙人口 zhì	55. 鳞次栉比 zhì	56. 对峙 zhì
57. 中听 zhōng	58. 中肯 zhòng	59. 刀耕火种 zhòng	60. 胡诌 zhōu
61. 啁啾 zhōu	62. 压轴 zhòu	63. 贮藏 zhù	64. 莺啼鸟啭 zhuàn
65. 撰稿 zhuàn	66. 谆谆 zhūn zhūn	67. 弄巧成拙 zhuō	68. 灼热 zhuó
69. 卓越 zhuó	70. 啄木鸟 zhuó	71. 着陆 zhuó	72. 穿着打扮 zhuó
73. 恣意 zì	74. 浸渍 zì	75. 作坊 zuō	76. 柞蚕 zuò

附录三 普通话水平测试用普通话词语表

说 明

1. 本表在《普通话水平测试实施纲要》(2004版)《普通话水平测试用普通话词语表》的基础上，参照《通用规范汉字表》(一、二级字)、《现代汉语常用词表》(第2版)前20000词、中国社会科学院语言研究所词典编辑室编的《现代汉语词典》(第5—7版)、国家语委现代汉语语料库等资料修订。

2. 本表供普通话水平测试第一项——读单音节字词(100个音节)和第二项——读多音节词语(100个音节)测试使用，亦可作为普通话学习训练资料。

3. 本表共收词语18442条。按照常用度，分为"表一"8361条，"表二"10081条。所收词语按汉语拼音字母顺序排列。本表的用字包括《通用规范汉字表》一级字3500个，二级字458个。

4. 本表中的多音字，在单字下标注多个读音，如"漂 piāo/piǎo/piào"，按第一个读音参加排序。

5. 本表中除必读轻声音节外，一律只标本调，不标变调。

6. 本表中的轻声词条分为必读轻声和一般轻读、间或重读。必读轻声音节，注音不标调号，如"明白 míngbai"；一般轻读、间或重读音节，注音标调号，并在该音节前加圆点提示，如"母亲 mǔ·qīn"。

7. 本表中的儿化音节，注音时只在基本形式后面加 r，如"一会儿 yīhuìr"，不标语音上的实际变化。部分儿化词语同时收录儿化形式和非儿化形式，如"胡同儿(胡同) hútòngr(hútòng)"。

表一

序 号	字词	拼音	字词	拼音	字词	拼音	字词	拼音	字词	拼音
1~5	阿	ā/ē	阿姨	āyí	啊	ā/á/ǎ/à	哎	āi	哀	āi
6~10	哀悼	āidào	挨	āi/ái	唉	āi/ài	癌	ái	矮	ǎi
11~15	艾	ài	爱	ài	爱国	àiguó	爱好	àihào	爱护	àihù
16~20	爱慕	àimù	爱情	àiqíng	爱人	àiren	碍	ài	安	ān
21~25	安定	āndìng	安静	ānjìng	安排	ānpái	安培	ānpéi	安全	ānquán
26~30	安慰	ānwèi	安心	ānxīn	安置	ānzhì	安装	ānzhuāng	氨	ān
31~35	氨基酸	ānjīsuān	庵	ān	俺	ǎn	岸	àn	按	àn
36~40	按钮	ànniǔ	按照	ànzhào	案	àn	案件	ànjiàn	暗	àn
41~45	暗示	ànshì	暗中	ànzhōng	黯	àn	肮脏	āngzāng	昂	áng
46~50	凹	āo	熬	āo/áo	袄	ǎo	拗	ào/niù	傲	ào
51~55	奥	ào	奥秘	àomì	奥运会	Àoyùnhuì	澳	ào	懊悔	àohuǐ
56~60	懊恼	àonǎo	懊丧	àosàng	八	bā	巴	bā	扒	bā/pá
61~65	芭蕉	bājiāo	芭蕾舞	bāléiwǔ	疤	bā	捌	bā	拔	bá
66~70	跋涉	báshè	把	bǎ	把握	bǎwò	靶	bǎ	坝	bà
71~75	爸	bà	爸爸	bàba	耙	bà/pá	罢	bà	罢工	bàgōng
76~80	霸	bà	掰	bāi	白	bái	白色	báisè	白薯	báishǔ
81~85	白天	bái·tiān	百	bǎi	百年	bǎinián	百姓	bǎixìng	柏	bǎi
86~90	摆	bǎi	摆动	bǎidòng	摆脱	bǎituō	败	bài	拜	bài
91~95	扳	bān	班	bān	般	bān	颁布	bānbù	颁发	bānfā

附录三 普通话水平测试用普通话词语表

续表

序　号	字词	拼音	字词	拼音	字词	拼音	字词	拼音	字词	拼音
96~100	斑	bān	搬	bān	搬家	bānjiā	搬运	bānyùn	板	bǎn
101~105	板凳	bǎndèng	板块	bǎnkuài	板栗	bǎnlì	版	bǎn	办	bàn
106~110	办法	bànfǎ	办公室	bàngōngshì	办理	bànlǐ	办事	bànshì	半	bàn
111~115	半导体	bàndǎotǐ	半岛	bàndǎo	半径	bànjìng	半天	bàntiān	半夜	bànyè
116~120	扮	bàn	扮演	bànyǎn	伴	bàn	伴侣	bànlǚ	伴随	bànsuí
121~125	伴奏	bànzòu	拌	bàn	绊	bàn	瓣	bàn	邦	bāng
126~130	帮	bāng	帮忙	bāngmáng	帮助	bāngzhù	梆	bāng	绑	bǎng
131~135	榜	bǎng	榜样	bǎngyàng	膀	bǎng/pāng/páng	蚌	bàng	棒	bàng
136~140	傍	bàng	傍晚	bàngwǎn	磅	bàng/páng	包	bāo	包庇	bāobì
141~145	包袱	bāofu	包干儿	bāogānr	包含	bāohán	包涵	bāo·han	包括	bāokuò
146~150	包围	bāowéi	包装	bāozhuāng	苞	bāo	孢子	bāozǐ	胞	bāo
151~155	炮	bāo/páo/pào	剥	bāo/bō	褒贬	bāo·biǎn	雹	báo	薄	báo/bó/bò
156~160	饱	bǎo	饱和	bǎohé	宝	bǎo	宝贝	bǎobèi	宝贵	bǎoguì
161~165	宝石	bǎoshí	保	bǎo	保持	bǎochí	保存	bǎocún	保管	bǎoguǎn
166~170	保护	bǎohù	保健	bǎojiàn	保留	bǎoliú	保姆	bǎomǔ	保守	bǎoshǒu
171~175	保卫	bǎowèi	保险	bǎoxiǎn	保障	bǎozhàng	保证	bǎozhèng	堡	bǎo/bǔ/pù
176~180	报	bào	报酬	bào·chóu	报道	bàodào	报复	bào·fù	报告	bàogào
181~185	报刊	bàokān	报名	bàomíng	报纸	bàozhǐ	刨	bào/páo	抱	bào
186~190	豹	bào	鲍鱼	bàoyú	暴	bào	暴动	bàodòng	暴力	bàolì
191~195	暴露	bàolù	暴雨	bàoyǔ	曝光	bàoguāng	爆	bào	爆发	bàofā
196~200	爆炸	bàozhà	杯	bēi	卑	bēi	背	bēi/bèi	悲	bēi
201~205	悲哀	bēi'āi	悲惨	bēicǎn	悲剧	bēijù	碑	bēi	北	běi
206~210	北方	běifāng	贝	bèi	备	bèi	背道而驰	bèidào'érchí	背后	bèihòu
211~215	背景	bèijǐng	倍	bèi	悖论	bèilùn	被	bèi	被动	bèidòng
216~220	被告	bèigào	被褥	bèirù	被子	bèizi	辈	bèi	奔	bēn/bèn
221~225	奔驰	bēnchí	奔跑	bēnpǎo	奔腾	bēnténg	本	běn	本地	běndì
226~230	本来	běnlái	本领	běnlǐng	本能	běnnéng	本人	běnrén	本身	běnshēn
231~235	本事	běnshì	本事	běnshi	本体	běntǐ	本性	běnxìng	本质	běnzhì
236~240	笨	bèn	崩	bēng	崩溃	bēngkuì	绷	bēng/běng/bèng	泵	bèng
241~245	蹦	bèng	逼	bī	鼻	bí	鼻孔	bíkǒng	鼻涕	bí·tì
246~250	鼻子	bízi	匕首	bǐshǒu	比	bǐ	比价	bǐjià	比较	bǐjiào
251~255	比例	bǐlì	比如	bǐrú	比赛	bǐsài	比喻	bǐyù	比重	bǐzhòng
256~260	彼	bǐ	彼此	bǐcǐ	笔	bǐ	笔记	bǐjì	笔迹	bǐjì
261~265	笔者	bǐzhě	鄙	bǐ	币	bì	必	bì	必定	bìdìng
266~270	必然	bìrán	必然性	bìránxìng	必须	bìxū	必需	bìxū	必要	bìyào
271~275	毕	bì	毕竟	bìjìng	毕业	bìyè	闭	bì	闭合	bìhé
276~280	庇护	bìhù	毙	bì	秘	Bì/mì	痹	bì	辟	bì/pì
281~285	碧	bì	蔽	bì	弊	bì	壁	bì	壁画	bìhuà
286~290	避	bì	避免	bìmiǎn	臂	bì	璧	bì	边	biān
291~295	边际	biānjì	边疆	biānjiāng	边界	biānjiè	边境	biānjìng	边区	biānqū
296~300	边缘	biānyuán	编	biān	编辑	biānjí	编辑	biān·jí	编写	biānxiě
301~305	编制	biānzhì	蝙蝠	biānfú	鞭	biān	鞭子	biānzi	贬	biǎn
306~310	扁	biǎn/piān	匾	biǎn	变	biàn	变动	biàndòng	变法	biànfǎ

续表

序　号	字词	拼音	字词	拼音	字词	拼音	字词	拼音	字词	拼音	字词	拼音
311~315	变革	biàngé	变更	biàngēng	变化	biànhuà	变换	biànhuàn	变量	biànliàng
316~320	变迁	biànqiān	变态	biàntài	变形	biànxíng	变异	biànyì	便	biàn/pián
321~325	便利	biànlì	便于	biànyú	遍	biàn	辨	biàn	辨别	biànbié
326~330	辨认	biànrèn	辩	biàn	辩护	biànhù	辩证	biànzhèng	辩证法	biànzhèngfǎ
331~335	辫	biàn	标	biāo	标本	biāoběn	标的	biāodì	标题	biāotí
336~340	标语	biāoyǔ	标志	biāozhì	标准	biāozhǔn	标准化	biāozhǔnhuà	彪悍	biāohàn
341~345	表	biǎo	表层	biǎocéng	表达	biǎodá	表面	biǎomiàn	表明	biǎomíng
346~350	表皮	biǎopí	表情	biǎoqíng	表示	biǎoshì	表述	biǎoshù	表现	biǎoxiàn
351~355	表象	biǎoxiàng	表演	biǎoyǎn	表扬	biǎoyáng	表彰	biǎozhāng	憋	biē
356~360	鳖	biē	别	bié/biè	别人	bié·rén	别墅	biéshù	瘪	biě
361~365	宾	bīn	斌	bīn	滨	bīn	缤纷	bīnfēn	濒临	bīnlín
366~370	濒于	bīnyú	鬓	bìn	冰	bīng	冰川	bīngchuān	兵	bīng
371~375	兵力	bīnglì	丙	bǐng	秉承	bǐngchéng	柄	bǐng	饼	bǐng
376~380	屏	bǐng/píng	禀	bǐng	并	bìng	并且	bìngqiě	并用	bìngyòng
381~385	病	bìng	病变	bìngbiàn	病毒	bìngdú	病理	bìnglǐ	病情	bìngqíng
386~390	病人	bìngrén	拨	bō	波	bō	波长	bōcháng	波动	bōdòng
391~395	波澜	bōlán	波浪	bōlàng	玻璃	bō·li	剥夺	bōduó	剥削	bōxuē
396~400	菠菜	bōcài	菠萝	bōluó	播	bō	播种	bōzhǒng	播种	bōzhòng
401~405	伯	bó	伯父	bófù	驳	bó	泊	bó/pō	脖	bó
406~410	脖子	bózi	博	bó	博士	bóshì	渤	Bó	搏	bó
411~415	搏斗	bódòu	膊	bó	薄弱	bóruò	跛	bǒ	簸箕	bòji
416~420	卜	bǔ	补	bǔ	补偿	bǔcháng	补充	bǔchōng	补贴	bǔtiē
421~425	捕	bǔ	捕捞	bǔlāo	捕食	bǔshí	捕捉	bǔzhuō	哺乳	bǔrǔ
426~430	哺育	bǔyù	不	bù	不安	bù'ān	不必	bùbì	不便	bùbiàn
431~435	不曾	bùcéng	不错	bùcuò	不但	bùdàn	不当	bùdàng	不等	bùděng
436~440	不定	bùdìng	不断	bùduàn	不对	bùduì	不妨	bùfáng	不忿	bùfèn
441~445	不服	bùfú	不够	bùgòu	不顾	bùgù	不管	bùguǎn	不光	bùguāng
446~450	不过	bùguò	不合	bùhé	不及	bùjí	不禁	bùjīn	不仅	bùjǐn
451~455	不久	bùjiǔ	不堪	bùkān	不可	bùkě	不快	bùkuài	不利	bùlì
456~460	不良	bùliáng	不料	bùliào	不论	bùlùn	不满	bùmǎn	不免	bùmiǎn
461~465	不怕	bùpà	不平	bùpíng	不然	bùrán	不容	bùróng	不如	bùrú
466~470	不时	bùshí	不惜	bùxī	不想	bùxiǎng	不懈	bùxiè	不行	bùxíng
471~475	不幸	bùxìng	不许	bùxǔ	不要	bùyào	不宜	bùyí	不已	bùyǐ
476~480	不用	bùyòng	不止	bùzhǐ	不足	bùzú	布	bù	布局	bùjú
481~485	布置	bùzhì	步	bù	步伐	bùfá	步骤	bùzhòu	步子	bùzi
486~490	部	bù	部队	bùduì	部分	bùfen	部落	bùluò	部门	bùmén
491~495	部署	bùshǔ	部位	bùwèi	埠	bù	簿	bù	擦	cā
496~500	猜	cāi	才	cái	才能	cáinéng	材	cái	材料	cáiliào
501~505	财	cái	财产	cáichǎn	财富	cáifù	财力	cáilì	财贸	cáimào
506~510	财务	cáiwù	财政	cáizhèng	裁	cái	采	cǎi	采访	cǎifǎng
511~515	采购	cǎigòu	采集	cǎijí	采取	cǎiqǔ	采用	cǎiyòng	彩	cǎi
516~520	彩色	cǎisè	睬	cǎi	踩	cǎi	菜	cài	菜蔬	càishū
521~525	菜肴	càiyáo	蔡	Cài	参	cān/cēn/shēn	参观	cānguān	参加	cānjiā

附录三　普通话水平测试用普通话词语表

续表

序　号	字词	拼音	字词	拼音	字词	拼音	字词	拼音	字词	拼音	字词	拼音
526~530	参考	cānkǎo	参谋	cānmóu	参数	cānshù	参与	cānyù	参照	cānzhào		
531~535	餐	cān	残	cán	残酷	cánkù	残余	cányú	蚕	cán		
536~540	惭愧	cánkuì	惨	cǎn	灿烂	cànlàn	仓	cāng	仓库	cāngkù		
541~545	苍	cāng	苍白	cāngbái	苍茫	cāngmáng	苍蝇	cāngying	沧桑	cāngsāng		
546~550	舱	cāng	藏	cáng/zàng	操	cāo	操纵	cāozòng	操作	cāozuò		
551~555	曹	cáo	槽	cáo	草	cǎo	草案	cǎo'àn	草地	cǎodì		
556~560	草原	cǎoyuán	册	cè	厕所	cèsuǒ	侧	cè	侧面	cèmiàn		
561~565	侧重	cèzhòng	测	cè	测定	cèdìng	测量	cèliáng	测验	cèyàn		
566~570	策	cè	策略	cèlüè	层	céng	层次	céngcì	曾	céng/zēng		
571~575	曾经	céngjīng	蹭	cèng	叉	chā/chǎ/chà	差	chā/chà/chāi/chài/cī	差别	chābié		
576~580	差价	chājià	差距	chājù	差异	chāyì	插	chā	喳	chā/zhā		
581~585	茬	chá	茶	chá	茶馆(儿)	cháguǎn(r)	茶叶	cháyè	查	chá		
586~590	查询	cháxún	察	chá	岔	chà	刹	chà/shā	差不多	chà·bùduō		
591~595	差点儿	chàdiǎnr	拆	chāi	柴	chái	豺狼	cháiláng	掺	chān/shǎn		
596~600	搀	chān	单	chán/dān/Shàn	馋	chán	禅	chán/shàn	缠	chán		
601~605	蝉	chán	产	chǎn	产地	chǎndì	产量	chǎnliàng	产品	chǎnpǐn		
606~610	产生	chǎnshēng	产物	chǎnwù	产业	chǎnyè	产值	chǎnzhí	铲	chǎn		
611~615	阐发	chǎnfā	阐明	chǎnmíng	阐释	chǎnshì	阐述	chǎnshù	颤	chàn		
616~620	颤抖	chàndǒu	昌	chāng	倡	chāng/chàng	猖獗	chāngjué	猖狂	chāngkuáng		
621~625	娼妓	chāngjì	长	cháng/zhǎng	长城	Chángchéng	长处	cháng·chù	长度	chángdù		
626~630	长短	chángduǎn	长久	chángjiǔ	长期	chángqī	长远	chángyuǎn	长征	chángzhēng		
631~635	场	cháng/chǎng	肠	cháng	尝	cháng	尝试	chángshì	常	cháng		
636~640	常规	chángguī	常年	chángnián	常识	chángshí	常数	chángshù	偿	cháng		
641~645	嫦娥	Cháng'é	厂	chǎng	厂房	chǎngfáng	场地	chǎngdì	场合	chǎnghé		
646~650	场面	chǎngmiàn	场所	chǎngsuǒ	敞	chǎng	畅	chàng	唱	chàng		
651~655	抄	chāo	钞	chāo	超	chāo	超出	chāochū	超额	chāo'é		
656~660	超过	chāoguò	超越	chāoyuè	剿	chāo/jiǎo	巢	cháo	朝	cháo/zhāo		
661~665	朝廷	cháotíng	嘲讽	cháofěng	嘲弄	cháonòng	嘲笑	cháoxiào	潮	cháo		
666~670	潮流	cháoliú	潮湿	cháoshī	吵	chǎo	炒	chǎo	车	chē/jū		
671~675	车间	chējiān	车辆	chēliàng	车厢	chēxiāng	车站	chēzhàn	车子	chēzi		
676~680	尺	chě/chǐ	扯	chě	彻	chè	彻底	chèdǐ	撤	chè		
681~685	撤销	chèxiāo	撤	chè	臣	chén	尘	chén	尘埃	chén'āi		
686~690	辰	chén	沉	chén	沉淀	chéndiàn	沉积	chénjī	沉沦	chénlún		
691~695	沉默	chénmò	沉思	chénsī	沉重	chénzhòng	沉着	chénzhuó	陈	chén		
696~700	陈迹	chénjì	陈旧	chénjiù	陈述	chénshù	晨	chén	衬	chèn		
701~705	称	chèn/chēng/chèng	趁	chèn	称号	chēnghào	称呼	chēnghu	称赞	chēngzàn		
706~710	撑	chēng	成	chéng	成本	chéngběn	成虫	chéngchóng	成分	chéng·fèn		
711~715	成功	chénggōng	成果	chéngguǒ	成绩	chéngjì	成就	chéngjiù	成立	chénglì		
716~720	成年	chéngnián	成人	chéngrén	成熟	chéngshú	成为	chéngwéi	成效	chéngxiào		
721~725	成语	chéngyǔ	成员	chéngyuán	成长	chéngzhǎng	呈	chéng	呈现	chéngxiàn		
726~730	诚	chéng	诚恳	chéngkěn	诚实	chéng·shí	诚挚	chéngzhì	承	chéng		
731~735	承包	chéngbāo	承担	chéngdān	承认	chéngrèn	承受	chéngshòu	城	chéng		
736~740	城市	chéngshì	城镇	chéngzhèn	乘	chéng/shèng	乘机	chéngjī	乘客	chéngkè		

173

续表

序号	字词	拼音	字词	拼音	字词	拼音	字词	拼音	字词	拼音
741~745	盛	chéng/shèng	程	chéng	程度	chéngdù	程式	chéngshì	程序	chéngxù
746~750	惩	chéng	惩罚	chéngfá	澄	chéng/dèng	橙	chéng	逞	chěng
751~755	秤	chèng	吃	chī	吃饭	chīfàn	吃惊	chījīng	吃力	chīlì
756~760	痴	chī	池	chí	池塘	chítáng	驰骋	chíchěng	驰名	chímíng
761~765	迟	chí	持	chí	持久	chíjiǔ	持续	chíxù	尺度	chǐdù
766~770	齿	chǐ	耻辱	chǐrǔ	斥	chì	赤	chì	赤道	chìdào
771~775	翅	chì	翅膀	chìbǎng	冲	chōng/chòng	冲动	chōngdòng	冲击	chōngjī
776~780	冲破	chōngpò	冲突	chōngtū	充	chōng	充当	chōngdāng	充分	chōngfèn
781~785	充满	chōngmǎn	充沛	chōngpèi	充实	chōngshí	充裕	chōngyù	充足	chōngzú
786~790	虫	chóng	种	Chóng/zhǒng/zhòng	重	chóng/zhòng	重复	chóngfù	重合	chónghé
791~795	重新	chóngxīn	崇拜	chóngbài	崇高	chónggāo	崇敬	chóngjìng	崇尚	chóngshàng
796~800	宠	chǒng	抽	chōu	抽屉	chōu·ti	抽象	chōuxiàng	仇	chóu/Qiú
801~805	仇恨	chóuhèn	绸	chóu	稠	chóu	愁	chóu	筹	chóu
806~810	筹措	chóucuò	丑	chǒu	瞅	chǒu	臭	chòu/xiù	出	chū
811~815	出版	chūbǎn	出产	chūchǎn	出发	chūfā	出发点	chūfādiǎn	出国	chūguó
816~820	出口	chūkǒu	出来	chū·lái	出路	chūlù	出卖	chūmài	出门	chūmén
821~825	出去	chū·qù	出色	chūsè	出身	chūshēn	出生	chūshēng	出售	chūshòu
826~830	出土	chūtǔ	出席	chūxí	出现	chūxiàn	出血	chūxiě	初	chū
831~835	初步	chūbù	初级	chūjí	初期	chūqī	初中	chūzhōng	除	chú
836~840	除非	chúfēi	除了	chúle	厨	chú	厨房	chúfáng	锄	chú
841~845	雏	chú	橱	chú	处	chǔ/chù	处罚	chǔfá	处分	chǔfèn
846~850	处境	chǔjìng	处理	chǔlǐ	处于	chǔyú	储	chǔ	储备	chǔbèi
851~855	储存	chǔcún	储量	chǔliàng	储蓄	chǔxù	楚	chǔ	畜	chù/xù
856~860	触	chù	矗立	chùlì	揣	chuāi/chuǎi/chuài	川	chuān	穿	chuān
861~865	穿着	chuānzhuó	传	chuán/zhuàn	传播	chuánbō	传达	chuándá	传导	chuándǎo
866~870	传递	chuándì	传教士	chuánjiàoshì	传染病	chuánrǎnbìng	传授	chuánshòu	传说	chuánshuō
871~875	传统	chuántǒng	船	chuán	船舶	chuánbó	船长	chuánzhǎng	船只	chuánzhī
876~880	喘	chuǎn	串	chuàn	串联	chuànlián	创	chuāng/chuàng	创伤	chuāngshāng
881~885	疮	chuāng	窗	chuāng	窗户	chuānghu	窗口	chuāngkǒu	窗子	chuāngzi
886~890	床	chuáng	幢	chuáng/zhuàng	闯	chuǎng	创办	chuàngbàn	创立	chuànglì
891~895	创新	chuàngxīn	创造	chuàngzào	创造性	chuàngzàoxìng	创作	chuàngzuò	吹	chuī
896~900	炊烟	chuīyān	垂	chuí	垂直	chuízhí	捶	chuí	锤	chuí
901~905	春	chūn	春季	chūnjì	春节	Chūnjié	春秋	chūnqiū	春天	chūntiān
906~910	纯	chún	纯粹	chúncuì	纯洁	chúnjié	唇	chún	淳朴	chúnpǔ
911~915	醇	chún	蠢	chǔn	戳	chuō	绰号	chuòhào	刺	cī/cì
916~920	词	cí	词典	cídiǎn	词汇	cíhuì	词义	cíyì	词语	cíyǔ
921~925	词组	cízǔ	祠	cí	瓷	cí	辞	cí	辞职	cízhí
926~930	慈	cí	磁	cí	磁场	cíchǎng	磁力	cílì	磁铁	cítiě
931~935	雌	cí	此	cǐ	此地	cǐdì	此后	cǐhòu	此刻	cǐkè
936~940	此外	cǐwài	次	cì	次数	cìshù	次序	cìxù	次要	cìyào
941~945	刺激	cì·jī	刺猬	cìwei	赐	cì	匆忙	cōngmáng	葱	cōng
946~950	聪慧	cōnghuì	聪明	cōng·míng	从	cóng	从此	cóngcǐ	从而	cóng'ér
951~955	从来	cónglái	从前	cóngqián	从事	cóngshì	从小	cóngxiǎo	从中	cóngzhōng

附录三 普通话水平测试用普通话词语表

续表

序　号	字词	拼音	字词	拼音	字词	拼音	字词	拼音	字词	拼音	字词	拼音
956~960	丛	cóng	凑	còu	粗	cū	粗糙	cūcāo	卒	cù/zú		
961~965	促	cù	促成	cùchéng	促进	cùjìn	促使	cùshǐ	醋	cù		
966~970	簇	cù	窜	cuàn	篡夺	cuànduó	篡改	cuàngǎi	衰	cuī/shuāi		
971~975	崔	Cuī	催	cuī	摧	cuī	摧残	cuīcán	摧毁	cuīhuǐ		
976~980	脆	cuì	翠	cuì	村	cūn	村庄	cūnzhuāng	村子	cūnzi		
981~985	存	cún	存款	cúnkuǎn	存在	cúnzài	寸	cùn	搓	cuō		
986~990	撮	cuō/zuǒ	挫	cuò	挫折	cuòzhé	措施	cuòshī	错	cuò		
991~995	错误	cuò·wù	错综复杂	cuòzōng-fùzá	搭	dā	答	dā/dá	答应	dāying		
996~1000	打	dá/dǎ	达	dá	达到	dádào	答案	dá'àn	答复	dá·fù		
1001~1005	打败	dǎbài	打扮	dǎban	打倒	dǎdǎo	打盹儿	dǎdǔnr	打击	dǎjī		
1006~1010	打架	dǎjià	打开	dǎkāi	打量	dǎliang	打破	dǎpò	打算	dǎsuan		
1011~1015	打听	dǎting	打仗	dǎzhàng	大	dà/dài	大伯	dàbó	大臣	dàchén		
1016~1020	大胆	dàdǎn	大地	dàdì	大豆	dàdòu	大队	dàduì	大多	dàduō		
1021~1025	大多数	dàduōshù	大风	dàfēng	大概	dàgài	大纲	dàgāng	大哥	dàgē		
1026~1030	大褂儿	dàguàr	大会	dàhuì	大伙儿	dàhuǒr	大家	dàjiā	大街	dàjiē		
1031~1035	大姐	dàjiě	大量	dàliàng	大陆	dàlù	大妈	dàmā	大门	dàmén		
1036~1040	大脑	dànǎo	大娘	dàniáng	大炮	dàpào	大气	dàqì	大庆	dàqìng		
1041~1045	大人	dà·rén	大嫂	dàsǎo	大厦	dàshà	大婶儿	dàshěnr	大师	dàshī		
1046~1050	大事	dàshì	大叔	dàshū	大肆	dàsì	大体	dàtǐ	大厅	dàtīng		
1051~1055	大王	dàwáng	大相径庭	dàxiāng-jìngtíng	大小	dàxiǎo	大型	dàxíng	大学	dàxué		
1056~1060	大学生	dàxuéshēng	大洋	dàyáng	大爷	dàyé	大爷	dàye	大衣	dàyī		
1061~1065	大雨	dàyǔ	大约	dàyuē	大战	dàzhàn	大致	dàzhì	大众	dàzhòng		
1066~1070	大自然	dàzìrán	呆	dāi	待	dāi/dài	歹徒	dǎitú	逮	dǎi/dài		
1071~1075	大夫	dàifu	代	dài	代表	dàibiǎo	代价	dàijià	代理	dàilǐ		
1076~1080	代理人	dàilǐrén	代替	dàitì	代谢	dàixiè	带	dài	带动	dàidòng		
1081~1085	带领	dàilǐng	带头	dàitóu	贷	dài	贷款	dàikuǎn	待遇	dàiyù		
1086~1090	怠工	dàigōng	怠慢	dàimàn	袋	dài	逮捕	dàibǔ	戴	dài		
1091~1095	丹	dān	担	dān/dàn	担负	dānfù	担任	dānrèn	担心	dānxīn		
1096~1100	单纯	dānchún	单调	dāndiào	单独	dāndú	单位	dānwèi	单一	dānyī		
1101~1105	耽搁	dānge	耽误	dānwu	胆	dǎn	石	dàn/shí	旦	dàn		
1106~1110	但	dàn	但是	dànshì	担子	dànzi	诞辰	dànchén	诞生	dànshēng		
1111~1115	淡	dàn	淡漠	dànmò	淡水	dànshuǐ	弹	dàn/tán	蛋	dàn		
1116~1120	蛋白	dànbái	蛋白质	dànbáizhì	氮	dàn	当	dāng/dàng	当场	dāngchǎng		
1121~1125	当初	dāngchū	当代	dāngdài	当地	dāngdì	当即	dāngjí	当今	dāngjīn		
1126~1130	当局	dāngjú	当年	dāngnián	当前	dāngqián	当然	dāngrán	当时	dāngshí		
1131~1135	当事人	dāngshìrén	当选	dāngxuǎn	当中	dāngzhōng	挡	dǎng	党	dǎng		
1136~1140	党籍	dǎngjí	党委	dǎngwěi	党性	dǎngxìng	党员	dǎngyuán	当成	dàngchéng		
1141~1145	当年	dàngnián	当时	dàngshí	当天	dàngtiān	荡	dàng	档	dàng		
1146~1150	档案	dàng'àn	刀	dāo	刀把儿	dāobàr	导	dǎo	导弹	dǎodàn		
1151~1155	导管	dǎoguǎn	导体	dǎotǐ	导线	dǎoxiàn	导演	dǎoyǎn	导致	dǎozhì		
1156~1160	岛	dǎo	岛屿	dǎoyǔ	捣	dǎo	倒	dǎo/dào	倒霉	dǎoméi		
1161~1165	祷告	dǎogào	蹈	dǎo	到	dào	到处	dàochù	到达	dàodá		
1166~1170	到底	dàodǐ	到来	dàolái	盗	dào	盗窃	dàoqiè	悼念	dàoniàn		

续表

序　　号	字词	拼音	字词	拼音	字词	拼音	字词	拼音	字词	拼音	字词	拼音
1171~1175	道	dào	道德	dàodé	道教	Dàojiào	道理	dào·lǐ	道路	dàolù		
1176~1180	稻	dào	稻谷	dàogǔ	得	dé/děi	得到	dédào	得以	déyǐ		
1181~1185	得意	déyì	德	dé	德育	déyù	灯	dēng	灯光	dēngguāng		
1186~1190	灯泡儿	dēngpàor	登	dēng	登记	dēngjì	蹬	dēng/dèng	等	děng		
1191~1195	等待	děngdài	等到	děngdào	等候	děnghòu	等级	děngjí	等于	děngyú		
1196~1200	邓	Dèng	凳	dèng	瞪	dèng	低	dī	低级	dījí		
1201~1205	低头	dītóu	低温	dīwēn	低下	dīxià	堤	dī	提	dī/tí		
1206~1210	滴	dī	的确	díquè	敌	dí	敌对	díduì	敌人	dírén		
1211~1215	涤纶	dílún	笛	dí	嘀咕	dígu	抵	dǐ	抵抗	dǐkàng		
1216~1220	抵制	dǐzhì	底	dǐ	底层	dǐcéng	底下	dǐ·xià	地	dì		
1221~1225	地板	dìbǎn	地表	dìbiǎo	地步	dìbù	地层	dìcéng	地带	dìdài		
1226~1230	地点	dìdiǎn	地方	dìfāng	地方	dìfang	地理	dìlǐ	地貌	dìmào		
1231~1235	地面	dìmiàn	地壳	dìqiào	地球	dìqiú	地区	dìqū	地势	dìshì		
1236~1240	地毯	dìtǎn	地图	dìtú	地位	dìwèi	地下	dìxià	地下	dì·xià		
1241~1245	地下水	dìxiàshuǐ	地形	dìxíng	地域	dìyù	地震	dìzhèn	地质	dìzhì		
1246~1250	地主	dìzhǔ	地租	dìzū	弟弟	dìdi	弟妹	dìmèi	弟兄	dìxiong		
1251~1255	弟子	dìzǐ	帝	dì	帝国	dìguó	递	dì	第	dì		
1256~1260	蒂	dì	缔	dì	掂	diān	滇	Diān	颠	diān		
1261~1265	颠簸	diānbǒ	巅	diān	典	diǎn	典籍	diǎnjí	典型	diǎnxíng		
1266~1270	点	diǎn	点燃	diǎnrán	点头	diǎntóu	碘	diǎn	电	diàn		
1271~1275	电报	diànbào	电场	diànchǎng	电池	diànchí	电磁	diàncí	电磁波	diàncíbō		
1276~1280	电灯	diàndēng	电动	diàndòng	电荷	diànhè	电话	diànhuà	电离	diànlí		
1281~1285	电力	diànlì	电量	diànliàng	电流	diànliú	电路	diànlù	电脑	diànnǎo		
1286~1290	电能	diànnéng	电器	diànqì	电容	diànróng	电视	diànshì	电视剧	diànshìjù		
1291~1295	电视台	diànshìtái	电台	diàntái	电线	diànxiàn	电压	diànyā	电影	diànyǐng		
1296~1300	电源	diànyuán	电子	diànzǐ	电阻	diànzǔ	佃	diàn/tián	甸	diàn		
1301~1305	店	diàn	玷污	diànwū	垫	diàn	淀粉	diànfěn	惦记	diàn·jì		
1306~1310	惦念	diànniàn	奠	diàn	奠定	diàndìng	殿	diàn	刁	diāo		
1311~1315	叼	diāo	雕	diāo	雕刻	diāokè	雕塑	diāosù	雕琢	diāozhuó		
1316~1320	吊	diào	吊唁	diàoyàn	钓	diào	调	diào/tiáo	调拨	diàobō		
1321~1325	调查	diàochá	调动	diàodòng	掉	diào	爹	diē	跌	diē		
1326~1330	迭	dié	叠	dié	碟	dié	蝶	dié	丁	dīng		
1331~1335	叮	dīng	盯	dīng	钉	dīng/dìng	顶	dǐng	顶点	dǐngdiǎn		
1336~1340	顶端	dǐngduān	鼎	dǐng	订	dìng	订货	dìnghuò	定	dìng		
1341~1345	定额	dìng'é	定理	dìnglǐ	定量	dìngliàng	定律	dìnglǜ	定期	dìngqī		
1346~1350	定向	dìngxiàng	定型	dìngxíng	定义	dìngyì	丢	diū	东	dōng		
1351~1355	东北	dōngběi	东方	dōngfāng	东南	dōngnán	东欧	Dōng Ōu	东西	dōngxī		
1356~1360	东西	dōngxi	冬	dōng	冬季	dōngjì	冬天	dōngtiān	董	dǒng		
1361~1365	懂	dǒng	懂得	dǒng·dé	动	dòng	动词	dòngcí	动机	dòngjī		
1366~1370	动静	dòngjìng	动力	dònglì	动量	dòngliàng	动脉	dòngmài	动能	dòngnéng		
1371~1375	动人	dòngrén	动手	dòngshǒu	动态	dòngtài	动物	dòngwù	动摇	dòngyáo		
1376~1380	动员	dòngyuán	动作	dòngzuò	冻	dòng	栋	dòng	洞	dòng		
1381~1385	都	dōu/dū	兜	dōu	斗	dǒu/dòu	抖	dǒu	陡	dǒu		

附录三　普通话水平测试用普通话词语表

续表

序　　号	字词	拼音	字词	拼音	字词	拼音	字词	拼音	字词	拼音
1386~1390	陡峭	dǒuqiào	斗争	dòuzhēng	豆	dòu	豆腐	dòufu	逗	dòu
1391~1395	读	dòu/dú	痘	dòu	都会	dūhuì	都市	dūshì	督	dū
1396~1400	毒	dú	毒素	dúsù	独	dú	独立	dúlì	独特	dútè
1401~1405	独占	dúzhàn	独自	dúzì	读书	dúshū	读者	dúzhě	肚子	dǔzi
1406~1410	堵	dǔ	赌	dǔ	睹	dǔ	杜	dù	杜鹃	dùjuān
1411~1415	肚皮	dùpí	肚子	dùzi	妒忌	dùjì	度	dù/duó	渡	dù
1416~1420	镀	dù	端	duān	端正	duānzhèng	短	duǎn	短期	duǎnqī
1421~1425	短暂	duǎnzàn	段	duàn	断	duàn	断定	duàndìng	缎	duàn
1426~1430	锻	duàn	锻炼	duànliàn	堆	duī	堆积	duījī	队	duì
1431~1435	队伍	duìwu	对	duì	对比	duìbǐ	对不起	duì·bùqǐ	对称	duìchèn
1436~1440	对待	duìdài	对方	duìfāng	对付	duìfu	对话	duìhuà	对抗	duìkàng
1441~1445	对立	duìlì	对流	duìliú	对面	duìmiàn	对手	duìshǒu	对象	duìxiàng
1446~1450	对应	duìyìng	对于	duìyú	对照	duìzhào	兑	duì	吨	dūn
1451~1455	敦促	dūncù	墩	dūn	蹲	dūn	囤	dùn/tún	钝	dùn
1456~1460	盾	dùn	顿	dùn	顿时	dùnshí	多	duō	多边形	duōbiānxíng
1461~1465	多么	duōme	多少	duō·shǎo	多数	duōshù	多余	duōyú	咄咄逼人	duōduō-bīrén
1466~1470	哆嗦	duōsuo	夺	duó	夺取	duóqǔ	踱	duó	朵	duǒ
1471~1475	垛	duǒ/duò	躲	duǒ	驮	duò/tuó	舵	duò	堕	duò
1476~1480	惰性	duòxìng	跺	duò	讹诈	ézhà	俄	é	哦	é/ó/ò
1481~1485	鹅	é	蛾子	ézi	额	é	恶	ě/è/wū/wù	扼	è
1486~1490	恶化	èhuà	恶劣	èliè	饿	è	鄂	È	遏止	èzhǐ
1491~1495	遏制	èzhì	愕然	èrán	噩梦	èmèng	鳄鱼	èyú	恩	ēn
1496~1500	儿	ér	儿女	érnǚ	儿童	értóng	儿子	érzi	而	ér
1501~1505	而后	érhòu	而且	érqiě	尔	ěr	耳	ěr	耳朵	ěrduo
1506~1510	饵	ěr	饵料	ěrliào	二	èr	贰	èr	发	fā/fà
1511~1515	发表	fābiǎo	发病	fābìng	发布	fābù	发出	fāchū	发达	fādá
1516~1520	发电	fādiàn	发动	fādòng	发动机	fādòngjī	发抖	fādǒu	发挥	fāhuī
1521~1525	发酵	fājiào	发觉	fājué	发掘	fājué	发明	fāmíng	发起	fāqǐ
1526~1530	发热	fārè	发射	fāshè	发生	fāshēng	发现	fāxiàn	发行	fāxíng
1531~1535	发芽	fāyá	发言	fāyán	发扬	fāyáng	发音	fāyīn	发育	fāyù
1536~1540	发展	fāzhǎn	发作	fāzuò	乏	fá	伐	fá	罚	fá
1541~1545	罚款	fákuǎn	阀	fá	筏	fá	法	fǎ	法定	fǎdìng
1546~1550	法官	fǎguān	法规	fǎguī	法令	fǎlìng	法律	fǎlǜ	法人	fǎrén
1551~1555	法庭	fǎtíng	法西斯	fǎxīsī	法学	fǎxué	法院	fǎyuàn	法则	fǎzé
1556~1560	法制	fǎzhì	帆	fān	番	fān	番茄	fānqié	翻	fān
1561~1565	翻身	fānshēn	翻腾	fān·téng	翻译	fānyì	凡	fán	凡是	fánshì
1566~1570	烦	fán	烦恼	fánnǎo	烦琐	fánsuǒ	繁	fán	繁多	fánduō
1571~1575	繁茂	fánmào	繁荣	fánróng	繁殖	fánzhí	繁重	fánzhòng	反	fǎn
1576~1580	反动	fǎndòng	反对	fǎnduì	反而	fǎn'ér	反复	fǎnfù	反抗	fǎnkàng
1581~1585	反馈	fǎnkuì	反面	fǎnmiàn	反射	fǎnshè	反应	fǎnyìng	反映	fǎnyìng
1586~1590	反正	fǎn·zhèng	反之	fǎnzhī	返	fǎn	返回	fǎnhuí	犯	fàn
1591~1595	犯罪	fànzuì	饭	fàn	饭店	fàndiàn	泛	fàn	范	fàn
1596~1600	范畴	fànchóu	范围	fànwéi	贩	fàn	方	fāng	方案	fāng'àn

序 号	字词	拼音	字词	拼音	字词	拼音	字词	拼音	字词	拼音
1601~1605	方便	fāngbiàn	方才	fāngcái	方程	fāngchéng	方法	fāngfǎ	方法论	fāngfǎlùn
1606~1610	方面	fāngmiàn	方式	fāngshì	方向	fāngxiàng	方言	fāngyán	方针	fāngzhēn
1611~1615	芳菲	fāngfēi	芳香	fāngxiāng	防	fáng	防御	fángyù	防止	fángzhǐ
1616~1620	防治	fángzhì	妨碍	fáng'ài	妨害	fánghài	房	fáng	房间	fángjiān
1621~1625	房屋	fángwū	房子	fángzi	仿	fǎng	仿佛	fǎngfú	访	fǎng
1626~1630	访问	fǎngwèn	纺	fǎng	纺织	fǎngzhī	放	fàng	放大	fàngdà
1631~1635	放弃	fàngqì	放射	fàngshè	放射性	fàngshèxìng	放肆	fàngsì	放松	fàngsōng
1636~1640	放心	fàngxīn	飞	fēi	飞驰	fēichí	飞船	fēichuán	飞机	fēijī
1641~1645	飞快	fēikuài	飞腾	fēiténg	飞翔	fēixiáng	飞行	fēixíng	飞跃	fēiyuè
1646~1650	妃	fēi	非	fēi	非常	fēicháng	非法	fēifǎ	肥	féi
1651~1655	肥料	féiliào	肥沃	féiwò	肥皂	féizào	匪	fěi	诽谤	fěibàng
1656~1660	菲薄	fěibó	吠	fèi	肺	fèi	废	fèi	废除	fèichú
1661~1665	废墟	fèixū	废渣	fèizhā	沸	fèi	沸腾	fèiténg	费	fèi
1666~1670	费用	fèi·yòng	分	fēn/fèn	分辨	fēnbiàn	分别	fēnbié	分布	fēnbù
1671~1675	分成	fēnchéng	分割	fēngē	分工	fēngōng	分化	fēnhuà	分解	fēnjiě
1676~1680	分开	fēnkāi	分类	fēnlèi	分离	fēnlí	分裂	fēnliè	分泌	fēnmì
1681~1685	分明	fēnmíng	分配	fēnpèi	分歧	fēnqí	分散	fēnsàn	分析	fēnxī
1686~1690	分支	fēnzhī	分子	fēnzǐ	芬芳	fēnfāng	吩咐	fēnfù	纷繁	fēnfán
1691~1695	纷飞	fēnfēi	纷乱	fēnluàn	纷纭	fēnyún	纷争	fēnzhēng	氛围	fēnwéi
1696~1700	坟	fén	焚	fén	粉	fěn	粉末	fěnmò	粉碎	fěnsuì
1701~1705	分量	fèn·liàng	分子	fènzǐ	份	fèn	奋不顾身	fènbùgùshēn	奋斗	fèndòu
1706~1710	奋发	fènfā	奋力	fènlì	奋起	fènqǐ	奋勇	fènyǒng	奋战	fènzhàn
1711~1715	粪	fèn	愤	fèn	愤慨	fènkǎi	愤怒	fènnù	丰	fēng
1716~1720	丰富	fēngfù	丰收	fēngshōu	丰硕	fēngshuò	风	fēng	风暴	fēngbào
1721~1725	风驰电掣	fēngchí-diànchè	风格	fēnggé	风光	fēngguāng	风景	fēngjǐng	风力	fēnglì
1726~1730	风靡	fēngmǐ	风气	fēngqì	风俗	fēngsú	风速	fēngsù	风险	fēngxiǎn
1731~1735	风雨	fēngyǔ	风筝	fēngzheng	枫	fēng	封	fēng	封闭	fēngbì
1736~1740	封建	fēngjiàn	封锁	fēngsuǒ	疯	fēng	疯狂	fēngkuáng	峰	fēng
1741~1745	锋	fēng	锋芒	fēngmáng	蜂	fēng	冯	Féng/píng	逢	féng
1746~1750	缝	féng/fèng	缝纫	féngrèn	讽	fěng	讽刺	fěngcì	凤	fèng
1751~1755	凤凰	fèng·huáng	奉	fèng	奉献	fèngxiàn	缝隙	fèngxì	佛	fó/fú
1756~1760	佛教	Fójiào	否	fǒu/pǐ	否定	fǒudìng	否认	fǒurèn	否则	fǒuzé
1761~1765	夫	fū	夫妇	fūfù	夫妻	fūqī	夫人	fū·rén	肤浅	fūqiǎn
1766~1770	肤色	fūsè	孵	fū	孵化	fūhuà	敷	fū	弗	fú
1771~1775	伏	fú	伏特	fútè	扶	fú	芙蓉	fúróng	拂	fú
1776~1780	服	fú/fù	服从	fúcóng	服务	fúwù	服务员	fúwùyuán	服装	fúzhuāng
1781~1785	俘	fú	俘虏	fúlǔ	浮	fú	浮动	fúdòng	浮游	fúyóu
1786~1790	符	fú	符号	fúhào	符合	fúhé	幅	fú	幅度	fúdù
1791~1795	辐	fú	辐射	fúshè	福	fú	福利	fúlì	抚	fǔ
1796~1800	抚摸	fǔmō	抚慰	fǔwèi	抚恤	fǔxù	甫	fǔ	斧头	fǔ·tóu
1801~1805	斧子	fǔzi	府	fǔ	俯	fǔ	辅	fǔ	辅助	fǔzhù
1806~1810	腐	fǔ	腐败	fǔbài	腐蚀	fǔshí	腐朽	fǔxiǔ	父辈	fùbèi
1811~1815	父老	fùlǎo	父母	fùmǔ	父亲	fù·qīn	付	fù	付出	fùchū

续表

序号	字词	拼音	字词	拼音	字词	拼音	字词	拼音	字词	拼音
1816~1820	负	fù	负担	fùdān	负责	fùzé	妇	fù	妇女	fùnǚ
1821~1825	附	fù	附加	fùjiā	附近	fùjìn	附庸	fùyōng	附着	fùzhuó
1826~1830	赴	fù	复	fù	复辟	fùbì	复合	fùhé	复杂	fùzá
1831~1835	复制	fùzhì	副	fù	副业	fùyè	赋	fù	赋予	fùyǔ
1836~1840	富	fù	富丽	fùlì	富庶	fùshù	富有	fùyǒu	富裕	fùyù
1841~1845	腹	fù	缚	fù	覆	fù	覆盖	fùgài	夹	gā/jiā/jiá
1846~1850	该	gāi	改	gǎi	改编	gǎibiān	改变	gǎibiàn	改革	gǎigé
1851~1855	改进	gǎijìn	改良	gǎiliáng	改善	gǎishàn	改造	gǎizào	改正	gǎizhèng
1856~1860	改组	gǎizǔ	钙	gài	盖	gài	概	gài	概括	gàikuò
1861~1865	概率	gàilǜ	概念	gàiniàn	干	gān/gàn	干脆	gāncuì	干旱	gānhàn
1866~1870	干净	gān·jìng	干扰	gānrǎo	干涉	gānshè	干预	gānyù	干燥	gānzào
1871~1875	甘	gān	甘薯	gānshǔ	甘心	gānxīn	杆	gān/gǎn	肝	gān
1876~1880	肝脏	gānzàng	柑	gān	柑橘	gānjú	竿	gān	尴尬	gāngà
1881~1885	秆	gǎn	赶	gǎn	赶紧	gǎnjǐn	赶快	gǎnkuài	赶忙	gǎnmáng
1886~1890	敢	gǎn	敢于	gǎnyú	感	gǎn	感到	gǎndào	感动	gǎndòng
1891~1895	感官	gǎnguān	感激	gǎn·jī	感觉	gǎnjué	感慨	gǎnkǎi	感情	gǎnqíng
1896~1900	感染	gǎnrǎn	感受	gǎnshòu	感谢	gǎnxiè	感性	gǎnxìng	感应	gǎnyìng
1901~1905	感知	gǎnzhī	橄榄	gǎnlǎn	干部	gànbù	赣	Gàn	冈	gāng
1906~1910	刚	gāng	刚才	gāngcái	刚健	gāngjiàn	岗	gǎng/gāng	肛门	gāngmén
1911~1915	纲	gāng	纲领	gānglǐng	钢	gāng/gàng	钢琴	gāngqín	钢铁	gāngtiě
1916~1920	缸	gāng	岗位	gǎngwèi	港	gǎng	港口	gǎngkǒu	杠	gàng
1921~1925	高	gāo	高产	gāochǎn	高潮	gāocháo	高大	gāodà	高等	gāoděng
1926~1930	高低	gāodī	高地	gāodì	高度	gāodù	高级	gāojí	高亢	gāokàng
1931~1935	高空	gāokōng	高粱	gāoliang	高尚	gāoshàng	高速	gāosù	高温	gāowēn
1936~1940	高校	gāoxiào	高兴	gāoxìng	高压	gāoyā	高原	gāoyuán	高涨	gāozhǎng
1941~1945	高中	gāozhōng	羔	gāo	膏	gāo/gào	糕	gāo	搞	gǎo
1946~1950	镐	gǎo	稿	gǎo	告	gào	告别	gàobié	告诉	gàosu
1951~1955	戈壁	gēbì	疙瘩	gēda	哥哥	gēge	哥们儿	gēmenr	胳膊	gēbo
1956~1960	鸽子	gēzi	搁	gē/gé	割	gē	歌	gē	歌唱	gēchàng
1961~1965	歌剧	gējù	歌曲	gēqǔ	歌声	gēshēng	歌颂	gēsòng	歌舞	gēwǔ
1966~1970	革	gé	革命	gémìng	革新	géxīn	阁	gé	格	gé
1971~1975	格外	géwài	葛	gé/Gě	隔	gé	隔壁	gébì	隔离	gélí
1976~1980	个	gě/gè	个别	gèbié	个人	gèrén	个体	gètǐ	个性	gèxìng
1981~1985	各	gè	各自	gèzì	给	gěi	给以	gěiyǐ	根	gēn
1986~1990	根本	gēnběn	根据	gēnjù	根据地	gēnjùdì	根系	gēnxì	根源	gēnyuán
1991~1995	跟	gēn	跟前	gēn·qián	跟随	gēnsuí	更	gēng/gèng	更新	gēngxīn
1996~2000	庚	gēng	耕	gēng	耕地	gēngdì	耕耘	gēngyún	耕作	gēngzuò
2001~2005	羹	gēng	埂	gěng	耿	gěng	梗	gěng	颈	gěng/jǐng
2006~2010	更加	gèngjiā	工	gōng	工厂	gōngchǎng	工场	gōngchǎng	工程	gōngchéng
2011~2015	工程师	gōngchéngshī	工地	gōngdì	工夫	gōngfu	工会	gōnghuì	工具	gōngjù
2016~2020	工人	gōng·rén	工商业	gōngshāngyè	工业	gōngyè	工业化	gōngyèhuà	工艺	gōngyì
2021~2025	工资	gōngzī	工作	gōngzuò	弓	gōng	公	gōng	公安	gōng'ān
2026~2030	公布	gōngbù	公公	gōnggong	公共	gōnggòng	公开	gōngkāi	公理	gōnglǐ

续表

序　号	字词	拼音	字词	拼音	字词	拼音	字词	拼音	字词	拼音	字词	拼音
2031~2035	公路	gōnglù	公民	gōngmín	公平	gōng·píng	公婆	gōngpó	公认	gōngrèn		
2036~2040	公社	gōngshè	公式	gōngshì	公司	gōngsī	公有	gōngyǒu	公有制	gōngyǒuzhì		
2041~2045	公元	gōngyuán	公园	gōngyuán	公正	gōngzhèng	公主	gōngzhǔ	功	gōng		
2046~2050	功夫	gōngfu	功绩	gōngjì	功课	gōngkè	功率	gōnglǜ	功能	gōngnéng		
2051~2055	功勋	gōngxūn	攻	gōng	攻击	gōngjī	供	gōng/gòng	供给	gōngjǐ		
2056~2060	供求	gōngqiú	供应	gōngyìng	宫	gōng	宫廷	gōngtíng	恭敬	gōngjìng		
2061~2065	恭维	gōng·wéi	恭喜	gōngxǐ	躬	gōng	巩固	gǒnggù	汞	gǒng		
2066~2070	拱	gǒng	共	gòng	共产党	gòngchǎndǎng	共和国	gònghéguó	共鸣	gòngmíng		
2071~2075	共同	gòngtóng	贡	gòng	贡献	gòngxiàn	勾	gōu/gòu	勾结	gōujié		
2076~2080	句	gōu/jù	沟	gōu	沟通	gōutōng	钩	gōu	苟且	gǒuqiě		
2081~2085	狗	gǒu	构	gòu	构成	gòuchéng	构思	gòusī	构造	gòuzào		
2086~2090	购	gòu	购买	gòumǎi	购销	gòuxiāo	垢	gòu	够	gòu		
2091~2095	估	gū/gù	估计	gūjì	沽	gū	孤	gū	孤独	gūdú		
2096~2100	孤立	gūlì	孤僻	gūpì	姑姑	gūgu	姑娘	gūniang	姑且	gūqiě		
2101~2105	姑息	gūxī	骨	gū/gǔ	辜负	gūfù	古	gǔ	古代	gǔdài		
2106~2110	古典	gǔdiǎn	古籍	gǔjí	古迹	gǔjì	古老	gǔlǎo	古人	gǔrén		
2111~2115	谷	gǔ	股	gǔ	股票	gǔpiào	骨干	gǔgàn	骨骼	gǔgé		
2116~2120	骨头	gǔtou	贾	gǔ/Jiǎ	鼓	gǔ	鼓吹	gǔchuī	鼓励	gǔlì		
2121~2125	鼓舞	gǔwǔ	固	gù	固定	gùdìng	固然	gùrán	固体	gùtǐ		
2126~2130	固有	gùyǒu	固执	gù·zhí	故	gù	故事	gùshi	故乡	gùxiāng		
2131~2135	故意	gùyì	顾	gù	顾客	gùkè	顾虑	gùlǜ	顾问	gùwèn		
2136~2140	雇	gù	雇佣	gùyōng	瓜	guā	刮	guā	寡	guǎ		
2141~2145	寡妇	guǎfu	卦	guà	挂	guà	褂子	guàzi	乖	guāi		
2146~2150	拐	guǎi	怪	guài	怪物	guàiwu	关	guān	关闭	guānbì		
2151~2155	关怀	guānhuái	关键	guānjiàn	关节	guānjié	关联	guānlián	关系	guānxi		
2156~2160	关心	guānxīn	关于	guānyú	关注	guānzhù	观	guān/guàn	观测	guāncè		
2161~2165	观察	guānchá	观点	guāndiǎn	观看	guānkàn	观念	guānniàn	观众	guānzhòng		
2166~2170	官	guān	官兵	guānbīng	官吏	guānlì	官僚	guānliáo	官员	guānyuán		
2171~2175	冠	guān/guàn	棺材	guāncai	馆	guǎn	管	guǎn	管道	guǎndào		
2176~2180	管理	guǎnlǐ	管辖	guǎnxiá	贯彻	guànchè	贯穿	guànchuān	贯通	guàntōng		
2181~2185	冠军	guànjūn	惯	guàn	惯性	guànxìng	灌	guàn	灌溉	guàngài		
2186~2190	罐	guàn	光	guāng	光彩	guāngcǎi	光滑	guānghuá	光辉	guānghuī		
2191~2195	光景	guāngjǐng	光亮	guāngliàng	光芒	guāngmáng	光明	guāngmíng	光谱	guāngpǔ		
2196~2200	光荣	guāngróng	光线	guāngxiàn	光学	guāngxué	光源	guāngyuán	光泽	guāngzé		
2201~2205	光照	guāngzhào	广	guǎng	广播	guǎngbō	广场	guǎngchǎng	广大	guǎngdà		
2206~2210	广泛	guǎngfàn	广告	guǎnggào	广阔	guǎngkuò	广漠	guǎngmò	广义	guǎngyì		
2211~2215	逛	guàng	归	guī	归结	guījié	归来	guīlái	归纳	guīnà		
2216~2220	归侨	guīqiáo	龟	guī/jūn/qiū	规	guī	规定	guīdìng	规范	guīfàn		
2221~2225	规格	guīgé	规划	guīhuà	规矩	guīju	规律	guīlǜ	规模	guīmó		
2226~2230	规则	guīzé	闺女	guīnü	硅	guī	瑰丽	guīlì	轨	guǐ		
2231~2235	轨道	guǐdào	轨迹	guǐjì	诡辩	guǐbiàn	诡秘	guǐmì	鬼	guǐ		
2236~2240	鬼子	guǐzi	癸	guǐ	柜	guì/jǔ	贵	guì	贵族	guìzú		
2241~2245	桂	guì	跪	guì	滚	gǔn	棍	gùn	过	Guō/guò		

附录三 普通话水平测试用普通话词语表

续表

序　号	字词	拼音	字词	拼音	字词	拼音	字词	拼音	字词	拼音
2246~2250	郭	guō	涡	Guō/wō	锅	guō	国	guó	国防	guófáng
2251~2255	国会	guóhuì	国籍	guójí	国际	guójì	国家	guójiā	国民	guómín
2256~2260	国情	guóqíng	国土	guótǔ	国王	guówáng	国务院	guówùyuàn	国营	guóyíng
2261~2265	国有	guóyǒu	果	guǒ	果断	guǒduàn	果然	guǒrán	果实	guǒshí
2266~2270	果树	guǒshù	裹	guǒ	过程	guòchéng	过度	guòdù	过渡	guòdù
2271~2275	过分	guòfèn	过后	guòhòu	过来	guò·lái	过敏	guòmǐn	过年	guònián
2276~2280	过去	guòqù	过去	guò·qù	过于	guòyú	哈	hā/Hǎ	蛤蟆	háma
2281~2285	咳	hāi/ké	还	hái/huán	孩提	háití	孩子	háizi	海	hǎi
2286~2290	海岸	hǎi'àn	海拔	hǎibá	海带	hǎidài	海关	hǎiguān	海军	hǎijūn
2291~2295	海面	hǎimiàn	海区	hǎiqū	海棠	hǎitáng	海豚	hǎitún	海外	hǎiwài
2296~2300	海湾	hǎiwān	海洋	hǎiyáng	海域	hǎiyù	亥	hài	骇	hài
2301~2305	害	hài	害虫	hàichóng	害怕	hàipà	酣睡	hānshuì	憨	hān
2306~2310	汗	hán/hàn	含	hán	含量	hánliàng	含义	hányì	函	hán
2311~2315	函数	hánshù	涵义	hányì	韩	Hán	寒	hán	寒冷	hánlěng
2316~2320	罕	hǎn	罕见	hǎnjiàn	喊	hǎn	汉	hàn	汉奸	hànjiān
2321~2325	汉语	hànyǔ	汉子	hànzi	汉字	hànzì	汗水	hànshuǐ	旱	hàn
2326~2330	捍卫	hànwèi	悍然	hànrán	焊	hàn	翰林	hànlín	憾	hàn
2331~2335	夯实	hāngshí	行	háng/hàng/héng/xíng	行列	hángliè	行业	hángyè	杭	Háng
2336~2340	航	háng	航海	hánghǎi	航空	hángkōng	航行	hángxíng	巷	hàng/xiàng
2341~2345	号	háo/hào	毫	háo	豪	háo	嚎	háo	好	hǎo/hào
2346~2350	好比	hǎobǐ	好处	hǎo·chù	好歹	hǎodǎi	好多	hǎoduō	好看	hǎokàn
2351~2355	好人	hǎorén	好事	hǎoshì	好听	hǎotīng	好像	hǎoxiàng	好转	hǎozhuǎn
2356~2360	号召	hàozhào	好奇	hàoqí	好事	hàoshì	耗	hào	耗费	hàofèi
2361~2365	浩大	hàodà	浩劫	hàojié	皓月	hàoyuè	呵	hē	喝	hē/hè
2366~2370	禾	hé	合	hé	合并	hébìng	合成	héchéng	合法	héfǎ
2371~2375	合格	hégé	合乎	héhū	合金	héjīn	合理	hélǐ	合力	hélì
2376~2380	合适	héshì	合同	hétong	合作	hézuò	合作社	hézuòshè	何	hé
2381~2385	何必	hébì	何等	héděng	何况	hékuàng	何以	héyǐ	和	hé/hè/hú/huó/huò
2386~2390	和蔼	hé'ǎi	和睦	hémù	和平	hépíng	和尚	héshang	和谐	héxié
2391~2395	河	hé	河流	héliú	河豚	hétún	荷	hé/hè	核	hé/hú
2396~2400	核算	hésuàn	核心	héxīn	盒	hé	吓	hè/xià	贺	hè
2401~2405	赫	hè	褐	hè	鹤	hè	黑	hēi	黑暗	hēi'àn
2406~2410	黑人	hēirén	黑夜	hēiyè	嘿	hēi	痕	hén	痕迹	hénjì
2411~2415	很	hěn	狠	hěn	恨	hèn	哼	hēng	恒	héng
2416~2420	恒星	héngxīng	横	héng/hèng	横贯	héngguàn	横向	héngxiàng	衡	héng
2421~2425	衡量	héngliáng	轰	hōng	哄	hōng/hǒng/hòng	烘	hōng	弘扬	hóngyáng
2426~2430	红	hóng/gōng	红军	hóngjūn	红旗	hóngqí	红色	hóngsè	宏大	hóngdà
2431~2435	宏观	hóngguān	宏伟	hóngwěi	虹	hóng	洪	hóng	洪水	hóngshuǐ
2436~2440	鸿沟	hónggōu	侯	hóu/hòu	喉	hóu	喉咙	hóu·lóng	猴子	hóuzi
2441~2445	吼	hǒu	后	hòu	后边	hòubiān	后代	hòudài	后方	hòufāng
2446~2450	后果	hòuguǒ	后悔	hòuhuǐ	后来	hòulái	后面	hòu·miàn	后期	hòuqī
2451~2455	后人	hòurén	后世	hòushì	后天	hòutiān	厚	hòu	厚度	hòudù
2456~2460	候	hòu	乎	hū	呼喊	hūhǎn	呼号	hūháo	呼唤	hūhuàn

续表

序　号	字词	拼音	字词	拼音	字词	拼音	字词	拼音	字词	拼音	字词	拼音
2461~2465	呼叫	hūjiào	呼救	hūjiù	呼声	hūshēng	呼吸	hūxī	呼啸	hūxiào
2466~2470	呼应	hūyìng	呼吁	hūyù	忽而	hū'ér	忽略	hūlüè	忽然	hūrán
2471~2475	忽视	hūshì	糊	hú/hū/hù	狐狸	húli	狐疑	húyí	弧	hú
2476~2480	胡	hú	胡萝卜	húluóbo	壶	hú	核儿	húr	葫芦	húlu
2481~2485	湖	hú	湖泊	húpō	蝴蝶	húdié	糊涂	hútu	虎	hǔ
2486~2490	唬	hǔ	互	hù	互补	hùbǔ	互相	hùxiāng	互助	hùzhù
2491~2495	户	hù	户口	hùkǒu	护	hù	护士	hùshi	沪	Hù
2496~2500	花	huā	花朵	huāduǒ	花费	huā·fèi	花粉	huāfěn	花卉	huāhuì
2501~2505	花蕾	huālěi	花色	huāsè	花生	huāshēng	花纹	huāwén	花园	huāyuán
2506~2510	划	huá/huà	华	huá/Huà	华北	huáběi	华丽	huálì	华侨	huáqiáo
2511~2515	哗然	huárán	滑	huá	滑动	huádòng	滑稽	huá·jī	化	huà
2516~2520	化肥	huàféi	化工	huàgōng	化合	huàhé	化合物	huàhéwù	化石	huàshí
2521~2525	化学	huàxué	划分	huàfēn	画	huà	画家	huàjiā	画面	huàmiàn
2526~2530	话	huà	话剧	huàjù	话题	huàtí	话筒	huàtǒng	话语	huàyǔ
2531~2535	桦	huà	怀	huái	怀抱	huáibào	怀念	huáiniàn	怀疑	huáiyí
2536~2540	淮	Huái	槐	huái	坏	huài	坏人	huàirén	欢	huān
2541~2545	欢呼	huānhū	欢乐	huānlè	欢腾	huānténg	欢喜	huānxǐ	欢欣	huānxīn
2546~2550	欢迎	huānyíng	还原	huányuán	环	huán	环节	huánjié	环境	huánjìng
2551~2555	环流	huánliú	缓	huǎn	缓和	huǎnhé	缓慢	huǎnmàn	幻	huàn
2556~2560	幻觉	huànjué	幻想	huànxiǎng	宦官	huànguān	换	huàn	唤	huàn
2561~2565	唤起	huànqǐ	涣散	huànsàn	患	huàn	患者	huànzhě	焕发	huànfā
2566~2570	焕然一新	huànrán-yīxīn	荒	huāng	荒诞	huāngdàn	荒漠	huāngmò	荒僻	huāngpì
2571~2575	荒芜	huāngwú	慌	huāng	皇	huáng	皇帝	huángdì	黄	huáng
2576~2580	黄昏	huánghūn	黄金	huángjīn	黄色	huángsè	黄土	huángtǔ	黄莺	huángyīng
2581~2585	惶惑	huánghuò	惶恐	huángkǒng	蝗虫	huángchóng	簧	huáng	恍惚	huǎng·hū
2586~2590	恍然	huǎngrán	晃	huǎng/huàng	谎	huǎng	幌子	huǎngzi	灰	huī
2591~2595	灰尘	huīchén	灰色	huīsè	诙谐	huīxié	挥	huī	恢复	huīfù
2596~2600	辉	huī	辉煌	huīhuáng	徽	huī	回	huí	回避	huíbì
2601~2605	回答	huídá	回顾	huígù	回归	huíguī	回来	huí·lái	回去	huí·qù
2606~2610	回头	huítóu	回忆	huíyì	悔	huǐ	毁	huǐ	毁灭	huǐmiè
2611~2615	汇	huì	汇报	huìbào	会	huì/kuài	会场	huìchǎng	会见	huìjiàn
2616~2620	会议	huìyì	会员	huìyuán	讳言	huìyán	绘	huì	绘画	huìhuà
2621~2625	贿赂	huìlù	晦气	huì·qì	惠	huì	溃	huì/kuì	慧	huì
2626~2630	昏	hūn	荤	hūn	婚	hūn	婚礼	hūnlǐ	婚姻	hūnyīn
2631~2635	浑	hún	浑身	húnshēn	混	hún/hùn	魂	hún	混合	hùnhé
2636~2640	混乱	hùnluàn	混淆	hùnxiáo	豁	huō/huò	活	huó	活动	huó·dòng
2641~2645	活力	huólì	活泼	huópo	活跃	huóyuè	火	huǒ	火柴	huǒchái
2646~2650	火车	huǒchē	火光	huǒguāng	火箭	huǒjiàn	火炬	huǒjù	火山	huǒshān
2651~2655	火星	huǒxīng	火焰	huǒyàn	伙	huǒ	伙伴	huǒbàn	或	huò
2656~2660	或许	huòxǔ	或者	huòzhě	货	huò	货币	huòbì	货物	huòwù
2661~2665	获	huò	获得	huòdé	获取	huòqǔ	祸	huò	惑	huò
2666~2670	霍	huò	几	jī/jǐ	几乎	jīhū	讥讽	jīfěng	讥笑	jīxiào
2671~2675	击	jī	叽	jī	饥	jī	饥饿	jī'è	机	jī

附录三 普通话水平测试用普通话词语表

续表

序　　号	字词	拼音	字词	拼音	字词	拼音	字词	拼音	字词	拼音
2676~2680	机场	jīchǎng	机车	jīchē	机构	jīgòu	机关	jīguān	机会	jī·huì
2681~2685	机敏	jīmǐn	机能	jīnéng	机器	jī·qì	机器人	jī·qìrén	机体	jītǐ
2686~2690	机械	jīxiè	机械化	jīxièhuà	机制	jīzhì	肌	jī	肌肤	jīfū
2691~2695	肌肉	jīròu	鸡	jī	奇	jī/qí	唧	jī	积	jī
2696~2700	积极	jījí	积极性	jījíxìng	积累	jīlěi	积压	jīyā	基	jī
2701~2705	基本	jīběn	基层	jīcéng	基础	jīchǔ	基地	jīdì	基督教	Jīdūjiào
2706~2710	基建	jījiàn	基金	jījīn	基因	jīyīn	基于	jīyú	畸形	jīxíng
2711~2715	激	jī	激动	jīdòng	激发	jīfā	激光	jīguāng	激励	jīlì
2716~2720	激烈	jīliè	激情	jīqíng	激素	jīsù	及	jí	及时	jíshí
2721~2725	吉	jí	级	jí	极	jí	极端	jíduān	极力	jílì
2726~2730	极其	jíqí	极为	jíwéi	即	jí	即将	jíjiāng	即使	jíshǐ
2731~2735	急	jí	急剧	jíjù	急忙	jímáng	急性	jíxìng	急需	jíxū
2736~2740	急于	jíyú	疾	jí	疾病	jíbìng	疾驰	jíchí	棘手	jíshǒu
2741~2745	集	jí	集合	jíhé	集会	jíhuì	集体	jítǐ	集团	jítuán
2746~2750	集中	jízhōng	集资	jízī	辑	jí	嫉妒	jídù	几何	jǐhé
2751~2755	己	jǐ	纪	Jǐ/jì	挤	jǐ	济	Jǐ/jì	济济	jǐjǐ
2756~2760	给予	jǐyǔ	脊	jǐ	计	jì	计划	jìhuà	计算	jìsuàn
2761~2765	计算机	jìsuànjī	记	jì	记得	jì·dé	记录	jìlù	记忆	jìyì
2766~2770	记载	jìzǎi	记者	jìzhě	纪录	jìlù	纪律	jìlǜ	纪念	jìniàn
2771~2775	技法	jìfǎ	技工	jìgōng	技能	jìnéng	技巧	jìqiǎo	技师	jìshī
2776~2780	技术	jìshù	技术员	jìshùyuán	技艺	jìyì	系	jì/xì	忌	jì
2781~2785	忌讳	jì·huì	妓女	jìnǚ	季	jì	季风	jìfēng	季节	jìjié
2786~2790	剂	jì	迹象	jìxiàng	既	jì	既然	jìrán	既是	jìshì
2791~2795	继	jì	继承	jìchéng	继承人	jìchéngrén	继续	jìxù	祭	jì
2796~2800	祭祀	jìsì	寄	jì	寄生	jìshēng	寄生虫	jìshēngchóng	寄托	jìtuō
2801~2805	寄主	jìzhǔ	寂	jì	寂静	jìjìng	寂寞	jìmò	鲫	jì
2806~2810	冀	jì	加	jiā	加工	jiāgōng	加紧	jiājǐn	加剧	jiājù
2811~2815	加快	jiākuài	加强	jiāqiáng	加热	jiārè	加入	jiārù	加深	jiāshēn
2816~2820	加速	jiāsù	加速度	jiāsùdù	加以	jiāyǐ	加重	jiāzhòng	佳话	jiāhuà
2821~2825	佳节	jiājié	佳肴	jiāyáo	佳作	jiāzuò	家	jiā	家畜	jiāchù
2826~2830	家伙	jiāhuo	家具	jiā·jù	家眷	jiājuàn	家人	jiārén	家属	jiāshǔ
2831~2835	家庭	jiātíng	家务	jiāwù	家乡	jiāxiāng	家长	jiāzhǎng	家族	jiāzú
2836~2840	嘉奖	jiājiǎng	颊	jiá	甲	jiǎ	甲板	jiǎbǎn	钾	jiǎ
2841~2845	假	jiǎ/jià	假定	jiǎdìng	假如	jiǎrú	假设	jiǎshè	假使	jiǎshǐ
2846~2850	假说	jiǎshuō	价	jià	价格	jiàgé	价钱	jià·qián	价值	jiàzhí
2851~2855	驾	jià	驾驶	jiàshǐ	架	jià	架子	jiàzi	嫁	jià
2856~2860	嫁接	jiàjiē	尖	jiān	尖锐	jiānruì	奸	jiān	歼	jiān
2861~2865	歼灭	jiānmiè	坚	jiān	坚持	jiānchí	坚定	jiāndìng	坚固	jiāngù
2866~2870	坚决	jiānjué	坚强	jiānqiáng	坚实	jiānshí	坚毅	jiānyì	坚硬	jiānyìng
2871~2875	间	jiān/jiàn	浅	jiān/qiǎn	肩	jiān	肩膀	jiānbǎng	艰巨	jiānjù
2876~2880	艰苦	jiānkǔ	艰难	jiānnán	艰险	jiānxiǎn	艰辛	jiānxīn	监	jiān/jiàn
2881~2885	监督	jiāndū	监视	jiānshì	监狱	jiānyù	兼	jiān	煎	jiān
2886~2890	拣	jiǎn	茧	jiǎn	柬	jiǎn	捡	jiǎn	检	jiǎn

续表

序号	字词	拼音	字词	拼音	字词	拼音	字词	拼音	字词	拼音	字词	拼音
2891~2895	检查	jiǎnchá	检验	jiǎnyàn	减	jiǎn	减轻	jiǎnqīng	减弱	jiǎnruò		
2896~2900	减少	jiǎnshǎo	剪	jiǎn	简	jiǎn	简称	jiǎnchēng	简单	jiǎndān		
2901~2905	简化	jiǎnhuà	简直	jiǎnzhí	碱	jiǎn	见	jiàn/xiàn	见解	jiànjiě		
2906~2910	见面	jiànmiàn	件	jiàn	间谍	jiàndié	间隔	jiāngé	间接	jiànjiē		
2911~2915	间隙	jiānxì	建	jiàn	建国	jiànguó	建立	jiànlì	建设	jiànshè		
2916~2920	建议	jiànyì	建造	jiànzào	建筑	jiànzhù	荐	jiàn	贱	jiàn		
2921~2925	剑	jiàn	健儿	jiàn'ér	健将	jiànjiàng	健康	jiànkāng	健美	jiànměi		
2926~2930	健全	jiànquán	健身	jiànshēn	健壮	jiànzhuàng	舰	jiàn	涧	jiàn		
2931~2935	渐变	jiànbiàn	渐次	jiàncì	渐渐	jiànjiàn	渐进	jiànjìn	践踏	jiàntà		
2936~2940	溅	jiàn	鉴别	jiànbié	鉴定	jiàndìng	鉴赏	jiànshǎng	鉴于	jiànyú		
2941~2945	键	jiàn	箭	jiàn	江	jiāng	江南	Jiāngnán	将	jiāng/jiàng/qiáng		
2946~2950	将近	jiāngjìn	将军	jiāngjūn	将来	jiānglái	将要	jiāngyào	姜	jiāng		
2951~2955	浆	jiāng/jiàng	僵	jiāng	缰	jiāng	疆	jiāng	讲	jiǎng		
2956~2960	讲话	jiǎnghuà	讲究	jiǎng·jiū	讲述	jiǎngshù	奖	jiǎng	奖金	jiǎngjīn		
2961~2965	奖励	jiǎnglì	桨	jiǎng	蒋	Jiǎng	匠	jiàng	降	jiàng/xiáng		
2966~2970	降低	jiàngdī	降落	jiàngluò	降水	jiàngshuǐ	强	jiàng/qiáng/qiǎng	酱	jiàng		
2971~2975	交	jiāo	交叉	jiāochā	交错	jiāocuò	交代	jiāodài	交换	jiāohuàn		
2976~2980	交际	jiāojì	交流	jiāoliú	交谈	jiāotán	交替	jiāotì	交通	jiāotōng		
2981~2985	交往	jiāowǎng	交易	jiāoyì	交织	jiāozhī	郊	jiāo	郊区	jiāoqū		
2986~2990	浇	jiāo	娇	jiāo	骄傲	jiāo'ào	胶	jiāo	教	jiāo/jiào		
2991~2995	教学	jiāoxué	椒	jiāo	焦	jiāo	焦点	jiāodiǎn	焦急	jiāojí		
2996~3000	跤	jiāo	礁	jiāo	矫	jiáo/jiǎo	嚼	jiáo/jiào/jué	角	jiǎo/jué		
3001~3005	角度	jiǎodù	角落	jiǎoluò	侥幸	jiǎoxìng	狡猾	jiǎohuá	饺子	jiǎozi		
3006~3010	绞	jiǎo	矫健	jiǎojiàn	脚	jiǎo	脚步	jiǎobù	脚下	jiǎoxià		
3011~3015	脚印	jiǎoyìn	搅	jiǎo	缴	jiǎo	叫	jiào	叫嚣	jiàoxiāo		
3016~3020	叫作	jiàozuò	觉	jiào/jué	校	jiào/xiào	轿	jiào	较	jiào		
3021~3025	较为	jiàowéi	教材	jiàocái	教导	jiàodǎo	教会	jiàohuì	教诲	jiàohuì		
3026~3030	教练	jiàoliàn	教师	jiàoshī	教室	jiàoshì	教授	jiàoshòu	教堂	jiàotáng		
3031~3035	教学	jiàoxué	教训	jiàoxùn	教养	jiàoyǎng	教义	jiàoyì	教育	jiàoyù		
3036~3040	教员	jiàoyuán	窖	jiào	酵母	jiàomǔ	节	jiē/jié	阶	jiē		
3041~3045	阶层	jiēcéng	阶段	jiēduàn	阶级	jiējí	皆	jiē	结	jiē/jié		
3046~3050	结果	jiéguǒ	结实	jiēshi	接	jiē	接触	jiēchù	接待	jiēdài		
3051~3055	接近	jiējìn	接连	jiēlián	接壤	jiērǎng	接收	jiēshōu	接受	jiēshòu		
3056~3060	秸	jiē	揭	jiē	揭露	jiēlù	揭示	jiēshì	街	jiē		
3061~3065	街道	jiēdào	街坊	jiēfang	街头	jiētóu	节俭	jiéjiǎn	节目	jiémù		
3066~3070	节日	jiérì	节省	jiéshěng	节约	jiéyuē	节奏	jiézòu	劫	jié		
3071~3075	杰出	jiéchū	杰作	jiézuò	洁	jié	洁白	jiébái	结构	jiégòu		
3076~3080	结果	jiéguǒ	结合	jiéhé	结婚	jiéhūn	结晶	jiéjīng	结局	jiéjú		
3081~3085	结论	jiélùn	结束	jiéshù	结算	jiésuàn	桔	jié	桔梗	jiégěng		
3086~3090	捷	jié	睫毛	jiémáo	截	jié	竭	jié	竭力	jiélì		
3091~3095	姐夫	jiěfu	姐姐	jiějie	姐妹	jiěmèi	解	jiě/jiè/xiè	解除	jiěchú		
3096~3100	解答	jiědá	解放	jiěfàng	解放军	jiěfàngjūn	解决	jiějué	解剖	jiěpōu		
3101~3105	解散	jiěsàn	解释	jiěshì	解脱	jiětuō	介	jiè	介绍	jièshào		

附录三 普通话水平测试用普通话词语表

续表

序号	字词	拼音	字词	拼音	字词	拼音	字词	拼音	字词	拼音
3106~3110	介质	jièzhì	戒	jiè	芥末	jièmo	届	jiè	界	jiè
3111~3115	界限	jièxiàn	诫	jiè	借	jiè	借鉴	jièjiàn	借口	jièkǒu
3116~3120	借款	jièkuǎn	借用	jièyòng	借助	jièzhù	巾	jīn	斤	jīn
3121~3125	今	jīn	今后	jīnhòu	今年	jīnnián	今日	jīnrì	今天	jīntiān
3126~3130	金	jīn	金额	jīn'é	金刚石	jīngāngshí	金牌	jīnpái	金钱	jīnqián
3131~3135	金融	jīnróng	金属	jīnshǔ	金丝猴	jīnsīhóu	津	jīn	筋	jīn
3136~3140	禁	jīn/jìn	襟	jīn	仅	jǐn	尽	jǐn/jìn	尽管	jǐnguǎn
3141~3145	尽快	jǐnkuài	尽量	jǐnliàng	紧	jǐn	紧急	jǐnjí	紧密	jǐnmì
3146~3150	紧张	jǐnzhāng	锦	jǐn	锦标赛	jǐnbiāosài	谨	jǐn	谨慎	jǐnshèn
3151~3155	尽力	jìnlì	尽量	jìnliàng	进	jìn	进步	jìnbù	进程	jìnchéng
3156~3160	进而	jìn'ér	进攻	jìngōng	进化	jìnhuà	进化论	jìnhuàlùn	进军	jìnjūn
3161~3165	进口	jìnkǒu	进来	jìn·lái	进取	jìnqǔ	进去	jìn·qù	进入	jìnrù
3166~3170	进行	jìnxíng	进展	jìnzhǎn	近	jìn	近代	jìndài	近来	jìnlái
3171~3175	近似	jìnsì	劲	jǐn/jìng	晋	jìn	浸	jìn	禁止	jìnzhǐ
3176~3180	茎	jīng	京	jīng	京剧	jīngjù	经	jīng/jìng	经常	jīngcháng
3181~3185	经典	jīngdiǎn	经费	jīngfèi	经过	jīngguò	经济	jīngjì	经理	jīnglǐ
3186~3190	经历	jīnglì	经贸	jīngmào	经受	jīngshòu	经验	jīngyàn	经营	jīngyíng
3191~3195	荆	jīng	荆棘	jīngjí	惊	jīng	惊愕	jīng'è	惊惶	jīnghuáng
3196~3200	惊奇	jīngqí	惊人	jīngrén	惊喜	jīngxǐ	惊醒	jīngxǐng	惊讶	jīngyà
3201~3205	惊异	jīngyì	晶	jīng	晶体	jīngtǐ	晶莹	jīngyíng	睛	jīng
3206~3210	兢兢业业	jīngjīngyèyè	精	jīng	精力	jīnglì	精密	jīngmì	精确	jīngquè
3211~3215	精神	jīngshén	精神	jǐngshen	精细	jīngxì	精心	jīngxīn	精子	jīngzǐ
3216~3220	鲸	jīng	井	jǐng	景	jǐng	景色	jǐngsè	景物	jǐngwù
3221~3225	景象	jǐngxiàng	警	jǐng	警察	jǐngchá	警告	jǐnggào	警惕	jǐngtì
3226~3230	径	jìng	径流	jìngliú	净	jìng	净化	jìnghuà	竟	jìng
3231~3235	竞技	jìngjì	竞赛	jìngsài	竞争	jìngzhēng	竟	jìng	竟然	jìngrán
3236~3240	敬	jìng	靖	jìng	静	jìng	静脉	jìngmài	静止	jìngzhǐ
3241~3245	境	jìng	境地	jìngdì	境界	jìngjiè	镜	jìng	镜头	jìngtóu
3246~3250	镜子	jìngzi	窘	jiǒng	纠	jiū	纠纷	jiūfēn	纠正	jiūzhèng
3251~3255	究	jiū	究竟	jiūjìng	揪	jiū	九	jiǔ	久	jiǔ
3256~3260	玖	jiǔ	灸	jiǔ	韭菜	jiǔcài	酒	jiǔ	酒吧	jiǔbā
3261~3265	酒精	jiǔjīng	旧	jiù	臼齿	jiùchǐ	救	jiù	救国	jiùguó
3266~3270	救济	jiùjì	就	jiù	就是	jiùshì	就算	jiùsuàn	就业	jiùyè
3271~3275	舅舅	jiùjiu	舅妈	jiùmā	拘	jū	居	jū	居民	jūmín
3276~3280	居然	jūrán	居于	jūyú	居住	jūzhù	驹	jū	据	jū/jù
3281~3285	鞠躬	jūgōng	鞠躬尽瘁	jūgōng-jìncuì	局	jú	局部	júbù	局面	júmiàn
3286~3290	局势	júshì	局限	júxiàn	菊	jú	菊花	júhuā	橘子	júzi
3291~3295	咀嚼	jǔjué	沮丧	jǔsàng	矩	jǔ	举	jǔ	举办	jǔbàn
3296~3300	举动	jǔdòng	举行	jǔxíng	巨	jù	巨大	jùdà	句子	jùzi
3301~3305	拒	jù	拒绝	jùjué	具	jù	具备	jùbèi	具体	jùtǐ
3306~3310	具有	jùyǒu	俱	jù	剧	jù	剧本	jùběn	剧场	jùchǎng
3311~3315	剧烈	jùliè	剧团	jùtuán	剧种	jùzhǒng	据点	jùdiǎn	据说	jùshuō
3316~3320	距	jù	距离	jùlí	惧	jù	锯	jù	聚	jù

续表

序号	字词	拼音	字词	拼音	字词	拼音	字词	拼音	字词	拼音
3321~3325	聚集	jùjí	捐	juān	娟秀	juānxiù	圈	juān/juàn/quān	卷	juǎn/juàn
3326~3330	倦	juàn	绢	juàn	眷恋	juànliàn	决	jué	决策	juécè
3331~3335	决定	juédìng	决定性	juédìngxìng	决心	juéxīn	决议	juéyì	诀	jué
3336~3340	角色	juésè	觉察	juéchá	觉得	jué·dé	觉悟	juéwù	绝	jué
3341~3345	绝对	juéduì	绝技	juéjì	绝迹	juéjì	绝望	juéwàng	倔	jué/juè
3346~3350	掘	jué	崛起	juéqǐ	爵	jué	军	jūn	军队	jūnduì
3351~3355	军阀	jūnfá	军官	jūnguān	军舰	jūnjiàn	军民	jūnmín	军区	jūnqū
3356~3360	军人	jūnrén	军事	jūnshì	均	jūn	均衡	jūnhéng	均匀	jūnyún
3361~3365	君	jūn	君主	jūnzhǔ	钧	jūn	菌	jūn/jùn	俊	jùn
3366~3370	峻	jùn	骏马	jùnmǎ	竣工	jùngōng	咖啡	kāfēi	卡	kǎ/qiǎ
3371~3375	开	kāi	开办	kāibàn	开采	kāicǎi	开除	kāichú	开创	kāichuàng
3376~3380	开发	kāifā	开放	kāifàng	开关	kāiguān	开花	kāihuā	开会	kāihuì
3381~3385	开垦	kāikěn	开口	kāikǒu	开阔	kāikuò	开朗	kāilǎng	开门	kāimén
3386~3390	开幕	kāimù	开辟	kāipì	开设	kāishè	开始	kǎishǐ	开水	kāishuǐ
3391~3395	开庭	kāitíng	开头	kāitóu	开拓	kāituò	开玩笑	kāiwánxiào	开展	kāizhǎn
3396~3400	开支	kāizhī	揩	kāi	凯歌	kǎigē	凯旋	kǎixuán	慨然	kǎirán
3401~3405	慨叹	kǎitàn	楷模	kǎimó	刊	kān	刊登	kāndēng	刊物	kānwù
3406~3410	看	kān/kàn	勘测	kāncè	勘察	kānchá	勘探	kāntàn	堪	kān
3411~3415	坎	kǎn	坎坷	kǎnkě	砍	kǎn	看待	kàndài	看法	kànfǎ
3416~3420	看见	kàn·jiàn	看望	kànwàng	康	kāng	慷慨	kāngkǎi	糠	kāng
3421~3425	扛	káng	亢奋	kàngfèn	亢进	kàngjìn	抗	kàng	抗议	kàngyì
3426~3430	抗战	kàngzhàn	炕	kàng	考	kǎo	考察	kǎochá	考古	kǎogǔ
3431~3435	考核	kǎohé	考虑	kǎolǜ	考试	kǎoshì	考验	kǎoyàn	拷打	kǎodǎ
3436~3440	烤	kǎo	靠	kào	靠近	kàojìn	苛刻	kēkè	苛求	kēqiú
3441~3445	科	kē	科技	kējì	科学	kēxué	科学家	kēxuéjiā	科学院	kēxuéyuàn
3446~3450	科研	kēyán	棵	kē	颗	kē	颗粒	kēlì	磕	kē
3451~3455	蝌蚪	kēdǒu	壳	ké/qiào	咳嗽	késou	可	kě/kè	可爱	kě'ài
3456~3460	可耻	kěchǐ	可见	kějiàn	可靠	kěkào	可怜	kělián	可能	kěnéng
3461~3465	可是	kěshi	可谓	kěwèi	可惜	kěxī	可笑	kěxiào	可以	kěyǐ
3466~3470	渴	kě	渴望	kěwàng	克	kè	克服	kèfú	刻	kè
3471~3475	刻度	kèdù	刻画	kèhuà	刻苦	kèkǔ	客	kè	客观	kèguān
3476~3480	客气	kèqi	客人	kè·rén	客体	kètǐ	客厅	kètīng	客栈	kèzhàn
3481~3485	课	kè	课本	kèběn	课程	kèchéng	课堂	kètáng	课题	kètí
3486~3490	肯	kěn	肯定	kěndìng	垦	kěn	恳切	kěnqiè	恳求	kěnqiú
3491~3495	啃	kěn	坑	kēng	吭声	kēngshēng	空	kōng/kòng	空间	kōngjiān
3496~3500	空军	kōngjūn	空气	kōngqì	空前	kōngqián	空虚	kōngxū	空中	kōngzhōng
3501~3505	孔	kǒng	孔雀	kǒngquè	孔隙	kǒngxì	恐	kǒng	恐怖	kǒngbù
3506~3510	恐慌	kǒnghuāng	恐惧	kǒngjù	恐怕	kǒngpà	空白	kòngbái	空隙	kòngxì
3511~3515	控	kòng	控制	kòngzhì	抠	kōu	口	kǒu	口袋	kǒudai
3516~3520	口号	kǒuhào	口腔	kǒuqiāng	口头	kǒutóu	口语	kǒuyǔ	叩	kòu
3521~3525	扣	kòu	寇	kòu	枯	kū	哭	kū	窟	kū
3526~3530	窟窿	kūlong	苦	kǔ	苦难	kǔnàn	苦恼	kǔnǎo	苦衷	kǔzhōng
3531~3535	库	kù	库存	kùcún	裤	kù	裤子	kùzi	酷	kù

附录三 普通话水平测试用普通话词语表

续表

序　　号	字词	拼音	字词	拼音	字词	拼音	字词	拼音	字词	拼音
3536~3540	夸	kuā	夸张	kuāzhāng	垮	kuǎ	挎	kuà	跨	kuà
3541~3545	会计	kuài·jì	块	kuài	快	kuài	快活	kuàihuo	快乐	kuàilè
3546~3550	快速	kuàisù	快要	kuàiyào	筷子	kuàizi	宽	kuān	宽大	kuāndà
3551~3555	宽阔	kuānkuò	宽慰	kuānwèi	宽裕	kuānyù	款	kuǎn	筐	kuāng
3556~3560	狂	kuáng	旷	kuàng	况	kuàng	况且	kuàngqiě	矿	kuàng
3561~3565	矿产	kuàngchǎn	矿物	kuàngwù	框	kuàng	眶	kuàng	亏	kuī
3566~3570	亏损	kuīsǔn	盔	kuī	窥	kuī	葵花	kuíhuā	魁梧	kuí·wú
3571~3575	愧	kuì	坤	kūn	昆虫	kūnchóng	昆仑	kūnlún	昆曲	kūnqǔ
3576~3580	捆	kǔn	困	kùn	困境	kùnjìng	困难	kùn·nán	扩	kuò
3581~3585	扩大	kuòdà	扩散	kuòsàn	扩展	kuòzhǎn	扩张	kuòzhāng	括	kuò
3586~3590	阔	kuò	廓	kuò	垃圾	lājī	拉	lā/lá/lǎ/là	啦	lā
3591~3595	喇叭	lǎba	喇嘛	lǎma	落	là/lào/luò	腊	là	蜡	là/zhà
3596~3600	蜡烛	làzhú	辣	là	辣椒	làjiāo	来	lái	来不及	lái·bùjí
3601~3605	来回	láihuí	来临	láilín	来往	láiwǎng	来信	láixìn	来源	láiyuán
3606~3610	莱	lái	赖	lài	兰	lán	拦	lán	栏	lán
3611~3615	蓝	lán	篮	lán	览	lǎn	揽	lǎn	缆	lǎn
3616~3620	懒	lǎn	懒惰	lǎnduò	烂	làn	滥	làn	郎	láng
3621~3625	狼	láng	狼狈	lángbèi	廊	láng	榔头	lángtou	朗读	lǎngdú
3626~3630	朗诵	lǎngsòng	浪	làng	浪费	làngfèi	浪花	lànghuā	捞	lāo
3631~3635	劳	láo	劳动	láodòng	劳动力	láodònglì	劳动日	láodòngrì	劳动者	láodòngzhě
3636~3640	劳力	láolì	牢	láo	牢固	láogù	唠叨	láodao	老	lǎo
3641~3645	老百姓	lǎobǎixìng	老板	lǎobǎn	老伴儿	lǎobànr	老大	lǎodà	老汉	lǎohàn
3646~3650	老虎	lǎohǔ	老年	lǎonián	老婆	lǎopo	老人	lǎorén	老人家	lǎo·rén·jiā
3651~3655	老师	lǎoshī	老实	lǎoshi	老鼠	lǎo·shǔ	老太太	lǎotàitai	老天爷	lǎotiānyé
3656~3660	老头子	lǎotóuzi	老乡	lǎoxiāng	老爷	lǎoye	老子	lǎozi	姥姥	lǎolao
3661~3665	络	lào/luò	烙	lào	涝	lào	乐	lè/yuè	乐观	lèguān
3666~3670	勒	lè/lēi	了	le/liǎo	累	léi/lěi/lèi	雷	léi	雷达	léidá
3671~3675	擂	léi/lèi	垒	lěi	磊落	lěiluò	肋	lèi	泪	lèi
3676~3680	泪水	lèishuǐ	类	lèi	类似	lèisì	类型	lèixíng	棱	lēng/léng/líng
3681~3685	冷	lěng	冷静	lěngjìng	冷漠	lěngmò	冷却	lěngquè	冷水	lěngshuǐ
3686~3690	冷笑	lěngxiào	愣	lèng	哩	lī/li	厘	lí	离	lí
3691~3695	离婚	líhūn	离开	líkāi	离子	lízǐ	梨	lí	犁	lí
3696~3700	黎明	límíng	篱笆	líba	礼	lǐ	礼貌	lǐmào	礼物	lǐwù
3701~3705	李	lǐ	里	lǐ	里边	lǐ·biān	里面	lǐ·miàn	里头	lǐtou
3706~3710	理	lǐ	理解	lǐjiě	理论	lǐlùn	理想	lǐxiǎng	理性	lǐxìng
3711~3715	理由	lǐyóu	理智	lǐzhì	鲤	lǐ	力	lì	力量	lì·liàng
3716~3720	力气	lìqi	力求	lìqiú	力图	lìtú	力学	lìxué	历	lì
3721~3725	历代	lìdài	历来	lìlái	历史	lìshǐ	厉害	lìhai	厉声	lìshēng
3726~3730	立	lì	立场	lìchǎng	立法	lìfǎ	立即	lìjí	立刻	lìkè
3731~3735	立体	lìtǐ	立宪	lìxiàn	吏	lì	利	lì	利害	lìhài
3736~3740	利率	lìlǜ	利润	lìrùn	利息	lìxī	利益	lìyì	利用	lìyòng
3741~3745	利于	lìyú	沥青	lìqīng	例	lì	例如	lìrú	例外	lìwài
3746~3750	例子	lìzi	隶	lì	荔枝	lìzhī	栗子	lìzi	砾石	lìshí

续表

序号	字词	拼音	字词	拼音	字词	拼音	字词	拼音	字词	拼音	字词	拼音
3751~3755	粒	lì	粒子	lìzǐ	痢疾	lìji	俩	liǎ/liǎng	连	lián		
3756~3760	连队	liánduì	连贯	liánguàn	连接	liánjiē	连忙	liánmáng	连同	liántóng		
3761~3765	连续	liánxù	怜	lián	怜悯	liánmǐn	帘	lián	莲	lián		
3766~3770	莲子	liánzǐ	联	lián	联邦	liánbāng	联合	liánhé	联合国	Liánhéguó		
3771~3775	联结	liánjié	联络	liánluò	联盟	liánméng	联系	liánxì	联想	liánxiǎng		
3776~3780	联姻	liányīn	联营	liányíng	廉	lián	廉价	liánjià	镰	lián		
3781~3785	敛	liǎn	脸	liǎn	脸色	liǎnsè	练	liàn	练习	liànxí		
3786~3790	炼	liàn	恋	liàn	恋爱	liàn'ài	链	liàn	良	liáng		
3791~3795	良好	liánghǎo	良心	liángxīn	良种	liángzhǒng	凉	liáng/liàng	梁	liáng		
3796~3800	量	liáng/liàng	粮	liáng	粮食	liángshi	两	liǎng	两岸	liǎng'àn		
3801~3805	两边	liǎngbiān	两极	liǎngjí	两旁	liǎngpáng	两栖	liǎngqī	亮	liàng		
3806~3810	谅解	liàngjiě	辆	liàng	量子	liàngzǐ	晾	liàng	撩	liāo/liáo		
3811~3815	辽	liáo	辽阔	liáokuò	疗	liáo	聊	liáo	寥寥	liáoliáo		
3816~3820	嘹亮	liáoliàng	缭绕	liáorào	了不起	liǎo·buqǐ	了解	liǎojiě	料	liào		
3821~3825	瞭望	liàowàng	咧	liē/liě	列	liè	列车	lièchē	列举	lièjǔ		
3826~3830	劣	liè	烈	liè	烈士	lièshì	猎	liè	裂	liè		
3831~3835	裂隙	lièxì	拎	līn	邻	lín	邻近	línjìn	邻居	lín·jū		
3836~3840	林	lín	林木	línmù	林业	línyè	临	lín	临床	línchuáng		
3841~3845	临时	línshí	淋	lín/lìn	淋巴	línbā	淋漓	línlí	淋漓尽致	línlí-jìnzhì		
3846~3850	琳琅满目	línláng-mǎnmù	磷	lín	鳞	lín	凛冽	lǐnliè	吝啬	lìnsè		
3851~3855	令	líng/lǐng/lìng	伶	líng	伶俐	líng·lì	灵	líng	灵感	línggǎn		
3856~3860	灵魂	línghún	灵活	línghuó	灵敏	língmǐn	灵芝	língzhī	玲珑	línglóng		
3861~3865	铃	líng	铃铛	língdang	凌	líng	陵	líng	聆听	língtīng		
3866~3870	菱形	língxíng	羚羊	língyáng	零	líng	零件	língjiàn	零售	língshòu		
3871~3875	龄	líng	岭	lǐng	领	lǐng	领导	lǐngdǎo	领会	lǐnghuì		
3876~3880	领事	lǐngshì	领土	lǐngtǔ	领袖	lǐngxiù	领域	lǐngyù	另	lìng		
3881~3885	另外	lìngwài	溜	liū/liù	刘	Liú	浏览	liúlǎn	留	liú		
3886~3890	留学	liúxué	流	liú	流传	liúchuán	流动	liúdòng	流露	liúlù		
3891~3895	流氓	liúmáng	流派	liúpài	流水	liúshuǐ	流体	liútǐ	流通	liútōng		
3896~3900	流向	liúxiàng	流行	liúxíng	流血	liúxuè	流域	liúyù	琉璃	liú·lí		
3901~3905	硫	liú	硫酸	liúsuān	瘤	liú	柳	liǔ	六	liù		
3906~3910	陆	liù/lù	龙	lóng	聋	lóng	笼	lóng/lǒng	隆冬	lóngdōng		
3911~3915	隆重	lóngzhòng	拢	lǒng	垄	lǒng	垄断	lǒngduàn	笼罩	lóngzhào		
3916~3920	搂	lōu/lǒu	娄	lóu	楼	lóu	楼房	lóufáng	篓	lǒu		
3921~3925	陋	lòu	漏	lòu	露	lòu/lù	露馅儿	lòuxiànr	卢	Lú		
3926~3930	芦笙	lúshēng	芦苇	lúwěi	炉	lú	炉子	lúzi	颅	lú		
3931~3935	卤	lǔ	虏	lǔ	鲁	lǔ	鲁莽	lǔmǎng	陆地	lùdì		
3936~3940	陆军	lùjūn	陆续	lùxù	录	lù	鹿	lù	绿	lù/lǜ		
3941~3945	禄	lù	路	lù	路程	lùchéng	路过	lùguò	路线	lùxiàn		
3946~3950	路子	lùzi	驴	lǘ	吕	Lǚ	旅	lǚ	旅馆	lǚguǎn		
3951~3955	旅客	lǚkè	旅行	lǚxíng	旅游	lǚyóu	铝	lǚ	屡	lǚ		
3956~3960	缕	lǚ	履	lǚ	履行	lǚxíng	律	lǜ	律师	lǜshī		
3961~3965	虑	lǜ	率	lǜ/shuài	绿化	lǜhuà	氯	lǜ	氯气	lǜqì		

附录三 普通话水平测试用普通话词语表

续表

序　号	字词	拼音	字词	拼音	字词	拼音	字词	拼音	字词	拼音
3966~3970	滤	lǜ	峦	luán	卵	luǎn	卵巢	luǎncháo	乱	luàn
3971~3975	掠	lüè	掠夺	lüèduó	略	lüè	抡	lūn	伦理	lúnlǐ
3976~3980	论	Lún/lùn	沦陷	lúnxiàn	轮	lún	轮船	lúnchuán	轮廓	lúnkuò
3981~3985	轮流	lúnliú	轮椅	lúnyǐ	论点	lùndiǎn	论述	lùnshù	论文	lùnwén
3986~3990	论证	lùnzhèng	啰唆	luōsuo	罗	luó	萝卜	luóbo	逻辑	luó·jí
3991~3995	锣	luó	箩	luó	骡子	luózi	螺	luó	螺旋	luóxuán
3996~4000	裸	luǒ	洛	Luò	骆驼	luòtuo	落地	luòdì	落后	luòhòu
4001~4005	落实	luòshí	妈妈	māma	抹	mā/mǒ/mò	摩	mā/mó	吗	má/mǎ/ma
4006~4010	麻	má	麻烦	máfan	麻疹	mázhěn	麻醉	mázuì	马	mǎ
4011~4015	马鞍	mǎ'ān	马车	mǎchē	马褂儿	mǎguàr	马铃薯	mǎlíngshǔ	马路	mǎlù
4016~4020	马上	mǎshàng	玛瑙	mǎnǎo	码	mǎ	码头	mǎtou	蚂蚁	mǎyǐ
4021~4025	骂	mà	埋	mái/mán	买	mǎi	买卖	mǎimai	迈	mài
4026~4030	麦	mài	卖	mài	脉	mài/mò	蛮	mán	蔓	mán/màn/wàn
4031~4035	馒头	mántou	瞒	mán	满	mǎn	满意	mǎnyì	满足	mǎnzú
4036~4040	曼	màn	漫	màn	漫长	màncháng	慢	màn	慢性	mànxìng
4041~4045	忙	máng	忙碌	mánglù	盲	máng	盲目	mángmù	茫然	mángrán
4046~4050	猫	māo	毛	máo	毛病	máo·bìng	毛巾	máojīn	毛毯	máotǎn
4051~4055	矛	máo	矛盾	máodùn	茅草	máocǎo	茅庐	máolú	茅屋	máowū
4056~4060	锚	máo	卯	mǎo	茂密	màomì	茂盛	màoshèng	冒	mào
4061~4065	冒险	màoxiǎn	贸然	màorán	贸易	màoyì	帽	mào	帽子	màozi
4066~4070	貌	mào	没	méi/mò	没事	méishì	没有	méi·yǒu	玫瑰	méi·guī
4071~4075	枚	méi	眉	méi	眉毛	méimao	眉头	méitóu	眉宇	méiyǔ
4076~4080	梅	méi	媒	méi	媒介	méijiè	煤	méi	煤炭	méitàn
4081~4085	霉	méi	每	měi	每年	měinián	美	měi	美感	měigǎn
4086~4090	美好	měihǎo	美化	měihuà	美丽	měilì	美妙	měimiào	美术	měishù
4091~4095	美学	měixué	美元	měiyuán	妹妹	mèimei	昧	mèi	媚	mèi
4096~4100	魅力	mèilì	闷	mēn/mèn	门	mén	门槛	ménkǎn	门口	ménkǒu
4101~4105	蒙	mēng/méng/Měng	萌	méng	萌发	méngfā	萌芽	méngyá	盟	méng
4106~4110	朦胧	ménglóng	猛	měng	猛烈	měngliè	锰	měng	孟	mèng
4111~4115	梦	mèng	咪	mī	眯	mī/mí	弥	mí	弥补	míbǔ
4116~4120	弥漫	mímàn	迷	mí	迷茫	mímáng	迷人	mírén	迷信	míxìn
4121~4125	猕猴	míhóu	谜	mí	米	mǐ	觅	mì	秘密	mìmì
4126~4130	秘书	mìshū	密	mì	密度	mìdù	密集	mìjí	密切	mìqiè
4131~4135	蜜	mì	蜜蜂	mìfēng	眠	mián	绵	mián	棉	mián
4136~4140	棉花	mián·huā	免	miǎn	免疫	miǎnyì	勉	miǎn	勉励	miǎnlì
4141~4145	勉强	miǎnqiǎng	缅怀	miǎnhuái	面	miàn	面积	miànjī	面孔	miànkǒng
4146~4150	面临	miànlín	面貌	miànmào	面目	miànmù	面前	miànqián	苗	miáo
4151~4155	描	miáo	描绘	miáohuì	描述	miáoshù	描写	miáoxiě	瞄	miáo
4156~4160	秒	miǎo	渺	miǎo	渺茫	miǎománg	藐视	miǎoshì	妙	miào
4161~4165	庙	miào	庙宇	miàoyǔ	灭	miè	灭亡	mièwáng	蔑视	mièshì
4166~4170	民	mín	民兵	mínbīng	民歌	míngē	民国	Mínguó	民间	mínjiān
4171~4175	民事	mínshì	民俗	mínsú	民谣	mínyáo	民众	mínzhòng	民主	mínzhǔ
4176~4180	民族	mínzú	皿	mǐn	闽	Mǐn	敏感	mǐngǎn	敏捷	mǐnjié

续表

序　号	字词	拼音	字词	拼音	字词	拼音	字词	拼音	字词	拼音
4181~4185	敏锐	mǐnruì	名	míng	名称	míngchēng	名词	míngcí	名列前茅	mínglièqiánmáo
4186~4190	名义	míngyì	名字	míngzi	明	míng	明白	míngbai	明矾	míngfán
4191~4195	明朗	mínglǎng	明亮	míngliàng	明年	míngnián	明确	míngquè	明天	míngtiān
4196~4200	明晰	míngxī	明显	míngxiǎn	鸣	míng	冥想	míngxiǎng	铭	míng
4201~4205	命	mìng	命令	mìnglìng	命名	mìngmíng	命题	mìngtí	命运	mìngyùn
4206~4210	谬	miù	摸	mō	摸索	mō·suǒ	馍	mó	摹	mó
4211~4215	模	mó/mú	模范	mófàn	模仿	mófǎng	模糊	móhu	模拟	mónǐ
4216~4220	模式	móshì	模型	móxíng	膜	mó	摩擦	mócā	磨	mó/mò
4221~4225	蘑菇	mógu	魔	mó	末	mò	末期	mòqī	没落	mòluò
4226~4230	没收	mòshōu	茉莉	mòlì	沫	mò	陌生	mòshēng	莫	mò
4231~4235	漠然	mòrán	漠视	mòshì	墨	mò	默	mò	默默	mòmò
4236~4240	谋	móu	某	mǒu	模样	múyàng	母	mǔ	母亲	mǔ·qīn
4241~4245	母体	mǔtǐ	牡丹	mǔ·dān	牡蛎	mǔlì	亩	mǔ	拇指	mǔzhǐ
4246~4250	木	mù	木材	mùcái	木头	mùtou	目	mù	目标	mùbiāo
4251~4255	目的	mùdì	目光	mùguāng	目前	mùqián	沐浴	mùyù	牧	mù
4256~4260	募	mù	墓	mù	幕	mù	暮	mù	穆	mù
4261~4265	那	Nā/nà	拿	ná	哪	nǎ/né	哪里	nǎ·lǐ	哪儿	nǎr
4266~4270	哪些	nǎxiē	那里	nà·lǐ	那么	nàme	那儿	nàr	那些	nàxiē
4271~4275	那样	nàyàng	呐喊	nàhǎn	纳	nà	纳粹	Nàcuì	纳入	nàrù
4276~4280	纳税	nàshuì	钠	nà	娜	nà/nuó	捺	nà	乃	nǎi
4281~4285	乃至	nǎizhì	奶	nǎi	奶酪	nǎilào	奶奶	nǎinai	奈何	nàihé
4286~4290	耐	nài	耐心	nàixīn	男	nán	男女	nánnǚ	男人	nánrén
4291~4295	男性	nánxìng	男子	nánzǐ	南	nán	南北	nánběi	南方	nánfāng
4296~4300	南极	nánjí	难	nán/nàn	难道	nándào	难得	nándé	难怪	nánguài
4301~4305	难过	nánguò	难免	nánmiǎn	难受	nánshòu	难题	nántí	难以	nányǐ
4306~4310	难于	nányú	囊	nāng/náng	挠	náo	恼	nǎo	脑	nǎo
4311~4315	脑袋	nǎodai	脑际	nǎojì	脑子	nǎozi	闹	nào	内	nèi
4316~4320	内部	nèibù	内地	nèidì	内涵	nèihán	内疚	nèijiù	内容	nèiróng
4321~4325	内外	nèiwài	内心	nèixīn	内在	nèizài	内脏	nèizàng	嫩	nèn
4326~4330	能	néng	能动	néngdòng	能够	nénggòu	能力	nénglì	能量	néngliàng
4331~4335	能源	néngyuán	妮	nī	尼	ní	尼姑	nígū	呢绒	níróng
4336~4340	泥	ní/nì	泥泞	nínìng	泥土	nítǔ	拟	nǐ	你	nǐ
4341~4345	你们	nǐmen	逆	nì	匿名	nìmíng	腻	nì	溺	nì
4346~4350	年	nián	年初	niánchū	年代	niándài	年底	niándǐ	年度	niándù
4351~4355	年级	niánjí	年纪	niánjì	年间	niánjiān	年龄	niánlíng	年青	niánqīng
4356~4360	年轻	niánqīng	年头儿	niántóur	粘	nián/zhān	捻	niǎn	撵	niǎn
4361~4365	碾	niǎn	念	niàn	念叨	niàndao	念头	niàntou	娘	niáng
4366~4370	酿	niàng	鸟	niǎo	尿	niào	捏	niē	聂	Niè
4371~4375	孽	niè	您	nín	宁	níng/nìng	宁静	níngjìng	拧	níng/nǐng/nìng
4376~4380	狞笑	níngxiào	柠檬	níngméng	凝	níng	凝固	nínggù	凝结	níngjié
4381~4385	凝聚	níngjù	凝视	níngshì	牛	niú	牛顿	niúdùn	牛仔裤	niúzǎikù
4386~4390	扭	niǔ	扭转	niǔzhuǎn	纽带	niǔdài	纽扣	niǔkòu	农	nóng
4391~4395	农产品	nóngchǎnpǐn	农场	nóngchǎng	农村	nóngcūn	农户	nónghù	农具	nóngjù

续表

序 号	字词	拼音	字词	拼音	字词	拼音	字词	拼音	字词	拼音
4396~4400	农民	nóngmín	农田	nóngtián	农药	nóngyào	农业	nóngyè	农作物	nóngzuòwù
4401~4405	浓	nóng	浓度	nóngdù	浓厚	nónghòu	脓	nóng	弄	nòng
4406~4410	奴	nú	奴隶	núlì	奴役	núyì	努力	nǔlì	怒	nù
4411~4415	女	nǚ	女儿	nǚ'ér	女工	nǚgōng	女人	nǚrén	女士	nǚshì
4416~4420	女性	nǚxìng	女婿	nǚxu	女子	nǚzǐ	暖	nuǎn	疟疾	nüèji
4421~4425	虐待	nüèdài	挪	nuó	诺言	nuòyán	懦弱	nuòruò	糯米	nuòmǐ
4426~4430	区	Ōu/qū	欧	Ōu	殴打	ōudǎ	鸥	ōu	呕	ǒu
4431~4435	偶	ǒu	偶尔	ǒu'ěr	偶然	ǒurán	偶然性	ǒuránxìng	藕	ǒu
4436~4440	趴	pā	啪	pā	爬	pá	帕	pà	怕	pà
4441~4445	拍	pāi	拍摄	pāishè	排	pái	排斥	páichì	排除	páichú
4446~4450	排放	páifàng	排列	páiliè	徘徊	páihuái	牌	pái	牌坊	pái·fāng
4451~4455	牌子	páizi	迫	pǎi/pò	派	pài	派出所	pàichūsuǒ	派遣	pàiqiǎn
4456~4460	潘	Pān	攀	pān	胖	pán/pàng	盘	pán	判	pàn
4461~4465	判处	pànchǔ	判定	pàndìng	判断	pànduàn	判决	pànjué	盼	pàn
4466~4470	盼望	pànwàng	叛	pàn	畔	pàn	庞	páng	庞大	nángdà
4471~4475	旁	páng	旁边	pángbiān	螃蟹	pángxiè	抛	pāo	抛弃	pāoqì
4476~4480	泡	pāo/pào	咆哮	páoxiào	袍	páo	跑	páo/pǎo	炮弹	pàodàn
4481~4485	胚	pēi	胚胎	pēitāi	陪	péi	培	péi	培训	péixùn
4486~4490	培养	péiyǎng	培育	péiyù	赔	péi	赔偿	péicháng	佩	pèi
4491~4495	佩服	pèi·fú	配	pèi	配合	pèihé	配套	pèitào	配置	pèizhì
4496~4500	喷	pēn/pèn	盆	pén	盆地	péndì	砰	pēng	烹饪	pēngrèn
4501~4505	烹调	pēngtiáo	朋友	péngyou	彭	Péng	棚	péng	蓬	péng
4506~4510	蓬勃	péngbó	鹏程万里	péngchéng-wànlǐ	澎湃	péngpài	篷	péng	膨大	péngdà
4511~4515	膨胀	péngzhàng	捧	pěng	碰	pèng	批	pī	批发	pīfā
4516~4520	批判	pīpàn	批评	pīpíng	批准	pīzhǔn	坯	pī	披	pī
4521~4525	劈	pī/pǐ	霹雳	pīlì	皮	pí	皮肤	pífū	疲	pí
4526~4530	疲惫	píbèi	疲倦	píjuàn	疲劳	píláo	啤酒	píjiǔ	脾	pí
4531~4535	脾气	píqi	匹	pǐ	屁	pì	屁股	pìgu	僻静	pìjìng
4536~4540	譬如	pìrú	片	piān/piàn	偏	piān	偏见	piānjiàn	偏僻	piānpì
4541~4545	偏偏	piānpiān	偏向	piānxiàng	篇	piān	翩翩起舞	piānpiān-qǐwǔ	便宜	piányi
4546~4550	片刻	piànkè	片面	piànmiàn	骗	piàn	漂	piāo/piǎo/piào	飘	piāo
4551~4555	飘忽	piāohū	朴	Piáo/pō/pò/pǔ	瓢	piáo	票	piào	漂亮	piàoliang
4556~4560	撇	piē/piě	拼	pīn	拼命	pīnmìng	贫	pín	贫困	pínkùn
4561~4565	贫穷	pínqióng	频	pín	频繁	pínfán	频率	pínlǜ	品	pǐn
4566~4570	品德	pǐndé	品质	pǐnzhì	品种	pǐnzhǒng	聘	pìn	乒乓球	pīngpāngqiú
4571~4575	平	píng	平常	píngcháng	平等	píngděng	平凡	píngfán	平分	píngfēn
4576~4580	平衡	pínghéng	平静	píngjìng	平均	píngjūn	平面	píngmiàn	平民	píngmín
4581~4585	平日	píngrì	平时	píngshí	平坦	píngtǎn	平行	píngxíng	平庸	píngyōng
4586~4590	平原	píngyuán	评	píng	评价	píngjià	评论	pínglùn	评选	píngxuǎn
4591~4595	坪	píng	苹果	píngguǒ	凭	píng	凭借	píngjiè	屏幕	píngmù
4596~4600	瓶	píng	萍	píng	坡	pō	泼	pō	颇	pō
4601~4605	婆家	pójia	婆婆	pópo	迫害	pòhài	迫切	pòqiè	迫使	pòshǐ
4606~4610	破	pò	破产	pòchǎn	破坏	pòhuài	破裂	pòliè	破绽	pò·zhàn

续表

序　　号	字词	拼音	字词	拼音	字词	拼音	字词	拼音	字词	拼音	字词	拼音
4611~4615	魄	pò	剖	pōu	剖面	pōumiàn	剖析	pōuxī	仆	pū/pú
4616~4620	扑	pū	铺	pū/pù	菩萨	pú·sà	葡萄	pú·táo	葡萄酒	pú·táojiǔ
4621~4625	葡萄糖	pú·táotáng	蒲公英	púgōngyīng	蒲扇	púshàn	朴素	pǔsù	圃	pǔ
4626~4630	浦	pǔ	普	pǔ	普遍	pǔbiàn	普及	pǔjí	普通	pǔtōng
4631~4635	普通话	pǔtōnghuà	谱	pǔ	瀑	pù	曝晒	pùshài	七	qī
4636~4640	妻子	qī·zǐ	柒	qī	栖息	qīxī	凄惨	qīcǎn	凄楚	qīchǔ
4641~4645	凄厉	qīlì	凄凉	qīliáng	凄然	qīrán	戚	qī	期	qī
4646~4650	期待	qīdài	期货	qīhuò	期间	qījiān	期望	qīwàng	期限	qīxiàn
4651~4655	欺	qī	欺骗	qīpiàn	欺侮	qīwǔ	漆	qī	齐	qí
4656~4660	其	qí	其次	qícì	其间	qíjiān	其实	qíshí	其他	qítā
4661~4665	其余	qíyú	其中	qízhōng	奇怪	qíguài	奇迹	qíjì	奇特	qítè
4666~4670	奇异	qíyì	歧视	qíshì	歧途	qítú	歧义	qíyì	祈	qí
4671~4675	祈祷	qídǎo	脐带	qídài	崎岖	qíqū	骑	qí	棋	qí
4676~4680	旗	qí	旗帜	qízhì	鳍	qí	乞丐	qǐgài	乞求	qǐqiú
4681~4685	乞讨	qǐtǎo	岂有此理	qǐyǒucǐlǐ	企鹅	qǐ'é	企图	qǐtú	企业	qǐyè
4686~4690	启	qǐ	启迪	qǐdí	启发	qǐfā	启示	qǐshì	起	qǐ
4691~4695	起初	qǐchū	起点	qǐdiǎn	起伏	qǐfú	起来	qǐ·lái	起码	qǐmǎ
4696~4700	起身	qǐshēn	起义	qǐyì	起源	qǐyuán	绮丽	qǐlì	气	qì
4701~4705	气氛	qì·fēn	气愤	qìfèn	气候	qìhòu	气流	qìliú	气馁	qìněi
4706~4710	气体	qìtǐ	气团	qìtuán	气味	qìwèi	气温	qìwēn	气息	qìxī
4711~4715	气象	qìxiàng	气压	qìyā	气质	qìzhì	迄	qì	弃	qì
4716~4720	汽	qì	汽车	qìchē	汽油	qìyóu	泣	qì	契	qì
4721~4725	契约	qìyuē	砌	qì	器	qì	器材	qìcái	器官	qìguān
4726~4730	掐	qiā	洽	qià	恰	qià	恰当	qiàdàng	恰好	qiàhǎo
4731~4735	千	qiān	千方百计	qiānfāng-bǎijì	千克	qiānkè	千里迢迢	qiānlǐ-tiáotiáo	迁	qiān
4736~4740	迁徙	qiānxǐ	迁移	qiānyí	牵	qiān	铅	qiān	铅笔	qiānbǐ
4741~4745	谦虚	qiānxū	谦逊	qiānxùn	签	qiān	签订	qiāndìng	前	qián
4746~4750	前边	qián·biān	前方	qiánfāng	前后	qiánhòu	前进	qiánjìn	前景	qiánjǐng
4751~4755	前面	qián·miàn	前期	qiánqī	前人	qiánrén	前提	qiántí	前头	qiántou
4756~4760	前途	qiántú	前往	qiánwǎng	前夕	qiánxī	前线	qiánxiàn	钱	qián
4761~4765	钳工	qiángōng	钳子	qiánzi	乾	qián	潜	qián	潜力	qiánlì
4766~4770	潜在	qiánzài	黔	Qián	浅	qiǎn	谴责	qiǎnzé	欠	qiàn
4771~4775	纤	qiàn/xiān	嵌	qiàn	歉	qiàn	抢	qiāng/qiǎng	呛	qiāng/qiàng
4776~4780	枪	qiāng	腔	qiāng	强大	qiángdà	强盗	qiángdào	强调	qiángdiào
4781~4785	强度	qiángdù	强化	qiánghuà	强健	qiángjiàn	强烈	qiángliè	强制	qiángzhì
4786~4790	墙	qiáng	墙壁	qiángbì	蔷薇	qiángwēi	抢救	qiǎngjiù	悄悄	qiāoqiāo
4791~4795	跷	qiāo	锹	qiāo	敲	qiāo	乔	qiáo	侨胞	qiáobāo
4796~4800	侨眷	qiáojuàn	侨民	qiáomín	侨务	qiáowù	桥	qiáo	桥梁	qiáoliáng
4801~4805	翘	qiáo/qiào	憔悴	qiáocuì	瞧	qiáo	巧	qiǎo	巧妙	qiǎomiào
4806~4810	悄然	qiǎorán	悄声	qiǎoshēng	俏	qiào	峭壁	qiàobì	窍	qiào
4811~4815	撬	qiào	切	qiē/qiè	茄子	qiézi	且	qiě	切实	qièshí
4816~4820	怯	qiè	怯懦	qiènuò	窃	qiè	钦差	qīnchāi	钦佩	qīnpèi
4821~4825	侵	qīn	侵犯	qīnfàn	侵略	qīnlüè	侵权	qīnquán	侵入	qīnrù

续表

序　号	字词	拼音	字词	拼音	字词	拼音	字词	拼音	字词	拼音	字词	拼音
4826~4830	侵蚀	qīnshí	侵占	qīnzhàn	亲	qīn/qìng	亲密	qīnmì	亲朋	qīnpéng
4831~4835	亲戚	qīnqi	亲切	qīnqiè	亲热	qīnrè	亲人	qīnrén	亲属	qīnshǔ
4836~4840	亲眼	qīnyǎn	亲友	qīnyǒu	亲自	qīnzì	芹菜	qíncài	秦	Qín
4841~4845	琴	qín	禽	qín	勤	qín	勤奋	qínfèn	勤俭	qínjiǎn
4846~4850	勤劳	qínláo	擒	qín	寝	qǐn	沁	qìn	青	qīng
4851~4855	青春	qīngchūn	青睐	qīnglài	青年	qīngnián	青苔	qīngtái	青蛙	qīngwā
4856~4860	轻	qīng	轻工业	qīnggōngyè	轻蔑	qīngmiè	轻声	qīngshēng	轻视	qīngshì
4861~4865	轻松	qīngsōng	轻微	qīngwēi	轻易	qīngyì	轻重	qīngzhòng	氢	qīng
4866~4870	氢气	qīngqì	倾	qīng	倾听	qīngtīng	倾向	qīngxiàng	倾斜	qīngxié
4871~4875	卿	qīng	清	qīng	清晨	qīngchén	清除	qīngchú	清楚	qīngchu
4876~4880	清洁	qīngjié	清理	qīnglǐ	清晰	qīngxī	清醒	qīngxǐng	蜻蜓	qīngtíng
4881~4885	情	qíng	情报	qíngbào	情操	qíngcāo	情感	qínggǎn	情节	qíngjié
4886~4890	情景	qíngjǐng	情境	qíngjìng	情况	qíngkuàng	情侣	qínglǚ	情趣	qíngqù
4891~4895	情形	qíng·xíng	情绪	qíng·xù	情谊	qíngyì	晴	qíng	晴朗	qínglǎng
4896~4900	擎	qíng	顷	qǐng	请	qǐng	请求	qǐngqiú	请示	qǐngshì
4901~4905	庆	qìng	庆祝	qìngzhù	穷	qióng	穷人	qióngrén	琼	qióng
4906~4910	丘陵	qiūlíng	秋	qiū	秋季	qiūjì	秋天	qiūtiān	蚯蚓	qiūyǐn
4911~4915	囚	qiú	求	qiú	求证	qiúzhèng	酋长	qiúzhǎng	球	qiú
4916~4920	区别	qūbié	区分	qūfēn	区域	qūyù	曲	qū/qǔ	曲线	qūxiàn
4921~4925	曲折	qūzhé	驱	qū	驱逐	qūzhú	屈	qū	屈服	qūfú
4926~4930	躯	qū	趋	qū	趋势	qūshì	趋向	qūxiàng	渠	qú
4931~4935	渠道	qúdào	取	qǔ	取代	qǔdài	取得	qǔdé	取消	qǔxiāo
4936~4940	娶	qǔ	去	qù	去年	qùnián	去世	qùshì	趣	qù
4941~4945	趣味	qùwèi	权	quán	权力	quánlì	权利	quánlì	权威	quánwēi
4946~4950	权益	quányì	全	quán	全部	quánbù	全局	quánjú	全面	quánmiàn
4951~4955	全民	quánmín	全球	quánqiú	全身	quánshēn	全体	quántǐ	泉	quán
4956~4960	拳	quán	拳头	quántou	痊愈	quányù	犬	quǎn	劝	quàn
4961~4965	劝慰	quànwèi	券	quàn/xuàn	缺	quē	缺点	quēdiǎn	缺乏	quēfá
4966~4970	缺少	quēshǎo	缺陷	quēxiàn	瘸	qué	却	què	雀	què
4971~4975	确	què	确保	quèbǎo	确定	quèdìng	确立	quèlì	确切	quèqiè
4976~4980	确认	quèrèn	确实	quèshí	裙	qún	群	qún	群落	qúnluò
4981~4985	群体	qúntǐ	群众	qúnzhòng	然	rán	然而	rán'ér	然后	ránhòu
4986~4990	燃	rán	燃料	ránliào	燃烧	ránshāo	冉冉	rǎnrǎn	染	rǎn
4991~4995	染色	rǎnsè	染色体	rǎnsètǐ	嚷	rāng/rǎng	瓤	ráng	让	ràng
4996~5000	饶	ráo	扰	rǎo	扰动	rǎodòng	扰乱	rǎoluàn	绕	rào
5001~5005	惹	rě	热	rè	热爱	rè'ài	热忱	rèchén	热带	rèdài
5006~5010	热量	rèliàng	热烈	rèliè	热闹	rènao	热能	rènéng	热情	rèqíng
5011~5015	热心	rèxīn	人	rén	人才	réncái	人格	réngé	人工	réngōng
5016~5020	人际	rénjì	人迹	rénjì	人家	rénjiā	人家	rénjia	人间	rénjiān
5021~5025	人均	rénjūn	人口	rénkǒu	人类	rénlèi	人力	rénlì	人伦	rénlún
5026~5030	人们	rénmen	人民	rénmín	人民币	rénmínbì	人群	rénqún	人身	rénshēn
5031~5035	人生	rénshēng	人士	rénshì	人事	rénshì	人体	réntǐ	人为	rénwéi
5036~5040	人物	rénwù	人心	rénxīn	人性	rénxìng	人影(儿)	rényǐng(r)	人员	rényuán

续表

序　号	字词	拼音	字词	拼音	字词	拼音	字词	拼音	字词	拼音	字词	拼音
5041~5045	人造	rénzào	壬	rén	仁	rén	任	Rén/rèn	忍	rěn
5046~5050	忍耐	rěnnài	忍受	rěnshòu	刃	rèn	认	rèn	认定	rèndìng
5051~5055	认识	rènshi	认识论	rènshilùn	认为	rènwéi	认真	rènzhēn	任何	rènhé
5056~5060	任命	rènmìng	任务	rèn·wù	任意	rènyì	韧	rèn	扔	rēng
5061~5065	仍	réng	仍旧	réngjiù	仍然	réngrán	日	rì	日报	rìbào
5066~5070	日常	rìcháng	日记	rìjì	日渐	rìjiàn	日期	rìqī	日前	rìqián
5071~5075	日趋	rìqū	日夜	rìyè	日益	rìyì	日子	rìzi	戎装	róngzhuāng
5076~5080	茸毛	róngmáo	荣	róng	荣誉	róngyù	绒	róng	容	róng
5081~5085	容量	róngliàng	容纳	róngnà	容器	róngqì	容易	róng·yì	溶	róng
5086~5090	溶剂	róngjì	溶解	róngjiě	溶液	róngyè	榕	róng	熔	róng
5091~5095	熔点	róngdiǎn	融	róng	融合	rónghé	冗长	rǒngcháng	柔	róu
5096~5100	柔和	róuhé	柔软	róuruǎn	揉	róu	蹂躏	róulìn	肉	ròu
5101~5105	肉体	ròutǐ	如	rú	如此	rúcǐ	如果	rúguǒ	如何	rúhé
5106~5110	如今	rújīn	如释重负	rúshìzhòngfù	如同	rútóng	如下	rúxià	儒	rú
5111~5115	儒家	Rújiā	蠕动	rúdòng	汝	rǔ	乳	rǔ	辱	rǔ
5116~5120	入	rù	入侵	rùqīn	入手	rùshǒu	入学	rùxué	褥子	rùzi
5121~5125	软	ruǎn	蕊	ruǐ	锐	ruì	瑞	ruì	闰	rùn
5126~5130	润	rùn	若	ruò	若干	ruògān	若是	ruòshì	弱	ruò
5131~5135	弱点	ruòdiǎn	撒	sā/sǎ	洒	sǎ	腮	sāi	塞	sāi/sài/sè
5136~5140	赛	sài	三	sān	三角	sānjiǎo	三角形	sānjiǎoxíng	叁	sān
5141~5145	伞	sǎn	散	sǎn/sàn	散射	sǎnshè	散文	sǎnwén	散布	sànbù
5146~5150	散步	sànbù	散发	sànfā	丧事	sāngshì	丧葬	sāngzàng	桑	sāng
5151~5155	嗓	sǎng	嗓子	sǎngzi	丧气	sàngqì	丧失	sàngshī	搔	sāo
5156~5160	骚	sāo	臊	sāo/sào	扫	sǎo/sào	扫荡	sǎodàng	嫂子	sǎozi
5161~5165	扫帚	sàozhou	色	sè/shǎi	色彩	sècǎi	涩	sè	瑟	sè
5166~5170	森林	sēnlín	森严	sēnyán	僧	sēng	僧侣	sēnglǚ	杀	shā
5171~5175	杀害	shāhài	杉	shā/shān	沙	shā	沙发	shāfā	沙漠	shāmò
5176~5180	沙丘	shāqiū	沙滩	shātān	纱	shā	砂	shā	煞	shā/shà
5181~5185	鲨鱼	shāyú	啥	shá	傻	shǎ	霎时	shàshí	筛	shāi
5186~5190	晒	shài	山	shān	山地	shāndì	山峰	shānfēng	山谷	shāngǔ
5191~5195	山林	shānlín	山路	shānlù	山脉	shānmài	山区	shānqū	山水	shānshuǐ
5196~5200	山头	shāntóu	删除	shānchú	衫	shān	珊瑚	shānhú	扇	shān/shàn
5201~5205	煽动	shāndòng	闪	shǎn	闪电	shǎndiàn	闪光	shǎnguāng	闪烁	shǎnshuò
5206~5210	陕	Shǎn	善	shàn	善良	shànliáng	善于	shànyú	擅长	shàncháng
5211~5215	擅自	shànzì	赡养	shànyǎng	伤	shāng	伤害	shānghài	伤口	shāngkǒu
5216~5220	伤心	shāngxīn	伤员	shāngyuán	汤	shāng/tāng	商	shāng	商标	shāngbiāo
5221~5225	商店	shāngdiàn	商量	shāngliang	商品	shāngpǐn	商人	shāngrén	商业	shāngyè
5226~5230	上	shǎng/shàng	晌	shǎng	赏	shǎng	上班	shàngbān	上边	shàng·biān
5231~5235	上层	shàngcéng	上帝	Shàngdì	上级	shàngjí	上课	shàngkè	上空	shàngkōng
5236~5240	上来	shàng·lái	上面	shàng·miàn	上去	shàng·qù	上山	shàngshān	上升	shàngshēng
5241~5245	上市	shàngshì	上述	shàngshù	上诉	shàngsù	上午	shàngwǔ	上下	shàngxià
5246~5250	上学	shàngxué	上衣	shàngyī	上游	shàngyóu	上涨	shàngzhǎng	尚	shàng
5251~5255	捎	shāo/shào	烧	shāo	梢	shāo	稍	shāo	稍稍	shāoshāo

194

附录三 普通话水平测试用普通话词语表

续表

序　号	字词	拼音	字词	拼音	字词	拼音	字词	拼音	字词	拼音	字词	拼音
5256~5260	稍微	shāowēi	勺	sháo	少	shǎo/shào	少量	shǎoliàng	少数	shǎoshù		
5261~5265	少年	shàonián	少女	shàonǚ	少爷	shàoye	召	Shào/zhào	哨	shào		
5266~5270	奢侈	shēchǐ	舌	shé	舌苔	shétāi	舌头	shétou	折	shé/zhē/zhé		
5271~5275	蛇	shé	舍	shě/shè	舍不得	shěbude	设	shè	设备	shèbèi		
5276~5280	设法	shèfǎ	设计	shèjì	设立	shèlì	设施	shèshī	设想	shèxiǎng		
5281~5285	设置	shèzhì	社	shè	社会	shèhuì	社会学	shèhuìxué	拾	shè/shí		
5286~5290	射	shè	射击	shèjī	射线	shèxiàn	涉	shè	涉及	shèjí		
5291~5295	赦	shè	摄	shè	摄影	shèyǐng	谁	shéi/shuí	申	shēn		
5296~5300	申请	shēnqǐng	伸	shēn	伸手	shēnshǒu	身	shēn	身边	shēnbiān		
5301~5305	身材	shēncái	身份	shēn·fèn	身后	shēnhòu	身躯	shēnqū	身体	shēntǐ		
5306~5310	身心	shēnxīn	身影	shēnyǐng	身子	shēnzi	呻吟	shēnyín	绅士	shēnshì		
5311~5315	深	shēn	深沉	shēnchén	深度	shēndù	深厚	shēnhòu	深化	shēnhuà		
5316~5320	深刻	shēnkè	深情	shēnqíng	深入	shēnrù	深夜	shēnyè	深远	shēnyuǎn		
5321~5325	什	shén/shí	什么	shénme	神	shén	神话	shénhuà	神经	shénjīng		
5326~5330	神秘	shénmì	神奇	shénqí	神气	shén·qì	神情	shénqíng	神色	shénsè		
5331~5335	神圣	shénshèng	神态	shéntài	神学	shénxué	沈	Shěn	审	shěn		
5336~5340	审查	shěnchá	审美	shěnměi	审判	shěnpàn	婶	shěn	肾	shèn		
5341~5345	甚	shèn	甚至	shènzhì	渗	shèn	渗透	shèntòu	慎	shèn		
5346~5350	慎重	shènzhòng	升	shēng	升腾	shēngténg	生	shēng	生产	shēngchǎn		
5351~5355	生产力	shēngchǎnlì	生成	shēngchéng	生存	shēngcún	生动	shēngdòng	生活	shēnghuó		
5356~5360	生理	shēnglǐ	生命	shēngmìng	生命力	shēngmìnglì	生气	shēngqì	生前	shēngqián		
5361~5365	生态	shēngtài	生物	shēngwù	生涯	shēngyá	生意	shēngyì	生意	shēngyi		
5366~5370	生育	shēngyù	生长	shēngzhǎng	生殖	shēngzhí	声	shēng	声调	shēngdiào		
5371~5375	声明	shēngmíng	声响	shēngxiǎng	声音	shēngyīn	牲畜	shēngchù	牲口	shēngkou		
5376~5380	笙	shēng	绳	shéng	绳子	shéngzi	省	shěng/xǐng	圣	shèng		
5381~5385	圣诞节	ShèngdànJié	圣经	Shèngjīng	胜	shèng	胜利	shènglì	盛行	shèngxíng		
5386~5390	剩	shèng	剩余	shèngyú	尸	shī	尸体	shītǐ	失	shī		
5391~5395	失败	shībài	失掉	shīdiào	失去	shīqù	失调	shītiáo	失望	shīwàng		
5396~5400	失误	shīwù	失业	shīyè	师	shī	师范	shīfàn	师父	shīfu		
5401~5405	师傅	shīfu	师长	shīzhǎng	诗	shī	诗歌	shīgē	诗人	shīrén		
5406~5410	诗意	shīyì	狮子	shīzi	施	shī	施肥	shīféi	施工	shīgōng		
5411~5415	施行	shīxíng	湿	shī	湿度	shīdù	湿润	shīrùn	十	shí		
5416~5420	石灰	shíhuī	石榴	shíliu	石头	shítou	石油	shíyóu	时	shí		
5421~5425	时常	shícháng	时代	shídài	时而	shí'ér	时候	shíhou	时机	shíjī		
5426~5430	时间	shíjiān	时节	shíjié	时刻	shíkè	时空	shíkōng	时髦	shímáo		
5431~5435	时期	shíqī	识	shí/zhì	识别	shíbié	识字	shízì	实	shí		
5436~5440	实际	shíjì	实践	shíjiàn	实力	shílì	实例	shílì	实施	shíshī		
5441~5445	实体	shítǐ	实物	shíwù	实现	shíxiàn	实行	shíxíng	实验	shíyàn		
5446~5450	实用	shíyòng	实在	shízài	实在	shízai	实质	shízhì	食	shí/sì		
5451~5455	食品	shípǐn	食堂	shítáng	食物	shíwù	食盐	shíyán	食用	shíyòng		
5456~5460	蚀	shí	史	shǐ	史籍	shǐjí	史学	shǐxué	矢	shǐ		
5461~5465	使	shǐ	使得	shǐ·dé	使劲	shǐjìn	使命	shǐmìng	使用	shǐyòng		
5466~5470	始	shǐ	始终	shǐzhōng	驶	shǐ	屎	shǐ	士	shì		

续表

序　　号	字词	拼音	字词	拼音	字词	拼音	字词	拼音	字词	拼音	字词	拼音
5471~5475	士兵	shìbīng	氏	shì/zhī	氏族	shìzú	示	shì	示范	shìfàn
5476~5480	示威	shìwēi	世	shì	世代	shìdài	世纪	shìjì	世界	shìjiè
5481~5485	世界观	shìjièguān	市	shì	市场	shìchǎng	市民	shìmín	式	shì
5486~5490	似	shì/sì	似的	shìde	势	shì	势必	shìbì	势力	shì·lì
5491~5495	势能	shìnéng	事	shì	事变	shìbiàn	事故	shìgù	事后	shìhòu
5496~5500	事迹	shìjì	事件	shìjiàn	事例	shìlì	事情	shìqing	事实	shìshí
5501~5505	事务	shìwù	事物	shìwù	事先	shìxiān	事业	shìyè	侍	shì
5506~5510	饰	shì	试	shì	试管	shìguǎn	试图	shìtú	试验	shìyàn
5511~5515	试制	shìzhì	视	shì	视觉	shìjué	视线	shìxiàn	视野	shìyě
5516~5520	拭	shì	柿子	shìzi	是	shì	是非	shìfēi	是否	shìfǒu
5521~5525	适	shì	适当	shìdàng	适合	shìhé	适宜	shìyí	适应	shìyìng
5526~5530	适用	shìyòng	恃	shì	室	shì	逝	shì	逝世	shìshì
5531~5535	释放	shìfàng	嗜	shì	誓	shì	收	shōu	收购	shōugòu
5536~5540	收回	shōuhuí	收获	shōuhuò	收集	shōují	收入	shōurù	收拾	shōushi
5541~5545	收缩	shōusuō	收益	shōuyì	收音机	shōuyīnjī	熟	shóu/shú	手	shǒu
5546~5550	手臂	shǒubì	手表	shǒubiǎo	手段	shǒuduàn	手法	shǒufǎ	手工	shǒugōng
5551~5555	手工业	shǒugōngyè	手脚	shǒujiǎo	手铐	shǒukào	手榴弹	shǒuliúdàn	手枪	shǒuqiāng
5556~5560	手势	shǒushì	手术	shǒushù	手续	shǒuxù	手掌	shǒuzhǎng	手指	shǒuzhǐ
5561~5565	守	shǒu	守恒	shǒuhéng	首	shǒu	首都	shǒudū	首领	shǒulǐng
5566~5570	首先	shǒuxiān	首要	shǒuyào	首长	shǒuzhǎng	寿	shòu	寿命	shòumìng
5571~5575	受	shòu	受贿	shòuhuì	受精	shòujīng	受伤	shòushāng	狩猎	shòuliè
5576~5580	授	shòu	售	shòu	兽	shòu	瘦	shòu	书	shū
5581~5585	书包	shūbāo	书本	shūběn	书籍	shūjí	书记	shū·jì	书面	shūmiàn
5586~5590	书写	shūxiě	抒发	shūfā	抒情	shūqíng	枢	shū	枢纽	shūniǔ
5591~5595	叔叔	shūshu	梳	shū	淑女	shūnǚ	舒	shū	舒服	shūfu
5596~5600	舒适	shūshì	舒坦	shūtan	疏	shū	疏忽	shūhu	输	shū
5601~5605	输出	shūchū	输入	shūrù	输送	shūsòng	蔬菜	shūcài	赎	shú
5606~5610	熟练	shúliàn	熟悉	shú·xī	暑	shǔ	属	shǔ/zhǔ	属性	shǔxìng
5611~5615	属于	shǔyú	署	shǔ	蜀	Shǔ	鼠	shǔ	数	shǔ/shù/shuò
5616~5620	曙光	shǔguāng	术	shù/zhú	术语	shùyǔ	束	shù	束缚	shùfù
5621~5625	述	shù	树	shù	树干	shùgàn	树立	shùlì	树林	shùlín
5626~5630	树木	shùmù	树种	shùzhǒng	竖	shù	恕	shù	庶民	shùmín
5631~5635	数据	shùjù	数量	shùliàng	数目	shùmù	数学	shùxué	数值	shùzhí
5636~5640	数字	shùzì	漱	shù	刷	shuā	耍	shuǎ	衰变	shuāibiàn
5641~5645	衰老	shuāilǎo	摔	shuāi	甩	shuǎi	帅	shuài	率领	shuàilǐng
5646~5650	拴	shuān	栓	shuān	涮	shuàn	双	shuāng	双方	shuāngfāng
5651~5655	霜	shuāng	爽	shuǎng	爽朗	shuǎnglǎng	水	shuǐ	水稻	shuǐdào
5656~5660	水分	shuǐfèn	水果	shuǐguǒ	水库	shuǐkù	水利	shuǐlì	水流	shuǐliú
5661~5665	水面	shuǐmiàn	水泥	shuǐní	水平	shuǐpíng	水汽	shuǐqì	水手	shuǐshǒu
5666~5670	水位	shuǐwèi	水文	shuǐwén	水银	shuǐyín	水源	shuǐyuán	水蒸气	shuǐzhēngqì
5671~5675	说	shuì/shuō	税	shuì	税收	shuìshōu	睡	shuì	睡觉	shuìjiào
5676~5680	睡眠	shuìmián	吮	shǔn	顺	shùn	顺利	shùnlì	顺手	shùnshǒu
5681~5685	顺序	shùnxù	瞬间	shùnjiān	瞬时	shùnshí	说法	shuō·fǎ	说服	shuōfú

附录三 普通话水平测试用普通话词语表

续表

序　　号	字词	拼音	字词	拼音	字词	拼音	字词	拼音	字词	拼音
5686~5690	说话	shuōhuà	说明	shuōmíng	硕大	shuòdà	硕士	shuòshì	司	sī
5691~5695	司法	sīfǎ	司机	sījī	司令	sīlìng	丝	sī	丝毫	sīháo
5696~5700	私	sī	私人	sīrén	私营	sīyíng	私有	sīyǒu	私有制	sīyǒuzhì
5701~5705	思	sī	思潮	sīcháo	思考	sīkǎo	思路	sīlù	思索	sīsuǒ
5706~5710	思维	sīwéi	思想	sīxiǎng	思想家	sīxiǎngjiā	斯	sī	撕	sī
5711~5715	嘶哑	sīyǎ	死	sǐ	死亡	sǐwáng	死刑	sǐxíng	巳	sì
5716~5720	四	sì	四边形	sìbiānxíng	四处	sìchù	四面	sìmiàn	四肢	sìzhī
5721~5725	四周	sìzhōu	寺	sì	寺院	sìyuàn	似乎	sìhū	伺机	sìjī
5726~5730	祀	sì	饲	sì	饲料	sìliào	饲养	sìyǎng	肆无忌惮	sìwú-jìdàn
5731~5735	肆意	sìyì	松	sōng	松弛	sōngchí	松懈	sōngxiè	耸	sǒng
5736~5740	讼	sòng	宋	Sòng	送	sòng	诵	sòng	颂	sòng
5741~5745	搜	sōu	搜集	sōují	艘	sōu	苏	sū	酥	sū
5746~5750	俗	sú	俗称	súchēng	诉	sù	诉讼	sùsòng	肃穆	sùmù
5751~5755	肃清	sùqīng	素	sù	素材	sùcái	素质	sùzhì	速	sù
5756~5760	速度	sùdù	速率	sùlǜ	宿	sù/xiǔ/xiù	宿舍	sùshè	粟	sù
5761~5765	塑	sù	塑料	sùliào	塑造	sùzào	溯	sù	缩	sù/suō
5766~5770	酸	suān	蒜	suàn	算	suàn	虽	suī	虽然	suīrán
5771~5775	虽说	suīshuō	隋	Suí	随	suí	随便	suíbiàn	随后	suíhòu
5776~5780	随即	suíjí	随时	suíshí	随意	suíyì	遂	suí/suì	髓	suǐ
5781~5785	岁	suì	岁月	suìyuè	碎	suì	隧道	suìdào	穗	suì
5786~5790	孙	sūn	孙子	sūnzi	损	sǔn	损害	sǔnhài	损耗	sǔnhào
5791~5795	损伤	sǔnshāng	损失	sǔnshī	笋	sǔn	唆使	suōshǐ	梭	suō
5796~5800	缩短	suōduǎn	缩小	suōxiǎo	所	suǒ	所属	suǒshǔ	所谓	suǒwèi
5801~5805	所以	suǒyǐ	所有	suǒyǒu	所有制	suǒyǒuzhì	所在	suǒzài	索	suǒ
5806~5810	琐事	suǒshì	琐碎	suǒsuì	锁	suǒ	他	tā	他们	tāmen
5811~5815	他人	tārén	它	tā	它们	tāmen	她	tā	她们	tāmen
5816~5820	塌	tā	踏	tā/tà	塔	tǎ	拓	tà/tuò	台	Tāi/tái
5821~5825	胎	tāi	胎儿	tāi'ér	台风	táifēng	抬	tái	抬头	táitóu
5826~5830	太	tài	太空	tàikōng	太平	tàipíng	太太	tàitai	太阳	tài·yáng
5831~5835	太阳能	tàiyángnéng	太阳系	tàiyángxì	汰	tài	态	tài	态度	tài·dù
5836~5840	泰	tài	贪	tān	贪婪	tānlán	贪污	tānwū	摊	tān
5841~5845	滩	tān	瘫痪	tānhuàn	坛	tán	谈	tán	谈话	tánhuà
5846~5850	谈论	tánlùn	谈判	tánpàn	弹簧	tánhuáng	弹性	tánxìng	痰	tán
5851~5855	谭	Tán	潭	tán	檀香	tánxiāng	坦白	tǎnbái	坦克	tǎnkè
5856~5860	坦然	tǎnrán	坦率	tǎnshuài	毯子	tǎnzi	叹	tàn	叹息	tànxī
5861~5865	炭	tàn	探	tàn	探测	táncè	探索	tànsuǒ	探讨	tàntǎo
5866~5870	探询	tànxún	碳	tàn	唐	Táng	堂	táng	塘	táng
5871~5875	糖	táng	倘若	tǎngruò	倘使	tǎngshǐ	淌	tǎng	躺	tǎng
5876~5880	烫	tàng	趟	tàng	涛	tāo	掏	tāo	滔滔	tāotāo
5881~5885	逃	táo	逃避	táobì	逃跑	táopǎo	逃走	táozǒu	桃	táo
5886~5890	陶	táo	陶冶	táoyě	淘	táo	淘汰	táotài	讨	tǎo
5891~5895	讨论	tǎolùn	讨厌	tǎoyàn	套	tào	特	tè	特别	tèbié
5896~5900	特地	tèdì	特点	tèdiǎn	特定	tèdìng	特技	tèjì	特权	tèquán

197

续表

序　号	字词	拼音	字词	拼音	字词	拼音	字词	拼音	字词	拼音
5901~5905	特色	tèsè	特殊	tèshū	特务	tèwu	特性	tèxìng	特意	tèyì
5906~5910	特征	tèzhēng	疼	téng	疼痛	téngtòng	腾飞	téngfēi	腾空	téngkōng
5911~5915	誊写	téngxiě	藤	téng	藤萝	téngluó	体	tī/tǐ	剔除	tīchú
5916~5920	梯	tī	踢	tī	提倡	tíchàng	提高	tígāo	提供	tígōng
5921~5925	提炼	tíliàn	提起	tíqǐ	提前	tíqián	提取	tíqǔ	提醒	tíxǐng
5926~5930	提议	tíyì	啼	tí	题	tí	题材	tícái	题目	tímù
5931~5935	蹄	tí	体裁	tǐcái	体操	tǐcāo	体会	tǐhuì	体积	tǐjī
5936~5940	体力	tǐlì	体谅	tǐ·liàng	体温	tǐwēn	体系	tǐxì	体现	tǐxiàn
5941~5945	体验	tǐyàn	体育	tǐyù	体制	tǐzhì	体质	tǐzhì	体重	tǐzhòng
5946~5950	剃	tì	替	tì	替代	tìdài	天	tiān	天才	tiāncái
5951~5955	天地	tiāndì	天鹅	tiān'é	天际	tiānjì	天空	tiānkōng	天气	tiānqì
5956~5960	天然	tiānrán	天然气	tiānránqì	天生	tiānshēng	天体	tiāntǐ	天文	tiānwén
5961~5965	天下	tiānxià	天涯	tiānyá	天真	tiānzhēn	添	tiān	田	tián
5966~5970	田地	tiándì	田野	tiányě	恬静	tiánjìng	甜	tián	填	tián
5971~5975	舔	tiǎn	挑	tiāo/tiǎo	挑剔	tiāoti	挑选	tiāoxuǎn	条	tiáo
5976~5980	条件	tiáojiàn	条款	tiáokuǎn	条例	tiáolì	条约	tiáoyuē	调和	tiáohé
5981~5985	调节	tiáojié	调解	tiáojiě	调整	tiáozhěng	挑衅	tiǎoxìn	挑战	tiǎozhàn
5986~5990	跳	tiào	跳动	tiàodòng	跳舞	tiàowǔ	跳跃	tiàoyuè	跳蚤	tiàozao
5991~5995	帖	tiē/tiě/tiè	贴	tiē	铁	tiě	铁路	tiělù	厅	tīng
5996~6000	听	tīng	听话	tīnghuà	听见	tīng·jiàn	听觉	tīngjué	听取	tīngqǔ
6001~6005	听众	tīngzhòng	廷	tíng	亭	tíng	庭审	tíngshěn	庭院	tíngyuàn
6006~6010	停	tíng	停顿	tíngdùn	停留	tíngliú	停止	tíngzhǐ	挺	tǐng
6011~6015	艇	tǐng	通	tōng/tòng	通常	tōngcháng	通道	tōngdào	通电	tōngdiàn
6016~6020	通过	tōngguò	通红	tōnghóng	通缉	tōngjī	通宵	tōngxiāo	通信	tōngxìn
6021~6025	通讯	tōngxùn	通用	tōngyòng	通知	tōngzhī	同	tóng/tòng	同伴	tóngbàn
6026~6030	同胞	tóngbāo	同等	tóngděng	同行	tóngháng	同化	tónghuà	同类	tónglèi
6031~6035	同年	tóngnián	同期	tóngqī	同情	tóngqíng	同时	tóngshí	同事	tóngshì
6036~6040	同行	tóngxíng	同学	tóngxué	同样	tóngyàng	同意	tóngyì	同志	tóngzhì
6041~6045	彤	tóng	铜	tóng	童	tóng	童话	tónghuà	童年	tóngnián
6046~6050	瞳孔	tóngkǒng	统	tǒng	统计	tǒngjì	统一	tǒngyī	统治	tǒngzhì
6051~6055	捅	tǒng	桶	tǒng	筒	tǒng	痛	tòng	痛苦	tòngkǔ
6056~6060	痛快	tòng·kuài	偷	tōu	偷偷	tōutōu	头	tóu	头顶	tóudǐng
6061~6065	头发	tóufa	头脑	tóunǎo	投	tóu	投产	tóuchǎn	投机	tóujī
6066~6070	投入	tóurù	投降	tóuxiáng	投资	tóuzī	透	tòu	透镜	tòujìng
6071~6075	透露	tòulù	透明	tòumíng	凸	tū	秃顶	tūdǐng	突	tū
6076~6080	突变	tūbiàn	突出	tūchū	突击	tūjī	突破	tūpò	突然	tūrán
6081~6085	图	tú	图案	tú'àn	图画	túhuà	图书	túshū	图书馆	túshūguǎn
6086~6090	图腾	túténg	图形	túxíng	图纸	túzhǐ	徒	tú	徒弟	tú·dì
6091~6095	途	tú	途径	tújìng	涂	tú	屠	tú	屠杀	túshā
6096~6100	土	tǔ	土地	tǔdì	土匪	tǔfěi	土壤	tǔrǎng	吐	tǔ/tù
6101~6105	兔子	tùzi	湍流	tuānliú	团	tuán	团结	tuánjié	团体	tuántǐ
6106~6110	团员	tuányuán	推	tuī	推测	tuīcè	推崇	tuīchóng	推动	tuīdòng
6111~6115	推翻	tuīfān	推广	tuīguǎng	推荐	tuījiàn	推进	tuījìn	推理	tuīlǐ

附录三　普通话水平测试用普通话词语表

续表

序　号	字词	拼音	字词	拼音	字词	拼音	字词	拼音	字词	拼音
6116~6120	推论	tuīlùn	推销	tuīxiāo	推行	tuīxíng	颓废	tuífèi	颓然	tuírán
6121~6125	颓丧	tuísàng	腿	tuǐ	退	tuì	退出	tuìchū	退化	tuìhuà
6126~6130	退休	tuìxiū	蜕	tuì	褪	tuì/tùn	吞	tūn	屯	tún
6131~6135	臀	tún	托	tuō	拖	tuō	拖拉机	tuōlājī	脱	tuō
6136~6140	脱离	tuōlí	脱落	tuōluò	驼	tuó	鸵鸟	tuóniǎo	妥	tuǒ
6141~6145	妥协	tuǒxié	椭圆	tuǒyuán	唾	tuò	挖	wā	挖掘	wājué
6146~6150	哇	wā	洼	wā	蛙	wā	娃娃	wáwa	瓦	wǎ/wà
6151~6155	瓦砾	wǎlì	袜	wà	歪	wāi	歪曲	wāiqū	外	wài
6156~6160	外边	wài·biān	外表	wàibiǎo	外部	wàibù	外地	wàidì	外国	wàiguó
6161~6165	外汇	wàihuì	外籍	wàijí	外交	wàijiāo	外界	wàijiè	外科	wàikē
6166~6170	外来	wàilái	外力	wàilì	外贸	wàimào	外面	wài·miàn	外婆	wàipó
6171~6175	外商	wàishāng	外甥	wàisheng	外形	wàixíng	外语	wàiyǔ	外在	wàizài
6176~6180	外资	wàizī	外祖父	wàizǔfù	弯	wān	弯曲	wānqū	湾	wān
6181~6185	蜿蜒	wānyán	豌豆	wāndòu	丸	wán	完	wán	完备	wánbèi
6186~6190	完毕	wánbì	完成	wánchéng	完美	wánměi	完全	wánquán	完善	wánshàn
6191~6195	完整	wánzhěng	玩	wán	玩具	wánjù	玩笑	wánxiào	顽固	wángù
6196~6200	顽皮	wánpí	顽强	wánqiáng	宛如	wǎnrú	挽	wǎn	晚	wǎn
6201~6205	晚饭	wǎnfàn	晚期	wǎnqī	晚上	wǎnshang	惋惜	wǎnxī	婉转	wǎnzhuǎn
6206~6210	皖	Wǎn	碗	wǎn	万	wàn	万物	wànwù	万一	wànyī
6211~6215	腕	wàn	汪	wāng	亡	wáng	王	wáng	王朝	wángcháo
6216~6220	王国	wángguó	网	wǎng	网络	wǎngluò	枉	wǎng	往	wǎng
6221~6225	往来	wǎnglái	往往	wǎngwǎng	妄	wàng	忘	wàng	忘记	wàngjì
6226~6230	旺	wàng	旺盛	wàngshèng	望	wàng	望远镜	wàngyuǎnjìng	危	wēi
6231~6235	危害	wēihài	危机	wēijī	危险	wēixiǎn	威	wēi	威力	wēilì
6236~6240	威胁	wēixié	威信	wēixìn	微	wēi	微观	wēiguān	微粒	wēilì
6241~6245	微弱	wēiruò	微生物	wēishēngwù	微微	wēiwēi	微小	wēixiǎo	微笑	wēixiào
6246~6250	巍峨	wēi'é	为	wéi/wèi	为难	wéinán	为人	wéirén	为首	wéishǒu
6251~6255	为止	wéizhǐ	违	wéi	违背	wéibèi	违法	wéifǎ	违反	wéifǎn
6256~6260	围	wéi	围剿	wéijiǎo	围绕	wéirào	唯	wéi	帷幕	wéimù
6261~6265	惟	wéi	维	wéi	维持	wéichí	维护	wéihù	维生素	wéishēngsù
6266~6270	维新	wéixīn	维修	wéixiū	伟	wěi	伟大	wěidà	伪	wěi
6271~6275	苇	wěi	尾	wěi/yǐ	尾巴	wěiba	纬	wěi	纬度	wěidù
6276~6280	委	wěi	委屈	wěiqu	委托	wěituō	委婉	wěiwǎn	委员	wěiyuán
6281~6285	委员会	wěiyuánhuì	萎	wěi	卫	wèi	卫生	wèishēng	卫星	wèixīng
6286~6290	为何	wèihé	为了	wèile	未	wèi	未必	wèibì	未曾	wèicéng
6291~6295	未来	wèilái	位	wèi	位移	wèiyí	位置	wèizhi	味	wèi
6296~6300	味道	wèi·dào	畏	wèi	胃	wèi	谓	wèi	尉	wèi/yù
6301~6305	喂	wèi	蔚蓝	wèilán	慰藉	wèijiè	慰劳	wèiláo	慰问	wèiwèn
6306~6310	魏	Wèi	温	wēn	温带	wēndài	温度	wēndù	温度计	wēndùjì
6311~6315	温和	wēnhé	温暖	wēnnuǎn	温柔	wēnróu	温馨	wēnxīn	瘟	wēn
6316~6320	文	wén	文化	wénhuà	文件	wénjiàn	文明	wénmíng	文人	wénrén
6321~6325	文物	wénwù	文献	wénxiàn	文学	wénxué	文艺	wényì	文娱	wényú
6326~6330	文章	wénzhāng	文质彬彬	wénzhì-bīnbīn	文字	wénzì	纹	wén	闻	wén

续表

序　号	字词	拼音	字词	拼音	字词	拼音	字词	拼音	字词	拼音
6331~6335	蚊虫	wénchóng	蚊帐	wénzhàng	蚊子	wénzi	吻	wěn	紊乱	wěnluàn
6336~6340	稳	wěn	稳定	wěndìng	稳健	wěnjiàn	问	wèn	问世	wènshì
6341~6345	问题	wèntí	翁	wēng	嗡	wēng	窝	wō	蜗牛	wōniú
6346~6350	我	wǒ	我们	wǒmen	卧	wò	卧室	wòshì	握	wò
6351~6355	握手	wòshǒu	乌	wū/wù	乌龟	wūguī	乌鸦	wūyā	污秽	wūhuì
6356~6360	污蔑	wūmiè	污染	wūrǎn	污辱	wūrǔ	污浊	wūzhuó	巫	wū
6361~6365	呜咽	wūyè	诬告	wūgào	诬蔑	wūmiè	诬陷	wūxiàn	屋	wū
6366~6370	屋子	wūzi	无	wú	无比	wúbǐ	无耻	wúchǐ	无从	wúcóng
6371~6375	无法	wúfǎ	无非	wúfēi	无辜	wúgū	无关	wúguān	无机	wújī
6376~6380	无可奈何	wúkěnàihé	无力	wúlì	无论	wúlùn	无奈	wúnài	无情	wúqíng
6381~6385	无穷	wúqióng	无声	wúshēng	无数	wúshù	无暇	wúxiá	无限	wúxiàn
6386~6390	无线电	wúxiàndiàn	无效	wúxiào	无形	wúxíng	无疑	wúyí	无意	wúyì
6391~6395	无知	wúzhī	吾	wú	吴	Wú	梧桐	wútóng	蜈蚣	wúgōng
6396~6400	五	wǔ	午	wǔ	伍	wǔ	武	wǔ	武力	wǔlì
6401~6405	武器	wǔqì	武侠	wǔxiá	武装	wǔzhuāng	侮辱	wǔrǔ	捂	wǔ
6406~6410	舞	wǔ	舞蹈	wǔdǎo	舞剧	wǔjù	舞台	wǔtái	勿	wù
6411~6415	戊	wù	务	wù	物	wù	物化	wùhuà	物价	wùjià
6416~6420	物理	wùlǐ	物力	wùlì	物品	wùpǐn	物体	wùtǐ	物质	wùzhì
6421~6425	物种	wùzhǒng	物资	wùzī	误	wù	误差	wùchā	误会	wùhuì
6426~6430	误解	wùjiě	悟	wù	雾	wù	夕	xī	西	xī
6431~6435	西北	xīběi	西方	xīfāng	西风	xīfēng	西瓜	xī·guā	西红柿	xīhóngshì
6436~6440	西南	xīnán	西欧	xīOu	吸	xī	吸附	xīfù	吸取	xīqǔ
6441~6445	吸收	xīshōu	吸引	xīyǐn	希冀	xījì	希望	xīwàng	昔	xī
6446~6450	析出	xīchū	牺牲	xīshēng	息	xī	悉	xī	惜	xī
6451~6455	稀	xī	稀少	xīshǎo	稀释	xīshì	犀利	xīlì	锡	xī
6456~6460	溪	xī	熙熙攘攘	xīxī-rǎngrǎng	熄	xī	熄灭	xīmiè	嘻嘻哈哈	xīxī-hāhā
6461~6465	膝	xī	蟋蟀	xīshuài	习	xí	习惯	xíguàn	习俗	xísú
6466~6470	习性	xíxìng	席	xí	袭	xí	袭击	xíjī	媳妇	xífu
6471~6475	洗	xǐ/Xiǎn	洗涤	xǐdí	洗澡	xǐzǎo	喜	xǐ	喜爱	xǐ'ài
6476~6480	喜欢	xǐhuan	喜剧	xǐjù	喜鹊	xǐ·què	喜悦	xǐyuè	戏	xì
6481~6485	戏剧	xìjù	戏曲	xìqǔ	系列	xìliè	系数	xìshù	系统	xìtǒng
6486~6490	细	xì	细胞	xìbāo	细节	xìjié	细菌	xìjūn	细小	xìxiǎo
6491~6495	细心	xìxīn	细致	xìzhì	虾	xiā	瞎	xiā	匣	xiá
6496~6500	峡	xiá	狭	xiá	狭隘	xiá'ài	狭义	xiáyì	狭窄	xiázhǎi
6501~6505	辖	xiá	霞	xiá	下	xià	下班	xiàbān	下边	xià·biān
6506~6510	下层	xiàcéng	下达	xiàdá	下颌	xiàhé	下级	xiàjí	下降	xiàjiàng
6511~6515	下来	xià·lái	下列	xiàliè	下令	xiàlìng	下落	xiàluò	下面	xià·miàn
6516~6520	下去	xià·qù	下属	xiàshǔ	下午	xiàwǔ	下旬	xiàxún	下游	xiàyóu
6521~6525	夏	xià	夏季	xiàjì	夏天	xiàtiān	仙	xiān	先	xiān
6526~6530	先后	xiānhòu	先进	xiānjìn	先前	xiānqián	先生	xiānsheng	先天	xiāntiān
6531~6535	纤维	xiānwéi	掀	xiān	掀起	xiānqǐ	鲜	xiān/xiǎn	鲜花	xiānhuā
6536~6540	鲜明	xiānmíng	鲜血	xiānxuè	鲜艳	xiānyàn	闲	xián	闲暇	xiánxiá
6541~6545	贤	xián	弦	xián	咸	xián	衔	xián	嫌	xián

附录三　普通话水平测试用普通话词语表

续表

序　号	字词	拼音	字词	拼音	字词	拼音	字词	拼音	字词	拼音
6546~6550	显	xiǎn	显得	xiǎn·dé	显露	xiǎnlù	显然	xiǎnrán	显示	xiǎnshì
6551~6555	显微镜	xiǎnwēijìng	显现	xiǎnxiàn	显著	xiǎnzhù	险	xiǎn	县	xiàn
6556~6560	县城	xiànchéng	现	xiàn	现场	xiànchǎng	现存	xiàncún	现代	xiàndài
6561~6565	现代化	xiàndàihuà	现今	xiànjīn	现金	xiànjīn	现实	xiànshí	现象	xiànxiàng
6566~6570	现行	xiànxíng	现在	xiànzài	现状	xiànzhuàng	限	xiàn	限度	xiàndù
6571~6575	限于	xiànyú	限制	xiànzhì	线	xiàn	线段	xiànduàn	线路	xiànlù
6576~6580	线圈	xiànquān	线索	xiànsuǒ	线条	xiàntiáo	宪兵	xiànbīng	宪法	xiànfǎ
6581~6585	宪章	xiànzhāng	宪政	xiànzhèng	陷	xiàn	陷入	xiànrù	陷于	xiànyú
6586~6590	馅儿饼	xiànrbǐng	羡慕	xiànmù	献	xiàn	献身	xiànshēn	腺	xiàn
6591~6595	乡	xiāng	乡村	xiāngcūn	乡下	xiāngxia	相	xiāng/xiàng	相当	xiāngdāng
6596~6600	相得益彰	xiāngdé-yìzhāng	相等	xiāngděng	相对	xiāngduì	相反	xiāngfǎn	相关	xiāngguān
6601~6605	相互	xiānghù	相继	xiāngjì	相交	xiāngjiāo	相近	xiāngjìn	相连	xiānglián
6606~6610	相似	xiāngsì	相通	xiāngtōng	相同	xiāngtóng	相信	xiāngxìn	相应	xiāngyìng
6611~6615	香	xiāng	香椿	xiāngchūn	香蕉	xiāngjiāo	香烟	xiāngyān	厢	xiāng
6616~6620	湘	Xiāng	箱	xiāng	箱子	xiāngzi	镶	xiāng	详	xiáng
6621~6625	详细	xiángxì	祥	xiáng	翔	xiáng	享	xiǎng	享受	xiǎngshòu
6626~6630	享有	xiǎngyǒu	响	xiǎng	响声	xiǎngshēng	响应	xiǎngyìng	想	xiǎng
6631~6635	想法	xiǎng·fǎ	想象	xiǎngxiàng	想象力	xiǎngxiànglì	向	xiàng	向来	xiànglái
6636~6640	向日葵	xiàngrìkuí	向上	xiàngshàng	向往	xiàngwǎng	项	xiàng	项目	xiàngmù
6641~6645	象	xiàng	象征	xiàngzhēng	像	xiàng	橡胶	xiàngjiāo	橡皮	xiàngpí
6646~6650	肖	Xiāo/xiào	削	xiāo/xuē	逍遥	xiāoyáo	消	xiāo	消除	xiāochú
6651~6655	消毒	xiāodú	消费	xiāofèi	消费品	xiāofèipǐn	消耗	xiāohào	消化	xiāohuà
6656~6660	消极	xiāojí	消灭	xiāomiè	消失	xiāoshī	消亡	xiāowáng	消息	xiāoxi
6661~6665	萧	xiāo	硝	xiāo	硝酸	xiāosuān	销	xiāo	销售	xiāoshòu
6666~6670	箫	xiāo	潇	xiāo	嚣张	xiāozhāng	小	xiǎo	小儿	xiǎo'ér
6671~6675	小褂儿	xiǎoguàr	小伙子	xiǎohuǒzi	小姐	xiǎo·jiě	小麦	xiǎomài	小朋友	xiǎopéngyou
6676~6680	小时	xiǎoshí	小说(儿)	xiǎoshuō(r)	小心	xiǎo·xīn	小型	xiǎoxíng	小学	xiǎoxué
6681~6685	小学生	xiǎoxuéshēng	小子	xiǎozi	小组	xiǎozǔ	晓	xiǎo	晓得	xiǎo·dé
6686~6690	孝	xiào	校长	xiàozhǎng	哮喘	xiàochuǎn	笑	xiào	笑话	xiàohua
6691~6695	笑话儿	xiàohuar	笑容	xiàoróng	效	xiào	效果	xiàoguǒ	效力	xiàolì
6696~6700	效率	xiàolǜ	效益	xiàoyì	效应	xiàoyìng	啸	xiào	些	xiē
6701~6705	歇	xiē	蝎子	xiēzi	叶	xié/yè	协	xié	协定	xiédìng
6706~6710	协会	xiéhuì	协商	xiéshāng	协调	xiétiáo	协同	xiétóng	协议	xiéyì
6711~6715	协助	xiézhù	协作	xiézuò	邪	xié/yé	胁	xié	挟	xié
6716~6720	斜	xié	谐调	xiétiáo	携	xié	携带	xiédài	鞋	xié
6721~6725	写	xiě	写作	xiězuò	血	xiě/xuè	泄	xiè	泻	xiè
6726~6730	卸	xiè	屑	xiè	械	xiè	谢	xiè	谢谢	xièxie
6731~6735	蟹	xiè	心	xīn	心底	xīndǐ	心旷神怡	xīnkuàng-shényí	心里	xīn·lǐ
6736~6740	心理	xīnlǐ	心灵	xīnlíng	心情	xīnqíng	心事	xīnshì	心思	xīnsi
6741~6745	心头	xīntóu	心血	xīnxuè	心脏	xīnzàng	芯	xīn/xìn	辛	xīn
6746~6750	辛苦	xīnkǔ	辛勤	xīnqín	欣然	xīnrán	欣赏	xīnshǎng	欣慰	xīnwèi
6751~6755	欣喜	xīnxǐ	锌	xīn	新	xīn	新陈代谢	xīnchén-dàixiè	新娘	xīnniáng
6756~6760	新奇	xīnqí	新人	xīnrén	新式	xīnshì	新闻	xīnwén	新鲜	xīn·xiān

续表

序　　号	字词	拼音	字词	拼音	字词	拼音	字词	拼音	字词	拼音
6761~6765	新兴	xīnxīng	新型	xīnxíng	新颖	xīnyǐng	薪	xīn	信	xìn
6766~6770	信贷	xìndài	信号	xìnhào	信念	xìnniàn	信任	xìnrèn	信徒	xìntú
6771~6775	信息	xìnxī	信心	xìnxīn	信仰	xìnyǎng	信用	xìnyòng	兴	xīng/xìng
6776~6780	兴奋	xīngfèn	兴建	xīngjiàn	兴起	xīngqǐ	星	xīng	星际	xīngjì
6781~6785	星期	xīngqī	星球	xīngqiú	星系	xīngxì	星星	xīngxing	星云	xīngyún
6786~6790	猩猩	xīngxing	腥	xīng	刑	xíng	刑罚	xíngfá	刑法	xíngfǎ
6791~6795	刑事	xíngshì	刑侦	xíngzhēn	行动	xíngdòng	行军	xíngjūn	行李	xíngli
6796~6800	行人	xíngrén	行使	xíngshǐ	行驶	xíngshǐ	行为	xíngwéi	行星	xíngxīng
6801~6805	行政	xíngzhèng	行走	xíngzǒu	形	xíng	形成	xíngchéng	形容	xíngróng
6806~6810	形式	xíngshì	形势	xíngshì	形态	xíngtài	形体	xíngtǐ	形象	xíngxiàng
6811~6815	形状	xíngzhuàng	型	xíng	醒	xǐng	兴趣	xìngqù	杏仁	xìngrén
6816~6820	幸	xìng	幸福	xìngfú	性	xìng	性别	xìngbié	性格	xìnggé
6821~6825	性能	xìngnéng	性情	xìngqíng	性质	xìngzhì	性状	xìngzhuàng	姓	xìng
6826~6830	姓名	xìngmíng	凶	xiōng	兄	xiōng	兄弟	xiōngdì	兄弟	xiōngdi
6831~6835	匈奴	Xiōngnú	汹涌	xiōngyǒng	胸	xiōng	胸脯	xiōngpú	胸膛	xiōngtáng
6836~6840	雄	xióng	雄伟	xióngwěi	熊	xióng	休	xiū	休眠	xiūmián
6841~6845	休息	xiūxi	修	xiū	修辞	xiūcí	修复	xiūfù	修改	xiūgǎi
6846~6850	修建	xiūjiàn	修理	xiūlǐ	修养	xiūyǎng	修正	xiūzhèng	羞	xiū
6851~6855	羞耻	xiūchǐ	朽	xiǔ	秀	xiù	秀丽	xiùlì	袖	xiù
6856~6860	绣	xiù	锈	xiù	嗅	xiù	戌	xū	须	xū
6861~6865	虚	xū	需	xū	需求	xūqiú	需要	xūyào	徐	xú
6866~6870	许	xǔ	许多	xǔduō	许可	xǔkě	许诺	xǔnuò	旭日	xùrì
6871~6875	序	xù	叙	xù	叙述	xùshù	酗酒	xùjiǔ	绪	xù
6876~6880	续	xù	絮	xù	蓄	xù	轩然大波	xuānrán-dàbō	宣	xuān
6881~6885	宣布	xuānbù	宣传	xuānchuán	宣告	xuāngào	宣言	xuānyán	宣扬	xuānyáng
6886~6890	喧哗	xuānhuá	喧闹	xuānnào	喧嚷	xuānrǎng	喧嚣	xuānxiāo	玄	xuán
6891~6895	悬	xuán	悬挂	xuánguà	悬殊	xuánshū	旋	xuán/xuàn	旋律	xuánlǜ
6896~6900	旋转	xuánzhuǎn	选	xuǎn	选拔	xuǎnbá	选举	xuǎnjǔ	选手	xuǎnshǒu
6901~6905	选用	xuǎnyòng	选择	xuǎnzé	癣	xuǎn	炫耀	xuànyào	绚丽	xuànlì
6906~6910	渲染	xuànrǎn	削弱	xuēruò	靴	xuē	薛	Xuē	穴	xué
6911~6915	学	xué	学会	xuéhuì	学科	xuékē	学派	xuépài	学生	xuésheng
6916~6920	学术	xuéshù	学说	xuéshuō	学堂	xuétáng	学徒	xuétú	学问	xuéwen
6921~6925	学习	xuéxí	学校	xuéxiào	学员	xuéyuán	学院	xuéyuàn	学者	xuézhě
6926~6930	雪	xuě	雪白	xuěbái	雪花	xuěhuā	雪茄	xuějiā	血管	xuèguǎn
6931~6935	血迹	xuèjì	血液	xuèyè	勋章	xūnzhāng	熏	xūn	旬	xún
6936~6940	寻	xún	寻求	xúnqiú	寻找	xúnzhǎo	巡	xún	巡逻	xúnluó
6941~6945	询问	xúnwèn	循	xún	循环	xúnhuán	训	xùn	训练	xùnliàn
6946~6950	讯	xùn	汛	xùn	迅	xùn	迅速	xùnsù	驯	xùn
6951~6955	逊	xùn	殉难	xùnnàn	丫头	yātou	压	yā/yà	压力	yālì
6956~6960	压迫	yāpò	压强	yāqiáng	压缩	yāsuō	压抑	yāyì	压制	yāzhì
6961~6965	呀	yā	押	yā	鸦片	yāpiàn	鸭	yā	牙	yá
6966~6970	牙齿	yáchǐ	芽	yá	崖	yá	衙门	yámen	哑	yǎ
6971~6975	雅	yǎ	轧	yà/zhá	亚	yà	咽	yán/yàn/yè	殷	yān/yīn

附录三 普通话水平测试用普通话词语表

续表

序　号	字词	拼音	字词	拼音	字词	拼音	字词	拼音	字词	拼音
6976~6980	烟	yān	烟囱	yān·cōng	焉	yān	淹	yān	燕	Yǎn/yàn
6981~6985	延	yán	延长	yáncháng	延伸	yánshēn	延续	yánxù	严	yán
6986~6990	严格	yángé	严寒	yánhán	严峻	yánjùn	严厉	yánlì	严密	yánmì
6991~6995	严肃	yánsù	严重	yánzhòng	言	yán	言论	yánlùn	言语	yányǔ
6996~7000	岩	yán	岩石	yánshí	炎	yán	沿	yán	沿岸	yán'àn
7001~7005	沿海	yánhǎi	研读	yándú	研究	yánjiū	研究生	yánjiūshēng	研究员	yánjiūyuán
7006~7010	研讨	yántǎo	研制	yánzhì	盐	yán	盐酸	yánsuān	阎	yán
7011~7015	颜	yán	颜色	yánsè	檐	yán	衍	yǎn	掩	yǎn
7016~7020	掩盖	yǎngài	掩护	yǎnhù	眼	yǎn	眼光	yǎnguāng	眼睛	yǎnjing
7021~7025	眼镜	yǎnjìng	眼看	yǎnkàn	眼泪	yǎnlèi	眼前	yǎnqián	眼神	yǎnshén
7026~7030	演	yǎn	演变	yǎnbiàn	演唱	yǎnchàng	演出	yǎnchū	演化	yǎnhuà
7031~7035	演技	yǎnjì	演讲	yǎnjiǎng	演说	yǎnshuō	演绎	yǎnyì	演员	yǎnyuán
7036~7040	演奏	yǎnzòu	厌	yàn	厌恶	yànwù	砚	yàn	艳	yàn
7041~7045	艳丽	yànlì	宴	yàn	宴会	yànhuì	验	yàn	验证	yànzhèng
7046~7050	谚语	yànyǔ	堰	yàn	雁	yàn	焰	yàn	央求	yāngqiú
7051~7055	秧	yāng	扬	yáng	羊	yáng	羊毛	yángmáo	阳	yáng
7056~7060	阳光	yángguāng	杨	yáng	洋	yáng	仰	yǎng	仰慕	yǎngmù
7061~7065	养	yǎng	养分	yǎngfèn	养料	yǎngliào	养殖	yǎngzhí	氧	yǎng
7066~7070	氧化	yǎnghuà	氧气	yǎngqì	痒	yǎng	样	yàng	样本	yàngběn
7071~7075	样品	yàngpǐn	样式	yàngshì	样子	yàngzi	漾	yàng	夭折	yāozhé
7076~7080	吆喝	yāohe	约	yāo/yuē	妖	yāo	要	yāo/yào	要求	yāoqiú
7081~7085	腰	yāo	邀	yāo	邀请	yāoqǐng	尧	Yáo	姚	Yáo
7086~7090	窑	yáo	谣言	yáoyán	摇	yáo	摇晃	yáo·huàng	摇头	yáotóu
7091~7095	遥感	yáogǎn	遥控	yáokòng	遥望	yáowàng	遥远	yáoyuǎn	咬	yǎo
7096~7100	舀	yǎo	药	yào	药品	yàopǐn	药物	yàowù	要紧	yàojǐn
7101~7105	要素	yàosù	钥匙	yàoshi	耀	yào	耶稣	Yēsū	椰子	yēzi
7106~7110	爷爷	yéye	也	yě	也许	yěxǔ	冶	yě	冶金	yějīn
7111~7115	冶炼	yěliàn	野	yě	野蛮	yěmán	野生	yěshēng	野兽	yěshòu
7116~7120	野外	yěwài	业	yè	业绩	yèjì	业务	yèwù	业余	yèyú
7121~7125	叶片	yèpiàn	叶子	yèzi	页	yè	夜	yè	夜间	yèjiān
7126~7130	夜里	yè·lǐ	夜晚	yèwǎn	液	yè	液态	yètài	液体	yètǐ
7131~7135	腋	yè	一	yī	一般	yībān	一半	yībàn	一辈子	yībèizi
7136~7140	一边	yībiān	一带	yīdài	一旦	yīdàn	一定	yīdìng	一度	yīdù
7141~7145	一端	yīduān	一共	yīgòng	一贯	yīguàn	一会儿	yīhuìr	一块儿	yīkuàir
7146~7150	一连	yīlián	一律	yīlǜ	一面	yīmiàn	一旁	yīpáng	一齐	yīqí
7151~7155	一起	yīqǐ	一切	yīqiè	一时	yīshí	一瞬	yīshùn	一丝不苟	yīsī-bùgǒu
7156~7160	一体	yītǐ	一同	yītóng	一线	yīxiàn	一向	yīxiàng	一心	yīxīn
7161~7165	一再	yīzài	一早	yīzǎo	一直	yīzhí	一致	yīzhì	伊	yī
7166~7170	衣	yī	衣服	yīfu	衣裳	yīshang	医	yī	医疗	yīliáo
7171~7175	医生	yīshēng	医学	yīxué	医药	yīyào	医院	yīyuàn	依	yī
7176~7180	依次	yīcì	依法	yīfǎ	依附	yīfù	依旧	yījiù	依据	yījù
7181~7185	依靠	yīkào	依赖	yīlài	依然	yīrán	依偎	yīwēi	依照	yīzhào
7186~7190	壹	yī	仪	yí	仪器	yíqì	仪式	yíshì	夷	yí

203

续表

序　　号	字词	拼音	字词	拼音	字词	拼音	字词	拼音	字词	拼音
7191~7195	宜	yí	贻误	yíwù	姨	yí	姨妈	yímā	胰岛素	yídǎosù
7196~7200	胰腺	yíxiàn	移	yí	移动	yídòng	移民	yímín	移植	yízhí
7201~7205	遗	yí	遗产	yíchǎn	遗传	yíchuán	遗憾	yíhàn	遗迹	yíjì
7206~7210	遗留	yíliú	遗址	yízhǐ	遗嘱	yízhǔ	疑	yí	疑惑	yíhuò
7211~7215	疑问	yíwèn	乙	yǐ	已	yǐ	已经	yǐ·jīng	以	yǐ
7216~7220	以便	yǐbiàn	以后	yǐhòu	以及	yǐjí	以来	yǐlái	以免	yǐmiǎn
7221~7225	以内	yǐnèi	以前	yǐqián	以外	yǐwài	以往	yǐwǎng	以为	yǐwéi
7226~7230	以下	yǐxià	以至	yǐzhì	以致	yǐzhì	矣	yǐ	蚁	yǐ
7231~7235	倚	yǐ	椅子	yǐzi	亿	yì	义	yì	义务	yìwù
7236~7240	艺	yì	艺术	yìshù	艺术家	yìshùjiā	忆	yì	议	yì
7241~7245	议会	yìhuì	议论	yìlùn	议员	yìyuán	屹立	yìlì	亦	yì
7246~7250	异	yì	异常	yìcháng	抑	yì	抑制	yìzhì	邑	yì
7251~7255	役	yì	译	yì	易	yì	易于	yìyú	疫	yì
7256~7260	益	yì	逸	yì	意	yì	意见	yì·jiàn	意境	yìjìng
7261~7265	意识	yì·shí	意思	yìsi	意图	yìtú	意外	yìwài	意味	yìwèi
7266~7270	意象	yìxiàng	意义	yìyì	意志	yìzhì	溢	yì	毅力	yìlì
7271~7275	毅然	yìrán	翼	yì	因	yīn	因此	yīncǐ	因地制宜	yīndì-zhìyí
7276~7280	因而	yīn'ér	因果	yīnguǒ	因素	yīnsù	因为	yīn·wèi	因子	yīnzǐ
7281~7285	阴	yīn	阴谋	yīnmóu	阴森	yīnsēn	阴阳	yīnyáng	阴影	yīnyǐng
7286~7290	茵	yīn	荫	yīn/yìn	音	yīn	音调	yīndiào	音阶	yīnjiē
7291~7295	音节	yīnjié	音响	yīnxiǎng	音乐	yīnyuè	姻缘	yīnyuán	吟	yín
7296~7300	银	yín	银行	yínháng	银杏	yínxìng	淫	yín	淫秽	yínhuì
7301~7305	寅	yín	引	yǐn	引导	yǐndǎo	引进	yǐnjìn	引力	yǐnlì
7306~7310	引起	yǐnqǐ	引用	yǐnyòng	饮	yǐn/yìn	饮食	yǐnshí	隐	yǐn
7311~7315	隐蔽	yǐnbì	隐藏	yǐncáng	瘾	yǐn	印	yìn	印刷	yìnshuā
7316~7320	印象	yìnxiàng	荫庇	yìnbì	应	yīng/yìng	应当	yīngdāng	应该	yīnggāi
7321~7325	英	yīng	英镑	yīngbàng	英雄	yīngxióng	英勇	yīngyǒng	婴	yīng
7326~7330	婴儿	yīng'ér	樱花	yīnghuā	樱桃	yīngtáo	鹦鹉	yīngwǔ	鹰	yīng
7331~7335	迎	yíng	迎接	yíngjiē	荧光	yíngguāng	荧光屏	yíngguāngpíng	荧屏	yíngpíng
7336~7340	盈	yíng	盈利	yínglì	萤	yíng	营	yíng	营养	yíngyǎng
7341~7345	营业	yíngyè	蝇	yíng	赢	yíng	赢得	yíngdé	影	yǐng
7346~7350	影片	yǐngpiàn	影响	yǐngxiǎng	影子	yǐngzi	应酬	yìngchou	应付	yìngfù
7351~7355	应用	yìngyòng	映	yìng	硬	yìng	哟	yō	拥	yōng
7356~7360	拥护	yōnghù	拥挤	yōngjǐ	拥有	yōngyǒu	庸俗	yōngsú	永	yǒng
7361~7365	永恒	yǒnghéng	永久	yǒngjiǔ	永远	yǒngyuǎn	咏	yǒng	泳	yǒng
7366~7370	勇	yǒng	勇敢	yǒnggǎn	勇气	yǒngqì	勇于	yǒngyú	涌	yǒng
7371~7375	涌现	yǒngxiàn	踊跃	yǒngyuè	用	yòng	用处	yòng·chù	用户	yònghù
7376~7380	用力	yònglì	用品	yòngpǐn	用途	yòngtú	佣金	yòngjīn	优	yōu
7381~7385	优点	yōudiǎn	优惠	yōuhuì	优良	yōuliáng	优美	yōuměi	优势	yōushì
7386~7390	优先	yōuxiān	优秀	yōuxiù	优越	yōuyuè	优质	yōuzhì	忧	yōu
7391~7395	忧郁	yōuyù	幽暗	yōu'àn	幽静	yōujìng	幽灵	yōulíng	幽默	yōumò
7396~7400	幽深	yōushēn	幽雅	yōuyǎ	悠长	yōucháng	悠久	yōujiǔ	悠然	yōurán
7401~7405	悠闲	yōuxián	悠扬	yōuyáng	尤	yóu	尤其	yóuqí	尤为	yóuwéi

附录三 普通话水平测试用普通话词语表

续表

序　号	字词	拼音	字词	拼音	字词	拼音	字词	拼音	字词	拼音	字词	拼音
7406~7410	由	yóu	由于	yóuyú	由衷	yóuzhōng	邮	yóu	邮票	yóupiào		
7411~7415	犹	yóu	犹如	yóurú	犹豫	yóuyù	油	yóu	油画	yóuhuà		
7416~7420	油田	yóutián	油污	yóuwū	游	yóu	游击	yóujī	游击队	yóujīduì		
7421~7425	游戏	yóuxì	游行	yóuxíng	游泳	yóuyǒng	友	yǒu	友好	yǒuhǎo		
7426~7430	友人	yǒurén	友谊	yǒuyì	有	yǒu	有的放矢	yǒudì-fàngshǐ	有关	yǒuguān		
7431~7435	有机	yǒujī	有力	yǒulì	有利	yǒulì	有名	yǒumíng	有趣	yǒuqù		
7436~7440	有如	yǒurú	有时	yǒushí	有限	yǒuxiàn	有效	yǒuxiào	有益	yǒuyì		
7441~7445	有意	yǒuyì	酉	yǒu	又	yòu	右	yòu	右边	yòu·biān		
7446~7450	右手	yòushǒu	幼	yòu	幼虫	yòuchóng	幼儿	yòu'ér	幼苗	yòumiáo		
7451~7455	幼年	yòunián	佑	yòu	诱	yòu	诱导	yòudǎo	迂	yū		
7456~7460	淤	yū	于	yú	于是	yúshì	予	yú/yǔ	余	yú		
7461~7465	余地	yúdì	鱼	yú	娱乐	yúlè	渔	yú	渔业	yúyè		
7466~7470	隅	yú	逾	yú	渝	yú	愉快	yúkuài	愉悦	yúyuè		
7471~7475	榆	yú	愚	yú	舆论	yúlùn	与	yǔ/yù	与其	yǔqí		
7476~7480	予以	yǔyǐ	宇航	yǔháng	宇宙	yǔzhòu	羽	yǔ	羽毛	yǔmáo		
7481~7485	雨	yǔ	雨水	yǔshuǐ	禹	Yǔ	语	yǔ	语法	yǔfǎ		
7486~7490	语句	yǔjù	语气	yǔqì	语文	yǔwén	语言	yǔyán	语音	yǔyīn		
7491~7495	玉	yù	玉米	yùmǐ	芋头	yùtou	郁	yù	育	yù		
7496~7500	育种	yùzhǒng	狱	yù	浴	yù	预报	yùbào	预备	yùbèi		
7501~7505	预测	yùcè	预定	yùdìng	预防	yùfáng	预感	yùgǎn	预计	yùjì		
7506~7510	预见	yùjiàn	预料	yùliào	预期	yùqī	预示	yùshì	预算	yùsuàn		
7511~7515	预先	yùxiān	预想	yùxiǎng	预言	yùyán	预约	yùyuē	预兆	yùzhào		
7516~7520	预知	yùzhī	域	yù	欲	yù	欲望	yùwàng	遇	yù		
7521~7525	遇见	yù·jiàn	喻	yù	御	yù	寓	yù	愈	yù		
7526~7530	誉	yù	豫	yù	鸳鸯	yuān·yāng	冤	yuān	渊	yuān		
7531~7535	元	yuán	元素	yuánsù	元宵	yuánxiāo	园	yuán	员	yuán/yùn		
7536~7540	袁	yuán	原	yuán	原材料	yuáncáiliào	原籍	yuánjí	原来	yuánlái		
7541~7545	原理	yuánlǐ	原谅	yuánliàng	原料	yuánliào	原始	yuánshǐ	原先	yuánxiān		
7546~7550	原因	yuányīn	原则	yuánzé	原子	yuánzǐ	原子核	yuánzǐhé	圆	yuán		
7551~7555	圆心	yuánxīn	援	yuán	援助	yuánzhù	缘	yuán	缘故	yuángù		
7556~7560	猿	yuán	猿猴	yuánhóu	源	yuán	源泉	yuánquán	远	yuǎn		
7561~7565	远方	yuǎnfāng	苑	yuàn	怨	yuàn	院	yuàn	院子	yuànzi		
7566~7570	愿	yuàn	愿望	yuànwàng	愿意	yuàn·yì	曰	yuē	约束	yuēshù		
7571~7575	月	yuè	月初	yuèchū	月份	yuèfèn	月光	yuèguāng	月亮	yuèliang		
7576~7580	月球	yuèqiú	乐队	yuèduì	乐器	yuèqì	乐曲	yuèqǔ	岳	yuè		
7581~7585	岳父	yuèfù	阅	yuè	阅读	yuèdú	悦	yuè	跃	yuè		
7586~7590	越	yuè	越冬	yuèdōng	越过	yuèguò	粤	Yuè	晕	yūn/yùn		
7591~7595	云	yún	云霄	yúnxiāo	匀	yún	允	yǔn	允许	yǔnxǔ		
7596~7600	陨石	yǔnshí	孕	yùn	运	yùn	运动	yùndòng	运动员	yùndòngyuán		
7601~7605	运输	yùnshū	运算	yùnsuàn	运行	yùnxíng	运用	yùnyòng	运转	yùnzhuǎn		
7606~7610	酝酿	yùnniàng	韵	yùn	蕴	yùn	蕴藏	yùncáng	蕴涵	yùnhán		
7611~7615	扎	zā/zhā/zhá	杂	zá	杂技	zájì	杂交	zájiāo	杂志	zázhì		
7616~7620	杂质	zázhì	砸	zá	咋	ză/zé	灾	zāi	灾难	zāinàn		

续表

序　号	字词	拼音	字词	拼音	字词	拼音	字词	拼音	字词	拼音
7621~7625	哉	zāi	栽	zāi	栽培	zāipéi	载	zǎi/zài	宰	zǎi
7626~7630	再	zài	再见	zàijiàn	再现	zàixiàn	在	zài	在场	zàichǎng
7631~7635	在家	zàijiā	在于	zàiyú	咱	zán	咱们	zánmen	暂	zàn
7636~7640	暂时	zànshí	赞	zàn	赞成	zànchéng	赞美	zànměi	赞叹	zàntàn
7641~7645	赞扬	zànyáng	赃物	zāngwù	脏	zāng/zàng	葬	zàng	遭	zāo
7646~7650	遭受	zāoshòu	遭殃	zāoyāng	遭遇	zāoyù	糟	zāo	糟蹋	zāo·tà
7651~7655	凿	záo	早	zǎo	早晨	zǎo·chén	早期	zǎoqī	早日	zǎorì
7656~7660	早上	zǎoshang	早已	zǎoyǐ	枣	zǎo	澡	zǎo	藻	zǎo
7661~7665	灶	zào	造	zào	造就	zàojiù	造型	zàoxíng	造谣	zàoyáo
7666~7670	噪	zào	燥	zào	躁	zào	则	zé	责	zé
7671~7675	责任	zérèn	责任感	zérèngǎn	择	zé/zhái	泽	zé	贼	zéi
7676~7680	怎	zěn	怎么	zěnme	怎么样	zěnmeyàng	怎样	zěnyàng	增	zēng
7681~7685	增产	zēngchǎn	增多	zēngduō	增高	zēnggāo	增加	zēngjiā	增进	zēngjìn
7686~7690	增强	zēngqiáng	增添	zēngtiān	增长	zēngzhǎng	增殖	zēngzhí	憎	zēng
7691~7695	赠	zèng	渣滓	zhā·zǐ	闸	zhá	炸	zhá/zhà	眨	zhǎ
7696~7700	乍	zhà	诈	zhà	栅栏	zhàlan	炸弹	zhàdàn	榨	zhà
7701~7705	斋	zhāi	摘	zhāi	宅	zhái	窄	zhǎi	债	zhài
7706~7710	债务	zhàiwù	寨	zhài	占	zhān/zhàn	沾	zhān	毡	zhān
7711~7715	瞻	zhān	斩	zhǎn	盏	zhǎn	展	zhǎn	展开	zhǎnkāi
7716~7720	展览	zhǎnlǎn	展示	zhǎnshì	展现	zhǎnxiàn	崭新	zhǎnxīn	辗转	zhǎnzhuǎn
7721~7725	占据	zhànjù	占领	zhànlǐng	占用	zhànyòng	占有	zhànyǒu	栈道	zhàndào
7726~7730	战	zhàn	战场	zhànchǎng	战斗	zhàndòu	战国	Zhànguó	战绩	zhànjì
7731~7735	战栗	zhànlì	战略	zhànlüè	战胜	zhànshèng	战士	zhànshì	战术	zhànshù
7736~7740	战线	zhànxiàn	战役	zhànyì	战友	zhànyǒu	战争	zhànzhēng	站	zhàn
7741~7745	张	zhāng	章	zhāng	章程	zhāngchéng	樟脑	zhāngnǎo	长官	zhǎngguān
7746~7750	涨	zhǎng/zhàng	掌	zhǎng	掌握	zhǎngwò	丈	zhàng	丈夫	zhàngfu
7751~7755	仗	zhàng	杖	zhàng	帐	zhàng	帐篷	zhàngpeng	账	zhàng
7756~7760	胀	zhàng	障	zhàng	障碍	zhàng'ài	招	zhāo	招待	zhāodài
7761~7765	招呼	zhāohu	招生	zhāoshēng	昭	zhāo	着	zhāo/zháo/zhe/zhuó	着急	zháojí
7766~7770	爪	zhǎo/zhuǎ	找	zhǎo	沼气	zhǎoqì	沼泽	zhǎozé	召集	zhàojí
7771~7775	召开	zhàokāi	兆	zhào	赵	Zhào	照	zhào	照顾	zhào·gù
7776~7780	照例	zhàolì	照明	zhàomíng	照片	zhàopiàn	照射	zhàoshè	照相	zhàoxiàng
7781~7785	照相机	zhàoxiàngjī	照样	zhàoyàng	照耀	zhàoyào	罩	zhào	肇事	zhàoshì
7786~7790	折腾	zhēteng	遮	zhē	折磨	zhé·mó	折射	zhéshè	哲	zhé
7791~7795	哲学	zhéxué	辙	zhé	者	zhě	这	zhè	这个	zhège
7796~7800	这里	zhè·lǐ	这么	zhème	这儿	zhèr	这些	zhèxiē	这样	zhèyàng
7801~7805	浙	Zhè	蔗	zhè	贞	zhēn	针	zhēn	针对	zhēnduì
7806~7810	针灸	zhēnjiǔ	侦查	zhēnchá	侦察	zhēnchá	侦破	zhēnpò	侦探	zhēntàn
7811~7815	珍	zhēn	珍贵	zhēnguì	珍珠	zhēnzhū	真	zhēn	真诚	zhēnchéng
7816~7820	真迹	zhēnjì	真空	zhēnkōng	真理	zhēnlǐ	真实	zhēnshí	真正	zhēnzhèng
7821~7825	真挚	zhēnzhì	斟	zhēn	诊	zhěn	诊断	zhěnduàn	枕	zhěn
7826~7830	枕头	zhěntou	阵	zhèn	阵地	zhèndì	振	zhèn	振荡	zhèndàng
7831~7835	振动	zhèndòng	振奋	zhènfèn	振兴	zhènxīng	震	zhèn	震动	zhèndòng

续表

序号	字词	拼音	字词	拼音	字词	拼音	字词	拼音	字词	拼音
7836~7840	震撼	zhènhàn	震惊	zhènjīng	镇	zhèn	镇压	zhènyā	正	zhēng/zhèng
7841~7845	争	zhēng	争夺	zhēngduó	争论	zhēnglùn	争取	zhēngqǔ	征	zhēng
7846~7850	征服	zhēngfú	征求	zhēngqiú	征收	zhēngshōu	征询	zhēngxún	怔	zhēng
7851~7855	挣	zhēng/zhèng	狰狞	zhēngníng	症	zhēng/zhèng	睁	zhēng	蒸	zhēng
7856~7860	蒸发	zhēngfā	蒸馏	zhēngliú	蒸馏水	zhēngliúshuǐ	蒸气	zhēngqì	蒸腾	zhēngténg
7861~7865	拯救	zhěngjiù	整	zhěng	整顿	zhěngdùn	整个	zhěnggè	整理	zhěnglǐ
7866~7870	整齐	zhěngqí	整体	zhěngtǐ	正常	zhèngcháng	正当	zhèngdāng	正当	zhèngdàng
7871~7875	正规	zhèngguī	正好	zhènghǎo	正面	zhèngmiàn	正确	zhèngquè	正式	zhèngshì
7876~7880	正义	zhèngyì	正在	zhèngzài	证	zhèng	证据	zhèngjù	证明	zhèngmíng
7881~7885	证实	zhèngshí	证书	zhèngshū	郑	Zhèng	政	zhèng	政策	zhèngcè
7886~7890	政党	zhèngdǎng	政府	zhèngfǔ	政权	zhèngquán	政委	zhèngwěi	政治	zhèngzhì
7891~7895	症状	zhèngzhuàng	之	zhī	之后	zhīhòu	之前	zhīqián	支	zhī
7896~7900	支部	zhībù	支撑	zhīchēng	支持	zhīchí	支出	zhīchū	支队	zhīduì
7901~7905	支付	zhīfù	支配	zhīpèi	支援	zhīyuán	只	zhī/zhǐ	汁	zhī
7906~7910	芝麻	zhīma	吱	zhī/zī	枝	zhī	枝条	zhītiáo	枝叶	zhīyè
7911~7915	知	zhī	知道	zhī·dào	知觉	zhījué	知识	zhīshi	肢	zhī
7916~7920	织	zhī	脂	zhī	脂肪	zhīfáng	蜘蛛	zhīzhū	执	zhí
7921~7925	执行	zhíxíng	直	zhí	直观	zhíguān	直角	zhíjiǎo	直接	zhíjiē
7926~7930	直径	zhíjìng	直觉	zhíjué	直立	zhílì	直辖市	zhíxiáshì	直线	zhíxiàn
7931~7935	直至	zhízhì	侄	zhí	值	zhí	值班	zhíbān	值得	zhí·dé
7936~7940	职	zhí	职工	zhígōng	职能	zhínéng	职权	zhíquán	职务	zhíwù
7941~7945	职业	zhíyè	职员	zhíyuán	职责	zhízé	植	zhí	植物	zhíwù
7946~7950	植株	zhízhū	殖	zhí	殖民	zhímín	殖民地	zhímíndì	止	zhǐ
7951~7955	只得	zhǐdé	只顾	zhǐgù	只好	zhǐhǎo	只是	zhǐshì	只要	zhǐyào
7956~7960	只有	zhǐyǒu	旨	zhǐ	址	zhǐ	纸	zhǐ	指	zhǐ
7961~7965	指标	zhǐbiāo	指导	zhǐdǎo	指定	zhǐdìng	指挥	zhǐhuī	指令	zhǐlìng
7966~7970	指明	zhǐmíng	指示	zhǐshì	指数	zhǐshù	指责	zhǐzé	趾	zhǐ
7971~7975	至	zhì	至此	zhìcǐ	至今	zhìjīn	至少	zhìshǎo	至于	zhìyú
7976~7980	志	zhì	帜	zhì	制	zhì	制订	zhìdìng	制定	zhìdìng
7981~7985	制度	zhìdù	制品	zhìpǐn	制约	zhìyuē	制造	zhìzào	制止	zhìzhǐ
7986~7990	制作	zhìzuò	质	zhì	质变	zhìbiàn	质量	zhìliàng	质子	zhìzǐ
7991~7995	治	zhì	治安	zhì'ān	治理	zhìlǐ	治疗	zhìliáo	致	zhì
7996~8000	致富	zhìfù	致使	zhìshǐ	秩序	zhìxù	掷	zhì	窒息	zhìxī
8001~8005	智	zhì	智慧	zhìhuì	智力	zhìlì	智能	zhìnéng	滞	zhì
8006~8010	置	zhì	稚	zhì	中	zhōng/zhòng	中等	zhōngděng	中断	zhōngduàn
8011~8015	中华	Zhōnghuá	中间	zhōngjiān	中年	zhōngnián	中期	zhōngqī	中世纪	zhōngshìjì
8016~8020	中枢	zhōngshū	中外	zhōngwài	中午	zhōngwǔ	中心	zhōngxīn	中性	zhōngxìng
8021~8025	中学	zhōngxué	中学生	zhōngxuéshēng	中旬	zhōngxún	中央	zhōngyāng	中叶	zhōngyè
8026~8030	中医	zhōngyī	中庸	zhōngyōng	中原	Zhōngyuán	中子	zhōngzǐ	忠	zhōng
8031~8035	忠诚	zhōngchéng	忠实	zhōngshí	终	zhōng	终究	zhōngjiū	终年	zhōngnián
8036~8040	终身	zhōngshēn	终于	zhōngyú	钟	zhōng	钟头	zhōngtóu	衷心	zhōngxīn
8041~8045	肿	zhǒng	肿瘤	zhǒngliú	种类	zhǒnglèi	种群	zhǒngqún	种子	zhǒngzi
8046~8050	种族	zhǒngzú	中毒	zhòngdú	仲	zhòng	众	zhòng	众多	zhòngduō

续表

序　　号	字词	拼音	字词	拼音	字词	拼音	字词	拼音	字词	拼音	字词	拼音
8051~8055	众人	zhòngrén	种植	zhòngzhí	重大	zhòngdà	重点	zhòngdiǎn	重工业	zhònggōngyè
8056~8060	重力	zhònglì	重量	zhòngliàng	重视	zhòngshì	重要	zhòngyào	舟	zhōu
8061~8065	州	zhōu	周	zhōu	周年	zhōunián	周期	zhōuqī	周围	zhōuwéi
8066~8070	周转	zhōuzhuǎn	洲	zhōu	粥	zhōu	轴	zhóu/zhòu	肘	zhǒu
8071~8075	咒	zhòu	昼	zhòu	昼夜	zhòuyè	皱	zhòu	骤	zhòu
8076~8080	朱	zhū	珠	zhū	株	zhū	诸	zhū	诸如	zhūrú
8081~8085	猪	zhū	蛛网	zhūwǎng	竹	zhú	逐	zhú	逐步	zhúbù
8086~8090	逐渐	zhújiàn	逐年	zhúnián	烛	zhú	主	zhǔ	主编	zhǔbiān
8091~8095	主持	zhǔchí	主导	zhǔdǎo	主动	zhǔdòng	主观	zhǔguān	主管	zhǔguǎn
8096~8100	主教	zhǔjiào	主力	zhǔlì	主权	zhǔquán	主人	zhǔ·rén	主人公	zhǔréngōng
8101~8105	主任	zhǔrèn	主题	zhǔtí	主体	zhǔtǐ	主席	zhǔxí	主要	zhǔyào
8106~8110	主义	zhǔyì	主意	zhúyi/zhǔyì	主语	zhǔyǔ	主张	zhǔzhāng	拄	zhǔ
8111~8115	煮	zhǔ	嘱	zhǔ	嘱咐	zhǔ·fù	瞩目	zhǔmù	助	zhù
8116~8120	助手	zhùshǒu	住	zhù	住房	zhùfáng	住宅	zhùzhái	贮	zhù
8121~8125	贮藏	zhùcáng	贮存	zhùcún	注	zhù	注射	zhùshè	注视	zhùshì
8126~8130	注释	zhùshì	注意	zhùyì	注重	zhùzhòng	驻	zhù	柱	zhù
8131~8135	祝	zhù	祝贺	zhùhè	著	zhù	著名	zhùmíng	著作	zhùzuò
8136~8140	蛀	zhù	铸	zhù	筑	zhù	抓	zhuā	抓紧	zhuājǐn
8141~8145	转	zhuǎi/zhuǎn/zhuàn	拽	zhuài	专	zhuān	专家	zhuānjiā	专利	zhuānlì
8146~8150	专门	zhuānmén	专题	zhuāntí	专业	zhuānyè	专用	zhuānyòng	专政	zhuānzhèng
8151~8155	专制	zhuānzhì	砖	zhuān	转变	zhuǎnbiàn	转动	zhuǎndòng	转化	zhuǎnhuà
8156~8160	转换	zhuǎnhuàn	转身	zhuǎnshēn	转瞬	zhuǎnshùn	转向	zhuǎnxiàng	转移	zhuǎnyí
8161~8165	转动	zhuàndòng	转向	zhuànxiàng	转悠	zhuànyou	赚	zhuàn	撰	zhuàn
8166~8170	妆	zhuāng	庄	zhuāng	庄稼	zhuāngjia	庄严	zhuāngyán	桩	zhuāng
8171~8175	装	zhuāng	装备	zhuāngbèi	装饰	zhuāngshì	装置	zhuāngzhì	壮	zhuàng
8176~8180	壮大	zhuàngdà	壮丽	zhuànglì	状	zhuàng	状况	zhuàngkuàng	状态	zhuàngtài
8181~8185	撞	zhuàng	追	zhuī	追悼	zhuīdào	追究	zhuījiū	追求	zhuīqiú
8186~8190	追逐	zhuīzhú	椎	zhuī	锥	zhuī	坠	zhuì	缀	zhuì
8191~8195	赘	zhuì	谆谆教导	zhūnzhūn-jiàodǎo	准	zhǔn	准备	zhǔnbèi	准确	zhǔnquè
8196~8200	准则	zhǔnzé	拙	zhuō	捉	zhuō	桌	zhuō	桌子	zhuōzi
8201~8205	灼	zhuó	茁壮	zhuózhuàng	卓	zhuó	卓越	zhuóyuè	浊	zhuó
8206~8210	酌	zhuó	啄	zhuó	啄木鸟	zhuómùniǎo	着手	zhuóshǒu	着重	zhuózhòng
8211~8215	琢磨	zhuómó	咨询	zīxún	姿	zī	姿势	zī·shì	姿态	zītài
8216~8220	兹	zī	资	zī	资本	zīběn	资产	zīchǎn	资格	zīgé
8221~8225	资金	zījīn	资料	zīliào	资源	zīyuán	滋	zī	滋味	zīwèi
8226~8230	子	zǐ	子弹	zǐdàn	子弟	zǐdì	子宫	zǐgōng	子女	zǐnǚ
8231~8235	子孙	zǐsūn	仔细	zǐxì	姊妹	zǐmèi	籽	zǐ	紫	zǐ
8236~8240	自	zì	自称	zìchēng	自从	zìcóng	自动	zìdòng	自动化	zìdònghuà
8241~8245	自发	zìfā	自豪	zìháo	自己	zìjǐ	自觉	zìjué	自力更生	zìlì-gēngshēng
8246~8250	自然	zìrán	自然界	zìránjiè	自杀	zìshā	自身	zìshēn	自卫	zìwèi
8251~8255	自我	zìwǒ	自信	zìxìn	自行	zìxíng	自行车	zìxíngchē	自由	zìyóu
8256~8260	自愿	zìyuàn	自在	zìzài	自在	zìzai	自治	zìzhì	自治区	zìzhìqū
8261~8265	自主	zìzhǔ	自转	zìzhuàn	字	zì	字迹	zìjì	字母	zìmǔ

续表

序号	字词	拼音	字词	拼音	字词	拼音	字词	拼音	字词	拼音
8266~8270	宗	zōng	宗教	zōngjiào	宗旨	zōngzhǐ	综合	zōnghé	棕	zōng
8271~8275	踪	zōng	踪迹	zōngjì	总	zǒng	总额	zǒng'é	总和	zǒnghé
8276~8280	总结	zǒngjié	总理	zǒnglǐ	总数	zǒngshù	总算	zǒngsuàn	总体	zǒngtǐ
8281~8285	总统	zǒngtǒng	总之	zǒngzhī	纵	zòng	纵队	zòngduì	走	zǒu
8286~8290	走廊	zǒuláng	走向	zǒuxiàng	奏	zòu	揍	zòu	租	zū
8291~8295	租界	zūjiè	租赁	zūlìn	足	zú	足够	zúgòu	足迹	zújì
8296~8300	足球	zúqiú	足以	zúyǐ	族	zú	阻	zǔ	阻碍	zǔ'ài
8301~8305	阻力	zǔlì	阻止	zǔzhǐ	组	zǔ	组合	zǔhé	组织	zǔzhī
8306~8310	祖	zǔ	祖父	zǔfù	祖国	zǔguó	祖母	zǔmǔ	祖先	zǔxiān
8311~8315	祖宗	zǔzong	钻	zuān/zuàn	钻研	zuānyán	嘴	zuǐ	嘴巴	zuǐba
8316~8320	嘴唇	zuǐchún	最	zuì	最初	zuìchū	最后	zuìhòu	最近	zuìjìn
8321~8325	最为	zuìwéi	最终	zuìzhōng	罪	zuì	罪恶	zuì'è	罪犯	zuìfàn
8326~8330	罪行	zuìxíng	醉	zuì	尊	zūn	尊敬	zūnjìng	尊严	zūnyán
8331~8335	尊重	zūnzhòng	遵	zūn	遵守	zūnshǒu	遵循	zūnxún	作	zuō/zuò
8336~8340	作坊	zuōfang	昨天	zuótiān	琢磨	zhuómo	左	zuǒ	左边	zuǒ·biān
8341~8345	左手	zuǒshǒu	左右	zuǒyòu	佐	zuǒ	作法	zuòfǎ	作风	zuòfēng
8346~8350	作家	zuòjiā	作品	zuòpǐn	作祟	zuòsuì	作为	zuòwéi	作物	zuòwù
8351~8355	作业	zuòyè	作用	zuòyòng	作战	zuòzhàn	作者	zuòzhě	坐	zuò
8356~8360	坐标	zuòbiāo	座	zuò	座位	zuò·wèi	做	zuò	做法	zuòfǎ
8361	做梦	zuòmèng								

表二

序号	字词	拼音	字词	拼音	字词	拼音	字词	拼音	字词	拼音	字词	拼音
1~5	哀愁	āichóu	哀求	āiqiú	哀伤	āishāng	哀怨	āiyuàn	哀乐	āiyuè		
6~10	皑皑	ái'ái	癌症	áizhèng	矮小	ǎixiǎo	爱戴	àidài	爱抚	àifǔ		
11~15	爱惜	àixī	爱心	àixīn	碍事	àishì	安插	ānchā	安顿	āndùn		
16~20	安放	ānfàng	安分	ānfèn	安抚	ānfǔ	安家	ānjiā	安居	ānjū		
21~25	安居乐业	ānjū-lèyè	安康	ānkāng	安乐	ānlè	安理会	Ānlǐhuì	安宁	ānníng		
26~30	安然	ānrán	安生	ān·shēng	安危	ānwēi	安稳	ānwěn	安息	ānxī		
31~35	安闲	ānxián	安详	ānxiáng	安逸	ānyì	安葬	ānzàng	按摩	ànmó		
36~40	按捺	ànnà	按期	ànqī	按时	ànshí	按说	ànshuō	案例	ànlì		
41~45	案情	ànqíng	案头	àntóu	案子	ànzi	暗藏	àncáng	暗淡	àndàn		
46~50	暗地	àndì	暗访	ànfǎng	暗号	ànhào	暗杀	ànshā	暗自	ànzì		
51~55	黯然	ànrán	昂贵	ángguì	昂然	ángrán	昂首	ángshǒu	昂扬	ángyáng		
56~60	盎然	àngrán	凹陷	āoxiàn	遨游	áoyóu	鳌	áo	翱翔	áoxiáng		
61~65	傲慢	àomàn	傲然	àorán	奥妙	àomiào	八股	bāgǔ	八卦	bāguà		
66~70	八仙桌	bāxiānzhuō	八字	bāzì	巴结	bājie	巴掌	bāzhang	疤痕	bāhén		
71~75	拔除	báchú	拔地而起	bádì'érqǐ	拔节	bájié	拔腿	bátuǐ	把柄	bǎbǐng		
76~80	把持	bǎchí	把关	bǎguān	把门(儿)	bǎmén(r)	把手	bǎ·shǒu	把守	bǎshǒu		
81~85	把戏	bǎxì	把子	bǎzi	靶场	bǎchǎng	把子	bàzi	罢官	bàguān		
86~90	罢课	bàkè	罢免	bàmiǎn	罢休	bàxiū	霸权	bàquán	霸王	bàwáng		
91~95	霸占	bàzhàn	白菜	báicài	白费	báifèi	白骨	báigǔ	白果	báiguǒ		
96~100	白话	báihuà	白话文	báihuàwén	白桦	báihuà	白净	báijing	白酒	báijiǔ		
101~105	白领	báilǐng	白人	Báirén	白日	báirì	白糖	báitáng	白皙	báixī		
106~110	白眼	báiyǎn	白衣天使	báiyītiānshǐ	白蚁	báiyǐ	白银	báiyín	白昼	báizhòu		
111~115	百般	bǎibān	百分比	bǎifēnbǐ	百合	bǎihé	百花齐放	bǎihuā-qífàng	百货	bǎihuò		
116~120	百家争鸣	bǎijiā-zhēngmíng	百科全书	bǎikē quánshū	百灵	bǎilíng	百折不挠	bǎizhé-bùnáo	柏油	bǎiyóu		
121~125	摆布	bǎi·bù	摆放	bǎifàng	摆弄	bǎi·nòng	摆设	bǎishè	摆设	bǎi·shè		
126~130	败坏	bàihuài	败诉	bàisù	败仗	bàizhàng	拜访	bàifǎng	拜会	bàihuì		
131~135	拜年	bàinián	拜托	bàituō	班车	bānchē	班级	bānjí	班主任	bānzhǔrèn		
136~140	班子	bānzi	班组	bānzǔ	颁奖	bānjiǎng	斑白	bānbái	斑驳	bānbó		
141~145	斑点	bāndiǎn	斑斓	bānlán	斑纹	bānwén	搬迁	bānqiān	搬用	bānyòng		
146~150	板子	bǎnzi	版本	bǎnběn	版画	bǎnhuà	版面	bǎnmiàn	版权	bǎnquán		
151~155	版图	bǎntú	办案	bàn'àn	办公	bàngōng	办学	bànxué	半边	bànbiān		
156~160	半成品	bànchéngpǐn	半点儿	bàndiǎnr	半截儿	bànjiér	半空	bànkōng	半路	bànlù		
161~165	半生	bànshēng	半数	bànshù	半途	bàntú	半圆	bànyuán	邦交	bāngjiāo		
166~170	帮办	bāngbàn	帮扶	bāngfú	帮工	bānggōng	帮手	bāngshou	帮凶	bāngxiōng		
171~175	梆子	bāngzi	绑架	bǎngjià	榜单	bǎngdān	榜首	bǎngshǒu	膀子	bǎngzi		
176~180	棒槌	bàngchui	棒球	bàngqiú	棒子	bàngzi	包办	bāobàn	包工	bāogōng		
181~185	包裹	bāoguǒ	包揽	bāolǎn	包罗万象	bāoluó-wànxiàng	包容	bāoróng	包厢	bāoxiāng		
186~190	包销	bāoxiāo	包扎	bāozā	包子	bāozi	饱含	bǎohán	饱满	bǎomǎn		
191~195	宝剑	bǎojiàn	宝库	bǎokù	宝塔	bǎotǎ	宝物	bǎowù	宝藏	bǎozàng		

附录三 普通话水平测试用普通话词语表

续表

序　号	字词	拼音	字词	拼音	字词	拼音	字词	拼音	字词	拼音
196~200	宝座	bǎozuò	保安	bǎo'ān	保护色	bǎohùsè	保洁	bǎojié	保龄球	bǎolíngqiú
201~205	保密	bǎomì	保暖	bǎonuǎn	保全	bǎoquán	保湿	bǎoshī	保温	bǎowēn
206~210	保鲜	bǎoxiān	保险丝	bǎoxiǎnsī	保养	bǎoyǎng	保佑	bǎoyòu	保证金	bǎozhèngjīn
211~215	保证人	bǎozhèngrén	保值	bǎozhí	保重	bǎozhòng	堡垒	bǎolěi	报案	bào'àn
216~220	报表	bàobiǎo	报仇	bàochóu	报答	bàodá	报导	bàodǎo	报到	bàodào
221~225	报废	bàofèi	报馆	bàoguǎn	报国	bàoguó	报价	bàojià	报警	bàojǐng
226~230	报考	bàokǎo	报请	bàoqǐng	报社	bàoshè	报送	bàosòng	报喜	bàoxǐ
231~235	报销	bàoxiāo	报效	bàoxiào	报信	bàoxìn	报应	bào·yìng	刨子	bàozi
236~240	抱不平	bàobùpíng	抱负	bàofù	抱歉	bàoqiàn	抱怨	bào·yuàn	豹子	bàozi
241~245	暴发	bàofā	暴风雪	bàofēngxuě	暴风雨	bàofēngyǔ	暴君	bàojūn	暴利	bàolì
246~250	暴乱	bàoluàn	暴徒	bàotú	暴行	bàoxíng	暴躁	bàozào	暴涨	bàozhǎng
251~255	爆裂	bàoliè	爆满	bàomǎn	爆破	bàopò	爆竹	bàozhú	杯子	bēizi
256~260	卑鄙	bēibǐ	卑劣	bēiliè	卑微	bēiwēi	卑下	bēixià	背包	bēibāo
261~265	背负	bēifù	悲愤	bēifèn	悲观	bēiguān	悲苦	bēikǔ	悲凉	bēiliáng
266~270	悲伤	bēishāng	悲痛	bēitòng	悲壮	bēizhuàng	碑文	bēiwén	北半球	běibànqiú
271~275	北边	běi·biān	北国	běiguó	北极	běijí	北极星	běijíxīng	北上	běishàng
276~280	贝壳	bèiké	备案	bèi'àn	备课	bèikè	备忘录	bèiwànglù	备用	bèiyòng
281~285	备战	bèizhàn	背风	bèifēng	背脊	bèijǐ	背离	bèilí	背面	bèimiàn
286~290	背叛	bèipàn	背诵	bèisòng	背心	bèixīn	背影	bèiyǐng	钡	bèi
291~295	倍加	bèijiā	倍数	bèishù	倍增	bèizēng	被单	bèidān	被迫	bèipò
296~300	被窝儿	bèiwōr	奔波	bēnbō	奔放	bēnfàng	奔赴	bēnfù	奔流	bēnliú
301~305	奔涌	bēnyǒng	奔走	bēnzǒu	本部	běnbù	本分	běnfèn	本行	běnháng
306~310	本家	běnjiā	本金	běnjīn	本科	běnkē	本钱	běn·qián	本色	běnsè
311~315	本土	běntǔ	本位	běnwèi	本义	běnyì	本意	běnyì	本原	běnyuán
316~320	本源	běnyuán	本职	běnzhí	本子	běnzi	苯	běn	笨重	bènzhòng
321~325	笨拙	bènzhuō	绷带	bēngdài	迸	bèng	迸发	bèngfā	逼供	bīgòng
325~330	逼近	bījìn	逼迫	bīpò	逼真	bīzhēn	鼻尖	bíjiān	鼻梁	bíliáng
331~335	鼻腔	bíqiāng	鼻音	bíyīn	比方	bǐfang	比分	bǐfēn	比例尺	bǐlìchǐ
336~340	比率	bǐlǜ	比拟	bǐnǐ	比热	bǐrè	比武	bǐwǔ	比值	bǐzhí
341~345	彼岸	bǐ'àn	笔触	bǐchù	笔法	bǐfǎ	笔画	bǐhuà	笔尖	bǐjiān
346~350	笔名	bǐmíng	笔墨	bǐmò	笔试	bǐshì	笔直	bǐzhí	鄙视	bǐshì
351~355	鄙夷	bǐyí	币制	bìzhì	必备	bìbèi	必将	bìjiāng	必需品	bìxūpǐn
356~360	毕生	bìshēng	闭幕	bìmù	闭塞	bìsè	陛下	bìxià	敝	bì
361~365	婢女	bìnǚ	碧波	bìbō	碧绿	bìlǜ	弊病	bìbìng	弊端	bìduān
366~370	壁垒	bìlěi	避风	bìfēng	避雷针	bìléizhēn	避难	bìnàn	避暑	bìshǔ
371~375	臂膀	bìbǎng	边陲	biānchuí	边防	biānfáng	边关	biānguān	边沿	biānyán
376~380	边远	biānyuǎn	编导	biāndǎo	编队	biānduì	编号	biānhào	编剧	biānjù
381~385	编码	biānmǎ	编排	biānpái	编造	biānzào	编者	biānzhě	编织	biānzhī
386~390	编撰	biānzhuàn	编纂	biānzuǎn	鞭策	biāncè	鞭打	biāndǎ	鞭炮	biānpào
391~395	贬低	biǎndī	贬义	biǎnyì	贬值	biǎnzhí	扁担	biǎndan	变故	biàngù

续表

序　号	字词	拼音	字词	拼音	字词	拼音	字词	拼音	字词	拼音
396~400	变幻	biànhuàn	变卖	biànmài	变色	biànsè	变数	biànshù	变通	biàntōng
401~405	变相	biànxiàng	变性	biànxìng	变压器	biànyāqì	变样	biànyàng	变质	biànzhì
406~410	变种	biànzhǒng	便道	biàndào	便捷	biànjié	便秘	biànmì	便民	biànmín
411~415	便衣	biànyī	遍布	biànbù	遍地	biàndì	遍及	biànjí	辨证	biànzhèng
416~420	辩驳	biànbó	辩护人	biànhùrén	辩解	biànjiě	辩论	biànlùn	辫子	biànzi
421~425	标榜	biāobǎng	标本兼治	biāoběn-jiānzhì	标兵	biāobīng	标尺	biāochǐ	标记	biāojì
426~430	标价	biāojià	标明	biāomíng	标牌	biāopái	标签	biāoqiān	标新立异	biāoxīn-lìyì
431~435	膘	biāo	表白	biǎobái	表格	biǎogé	表决	biǎojué	表露	biǎolù
436~440	表率	biǎoshuài	表态	biǎotài	别出心裁	biéchū-xīncái	别具一格	biéjù-yīgé	别开生面	biékāi-shēngmiàn
441~445	别名	biémíng	别有用心	biéyǒu-yòngxīn	别致	bié·zhì	别扭	bièniu	宾馆	bīnguǎn
446~450	宾客	bīnkè	宾语	bīnyǔ	宾主	bīnzhǔ	濒危	bīnwēi	摈弃	bìnqì
451~455	冰雹	bīngbáo	冰点	bīngdiǎn	冰冻	bīngdòng	冰窖	bīngjiào	冰晶	bīngjīng
456~460	冰冷	bīnglěng	冰凉	bīngliáng	冰球	bīngqiú	冰山	bīngshān	冰天雪地	bīngtiān-xuědì
461~465	冰箱	bīngxiāng	兵法	bīngfǎ	兵家	bīngjiā	兵器	bīngqì	兵团	bīngtuán
466~470	兵役	bīngyì	兵营	bīngyíng	兵站	bīngzhàn	兵种	bīngzhǒng	饼干	bǐnggān
471~475	饼子	bǐngzi	屏息	bǐngxī	禀报	bǐngbào	并存	bìngcún	并发	bìngfā
476~480	并发症	bìngfāzhèng	并非	bìngfēi	并购	bìnggòu	并肩	bìngjiān	并进	bìngjìn
481~485	并举	bìngjǔ	并联	bìnglián	并列	bìngliè	并排	bìngpái	并行	bìngxíng
486~490	并重	bìngzhòng	病程	bìngchéng	病床	bìngchuáng	病房	bìngfáng	病根	bìnggēn
491~495	病故	bìnggù	病害	bìnghài	病号	bìnghào	病菌	bìngjūn	病历	bìnglì
496~500	病例	bìnglì	病魔	bìngmó	病史	bìngshǐ	病逝	bìngshì	病榻	bìngtà
501~505	病态	bìngtài	病痛	bìngtòng	病危	bìngwēi	病因	bìngyīn	病员	bìngyuán
506~510	病原体	bìngyuántǐ	病灶	bìngzào	病症	bìngzhèng	摒弃	bìngqì	拨打	bōdǎ
511~515	拨付	bōfù	拨款	bōkuǎn	拨弄	bō·nòng	波段	bōduàn	波峰	bōfēng
516~520	波谷	bōgǔ	波及	bōjí	波澜壮阔	bōlán-zhuàngkuò	波涛	bōtāo	波纹	bōwén
521~525	波折	bōzhé	钵	bō	剥离	bōlí	剥蚀	bōshí	播放	bōfàng
526~530	播送	bōsòng	伯乐	Bólè	伯母	bómǔ	驳斥	bóchì	驳回	bóhuí
531~535	帛	bó	铂	bó	脖颈儿	bógěngr	博爱	bó'ài	博大	bódà
536~540	博大精深	bódà-jīngshēn	博得	bódé	博客	bókè	博览	bólǎn	博览会	bólǎnhuì
541~545	博物馆	bówùguǎn	搏击	bójī	箔	bó	薄荷	bòhe	补丁	bǔdīng
546~550	补给	bǔjǐ	补救	bǔjiù	补课	bǔkè	补习	bǔxí	补助	bǔzhù
551~555	补足	bǔzú	捕获	bǔhuò	捕杀	bǔshā	不测	bùcè	不啻	bùchì
556~560	不得了	bùdéliǎo	不得已	bùdéyǐ	不敌	bùdí	不动产	bùdòngchǎn	不动声色	bùdòng-shēngsè
561~565	不乏	bùfá	不法	bùfǎ	不凡	bùfán	不符	bùfú	不甘	bùgān
566~570	不敢当	bùgǎndāng	不计其数	bùjì-qíshù	不见得	bùjiàn·dé	不胫而走	bùjìng'érzǒu	不拘一格	bùjū-yīgé
571~575	不可思议	bùkě-sīyì	不可一世	bùkě-yīshì	不力	bùlì	不妙	bùmiào	不配	bùpèi
576~580	不屈	bùqū	不忍	bùrěn	不善	bùshàn	不适	bùshì	不速之客	bùsùzhīkè
581~585	不祥	bùxiáng	不像话	bùxiànghuà	不孝	bùxiào	不屑	bùxiè	不休	bùxiū
586~590	不朽	bùxiǔ	不锈钢	bùxiùgāng	不言而喻	bùyán'éryù	不一	bùyī	不依	bùyī
591~595	不遗余力	bùyí-yúlì	不以为然	bùyǐwéirán	不由得	bùyóude	不约而同	bùyuē'értóng	不折不扣	bùzhé-bùkòu

附录三　普通话水平测试用普通话词语表

续表

序号	字词	拼音	字词	拼音	字词	拼音	字词	拼音	字词	拼音
596~600	不知所措	bùzhī-suǒcuò	不只	bùzhǐ	不至于	bùzhìyú	不治	bùzhì	布告	bùgào
601~605	布景	bùjǐng	布匹	bùpǐ	布衣	bùyī	步兵	bùbīng	步履	bùlǚ
606~610	步枪	bùqiāng	步入	bùrù	步行	bùxíng	部件	bùjiàn	部属	bùshǔ
611~615	部委	bùwěi	部下	bùxià	部族	bùzú	擦拭	cāshì	猜测	cāicè
616~620	猜想	cāixiǎng	猜疑	cāiyí	才干	cáigàn	才华	cáihuá	才智	cáizhì
621~625	才子	cáizǐ	财经	cáijīng	财会	cáikuài	财权	cáiquán	财神	cáishén
626~630	财税	cáishuì	财团	cáituán	财物	cáiwù	财源	cáiyuán	财主	cáizhu
631~635	裁定	cáidìng	裁缝	cáifeng	裁减	cáijiǎn	裁剪	cáijiǎn	裁决	cáijué
636~640	裁军	cáijūn	裁判	cáipàn	裁员	cáiyuán	采编	cǎibiān	采伐	cǎifá
641~645	采风	cǎifēng	采掘	cǎijué	采矿	cǎikuàng	采纳	cǎinà	采暖	cǎinuǎn
646~650	采写	cǎixiě	采样	cǎiyàng	采油	cǎiyóu	采摘	cǎizhāi	彩电	cǎidiàn
651~655	彩虹	cǎihóng	彩绘	cǎihuì	彩礼	cǎilǐ	彩票	cǎipiào	彩旗	cǎiqí
656~660	彩塑	cǎisù	彩陶	cǎitáo	菜场	càichǎng	菜单	càidān	菜刀	càidāo
661~665	菜园	càiyuán	参拜	cānbài	参见	cānjiàn	参军	cānjūn	参看	cānkàn
666~670	参赛	cānsài	参天	cāntiān	参选	cānxuǎn	参议院	cānyìyuàn	参阅	cānyuè
671~675	参展	cānzhǎn	参战	cānzhàn	参政	cānzhèng	餐馆	cānguǎn	餐具	cānjù
676~680	餐厅	cāntīng	餐饮	cānyǐn	餐桌	cānzhuō	残暴	cánbào	残存	cáncún
681~685	残废	cánfèi	残害	cánhài	残疾	cán·jí	残留	cánliú	残破	cánpò
686~690	残缺	cánquē	残忍	cánrěn	残杀	cánshā	蚕豆	cándòu	蚕食	cánshí
691~695	蚕丝	cánsī	惨案	cǎn'àn	惨白	cǎnbái	惨败	cǎnbài	惨剧	cǎnjù
696~700	惨死	cǎnsǐ	惨痛	cǎntòng	惨重	cǎnzhòng	仓促	cāngcù	仓皇	cānghuáng
701~705	苍翠	cāngcuì	苍老	cānglǎo	苍凉	cāngliáng	苍穹	cāngqióng	苍天	cāngtiān
706~710	沧海	cānghǎi	藏身	cángshēn	藏书	cángshū	操办	cāobàn	操场	cāochǎng
711~715	操持	cāochí	操劳	cāoláo	操练	cāoliàn	操守	cāoshǒu	操心	cāoxīn
716~720	嘈杂	cáozá	草本	cǎoběn	草场	cǎochǎng	草丛	cǎocóng	草帽	cǎomào
721~725	草莓	cǎoméi	草拟	cǎonǐ	草皮	cǎopí	草坪	cǎopíng	草率	cǎoshuài
726~730	草图	cǎotú	草屋	cǎowū	草鞋	cǎoxié	草药	cǎoyào	侧耳	cè'ěr
731~735	侧身	cèshēn	测绘	cèhuì	测控	cèkòng	测评	cèpíng	测试	cèshì
736~740	测算	cèsuàn	策动	cèdòng	策划	cèhuà	层出不穷	céngchū-bùqióng	层面	céngmiàn
741~745	叉腰	chāyāo	杈	chā/chà	差错	chācuò	差额	chā'é	插队	chāduì
746~750	插话	chāhuà	插曲	chāqǔ	插入	chārù	插手	chāshǒu	插图	chātú
751~755	插秧	chāyāng	插嘴	chāzuǐ	茶点	chádiǎn	茶花	cháhuā	茶几	chájī
756~760	茶具	chájù	茶楼	chálóu	茶水	cháshuǐ	茶园	cháyuán	茶座	cházuò
761~765	查办	chábàn	查处	cháchǔ	查对	cháduì	查封	cháfēng	查获	cháhuò
766~770	查禁	chájìn	查看	chákàn	查问	cháwèn	查验	cháyàn	查阅	cháyuè
771~775	查找	cházhǎo	查证	cházhèng	察觉	chájué	察看	chákàn	刹那	chànà
776~780	诧异	chàyì	拆除	chāichú	拆分	chāifēn	拆毁	chāihuǐ	拆迁	chāiqiān
781~785	拆卸	chāixiè	差使	chāishǐ	差事	chāishì	柴火	cháihuo	柴油	cháiyóu
786~790	掺杂	chānzá	搀扶	chānfú	禅宗	chánzōng	缠绵	chánmián	缠绕	chánrào
791~795	蝉联	chánlián	潺潺	chánchán	蟾蜍	chánchú	产妇	chǎnfù	产能	chǎnnéng

213

序　号	字词	拼音	字词	拼音	字词	拼音	字词	拼音	字词	拼音
796~800	产权	chǎnquán	产销	chǎnxiāo	铲除	chǎnchú	忏悔	chànhuǐ	颤动	chàndòng
801~805	长臂猿	chángbìyuán	长波	chángbō	长笛	chángdí	长方形	chángfāngxíng	长工	chánggōng
806~810	长颈鹿	chángjǐnglù	长空	chángkōng	长年	chángnián	长袍	chángpáo	长跑	chángpǎo
811~815	长篇	chángpiān	长衫	chángshān	长寿	chángshòu	长叹	chángtàn	长途	chángtú
816~820	长线	chángxiàn	长夜	chángyè	长于	chángyú	长治久安	chángzhì-jiǔ'ān	长足	chángzú
821~825	肠胃	chángwèi	肠子	chángzi	尝新	chángxīn	常人	chángrén	常任	chángrèn
826~830	常设	chángshè	常态	chángtài	常委	chángwěi	常温	chángwēn	常务	chángwù
831~835	常住	chángzhù	偿付	chángfù	偿还	chánghuán	厂家	chǎngjiā	厂矿	chǎngkuàng
836~840	厂商	chǎngshāng	厂子	chǎngzi	场次	chǎngcì	场馆	chǎngguǎn	场景	chǎngjǐng
841~845	场子	chǎngzi	敞开	chǎngkāi	怅惘	chàngwǎng	畅快	chàngkuài	畅所欲言	chàngsuǒyùyán
846~850	畅谈	chàngtán	畅通	chàngtōng	畅销	chàngxiāo	倡导	chàngdǎo	倡议	chàngyì
851~855	唱词	chàngcí	唱片	chàngpiàn	唱腔	chàngqiāng	唱戏	chàngxì	抄袭	chāoxí
856~860	抄写	chāoxiě	钞票	chāopiào	超标	chāobiāo	超产	chāochǎn	超常	chāocháng
861~865	超导体	chāodǎotǐ	超级	chāojí	超期	chāoqī	超前	chāoqián	超群	chāoqún
866~870	超然	chāorán	超人	chāorén	超声波	chāoshēngbō	超市	chāoshì	超脱	chāotuō
871~875	超载	chāozài	巢穴	cháoxué	朝拜	cháobài	朝代	cháodài	朝向	cháoxiàng
876~880	朝阳	cháoyáng	朝野	cháoyě	朝政	cháozhèng	潮水	cháoshuǐ	潮头	cháotóu
881~885	潮汐	cháoxī	吵架	chǎojià	吵闹	chǎonào	吵嘴	chǎozuǐ	炒作	chǎozuò
886~890	车床	chēchuáng	车队	chēduì	车夫	chēfū	车祸	chēhuò	车流	chēliú
891~895	车轮	chēlún	车门	chēmén	车身	chēshēn	车水马龙	chēshuǐ-mǎlóng	车头	chētóu
896~890	扯皮	chěpí	彻夜	chèyè	撤换	chèhuàn	撤回	chèhuí	撤离	chèlí
901~905	撤退	chètuì	撤职	chèzhí	抻	chēn	尘土	chéntǔ	沉寂	chénjì
906~910	沉降	chénjiàng	沉浸	chénjìn	沉静	chénjìng	沉闷	chénmèn	沉没	chénmò
911~915	沉睡	chénshuì	沉痛	chéntòng	沉稳	chénwěn	沉吟	chényín	沉郁	chényù
916~920	沉醉	chénzuì	陈腐	chénfǔ	陈规	chénguī	陈列	chénliè	陈设	chénshè
921~925	晨光	chénguāng	晨曦	chénxī	衬衫	chènshān	衬托	chèntuō	衬衣	chènyī
926~930	称职	chènzhí	趁机	chènjī	趁势	chènshì	趁早	chènzǎo	称霸	chēngbà
931~935	称道	chēngdào	称颂	chēngsòng	称谓	chēngwèi	撑腰	chēngyāo	成败	chéngbài
936~940	成才	chéngcái	成材	chéngcái	成风	chéngfēng	成活	chénghuó	成家	chéngjiā
941~945	成见	chéngjiàn	成交	chéngjiāo	成名	chéngmíng	成品	chéngpǐn	成亲	chéngqīn
946~950	成全	chéngquán	成群	chéngqún	成书	chéngshū	成套	chéngtào	成天	chéngtiān
951~955	成行	chéngxíng	成形	chéngxíng	成型	chéngxíng	成因	chéngyīn	丞	chéng
956~960	丞相	chéngxiàng	诚然	chéngrán	诚心	chéngxīn	诚信	chéngxìn	诚意	chéngyì
961~965	承办	chéngbàn	承继	chéngjì	承建	chéngjiàn	承接	chéngjiē	承揽	chénglǎn
966~970	承诺	chéngnuò	承袭	chéngxí	承载	chéngzài	城堡	chéngbǎo	城池	chéngchí
971~975	城郊	chéngjiāo	城楼	chénglóu	城墙	chéngqiáng	城区	chéngqū	乘法	chéngfǎ
976~980	乘方	chéngfāng	乘积	chéngjī	乘凉	chéngliáng	乘势	chéngshì	乘务员	chéngwùyuán
981~985	乘坐	chéngzuò	惩办	chéngbàn	惩处	chéngchǔ	惩戒	chéngjiè	惩治	chéngzhì
986~990	澄清	chéngqīng	吃不消	chī·bùxiāo	吃紧	chījǐn	吃苦	chīkǔ	吃亏	chīkuī
991~995	吃水	chīshuǐ	吃香	chīxiāng	嗤	chī	痴呆	chīdāi	痴迷	chīmí

附录三 普通话水平测试用普通话词语表

续表

序　号	字词	拼音	字词	拼音	字词	拼音	字词	拼音	字词	拼音
996~1000	池子	chízi	迟到	chídào	迟钝	chídùn	迟缓	chíhuǎn	迟疑	chíyí
1001~1005	迟早	chízǎo	持平	chípíng	持有	chíyǒu	持之以恒	chízhīyǐhéng	持重	chízhòng
1006~1010	尺寸	chǐ·cùn	尺子	chǐzi	齿轮	chǐlún	齿龈	chǐyín	斥责	chìzé
1011~1015	赤诚	chìchéng	赤脚	chìjiǎo	赤裸	chìluǒ	赤手空拳	chìshǒu-kōngquán	赤字	chìzì
1016~1020	炽烈	chìliè	炽热	chìrè	冲刺	chōngcì	冲淡	chōngdàn	冲锋	chōngfēng
1021~1025	冲积	chōngjī	冲刷	chōngshuā	冲天	chōngtiān	冲洗	chōngxǐ	冲撞	chōngzhuàng
1026~1030	充斥	chōngchì	充电	chōngdiàn	充饥	chōngjī	充塞	chōngsè	充血	chōngxuè
1031~1035	充溢	chōngyì	充值	chōngzhí	舂	chōng	憧憬	chōngjǐng	虫害	chónghài
1036~1040	虫子	chóngzi	重叠	chóngdié	重返	chóngfǎn	重逢	chóngféng	重申	chóngshēn
1041~1045	重围	chóngwéi	重温	chóngwēn	重现	chóngxiàn	重修	chóngxiū	重演	chóngyǎn
1046~1050	重组	chóngzǔ	宠爱	chǒng'ài	宠儿	chǒng'ér	宠物	chǒngwù	抽查	chōuchá
1051~1055	抽搐	chōuchù	抽打	chōudǎ	抽调	chōudiào	抽空	chōukòng	抽泣	chōuqì
1056~1060	抽签	chōuqiān	抽取	chōuqǔ	抽穗	chōusuì	抽样	chōuyàng	仇敌	chóudí
1061~1065	仇人	chóurén	仇视	chóushì	惆怅	chóuchàng	绸缎	chóuduàn	绸子	chóuzi
1066~1070	稠密	chóumì	愁苦	chóukǔ	筹办	chóubàn	筹备	chóubèi	筹划	chóuhuà
1071~1075	筹集	chóují	筹建	chóujiàn	踌躇	chóuchú	丑恶	chǒu'è	丑陋	chǒulòu
1076~1080	丑闻	chǒuwén	臭氧	chòuyǎng	出兵	chūbīng	出差	chūchāi	出厂	chūchǎng
1081~1085	出场	chūchǎng	出动	chūdòng	出访	chūfǎng	出工	chūgōng	出海	chūhǎi
1086~1087	出活儿	chūhuór	出击	chūjī	出家	chūjiā	出嫁	chūjià	出境	chūjìng
1091~1095	出局	chūjú	出类拔萃	chūlèi-bácuì	出力	chūlì	出马	chūmǎ	出面	chūmiàn
1096~1100	出苗	chūmiáo	出名	chūmíng	出没	chūmò	出谋划策	chūmóu-huàcè	出品	chūpǐn
1101~1105	出其不意	chūqíbùyì	出奇	chūqí	出气	chūqì	出勤	chūqín	出让	chūràng
1106~1110	出人意料	chūrényìliào	出任	chūrèn	出入	chūrù	出山	chūshān	出神	chūshén
1111~1115	出生率	chūshēnglǜ	出声	chūshēng	出师	chūshī	出使	chūshǐ	出示	chūshì
1116~1120	出世	chūshì	出事	chūshì	出手	chūshǒu	出台	chūtái	出庭	chūtíng
1121~1125	出头	chūtóu	出外	chūwài	出息	chūxi	出行	chūxíng	出游	chūyóu
1126~1130	出于	chūyú	出院	chūyuàn	出战	chūzhàn	出征	chūzhēng	出众	chūzhòng
1131~1135	出资	chūzī	出自	chūzì	出走	chūzǒu	出租	chūzū	出租车	chūzūchē
1136~1140	初春	chūchūn	初等	chūděng	初冬	chūdōng	初恋	chūliàn	初年	chūnián
1141~1145	初秋	chūqiū	初始	chūshǐ	初夏	chūxià	初学	chūxué	初衷	chūzhōng
1146~1150	除尘	chúchén	除法	chúfǎ	除外	chúwài	除夕	chúxī	厨师	chúshī
1151~1155	锄头	chútou	雏形	chúxíng	橱窗	chúchuāng	处方	chǔfāng	处决	chǔjué
1156~1160	处女	chǔnǚ	处世	chǔshì	处事	chǔshì	处死	chǔsǐ	处置	chǔzhì
1161~1165	储藏	chǔcáng	处所	chùsuǒ	畜力	chùlì	畜生	chùsheng	触电	chùdiàn
1166~1170	触动	chùdòng	触发	chùfā	触犯	chùfàn	触及	chùjí	触角	chùjiǎo
1171~1175	触觉	chùjué	触摸	chùmō	触目惊心	chùmù-jīngxīn	触手	chùshǒu	触须	chùxū
1176~1180	揣测	chuǎicè	揣摩	chuǎimó	踹	chuài	川剧	chuānjù	川流不息	chuānliú-bùxī
1181~1185	穿插	chuānchā	穿刺	chuāncì	穿戴	chuāndài	穿孔	chuānkǒng	穿山甲	chuānshānjiǎ
1186~1190	穿梭	chuānsuō	穿行	chuānxíng	穿越	chuānyuè	传布	chuánbù	传承	chuánchéng
1191~1195	传单	chuándān	传道	chuándào	传教	chuánjiào	传令	chuánlìng	传媒	chuánméi

续表

序　号	字词	拼音	字词	拼音	字词	拼音	字词	拼音	字词	拼音	字词	拼音
1196~1200	传奇	chuánqí	传染	chuánrǎn	传人	chuánrén	传神	chuánshén	传世	chuánshì
1201~1205	传输	chuánshū	传送	chuánsòng	传诵	chuánsòng	传闻	chuánwén	传销	chuánxiāo
1206~1210	传言	chuányán	传真	chuánzhēn	船舱	chuáncāng	船夫	chuánfū	船家	chuánjiā
1211~1215	船台	chuántái	船舷	chuánxián	船员	chuányuán	船闸	chuánzhá	喘气	chuǎnqì
1216~1220	喘息	chuǎnxī	创口	chuāngkǒu	疮疤	chuāngbā	窗帘	chuānglián	窗台	chuāngtái
1221~1225	床单	chuángdān	床铺	chuángpù	床位	chuángwèi	创汇	chuànghuì	创见	chuàngjiàn
1226~1230	创建	chuàngjiàn	创举	chuàngjǔ	创刊	chuàngkān	创设	chuàngshè	创始	chuàngshǐ
1231~1235	创收	chuàngshōu	创业	chuàngyè	创意	chuàngyì	创制	chuàngzhì	吹拂	chuīfú
1236~1240	吹牛	chuīniú	吹捧	chuīpěng	吹嘘	chuīxū	吹奏	chuīzòu	垂钓	chuídiào
1241~1245	垂柳	chuíliǔ	垂死	chuísǐ	垂头丧气	chuítóu-sàngqì	垂危	chuíwēi	锤炼	chuíliàn
1246~1250	锤子	chuízi	春分	chūnfēn	春风	chūnfēng	春耕	chūngēng	春光	chūnguāng
1251~1255	春雷	chūnléi	春联	chūnlián	春色	chūnsè	春运	chūnyùn	纯度	chúndù
1256~1260	纯净	chúnjìng	纯朴	chúnpǔ	纯真	chúnzhēn	纯正	chúnzhèng	蠢事	chǔnshì
1261~1265	戳穿	chuōchuān	啜泣	chuòqì	词句	cíjù	祠堂	cítáng	瓷器	cíqì
1266~1270	瓷砖	cízhuān	辞典	cídiǎn	辞书	císhū	辞退	cítuì	慈爱	cí'ài
1271~1275	慈悲	cíbēi	慈善	císhàn	慈祥	cíxiáng	磁带	cídài	磁化	cíhuà
1276~1280	磁极	cíjí	磁体	cítǐ	磁头	cítóu	磁性	cíxìng	雌蕊	círuǐ
1281~1285	雌性	cíxìng	雌雄	cíxióng	此间	cǐjiān	此起彼伏	cǐqǐ-bǐfú	此前	cǐqián
1286~1290	此时	cǐshí	次第	cìdì	次品	cìpǐn	次日	cìrì	伺候	cìhou
1291~1295	刺刀	cìdāo	刺耳	cì'ěr	刺骨	cìgǔ	刺客	cìkè	刺杀	cìshā
1296~1300	刺绣	cìxiù	刺眼	cìyǎn	赐予	cìyǔ	匆匆	cōngcōng	从军	cóngjūn
1301~1305	从容	cōngróng	从容不迫	cóngróng-bùpò	从属	cóngshǔ	从头	cóngtóu	从业	cóngyè
1306~1310	从众	cóngzhòng	丛林	cónglín	丛生	cóngshēng	丛书	cóngshū	凑合	còuhe
1311~1315	凑近	còujìn	凑巧	còuqiǎo	粗暴	cūbào	粗笨	cūbèn	粗布	cūbù
1316~1320	粗大	cūdà	粗放	cūfàng	粗犷	cūguǎng	粗鲁	cūlǔ	粗略	cūlüè
1321~1325	粗俗	cūsú	粗细	cūxì	粗心	cūxīn	粗野	cūyě	粗壮	cūzhuàng
1326~1330	促销	cùxiāo	簇拥	cùyōng	蹿	cuān	攒	cuán/zǎn	催促	cuīcù
1331~1335	催化	cuīhuà	催化剂	cuīhuàjì	催眠	cuīmián	催生	cuīshēng	璀璨	cuǐcàn
1336~1340	脆弱	cuìruò	萃取	cuìqǔ	啐	cuì	淬火	cuìhuǒ	翠绿	cuìlǜ
1341~1345	村落	cūnluò	村民	cūnmín	村寨	cūnzhài	村镇	cūnzhèn	皴	cūn
1346~1350	存储	cúnchǔ	存放	cúnfàng	存活	cúnhuó	存货	cúnhuò	存量	cúnliàng
1351~1355	存留	cúnliú	存亡	cúnwáng	存心	cúnxīn	存折	cúnzhé	磋商	cuōshāng
1356~1360	挫败	cuòbài	挫伤	cuòshāng	锉	cuò	错过	cuòguò	错觉	cuòjué
1361~1365	错位	cuòwèi	耷拉	dāla	搭车	dāchē	搭档	dādàng	搭建	dājiàn
1366~1370	搭救	dājiù	搭配	dāpèi	搭讪	dā·shàn	达标	dábiāo	达成	dáchéng
1371~1375	答辩	dábiàn	答话	dáhuà	答卷	dájuàn	打岔	dǎchà	打的	dǎdī
1376~1380	打点	dǎdian	打动	dǎdòng	打赌	dǎdǔ	打发	dǎfa	打工	dǎgōng
1381~1385	打火机	dǎhuǒjī	打交道	dǎjiāo·dào	打搅	dǎjiǎo	打垮	dǎkuǎ	打捞	dǎlāo
1386~1390	打猎	dǎliè	打趣	dǎqù	打扰	dǎrǎo	打扫	dǎsǎo	打铁	dǎtiě
1391~1395	打通	dǎtōng	打消	dǎxiāo	打印	dǎyìn	打造	dǎzào	打招呼	dǎzhāohu

附录三　普通话水平测试用普通话词语表

续表

序　号	字词	拼音	字词	拼音	字词	拼音	字词	拼音	字词	拼音
1396~1400	打折	dǎzhé	打字	dǎzì	大白	dàbái	大半	dàbàn	大本营	dàběnyíng
1401~1405	大便	dàbiàn	大不了	dà·bùliǎo	大肠	dàcháng	大潮	dàcháo	大车	dàchē
1406~1410	大刀阔斧	dàdāo-kuòfǔ	大道	dàdào	大抵	dàdǐ	大典	dàdiǎn	大殿	dàdiàn
1411~1415	大度	dàdù	大法	dàfǎ	大凡	dàfán	大方	dàfāng	大方	dàfang
1416~1420	大幅	dàfú	大副	dàfù	大公无私	dàgōng-wúsī	大鼓	dàgǔ	大汉	dàhàn
1421~1425	大号	dàhào	大户	dàhù	大计	dàjì	大将	dàjiàng	大惊小怪	dàjīng-xiǎoguài
1426~1430	大局	dàjú	大举	dàjǔ	大理石	dàlǐshí	大力	dàlì	大陆架	dàlùjià
1431~1435	大路	dàlù	大略	dàlüè	大麻	dàmá	大麦	dàmài	大米	dàmǐ
1436~1440	大名	dàmíng	大漠	dàmò	大气层	dàqìcéng	大气压	dàqìyā	大权	dàquán
1441~1445	大人物	dàrénwù	大赛	dàsài	大赦	dàshè	大使	dàshǐ	大势	dàshì
1446~1450	大堂	dàtáng	大同小异	dàtóng-xiǎoyì	大腿	dàtuǐ	大喜	dàxǐ	大显身手	dàxiǎn-shēnshǒu
1451~1455	大修	dàxiū	大选	dàxuǎn	大雪	dàxuě	大雁	dàyàn	大业	dàyè
1456~1460	大义	dàyì	大意	dà·yì	大意	dàyi	大有可为	dàyóu-kěwéi	大张旗鼓	dàzhāng-qígǔ
1461~1465	大专	dàzhuān	大宗	dàzōng	大作	dàzuò	呆板	dāibǎn	呆滞	dāizhì
1466~1470	代办	dàibàn	代表作	dàibiǎozuò	代词	dàicí	代号	dàihào	代码	dàimǎ
1471~1475	代数	dàishù	玳瑁	dàimào	带电	dàidiàn	带劲	dàijìn	带路	dàilù
1476~1480	带子	dàizi	待命	dàimìng	待业	dàiyè	袋子	dàizi	丹顶鹤	dāndǐnghè
1481~1485	担保	dānbǎo	担当	dāndāng	担架	dānjià	担忧	dānyōu	单边	dānbiān
1486~1490	单薄	dānbó	单产	dānchǎn	单词	dāncí	单方	dānfāng	单干	dāngàn
1491~1495	单个儿	dāngèr	单价	dānjià	单据	dānjù	单身	dānshen	单向	dānxiàng
1496~1500	单项	dānxiàng	单衣	dānyī	单元	dānyuán	单子	dānzi	胆固醇	dǎngùchún
1501~1505	胆量	dǎnliàng	胆略	dǎnlüè	胆囊	dǎnnáng	胆怯	dǎnqiè	胆识	dǎnshí
1506~1510	胆小鬼	dǎnxiǎoguǐ	胆汁	dǎnzhī	胆子	dǎnzi	掸	dǎn/Shàn	旦角儿	dànjuér
1511~1515	淡薄	dànbó	淡定	dàndìng	淡化	dànhuà	淡然	dànrán	弹片	dànpiàn
1516~1520	弹头	dàntóu	弹丸之地	dànwánzhīdì	弹药	dànyào	蛋糕	dàngāo	氮肥	dànféi
1521~1525	氮气	dànqì	当差	dāngchāi	当归	dāngguī	当家	dāngjiā	当量	dāngliàng
1526~1530	当面	dāngmiàn	当权	dāngquán	当日	dāngrì	当务之急	dāngwùzhījí	当下	dāngxià
1531~1535	当心	dāngxīn	当众	dāngzhòng	裆	dāng	党费	dǎngfèi	党风	dǎngfēng
1536~1540	党纪	dǎngjì	党建	dǎngjiàn	党派	dǎngpài	党旗	dǎngqí	党团	dǎngtuán
1541~1545	党务	dǎngwù	党校	dǎngxiào	党章	dǎngzhāng	当铺	dàng·pù	当日	dàngrì
1546~1550	当晚	dàngwǎn	当夜	dàngyè	当真	dàngzhēn	当作	dàngzuò	荡漾	dàngyàng
1551~1555	档次	dàngcì	档期	dàngqī	刀枪	dāoqiāng	刀子	dāozi	导电	dǎodiàn
1556~1560	导读	dǎodú	导航	dǎoháng	导热	dǎorè	导师	dǎoshī	导向	dǎoxiàng
1561~1565	导游	dǎoyóu	导语	dǎoyǔ	捣鬼	dǎoguǐ	捣毁	dǎohuǐ	捣乱	dǎoluàn
1566~1570	倒闭	dǎobì	倒伏	dǎofú	倒卖	dǎomài	倒塌	dǎotā	到场	dàochǎng
1571~1575	到访	dàofǎng	到家	dàojiā	到期	dàoqī	到任	dàorèn	到手	dàoshǒu
1576~1580	到头	dàotóu	到位	dàowèi	倒逼	dàobī	倒挂	dàoguà	倒立	dàolì
1581~1585	倒数	dàoshǔ	倒数	dàoshù	倒退	dàotuì	倒影	dàoyǐng	倒置	dàozhì
1586~1590	倒转	dàozhuǎn	倒转	dàozhuàn	盗版	dàobǎn	盗贼	dàozéi	道家	Dàojiā
1591~1595	道具	dàojù	道歉	dàoqiàn	道士	dàoshi	道喜	dàoxǐ	道谢	dàoxiè

续表

序　号	字词	拼音	字词	拼音	字词	拼音	字词	拼音	字词	拼音
1596~1600	道义	dàoyì	稻草	dàocǎo	稻子	dàozi	得逞	déchěng	得当	dédàng
1601~1605	得分	défēn	得救	déjiù	得力	délì	得失	déshī	得手	déshǒu
1606~1610	得体	détǐ	得天独厚	détiāndúhòu	得心应手	déxīn-yìngshǒu	得益	déyì	得知	dézhī
1611~1615	得主	dézhǔ	得罪	dé·zuì	德才兼备	décái-jiānbèi	灯火	dēnghuǒ	灯笼	dēnglong
1616~1620	灯塔	dēngtǎ	登场	dēngcháng	登场	dēngchǎng	登顶	dēngdǐng	登高	dēnggāo
1621~1625	登陆	dēnglù	登录	dēnglù	登门	dēngmén	登山	dēngshān	登台	dēngtái
1626~1630	登载	dēngzǎi	等号	děnghào	等价	děngjià	等式	děngshì	等同	děngtóng
1631~1635	凳子	dèngzi	瞪眼	dèngyǎn	低矮	dī'ǎi	低层	dīcéng	低潮	dīcháo
1636~1640	低沉	dīchén	低估	dīgū	低谷	dīgǔ	低价	dījià	低空	dīkōng
1641~1645	低廉	dīlián	低劣	dīliè	低落	dīluò	低迷	dīmí	低能	dīnéng
1646~1650	低碳	dītàn	低洼	dīwā	低微	dīwēi	低压	dīyā	堤坝	dībà
1651~1655	堤防	dīfáng	提防	dīfang	滴灌	dīguàn	滴水	dīshuǐ	敌国	díguó
1656~1660	敌后	díhòu	敌寇	díkòu	敌情	díqíng	敌视	díshì	敌意	díyì
1661~1665	笛子	dízi	嫡	dí	诋毁	dǐhuǐ	抵偿	dǐcháng	抵触	dǐchù
1666~1670	抵达	dǐdá	抵挡	dǐdǎng	抵消	dǐxiāo	抵押	dǐyā	抵御	dǐyù
1671~1675	底片	dǐpiàn	底气	dǐqì	底细	dǐ·xì	底线	dǐxiàn	底蕴	dǐyùn
1676~1680	底子	dǐzi	地产	dìchǎn	地磁	dìcí	地道	dìdào	地道	dìdao
1681~1685	地段	dìduàn	地核	dìhé	地基	dìjī	地窖	dìjiào	地雷	dìléi
1686~1690	地力	dìlì	地幔	dìmàn	地盘	dìpán	地皮	dìpí	地平线	dìpíngxiàn
1691~1695	地热	dìrè	地铁	dìtiě	地下室	dìxiàshì	地衣	dìyī	地狱	dìyù
1696~1700	地缘	dìyuán	地址	dìzhǐ	帝王	dìwáng	帝制	dìzhì	递减	dìjiǎn
1701~1705	递交	dìjiāo	递增	dìzēng	谛听	dìtīng	缔结	dìjié	缔约	dìyuē
1706~1710	缔造	dìzào	颠倒	diāndǎo	颠覆	diānfù	典范	diǎnfàn	典故	diǎngù
1711~1715	典礼	diǎnlǐ	典雅	diǎnyǎ	点滴	diǎndī	点火	diǎnhuǒ	点击	diǎnjī
1716~1720	点名	diǎnmíng	点评	diǎnpíng	点心	diǎnxin	点赞	diǎnzàn	点缀	diǎn·zhuì
1721~1725	点子	diǎnzi	电表	diànbiǎo	电冰箱	diànbīngxiāng	电波	diànbō	电车	diànchē
1726~1730	电磁场	diàncíchǎng	电镀	diàndù	电工	diàngōng	电光	diànguāng	电焊	diànhàn
1731~1735	电机	diànjī	电极	diànjí	电解	diànjiě	电解质	diànjiězhì	电缆	diànlǎn
1736~1740	电铃	diànlíng	电炉	diànlú	电气	diànqì	电气化	diànqìhuà	电扇	diànshàn
1741~1745	电商	diànshāng	电视机	diànshìjī	电梯	diàntī	电筒	diàntǒng	电网	diànwǎng
1746~1750	电文	diànwén	电信	diànxìn	电讯	diànxùn	电影院	diànyǐngyuàn	电站	diànzhàn
1751~1755	店铺	diànpù	店堂	diàntáng	店员	diànyuán	垫圈	diànquān	奠基	diànjī
1756~1760	殿堂	diàntáng	殿下	diànxià	刁难	diāonàn	貂	diāo	碉堡	diāobǎo
1761~1765	雕像	diāoxiàng	吊环	diàohuán	吊销	diàoxiāo	钓竿	diàogān	钓鱼	diàoyú
1766~1770	调度	diàodù	调换	diàohuàn	调集	diàojí	调离	diàolí	调配	diàopèi
1771~1775	调遣	diàoqiǎn	调任	diàorèn	调研	diàoyán	调运	diàoyùn	调子	diàozi
1776~1780	掉队	diàoduì	掉头	diàotóu	掉以轻心	diàoyǐqīngxīn	跌落	diēluò	碟子	diézi
1781~1785	叮咛	dīngníng	叮嘱	dīngzhǔ	钉子	dīngzi	顶峰	dǐngfēng	顶级	dǐngjí
1786~1790	顶尖	dǐngjiān	顶替	dǐngtì	鼎盛	dǐngshèng	订单	dìngdān	订购	dìnggòu
1791~1795	订婚	dìnghūn	订立	dìnglì	订阅	dìngyuè	订正	dìngzhèng	定点	dìngdiǎn

附录三　普通话水平测试用普通话词语表

续表

序号	字词	拼音	字词	拼音	字词	拼音	字词	拼音	字词	拼音
1796~1800	定都	dìngdū	定格	dìnggé	定购	dìnggòu	定价	dìngjià	定居	dìngjū
1801~1805	定论	dìnglùn	定名	dìngmíng	定神	dìngshén	定时	dìngshí	定位	dìngwèi
1806~1810	定性	dìngxìng	定语	dìngyǔ	定员	dìngyuán	定罪	dìngzuì	锭	dìng
1811~1815	丢掉	diūdiào	丢脸	diūliǎn	丢弃	diūqì	丢人	diūrén	丢失	diūshī
1816~1820	东边	dōng·biān	东道主	dōngdàozhǔ	东风	dōngfēng	东家	dōngjia	东经	dōngjīng
1821~1825	冬眠	dōngmián	冬至	dōngzhì	董事	dǒngshì	董事会	dǒngshìhuì	懂事	dǒngshì
1826~1830	动笔	dòngbǐ	动产	dòngchǎn	动车	dòngchē	动荡	dòngdàng	动感	dònggǎn
1831~1835	动工	dònggōng	动画	dònghuà	动画片	dònghuàpiàn	动乱	dòngluàn	动情	dòngqíng
1836~1840	动容	dòngróng	动身	dòngshēn	动弹	dòngtan	动听	dòngtīng	动武	dòngwǔ
1841~1845	动物园	dòngwùyuán	动向	dòngxiàng	动心	dòngxīn	动用	dòngyòng	动辄	dòngzhé
1846~1850	冻疮	dòngchuāng	冻结	dòngjié	洞察	dòngchá	洞房	dòngfáng	洞穴	dòngxué
1851~1855	兜售	dōushòu	斗笠	dǒulì	抖动	dǒudòng	抖擞	dǒusǒu	陡坡	dǒupō
1856~1860	陡然	dǒurán	斗志	dòuzhì	豆浆	dòujiāng	豆芽儿	dòuyár	豆子	dòuzi
1861~1865	逗乐儿	dòulèr	逗留	dòuliú	窦	dòu	都城	dūchéng	督办	dūbàn
1866~1870	督察	dūchá	督促	dūcù	督导	dūdǎo	督军	dūjūn	嘟囔	dūnang
1871~1875	毒打	dúdǎ	毒害	dúhài	毒剂	dújì	毒瘤	dúliú	毒品	dúpǐn
1876~1880	毒气	dúqì	毒蛇	dúshé	毒药	dúyào	独霸	dúbà	独白	dúbái
1881~1885	独裁	dúcái	独唱	dúchàng	独创	dúchuàng	独到	dúdào	独断	dúduàn
1886~1890	独家	dújiā	独身	dúshēn	独舞	dúwǔ	独一无二	dúyī-wú'èr	独资	dúzī
1891~1895	独奏	dúzòu	读数	dúshù	读物	dúwù	读音	dúyīn	犊	dú
1896~1900	笃信	dǔxìn	堵截	dǔjié	堵塞	dǔsè	赌博	dǔbó	赌场	dǔchǎng
1901~1905	赌气	dǔqì	杜绝	dùjué	度假	dùjià	度量	dùliàng	度日	dùrì
1906~1910	渡船	dùchuán	渡口	dùkǒu	端午	Duānwǔ	端详	duānxiáng	端详	duānxiang
1911~1915	端庄	duānzhuāng	短板	duǎnbǎn	短波	duǎnbō	短处	duǎn·chù	短促	duǎncù
1916~1920	短工	duǎngōng	短路	duǎnlù	短跑	duǎnpǎo	短篇	duǎnpiān	短缺	duǎnquē
1921~1925	短线	duǎnxiàn	短小	duǎnxiǎo	短语	duǎnyǔ	段落	duànluò	断层	duàncéng
1926~1930	断绝	duànjué	断裂	duànliè	断流	duànliú	断面	duànmiàn	断然	duànrán
1931~1935	断送	duànsòng	断言	duànyán	缎子	duànzi	煅	duàn	锻造	duànzào
1936~1940	堆放	duīfàng	堆砌	duīqì	队列	duìliè	队友	duìyǒu	队员	duìyuán
1941~1945	对岸	duì'àn	对不住	duìbuzhù	对策	duìcè	对答	duìdá	对等	duìděng
1946~1950	对接	duìjiē	对口	duìkǒu	对联	duìlián	对路	duìlù	对门	duìmén
1951~1955	对偶	duìǒu	对数	duìshù	对头	duìtou	对虾	duìxiā	对阵	duìzhèn
1956~1960	对症	duìzhèng	对症下药	duìzhèng-xiàyào	对峙	duìzhì	对子	duìzi	兑付	duìfù
1961~1965	兑换	duìhuàn	兑现	duìxiàn	炖	dùn	顿悟	dùnwù	多边	duōbiān
1966~1970	多方	duōfāng	多寡	duōguǎ	多亏	duōkuī	多情	duōqíng	多事	duōshì
1971~1975	多谢	duōxiè	多样	duōyàng	多元	duōyuán	多嘴	duōzuǐ	夺冠	duóguàn
1976~1980	夺目	duómù	躲避	duǒbì	躲藏	duǒcáng	躲闪	duǒshǎn	剁	duò
1981~1985	堕落	duòluò	跺脚	duòjiǎo	鹅卵石	éluǎnshí	额定	édìng	额度	édù
1986~1990	额角	éjiǎo	额头	étóu	额外	éwài	厄运	èyùn	扼杀	èshā
1991~1995	扼要	èyào	恶霸	èbà	恶臭	èchòu	恶毒	èdú	恶棍	ègùn

续表

序　号	字词	拼音	字词	拼音	字词	拼音	字词	拼音	字词	拼音
1996~2000	恶果	èguǒ	恶狠狠	èhěnhěn	恶魔	èmó	恶人	èrén	恶习	èxí
2001~2005	恶性	èxìng	恶意	èyì	恶作剧	èzuòjù	萼片	èpiàn	腭	è
2006~2010	恩赐	ēncì	恩情	ēnqíng	恩人	ēnrén	恩怨	ēnyuàn	儿科	érkē
2011~2015	儿时	érshí	儿孙	érsūn	儿戏	érxì	而今	érjīn	尔后	ěrhòu
2016~2020	耳光	ěrguāng	耳环	ěrhuán	耳机	ěrjī	耳鸣	ěrmíng	耳目	ěrmù
2021~2025	耳目一新	ěrmù-yīxīn	耳闻目睹	ěrwén-mùdǔ	耳语	ěryǔ	二胡	èrhú	二维码	èrwéimǎ
2026~2030	发报	fābào	发兵	fābīng	发财	fācái	发愁	fāchóu	发呆	fādāi
2031~2035	发放	fāfàng	发疯	fāfēng	发光	fāguāng	发还	fāhuán	发火	fāhuǒ
2036~2040	发狂	fākuáng	发愣	fālèng	发亮	fāliàng	发毛	fāmáo	发霉	fāméi
2041~2045	发难	fānàn	发怒	fānù	发配	fāpèi	发票	fāpiào	发情	fāqíng
2046~2050	发球	fāqiú	发散	fāsàn	发烧	fāshāo	发誓	fāshì	发售	fāshòu
2051~2055	发送	fāsòng	发文	fāwén	发问	fāwèn	发笑	fāxiào	发泄	fāxiè
2056~2060	发言人	fāyánrén	发源	fāyuán	乏力	fálì	乏善可陈	fáshàn-kěchén	乏味	fáwèi
2061~2065	伐木	fámù	罚单	fádān	罚金	fájīn	罚没	fámò	法案	fǎ'àn
2066~2070	法宝	fǎbǎo	法典	fǎdiǎn	法纪	fǎjì	法理	fǎlǐ	法权	fǎquán
2071~2075	法师	fǎshī	法术	fǎshù	法网	fǎwǎng	法医	fǎyī	法治	fǎzhì
2076~2080	发型	fàxíng	帆布	fānbù	帆船	fānchuán	藩镇	fānzhèn	翻案	fān'àn
2081~2085	翻动	fāndòng	翻滚	fāngǔn	翻盘	fānpán	翻腾	fānténg	翻天覆地	fāntiān-fùdì
2086~2090	翻阅	fānyuè	凡人	fánrén	凡事	fánshì	烦闷	fánmèn	烦躁	fánzào
2091~2095	繁复	fánfù	繁华	fánhuá	繁忙	fánmáng	繁盛	fánshèng	繁星	fánxīng
2096~2100	繁衍	fányǎn	繁育	fányù	繁杂	fánzá	反比	fǎnbǐ	反驳	fǎnbó
2101~2105	反差	fǎnchā	反常	fǎncháng	反刍	fǎnchú	反倒	fǎndào	反腐	fǎnfǔ
2106~2110	反感	fǎngǎn	反攻	fǎngōng	反顾	fǎngù	反光	fǎnguāng	反击	fǎnjī
2111~2115	反恐	fǎnkǒng	反叛	fǎnpàn	反扑	fǎnpū	反思	fǎnsī	反弹	fǎntán
2116~2120	反问	fǎnwèn	反响	fǎnxiǎng	反省	fǎnxǐng	反义词	fǎnyìcí	反证	fǎnzhèng
2121~2125	返航	fǎnháng	返还	fǎnhuán	返青	fǎnqīng	犯法	fànfǎ	犯规	fànguī
2126~2130	犯人	fànrén	饭菜	fàncài	饭馆(儿)	fànguǎn(r)	饭盒	fànhé	饭厅	fàntīng
2131~2135	饭碗	fànwǎn	饭桌	fànzhuō	泛滥	fànlàn	范例	fànlì	贩毒	fàndú
2136~2140	贩卖	fànmài	贩运	fànyùn	贩子	fànzi	梵文	Fànwén	方剂	fāngjì
2141~2145	方略	fānglüè	方位	fāngwèi	方向盘	fāngxiàngpán	方兴未艾	fāngxīng-wèi'ài	方圆	fāngyuán
2146~2150	方阵	fāngzhèn	方正	fāngzhèng	方桌	fāngzhuō	防暴	fángbào	防备	fángbèi
2151~2155	防盗	fángdào	防毒	fángdú	防范	fángfàn	防寒	fánghán	防洪	fánghóng
2156~2160	防护	fánghù	防护林	fánghùlín	防空	fángkōng	防守	fángshǒu	防伪	fángwěi
2161~2165	防卫	fángwèi	防务	fángwù	防线	fángxiàn	防汛	fángxùn	防疫	fángyì
2166~2170	房产	fángchǎn	房东	fángdōng	房租	fángzū	仿效	fǎngxiào	仿照	fǎngzhào
2171~2175	仿真	fǎngzhēn	仿制	fǎngzhì	访客	fǎngkè	访谈	fǎngtán	纺织品	fǎngzhīpǐn
2176~2180	放大镜	fàngdàjìng	放电	fàngdiàn	放飞	fàngfēi	放火	fànghuǒ	放假	fàngjià
2181~2185	放宽	fàngkuān	放牧	fàngmù	放炮	fàngpào	放任	fàngrèn	放哨	fàngshào
2186~2190	放声	fàngshēng	放手	fàngshǒu	放行	fàngxíng	放学	fàngxué	放眼	fàngyǎn
2191~2195	放养	fàngyǎng	放映	fàngyìng	放置	fàngzhì	放纵	fàngzòng	飞奔	fēibēn

序号	字词	拼音	字词	拼音	字词	拼音	字词	拼音	字词	拼音
2196~2200	飞碟	fēidié	飞溅	fēijiàn	飞禽	fēiqín	飞速	fēisù	飞天	fēitiān
2201~2205	飞艇	fēitǐng	飞舞	fēiwǔ	飞行器	fēixíngqì	飞行员	fēixíngyuán	飞扬	fēiyáng
2206~2210	飞越	fēiyuè	飞涨	fēizhǎng	非得	fēiděi	非凡	fēifán	非难	fēinàn
2211~2215	非同小可	fēitóng-xiǎokě	非议	fēiyì	绯红	fēihóng	肥大	féidà	肥厚	féihòu
2216~2220	肥力	féilì	肥胖	féipàng	肥水	féishuǐ	肥效	féixiào	匪帮	fěibāng
2221~2225	匪徒	fěitú	翡翠	fěicuì	肺病	fèibìng	肺活量	fèihuóliàng	肺结核	fèijiéhé
2226~2230	肺炎	fèiyán	废话	fèihuà	废旧	fèijiù	废料	fèiliào	废品	fèipǐn
2231~2235	废气	fèiqì	废弃	fèiqì	废水	fèishuǐ	废物	fèiwù	废物	fèiwu
2236~2240	废止	fèizhǐ	沸点	fèidiǎn	沸水	fèishuǐ	费解	fèijiě	费劲	fèijìn
2241~2245	费力	fèilì	费心	fèixīn	分辩	fēnbiàn	分兵	fēnbīng	分寸	fēn·cùn
2246~2250	分担	fēndān	分队	fēnduì	分发	fēnfā	分隔	fēngé	分管	fēnguǎn
2251~2255	分红	fēnhóng	分家	fēnjiā	分居	fēnjū	分流	fēnliú	分娩	fēnmiǎn
2256~2260	分蘖	fēnniè	分派	fēnpài	分期	fēnqī	分清	fēnqīng	分手	fēnshǒu
2261~2265	分数	fēnshù	分水岭	fēnshuǐlǐng	分摊	fēntān	分头	fēntóu	分享	fēnxiǎng
2266~2270	分忧	fēnyōu	酚	fēn	坟地	féndì	坟墓	fénmù	坟头	féntóu
2271~2275	焚毁	fénhuǐ	焚烧	fénshāo	粉笔	fěnbǐ	粉尘	fěnchén	粉刺	fěncì
2276~2280	粉红	fěnhóng	粉剂	fěnjì	粉饰	fěnshì	分外	fènwài	份额	fèn'é
2281~2285	份儿	fènr	份子	fènzi	奋发图强	fènfā-túqiáng	奋进	fènjìn	粪便	fènbiàn
2286~2290	愤恨	fènhèn	愤然	fènrán	丰碑	fēngbēi	丰产	fēngchǎn	丰功伟绩	fēnggōng-wěijì
2291~2295	丰功伟业	fēnggōng-wěiyè	丰厚	fēnghòu	丰满	fēngmǎn	丰年	fēngnián	丰盛	fēngshèng
2296~2300	丰腴	fēngyú	风波	fēngbō	风采	fēngcǎi	风潮	fēngcháo	风车	fēngchē
2301~2305	风度	fēngdù	风帆	fēngfān	风范	fēngfàn	风寒	fēnghán	风化	fēnghuà
2306~2310	风浪	fēnglàng	风流	fēngliú	风貌	fēngmào	风起云涌	fēngqǐ-yúnyǒng	风情	fēngqíng
2311~2315	风趣	fēngqù	风沙	fēngshā	风尚	fēngshàng	风生水起	fēngshēng-shuǐqǐ	风声	fēngshēng
2316~2320	风水	fēng·shuǐ	风味	fēngwèi	风箱	fēngxiāng	风向	fēngxiàng	风行	fēngxíng
2321~2325	风雅	fēngyǎ	风云	fēngyún	风韵	fēngyùn	风姿	fēngzī	封存	fēngcún
2326~2330	封堵	fēngdǔ	封面	fēngmiàn	疯子	fēngzi	峰会	fēnghuì	峰峦	fēngluán
2331~2335	烽火	fēnghuǒ	锋利	fēnglì	蜂巢	fēngcháo	蜂房	fēngfáng	蜂蜜	fēngmì
2336~2340	蜂王	fēngwáng	蜂窝	fēngwō	缝合	fénghé	缝纫机	féngrènjī	奉命	fèngmìng
2341~2345	奉行	fèngxíng	佛典	fódiǎn	佛法	fófǎ	佛经	fójīng	佛寺	fósì
2346~2350	佛像	fóxiàng	佛学	fóxué	否决	fǒujué	夫子	fūzǐ	敷衍	fūyǎn
2351~2355	伏击	fújī	伏贴	fútiē	扶持	fúchí	扶贫	fúpín	扶桑	fúsāng
2356~2360	扶手	fú·shǒu	扶养	fúyǎng	扶植	fúzhí	扶助	fúzhù	拂晓	fúxiǎo
2361~2365	服侍	fú·shì	服饰	fúshì	服刑	fúxíng	服药	fúyào	服役	fúyì
2366~2370	服用	fúyòng	氟	fú	俘获	fúhuò	浮雕	fúdiāo	浮夸	fúkuā
2371~2375	浮力	fúlì	浮现	fúxiàn	浮云	fúyún	浮躁	fúzào	浮肿	fúzhǒng
2376~2380	福气	fúqi	福音	fúyīn	抚摩	fǔmó	抚养	fǔyǎng	抚育	fǔyù
2381~2385	俯冲	fǔchōng	俯瞰	fǔkàn	俯视	fǔshì	俯首	fǔshǒu	辅导	fǔdǎo
2386~2390	腐化	fǔhuà	腐烂	fǔlàn	父子	fùzǐ	负电	fùdiàn	负荷	fùhè
2391~2395	负极	fùjí	负离子	fùlízǐ	负面	fùmiàn	负伤	fùshāng	负载	fùzài

序　　号	字词	拼音	字词	拼音	字词	拼音	字词	拼音	字词	拼音
2396~2400	负债	fùzhài	负重	fùzhòng	妇科	fùkē	附带	fùdài	附和	fùhè
2401~2405	附件	fùjiàn	附录	fùlù	附设	fùshè	附属	fùshǔ	附则	fùzé
2406~2410	复查	fùchá	复仇	fùchóu	复出	fùchū	复发	fùfā	复古	fùgǔ
2411~2415	复核	fùhé	复活	fùhuó	复命	fùmìng	复审	fùshěn	复述	fùshù
2416~2420	复苏	fùsū	复习	fùxí	复兴	fùxīng	复眼	fùyǎn	复议	fùyì
2421~2425	复印	fùyìn	复员	fùyuán	复原	fùyuán	副本	fùběn	副词	fùcí
2426~2430	副官	fùguān	副刊	fùkān	副食	fùshí	副作用	fùzuòyòng	赋税	fùshuì
2431~2435	富贵	fùguì	富强	fùqiáng	富饶	fùráo	富翁	fùwēng	富余	fùyu
2436~2440	富足	fùzú	腹地	fùdì	腹膜	fùmó	腹腔	fùqiāng	腹泻	fùxiè
2441~2445	覆灭	fùmiè	改道	gǎidào	改动	gǎidòng	改观	gǎiguān	改行	gǎiháng
2446~2450	改换	gǎihuàn	改悔	gǎihuǐ	改嫁	gǎijià	改建	gǎijiàn	改口	gǎikǒu
2451~2455	改写	gǎixiě	改选	gǎixuǎn	改制	gǎizhì	改装	gǎizhuāng	盖子	gàizi
2456~2460	概况	gàikuàng	概论	gàilùn	概述	gàishù	干杯	gānbēi	干瘪	gānbiě
2461~2465	干冰	gānbīng	干草	gāncǎo	干涸	gānhé	干枯	gānkū	干粮	gān·liáng
2466~2470	甘草	gāncǎo	甘露	gānlù	甘愿	gānyuàn	甘蔗	gānzhe	杆子	gǎnzi
2471~2475	坩埚	gānguō	杆菌	gǎnjūn	杆子	gǎnzi	赶场	gǎnchǎng	赶超	gǎnchāo
2476~2480	赶车	gǎnchē	赶赴	gǎnfù	赶集	gǎnjí	赶路	gǎnlù	感触	gǎnchù
2481~2485	感光	gǎnguāng	感化	gǎnhuà	感冒	gǎnmào	感人	gǎnrén	感伤	gǎnshāng
2486~2490	感叹	gǎntàn	感悟	gǎnwù	感想	gǎnxiǎng	感召	gǎnzhào	擀	gǎn
2491~2495	干劲	gànjìn	干流	gànliú	干事	gànshi	干线	gànxiàn	刚好	gānghǎo
2496~2500	刚劲	gāngjìng	刚强	gāngqiáng	刚毅	gāngyì	纲要	gāngyào	钢板	gāngbǎn
2501~2505	钢笔	gāngbǐ	钢材	gāngcái	钢筋	gāngjīn	钢盔	gāngkuī	港币	gǎngbì
2506~2510	港湾	gǎngwān	杠杆	gànggǎn	杠子	gàngzi	高昂	gāo'áng	高傲	gāo'ào
2511~2515	高倍	gāobèi	高层	gāocéng	高超	gāochāo	高档	gāodàng	高额	gāo'é
2516~2520	高峰	gāofēng	高高在上	gāogāo-zàishàng	高歌	gāogē	高贵	gāoguì	高寒	gāohán
2521~2525	高价	gāojià	高举	gāojǔ	高考	gāokǎo	高科技	gāokējì	高龄	gāolíng
2526~2530	高明	gāomíng	高能	gāonéng	高强	gāoqiáng	高热	gāorè	高烧	gāoshāo
2531~2535	高深	gāoshēn	高手	gāoshǒu	高耸	gāosǒng	高铁	gāotiě	高危	gāowēi
2536~2540	高下	gāoxià	高效	gāoxiào	高薪	gāoxīn	高血压	gāoxuèyā	高雅	gāoyǎ
2541~2545	高远	gāoyuǎn	高瞻远瞩	gāozhān-yuǎnzhǔ	羔皮	gāopí	羔羊	gāoyáng	膏药	gāoyao
2546~2550	篙	gāo	糕点	gāodiǎn	稿费	gǎofèi	稿件	gǎojiàn	稿纸	gǎozhǐ
2551~2555	稿子	gǎozi	告辞	gàocí	告发	gàofā	告急	gàojí	告捷	gàojié
2556~2560	告诫	gàojiè	告示	gào·shì	告知	gàozhī	告终	gàozhōng	告状	gàozhuàng
2561~2565	咯	gē/kǎ/luò	搁浅	gēqiǎn	搁置	gēzhì	割断	gēduàn	割据	gējù
2566~2570	割裂	gēliè	割让	gēràng	歌词	gēcí	歌喉	gēhóu	歌手	gēshǒu
2571~2575	歌星	gēxīng	歌谣	gēyáo	歌咏	gēyǒng	革除	géchú	革命家	gémìngjiā
2576~2580	阁楼	gélóu	阁下	géxià	格调	gédiào	格格不入	gégé-bùrù	格局	géjú
2581~2585	格律	gélǜ	格式	gé·shì	格言	géyán	格子	gézi	颌	Gé/hé
2586~2590	隔断	géduàn	隔阂	géhé	隔绝	géjué	隔膜	gémó	膈	gé
2591~2595	个案	gè'àn	个例	gèlì	个头儿	gètóur	个子	gèzi	各别	gèbié

附录三　普通话水平测试用普通话词语表

续表

序　号	字词	拼音	字词	拼音	字词	拼音	字词	拼音	字词	拼音
2596~2600	给力	gěilì	根除	gēnchú	根基	gēnjī	根深蒂固	gēnshēn-dìgù	根治	gēnzhì
2601~2605	根子	gēnzi	跟进	gēnjìn	跟头	gēntou	跟踪	gēnzōng	更迭	gēngdié
2606~2610	更改	gēnggǎi	更换	gēnghuàn	更替	gēngtì	更正	gēngzhèng	耕种	gēngzhòng
2611~2615	哽咽	gěngyè	工段	gōngduàn	工分	gōngfēn	工匠	gōngjiàng	工矿	gōngkuàng
2616~2620	工龄	gōnglíng	工期	gōngqī	工钱	gōng·qián	工时	gōngshí	工事	gōngshì
2621~2625	工头	gōngtóu	工效	gōngxiào	工序	gōngxù	工艺品	gōngyìpǐn	工友	gōngyǒu
2626~2630	工种	gōngzhǒng	工作日	gōngzuòrì	弓子	gōngzi	公案	gōng'àn	公报	gōngbào
2631~2635	公差	gōngchā	公差	gōngchāi	公道	gōng·dào	公德	gōngdé	公法	gōngfǎ
2636~2640	公费	gōngfèi	公告	gōnggào	公关	gōngguān	公馆	gōngguǎn	公海	gōnghǎi
2641~2645	公害	gōnghài	公函	gōnghán	公会	gōnghuì	公积金	gōngjījīn	公家	gōng·jiā
2646~2650	公决	gōngjué	公款	gōngkuǎn	公立	gōnglì	公墓	gōngmù	公仆	gōngpú
2651~2655	公然	gōngrán	公使	gōngshǐ	公示	gōngshì	公事	gōngshì	公私	gōngsī
2656~2660	公诉	gōngsù	公文	gōngwén	公务	gōngwù	公务员	gōngwùyuán	公演	gōngyǎn
2661~2665	公益	gōngyì	公用	gōngyòng	公寓	gōngyù	公约	gōngyuē	公债	gōngzhài
2666~2670	公证	gōngzhèng	公职	gōngzhí	公众	gōngzhòng	公转	gōngzhuàn	公子	gōngzǐ
2671~2675	功臣	gōngchén	功德	gōngdé	功底	gōngdǐ	功劳	gōng·láo	功力	gōnglì
2676~2680	功利	gōnglì	功名	gōngmíng	功效	gōngxiào	功用	gōngyòng	攻打	gōngdǎ
2681~2685	攻读	gōngdú	攻关	gōngguān	攻坚	gōngjiān	攻克	gōngkè	攻破	gōngpò
2686~2690	攻势	gōngshì	攻陷	gōngxiàn	攻占	gōngzhàn	供不应求	gōngbùyìngqiú	供销	gōngxiāo
2691~2695	供需	gōngxū	供养	gōngyǎng	宫殿	gōngdiàn	宫女	gongnǚ	龚	Gōng
2696~2700	拱桥	gǒngqiáo	拱手	gǒngshǒu	共存	gòngcún	共和	gònghé	共计	gòngjì
2701~2705	共生	gòngshēng	共识	gòngshí	共事	gòngshì	共通	gòngtōng	共同体	gòngtóngtǐ
2706~2710	共享	gòngxiǎng	共性	gòngxìng	共振	gòngzhèn	供奉	gòngfèng	供养	gòngyǎng
2711~2715	勾画	gōuhuà	勾勒	gōulè	勾引	gōuyǐn	沟渠	gōuqú	钩子	gōuzi
2716~2720	篝火	gōuhuǒ	狗熊	gǒuxióng	勾当	gòu·dàng	构件	gòujiàn	构建	gòujiàn
2721~2725	构图	gòutú	构想	gòuxiǎng	构筑	gòuzhù	购置	gòuzhì	估价	gūjià
2726~2730	估量	gū·liáng	估算	gūsuàn	孤单	gūdān	孤岛	gūdǎo	孤儿	gū'ér
2731~2735	孤寂	gūjì	孤军	gūjūn	古董	gǔdǒng	古怪	gǔguài	古朴	gǔpǔ
2736~2740	古诗	gǔshī	古书	gǔshū	古玩	gǔwán	古文	gǔwén	古音	gǔyīn
2741~2745	谷地	gǔdì	谷物	gǔwù	谷子	gǔzi	股东	gǔdōng	股份	gǔfèn
2746~2750	股金	gǔjīn	股市	gǔshì	股息	gǔxī	骨灰	gǔhuī	骨架	gǔjià
2751~2755	骨盆	gǔpén	骨气	gǔqì	骨肉	gǔròu	骨髓	gǔsuǐ	骨折	gǔzhé
2756~2760	鼓动	gǔdòng	鼓膜	gǔmó	鼓噪	gǔzào	鼓掌	gǔzhǎng	固守	gùshǒu
2761~2765	固态	gùtài	故此	gùcǐ	故而	gù'ér	故宫	gùgōng	故国	gùguó
2766~2770	故居	gùjū	故里	gùlǐ	故土	gùtǔ	故障	gùzhàng	顾及	gùjí
2771~2775	顾忌	gùjì	顾名思义	gùmíng-sīyì	顾盼	gùpàn	雇工	gùgōng	雇用	gùyòng
2776~2780	雇员	gùyuán	雇主	gùzhǔ	瓜分	guāfēn	瓜子	guāzǐ	刮目相看	guāmù-xiāngkàn
2781~2785	挂钩	guàgōu	挂号	guàhào	挂念	guàniàn	挂牌	guàpái	挂帅	guàshuài
2786~2790	拐棍	guǎigùn	拐弯	guǎiwān	拐杖	guǎizhàng	怪不得	guàibude	怪圈	guàiquān
2791~2795	怪事	guàishì	怪异	guàiyì	关爱	guān'ài	关口	guānkǒu	关门	guānmén

续表

序　号	字词	拼音	字词	拼音	字词	拼音	字词	拼音	字词	拼音	字词	拼音
2796~2800	关卡	guānqiǎ	关切	guānqiè	关税	guānshuì	关头	guāntóu	关押	guānyā
2801~2805	关照	guānzhào	观光	guānguāng	观摩	guānmó	观赏	guānshǎng	观望	guānwàng
2806~2810	官办	guānbàn	官场	guānchǎng	官方	guānfāng	官府	guānfǔ	官司	guānsi
2811~2815	官职	guānzhí	棺木	guānmù	管家	guǎnjiā	管教	guǎnjiào	管控	guǎnkòng
2816~2820	管事	guǎnshì	管弦乐	guǎnxiányuè	管线	guǎnxiàn	管用	guǎnyòng	管制	guǎnzhì
2821~2825	冠名	guànmíng	惯例	guànlì	惯用	guànyòng	灌木	guànmù	灌区	guànqū
2826~2830	灌输	guànshū	灌注	guànzhù	罐头	guàntou	罐子	guànzi	光波	guāngbō
2831~2835	光度	guāngdù	光复	guāngfù	光顾	guānggù	光棍儿	guānggùnr	光华	guānghuá
2836~2840	光环	guānghuán	光洁	guāngjié	光缆	guānglǎn	光临	guānglín	光能	guāngnéng
2841~2845	光年	guāngnián	光盘	guāngpán	光束	guāngshù	光速	guāngsù	光头	guāngtóu
2846~2850	光纤	guāngxiān	光阴	guāngyīn	广博	guǎngbó	广度	guǎngdù	广袤	guǎngmào
2851~2855	归队	guīduì	归附	guīfù	归根结底	guīgēn-jiédǐ	归还	guīhuán	归属	guīshǔ
2856~2860	归宿	guīsù	归途	guītú	归于	guīyú	规避	guībì	规程	guīchéng
2861~2865	规范化	guīfànhuà	规劝	guīquàn	规章	guīzhāng	皈依	guīyī	瑰宝	guībǎo
2866~2870	鬼魂	guǐhún	鬼脸	guǐliǎn	鬼神	guǐshén	柜台	guìtái	柜子	guìzi
2871~2875	贵宾	guìbīn	贵妃	guìfēi	贵贱	guìjiàn	贵人	guìrén	贵姓	guìxìng
2876~2880	贵重	guìzhòng	桂冠	guìguān	桂花	guìhuā	桂圆	guìyuán	滚动	gǔndòng
2881~2885	滚烫	gǔntàng	棍棒	gùnbàng	棍子	gùnzi	锅炉	guōlú	锅台	guōtái
2886~2890	国宝	guóbǎo	国策	guócè	国产	guóchǎn	国粹	guócuì	国度	guódù
2891~2895	国法	guófǎ	国歌	guógē	国画	guóhuà	国徽	guóhuī	国货	guóhuò
2896~2900	国计民生	guójì-mínshēng	国界	guójiè	国境	guójìng	国君	guójūn	国库	guókù
2901~2905	国力	guólì	国立	guólì	国门	guómén	国难	guónàn	国旗	guóqí
2906~2910	国庆	guóqìng	国人	guórén	国势	guóshì	国事	guóshì	国体	guótǐ
2911~2915	国务	guówù	国语	guóyǔ	果木	guǒmù	果皮	guǒpí	果品	guǒpǐn
2916~2920	果肉	guǒròu	果园	guǒyuán	果真	guǒzhēn	果子	guǒzi	过场	guòchǎng
2921~2925	过错	guòcuò	过道	guòdào	过冬	guòdōng	过关	guòguān	过火	guòhuǒ
2926~2930	过激	guòjī	过节	guòjié	过境	guòjìng	过量	guòliàng	过路	guòlù
2931~2935	过滤	guòlǜ	过门	guòmén	过期	guòqī	过热	guòrè	过人	guòrén
2936~2940	过剩	guòshèng	过失	guòshī	过时	guòshí	过头	guòtóu	过往	guòwǎng
2941~2945	过问	guòwèn	过夜	guòyè	过瘾	guòyǐn	过硬	guòyìng	哈密瓜	hāmìguā
2946~2950	哈欠	hāqian	海岸线	hǎi'ànxiàn	海报	hǎibào	海滨	hǎibīn	海潮	hǎicháo
2951~2955	海岛	hǎidǎo	海盗	hǎidào	海防	hǎifáng	海风	hǎifēng	海港	hǎigǎng
2956~2960	海口	hǎikǒu	海里	hǎilǐ	海流	hǎiliú	海轮	hǎilún	海绵	hǎimián
2961~2965	海纳百川	hǎinàbǎichuān	海参	hǎishēn	海市蜃楼	hǎishì-shènlóu	海事	hǎishì	海滩	hǎitān
2966~2970	海峡	hǎixiá	海鲜	hǎixiān	海啸	hǎixiào	海员	hǎiyuán	海运	hǎiyùn
2971~2975	海蜇	hǎizhé	氦	hài	害处	hài·chù	害羞	hàixiū	蚶	hān
2976~2980	憨厚	hānhòu	鼾声	hānshēng	含糊	hánhu	含混	hánhùn	含笑	hánxiào
2981~2985	含蓄	hánxù	含意	hányì	函授	hánshòu	涵盖	hángài	涵养	hányǎng
2986~2990	寒潮	háncháo	寒带	hándài	寒冬	hándōng	寒假	hánjià	寒噤	hánjìn
2991~2995	寒流	hánliú	寒气	hánqì	寒热	hánrè	寒暑	hánshǔ	寒暄	hánxuān

续表

序号	字词	拼音	字词	拼音	字词	拼音	字词	拼音	字词	拼音
2996~3000	寒意	hányì	寒颤	hánzhàn	喊叫	hǎnjiào	汉化	hànhuà	汗流浃背	hànliú-jiābèi
3001~3005	汗毛	hànmáo	汗衫	hànshān	旱地	hàndì	旱烟	hànyān	旱灾	hànzāi
3006~3010	焊接	hànjiē	行当	hángdang	行会	hánghuì	行家	háng·jiā	行情	hángqíng
3011~3015	航班	hángbān	航程	hángchéng	航船	hángchuán	航道	hángdào	航路	hánglù
3016~3020	航天	hángtiān	航线	hángxiàn	航运	hángyùn	巷道	hàngdào	号啕	háotáo
3021~3025	豪放	háofàng	豪华	háohuá	豪杰	háojié	豪迈	háomài	豪情	háoqíng
3026~3030	豪爽	háoshuǎng	壕	háo	壕沟	háogōu	好感	hǎogǎn	好汉	hǎohàn
3031~3035	好评	hǎopíng	好受	hǎoshòu	好说	hǎoshuō	好似	hǎosì	好玩儿	hǎowánr
3036~3040	好笑	hǎoxiào	好心	hǎoxīn	好意	hǎoyì	郝	Hǎo	号称	hàochēng
3041~3045	号角	hàojiǎo	号令	hàolìng	号码	hàomǎ	好客	hàokè	好恶	hàowù
3046~3050	耗资	hàozī	呵斥	hēchì	呵护	hēhù	合唱	héchàng	合伙	héhuǒ
3051~3055	合击	héjī	合计	héjì	合流	héliú	合算	hésuàn	合体	hétǐ
3056~3060	合营	héyíng	合影	héyǐng	合用	héyòng	合资	hézī	合奏	hézòu
3061~3065	何尝	hécháng	何妨	héfáng	何苦	hékǔ	何止	hézhǐ	和缓	héhuǎn
3066~3070	和解	héjiě	和气	hé·qì	和善	héshàn	和声	héshēng	和谈	hétán
3071~3075	和约	héyuē	河床	héchuáng	河道	hédào	河段	héduàn	河谷	hégǔ
3076~3080	河口	hékǒu	河山	héshān	河滩	hétān	荷包	hé·bāo	荷尔蒙	hé'ěrméng
3081~3085	荷花	héhuā	核查	héchá	核电	hédiàn	核定	hédìng	核对	héduì
3086~3090	核发	héfā	核能	hénéng	核实	héshí	核桃	hétao	核准	hézhǔn
3091~3095	核子	hézǐ	盒子	hézi	贺卡	hèkǎ	贺喜	hèxǐ	喝彩	hècǎi
3096~3100	赫然	hèrán	壑	hè	黑白	hēibái	黑板	hēibǎn	黑洞	hēidòng
3101~3105	黑客	hēikè	黑色	hēisè	黑体	hēitǐ	狠心	hěnxīn	恨不得	hènbude
3106~3110	恒定	héngdìng	恒温	héngwēn	恒心	héngxīn	横渡	héngdù	横幅	héngfú
3111~3115	横亘	hénggèn	横扫	héngsǎo	横行	héngxíng	轰动	hōngdòng	轰击	hōngjī
3116~3120	轰鸣	hōngmíng	轰然	hōngrán	轰响	hōngxiǎng	轰炸	hōngzhà	烘托	hōngtuō
3121~3125	红包	hóngbāo	红火	hónghuo	红利	hónglì	红领巾	hónglǐngjīn	红木	hóngmù
3126~3130	红娘	Hóngniáng	红润	hóngrùn	红烧	hóngshāo	红薯	hóngshǔ	红外线	hóngwàixiàn
3131~3135	红星	hóngxīng	红叶	hóngyè	红晕	hóngyùn	宏图	hóngtú	洪涝	hónglào
3136~3140	洪亮	hóngliàng	洪流	hóngliú	喉舌	hóushé	吼叫	hǒujiào	吼声	hǒushēng
3141~3145	后备	hòubèi	后盾	hòudùn	后顾之忧	hòugùzhīyōu	后患	hòuhuàn	后记	hòujì
3146~3150	后继	hòujì	后劲	hòujìn	后来居上	hòulái-jūshàng	后门	hòumén	后勤	hòuqín
3151~3155	后事	hòushì	后台	hòutái	后头	hòutou	后退	hòutuì	后卫	hòuwèi
3156~3160	后续	hòuxù	后遗症	hòuyízhèng	后裔	hòuyì	后院	hòuyuàn	厚薄	hòubó
3161~3165	厚道	hòudao	厚积薄发	hòujī-bófā	厚望	hòuwàng	厚重	hòuzhòng	候补	hòubǔ
3166~3170	候鸟	hòuniǎo	候审	hòushěn	呼号	hūhào	弧光	húguāng	胡乱	húluàn
3171~3175	胡闹	húnào	胡琴	húqin	胡说	húshuō	胡说八道	húshuō-bādào	胡思乱想	húsī-luànxiǎng
3176~3180	胡同(儿)	hútòng(r)	胡须	húxū	胡子	húzi	糊口	húkǒu	互动	hùdòng
3181~3185	互换	hùhuàn	互惠	hùhuì	互利	hùlì	互联网	hùliánwǎng	户籍	hùjí
3186~3190	户主	hùzhǔ	护工	hùgōng	护栏	hùlán	护理	hùlǐ	护送	hùsòng
3191~3195	护卫	hùwèi	护照	hùzhào	花白	huābái	花瓣	huābàn	花边	huābiān

续表

序　号	字词	拼音	字词	拼音	字词	拼音	字词	拼音	字词	拼音
3196~3200	花草	huācǎo	花丛	huācóng	花旦	huādàn	花萼	huā'è	花岗岩	huāgāngyán
3201~3205	花冠	huāguān	花椒	huājiāo	花轿	huājiào	花篮	huālán	花脸	huāliǎn
3206~3210	花蜜	huāmì	花木	huāmù	花鸟	huāniǎo	花瓶	huāpíng	花圃	huāpǔ
3211~3215	花期	huāqī	花圈	huāquān	花蕊	huāruǐ	花坛	huātán	花厅	huātīng
3216~3220	花样	huāyàng	划算	huásuàn	华诞	huádàn	华贵	huáguì	华美	huáměi
3221~3225	华人	huárén	华夏	Huáxià	滑冰	huábīng	滑轮	huálún	滑落	huáluò
3226~3230	滑坡	huápō	滑行	huáxíng	滑雪	huáxuě	化解	huàjiě	化脓	huànóng
3231~3235	化身	huàshēn	化纤	huàxiān	化验	huàyàn	化妆	huàzhuāng	化妆品	huàzhuāngpǐn
3236~3240	化装	huàzhuāng	划拨	huàbō	画报	huàbào	画笔	huàbǐ	画册	huàcè
3241~3245	画卷	huàjuàn	画廊	huàláng	画片	huàpiàn	画师	huàshī	画室	huàshì
3246~3250	画坛	huàtán	画图	huàtú	画外音	huàwàiyīn	画像	huàxiàng	画院	huàyuàn
3251~3255	画展	huàzhǎn	话音	huàyīn	怀旧	huáijiù	怀孕	huáiyùn	坏蛋	huàidàn
3256~3260	坏事	huàishì	坏死	huàisǐ	欢聚	huānjù	欢快	huānkuài	欢庆	huānqìng
3261~3265	欢声笑语	huānshēng-xiàoyǔ	欢送	huānsòng	欢笑	huānxiào	欢心	huānxīn	欢欣鼓舞	huānxīn-gǔwǔ
3266~3270	还击	huánjī	还债	huánzhài	环保	huánbǎo	环抱	huánbào	环顾	huángù
3271~3275	环球	huánqiú	环绕	huánrào	环视	huánshì	环形	huánxíng	缓冲	huǎnchōng
3276~3280	缓解	huǎnjiě	缓刑	huǎnxíng	幻灯	huàndēng	幻象	huànxiàng	幻影	huànyǐng
3281~3285	换取	huànqǔ	换算	huànsuàn	唤醒	huànxǐng	患难	huànnàn	豢养	huànyǎng
3286~3290	荒草	huāngcǎo	荒地	huāngdì	荒废	huāngfèi	荒凉	huāngliáng	荒谬	huāngmiù
3291~3295	荒山	huāngshān	荒唐	huāng·táng	荒野	huāngyě	荒原	huāngyuán	慌乱	huāngluàn
3296~3300	慌忙	huāngmáng	慌张	huāngzhāng	皇宫	huánggōng	皇冠	huángguān	皇后	huánghòu
3301~3305	皇家	huángjiā	皇权	huángquán	皇上	huángshang	皇室	huángshì	黄疸	huángdǎn
3306~3310	黄澄澄	huángdēngdēng	黄帝	Huángdì	黄豆	huángdòu	黄瓜	huáng·guā	黄花	huánghuā
3311~3315	黄连	huánglián	黄鼠狼	huángshǔláng	谎话	huǎnghuà	谎言	huǎngyán	晃动	huàngdòng
3316~3320	灰暗	huī'àn	灰白	huībái	灰烬	huījìn	灰心	huīxīn	挥动	huīdòng
3321~3325	挥发	huīfā	挥霍	huīhuò	挥手	huīshǒu	挥舞	huīwǔ	辉映	huīyìng
3326~3330	回报	huíbào	回荡	huídàng	回复	huífù	回归线	huíguīxiàn	回合	huíhé
3331~3335	回话	huíhuà	回环	huíhuán	回击	huíjī	回敬	huíjìng	回扣	huíkòu
3336~3340	回馈	huíkuì	回流	huíliú	回路	huílù	回落	huíluò	回身	huíshēn
3341~3345	回升	huíshēng	回声	huíshēng	回师	huíshī	回收	huíshōu	回首	huíshǒu
3346~3350	回味	huíwèi	回响	huíxiǎng	回想	huíxiǎng	回信	huíxìn	回旋	huíxuán
3351~3355	回忆录	huíyìlù	回音	huíyīn	回应	huíyìng	回转	huízhuǎn	洄游	huíyóu
3356~3360	蛔虫	huíchóng	悔改	huǐgǎi	悔恨	huǐhèn	毁坏	huǐhuài	汇编	huìbiān
3361~3365	汇合	huìhé	汇集	huìjí	汇聚	huìjù	汇款	huìkuǎn	汇率	huìlǜ
3366~3370	汇总	huìzǒng	会合	huìhé	会话	huìhuà	会聚	huìjù	会面	huìmiàn
3371~3375	会师	huìshī	会谈	huìtán	会堂	huìtáng	会晤	huìwù	会心	huìxīn
3376~3380	会意	huìyì	会展	huìzhǎn	会战	huìzhàn	会诊	huìzhěn	荟萃	huìcuì
3381~3385	绘制	huìzhì	彗星	huìxīng	喙	huì	昏暗	hūn'àn	昏黄	hūnhuáng
3386~3390	昏迷	hūnmí	昏睡	hūnshuì	婚配	hūnpèi	婚事	hūnshì	浑厚	húnhòu
3391~3395	浑浊	húnzhuó	魂魄	húnpò	混沌	hùndùn	混合物	hùnhéwù	混凝土	hùnníngtǔ

序号	字词	拼音	字词	拼音	字词	拼音	字词	拼音	字词	拼音
3396~3400	混同	hùntóng	混杂	hùnzá	混战	hùnzhàn	混浊	hùnzhuó	豁口	huōkǒu
3401~3405	活命	huómìng	活期	huóqī	活塞	huósāi	活体	huótǐ	活捉	huózhuō
3406~3410	火把	huǒbǎ	火爆	huǒbào	火锅	huǒguō	火海	huǒhǎi	火红	huǒhóng
3411~3415	火候	huǒhou	火花	huǒhuā	火化	huǒhuà	火坑	huǒkēng	火力	huǒlì
3416~3420	火炉	huǒlú	火苗	huǒmiáo	火炮	huǒpào	火气	huǒ·qì	火器	huǒqì
3421~3425	火热	huǒrè	火速	huǒsù	火线	huǒxiàn	火药	huǒyào	火灾	huǒzāi
3426~3430	火葬	huǒzàng	火种	huǒzhǒng	伙房	huǒfáng	伙计	huǒji	伙食	huǒ·shí
3431~3435	货场	huòchǎng	货车	huòchē	货款	huòkuǎn	货轮	huòlún	货色	huòsè
3436~3440	货源	huòyuán	货运	huòyùn	获释	huòshì	获悉	huòxī	获准	huòzhǔn
3441~3445	祸害	huò·hài	霍乱	huòluàn	豁达	huòdá	豁免	huòmiǎn	几率	jīlǜ
3446~3450	击败	jībài	击毙	jībì	击毁	jīhuǐ	击落	jīluò	机舱	jīcāng
3451~3455	机床	jīchuáng	机电	jīdiàn	机动	jīdòng	机井	jījǐng	机警	jījǐng
3456~3460	机理	jīlǐ	机灵	jīling	机密	jīmì	机枪	jīqiāng	机遇	jīyù
3461~3465	机缘	jīyuán	机智	jīzhì	机组	jīzǔ	肌腱	jījiàn	肌体	jītǐ
3466~3470	积存	jīcún	积淀	jīdiàn	积分	jīfēn	积聚	jījù	积蓄	jīxù
3471~3475	姬	jī	基本功	jīběngōng	基点	jīdiǎn	基调	jīdiào	基石	jīshí
3476~3480	基数	jīshù	基准	jīzhǔn	缉私	jīsī	稽查	jīchá	激昂	jī'áng
3481~3485	激荡	jīdàng	激愤	jīfèn	激化	jīhuà	激活	jīhuó	激进	jījìn
3486~3490	激流	jīliú	激怒	jīnù	激越	jīyuè	激增	jīzēng	激战	jīzhàn
3491~3495	羁绊	jībàn	及格	jígé	及早	jízǎo	吉利	jílì	吉普车	jípǔchē
3496~3500	吉他	jítā	吉祥	jíxiáng	汲取	jíqǔ	级别	jíbié	级差	jíchā
3501~3505	极地	jídì	极点	jídiǎn	极度	jídù	极限	jíxiàn	极致	jízhì
3506~3510	即便	jíbiàn	即刻	jíkè	即日	jírì	即时	jíshí	即位	jíwèi
3511~3515	即兴	jíxìng	急促	jícù	急功近利	jígōng-jìnlì	急救	jíjiù	急遽	jíjù
3516~3520	急流	jíliú	急迫	jípò	急切	jíqiè	急事	jíshì	急速	jísù
3521~3525	急躁	jízào	急诊	jízhěn	急中生智	jízhōng-shēngzhì	疾患	jíhuàn	疾苦	jíkǔ
3526~3530	集成	jíchéng	集结	jíjié	集聚	jíjù	集权	jíquán	集市	jíshì
3531~3535	集思广益	jísī-guǎngyì	集训	jíxùn	集邮	jíyóu	集约	jíyuē	集镇	jízhèn
3536~3540	集装箱	jízhuāngxiāng	瘠	jí	几经	jǐjīng	几时	jǐshí	挤压	jǐyā
3541~3545	挤占	jǐzhàn	给养	jǐyǎng	脊背	jǐbèi	脊梁	jǐ·liáng	脊髓	jǐsuǐ
3546~3550	脊柱	jǐzhù	脊椎	jǐzhuī	戟	jǐ	麂	jǐ	计策	jìcè
3551~3555	计价	jìjià	计较	jìjiào	计量	jìliàng	计数	jìshǔ	计数	jìshù
3556~3560	记号	jìhao	记事	jìshì	记述	jìshù	记性	jìxing	记忆力	jìyìlì
3561~3565	伎俩	jìliǎng	纪年	jìnián	纪实	jìshí	纪要	jìyào	季度	jìdù
3566~3570	剂量	jìliàng	既定	jìdìng	既而	jì'ér	继承权	jìchéngquán	继而	jì'ér
3571~3575	继母	jìmǔ	继任	jìrèn	继往开来	jìwǎng-kāilái	祭奠	jìdiàn	祭礼	jìlǐ
3576~3580	祭坛	jìtán	寄居	jìjū	寄宿	jìsù	寄予	jìyǔ	绩效	jìxiào
3581~3585	暨	jì	髻	jì	加班	jiābān	加倍	jiābèi	加法	jiāfǎ
3586~3590	加固	jiāgù	加盟	jiāméng	加油	jiāyóu	夹攻	jiāgōng	夹击	jiājī
3591~3595	夹杂	jiāzá	夹子	jiāzi	枷锁	jiāsuǒ	家产	jiāchǎn	家常	jiācháng

续表

序号	字词	拼音	字词	拼音	字词	拼音	字词	拼音	字词	拼音	字词	拼音
3596~3600	家底	jiādǐ	家访	jiāfǎng	家教	jiājiào	家境	jiājìng	家居	jiājū		
3601~3605	家禽	jiāqín	家业	jiāyè	家用	jiāyòng	家喻户晓	jiāyù-hùxiǎo	家园	jiāyuán		
3606~3610	家政	jiāzhèng	嘉宾	jiābīn	荚	jiá	甲虫	jiǎchóng	甲骨文	jiǎgǔwén		
3611~3615	甲壳	jiǎqiào	甲鱼	jiǎyú	甲状腺	jiǎzhuàngxiàn	钾肥	jiǎféi	假借	jiǎjiè		
3616~3620	假冒	jiǎmào	假若	jiǎruò	假山	jiǎshān	假想	jiǎxiǎng	假象	jiǎxiàng		
3621~3625	假意	jiǎyì	假装	jiǎzhuāng	价值观	jiàzhíguān	驾驭	jiàyù	架构	jiàgòu		
3626~3630	架空	jiàkōng	架设	jiàshè	架势	jiàshi	假期	jiàqī	假日	jiàrì		
3631~3635	嫁妆	jiàzhuang	尖刀	jiāndāo	尖端	jiānduān	尖利	jiānlì	尖子	jiānzi		
3636~3640	奸商	jiānshāng	坚韧	jiānrèn	坚韧不拔	jiānrèn-bùbá	坚守	jiānshǒu	坚信	jiānxìn		
3641~3645	坚贞	jiānzhēn	间距	jiānjù	肩负	jiānfù	肩胛	jiānjiǎ	肩头	jiāntóu		
3646~3650	艰苦卓绝	jiānkǔ-zhuójué	监测	jiāncè	监察	jiānchá	监工	jiāngōng	监管	jiānguǎn		
3651~3655	监护	jiānhù	监禁	jiānjìn	监控	jiānkòng	监牢	jiānláo	监理	jiānlǐ		
3656~3660	兼备	jiānbèi	兼并	jiānbìng	兼顾	jiāngù	兼任	jiānrèn	兼容	jiānróng		
3661~3665	兼职	jiānzhí	缄默	jiānmò	煎熬	jiān'áo	茧子	jiǎnzi	检测	jiǎncè		
3666~3670	检察	jiǎnchá	检点	jiǎndiǎn	检举	jiǎnjǔ	检索	jiǎnsuǒ	检讨	jiǎntǎo		
3671~3675	检修	jiǎnxiū	检疫	jiǎnyì	检阅	jiǎnyuè	减产	jiǎnchǎn	减低	jiǎndī		
3676~3680	减肥	jiǎnféi	减负	jiǎnfù	减缓	jiǎnhuǎn	减免	jiǎnmiǎn	减速	jiǎnsù		
3681~3685	减退	jiǎntuì	剪裁	jiǎncái	剪彩	jiǎncǎi	剪刀	jiǎndāo	剪影	jiǎnyǐng		
3686~3690	剪纸	jiǎnzhǐ	剪子	jiǎnzi	简报	jiǎnbào	简便	jiǎnbiàn	简短	jiǎnduǎn		
3691~3695	简洁	jiǎnjié	简介	jiǎnjiè	简历	jiǎnlì	简练	jiǎnliàn	简陋	jiǎnlòu		
3696~3700	简略	jiǎnlüè	简明	jiǎnmíng	简朴	jiǎnpǔ	简要	jiǎnyào	简易	jiǎnyì		
3701~3705	见长	jiàncháng	见地	jiàndì	见识	jiànshi	见闻	jiànwén	见效	jiànxiào		
3706~3710	见义勇为	jiànyì-yǒngwéi	见于	jiànyú	见长	jiànzhǎng	见证	jiànzhèng	间断	jiànduàn		
3711~3715	间或	jiànhuò	间歇	jiànxiē	间作	jiànzuò	建材	jiàncái	建构	jiàngòu		
3716~3720	建交	jiànjiāo	建树	jiànshù	建制	jiànzhì	舰队	jiànduì	舰艇	jiàntǐng		
3721~3725	谏	jiàn	毽子	jiànzi	腱	jiàn	键盘	jiànpán	箭头	jiàntóu		
3726~3730	江湖	jiānghú	江山	jiāngshān	将功赎罪	jiānggōng-shúzuì	将就	jiāngjiu	僵持	jiāngchí		
3731~3735	僵化	jiānghuà	僵局	jiāngjú	僵死	jiāngsǐ	僵硬	jiāngyìng	缰绳	jiāng·shéng		
3736~3740	疆域	jiāngyù	讲解	jiǎngjiě	讲理	jiǎnglǐ	讲求	jiǎngqiú	讲师	jiǎngshī		
3741~3745	讲授	jiǎngshòu	讲台	jiǎngtái	讲坛	jiǎngtán	讲学	jiǎngxué	讲演	jiǎngyǎn		
3746~3750	讲义	jiǎngyì	讲座	jiǎngzuò	奖杯	jiǎngbēi	奖惩	jiǎngchéng	奖牌	jiǎngpái		
3751~3755	奖品	jiǎngpǐn	奖券	jiǎngquàn	奖赏	jiǎngshǎng	奖项	jiǎngxiàng	奖章	jiǎngzhāng		
3756~3760	奖状	jiǎngzhuàng	降级	jiàngjí	降价	jiàngjià	降临	jiànglín	降生	jiàngshēng		
3761~3765	降温	jiàngwēn	将领	jiànglǐng	将士	jiàngshì	绛	jiàng	酱油	jiàngyóu		
3766~3770	犟	jiàng	交待	jiāodài	交道	jiāo·dào	交点	jiāodiǎn	交锋	jiāofēng		
3771~3775	交付	jiāofù	交互	jiāohù	交还	jiāohuán	交汇	jiāohuì	交火	jiāohuǒ		
3776~3780	交加	jiāojiā	交接	jiāojiē	交界	jiāojiè	交纳	jiāonà	交配	jiāopèi		
3781~3785	交情	jiāoqing	交融	jiāoróng	交涉	jiāoshè	交手	jiāoshǒu	交尾	jiāowěi		
3786~3790	交响乐	jiāoxiǎngyuè	交易所	jiāoyìsuǒ	交战	jiāozhàn	郊外	jiāowài	郊野	jiāoyě		
3791~3795	浇灌	jiāoguàn	娇嫩	jiāonèn	娇艳	jiāoyàn	胶布	jiāobù	胶囊	jiāonáng		

附录三 普通话水平测试用普通话词语表

续表

序　号	字词	拼音	字词	拼音	字词	拼音	字词	拼音	字词	拼音
3796~3800	胶片	jiāopiàn	教书	jiāoshū	焦距	jiāojù	焦虑	jiāolǜ	焦炭	jiāotàn
3801~3805	焦躁	jiāozào	焦灼	jiāozhuó	礁石	jiāoshí	角膜	jiǎomó	角质	jiǎozhì
3806~3810	矫揉造作	jiǎoróu-zàozuò	矫正	jiǎozhèng	矫治	jiǎozhì	皎洁	jiǎojié	脚背	jiǎobèi
3811~3815	脚跟	jiǎogēn	脚尖	jiǎojiān	脚手架	jiǎoshǒujià	脚掌	jiǎozhǎng	脚趾	jiǎozhǐ
3816~3820	搅拌	jiǎobàn	搅动	jiǎodòng	缴获	jiǎohuò	缴纳	jiǎonà	叫喊	jiàohǎn
3821~3825	叫好	jiàohǎo	叫唤	jiàohuan	叫卖	jiàomài	叫嚷	jiàorǎng	校对	jiàoduì
3826~3830	校正	jiàozhèng	轿车	jiàochē	轿子	jiàozi	较量	jiàoliàng	教案	jiào'àn
3831~3835	教程	jiàochéng	教官	jiàoguān	教规	jiàoguī	教化	jiàohuà	教皇	jiàohuáng
3836~3840	教科书	jiàokēshū	教士	jiàoshì	教条	jiàotiáo	教徒	jiàotú	教务	jiàowù
3841~3845	教益	jiàoyì	阶梯	jiētī	接二连三	jiē'èr-liánsān	接管	jiēguǎn	接轨	jiēguǐ
3846~3850	接合	jiēhé	接济	jiējì	接见	jiējiàn	接口	jiēkǒu	接力	jiēlì
3851~3855	接纳	jiēnà	接洽	jiēqià	接生	jiēshēng	接手	jiēshǒu	接替	jiētì
3856~3860	接头	jiētóu	接吻	jiēwěn	接线	jiēxiàn	接续	jiēxù	接应	jiēyìng
3861~3865	接种	jiēzhòng	秸秆	jiēgǎn	揭穿	jiēchuān	揭发	jiēfā	揭幕	jiēmù
3866~3870	揭牌	jiēpái	揭晓	jiēxiǎo	街区	jiēqū	街市	jiēshì	街巷	jiēxiàng
3871~3875	节律	jiélǜ	节能	jiénéng	节拍	jiépāi	节余	jiéyú	节制	jiézhì
3876~3880	劫持	jiéchí	劫难	jiénàn	洁净	jiéjìng	结伴	jiébàn	结核	jiéhé
3881~3885	结集	jiéjí	结交	jiéjiāo	结膜	jiémó	结社	jiéshè	结石	jiéshí
3886~3890	结识	jiéshí	结尾	jiéwěi	结业	jiéyè	结余	jiéyú	捷报	jiébào
3891~3895	捷径	jiéjìng	截断	jiéduàn	截留	jiéliú	截面	jiémiàn	截取	jiéqǔ
3896~3900	截然	jiérán	截止	jiézhǐ	截至	jiézhì	解冻	jiědòng	解毒	jiědú
3901~3905	解读	jiědú	解雇	jiěgù	解救	jiějiù	解渴	jiěkě	解说	jiěshuō
3906~3910	解体	jiětǐ	解围	jiěwéi	解析	jiěxī	介入	jièrù	介意	jièyì
3911~3915	戒备	jièbèi	戒律	jièlǜ	戒严	jièyán	戒指	jièzhi	届时	jièshí
3916~3920	界定	jièdìng	界面	jièmiàn	界线	jièxiàn	借贷	jièdài	借以	jièyǐ
3921~3925	借重	jièzhòng	金刚	jīngāng	金龟子	jīnguīzǐ	金黄	jīnhuáng	金库	jīnkù
3926~3930	金石	jīnshí	金文	jīnwén	金星	jīnxīng	金鱼	jīnyú	金子	jīnzi
3931~3935	金字塔	jīnzìtǎ	津贴	jīntiē	津液	jīnyè	矜持	jīnchí	筋骨	jīngǔ
3936~3940	禁不住	jīn·bùzhù	尽早	jǐnzǎo	紧凑	jǐncòu	紧锣密鼓	jǐnluó-mìgǔ	紧迫	jǐnpò
3941~3945	紧俏	jǐnqiào	紧缺	jǐnquē	紧缩	jǐnsuō	紧要	jǐnyào	锦旗	jǐnqí
3946~3950	锦绣	jǐnxiù	尽情	jìnqíng	尽头	jìntóu	尽心	jìnxīn	进逼	jìnbī
3951~3955	进餐	jìncān	进出	jìnchū	进度	jìndù	进发	jìnfā	进犯	jìnfàn
3956~3960	进贡	jìngòng	进货	jìnhuò	进食	jìnshí	进退	jìntuì	进位	jìnwèi
3961~3965	进行曲	jìnxíngqǔ	进修	jìnxiū	进言	jìnyán	进驻	jìnzhù	近海	jìnhǎi
3966~3970	近郊	jìnjiāo	近邻	jìnlín	近旁	jìnpáng	近期	jìnqī	近亲	jìnqīn
3971~3975	近视	jìn·shì	劲头	jìntóu	晋级	jìnjí	晋升	jìnshēng	浸泡	jìnpào
3976~3980	浸润	jìnrùn	浸透	jìntòu	靳	Jìn	禁毒	jìndú	禁锢	jìngù
3981~3985	禁忌	jìnjì	禁令	jìnlìng	禁区	jìnqū	京城	jīngchéng	京师	jīngshī
3986~3990	京戏	jīngxì	经度	jīngdù	经纪人	jīngjìrén	经久	jīngjiǔ	经络	jīngluò
3991~3995	经脉	jīngmài	经商	jīngshāng	经书	jīngshū	经线	jīngxiàn	经销	jīngxiāo

229

续表

序　　号	字词	拼音	字词	拼音	字词	拼音	字词	拼音	字词	拼音
3996~4000	经由	jīngyóu	惊诧	jīngchà	惊动	jīngdòng	惊骇	jīnghài	惊慌	jīnghuāng
4001~4005	惊恐	jīngkǒng	惊扰	jīngrǎo	惊叹	jīngtàn	惊天动地	jīngtiān-dòngdì	惊吓	jīngxià
4006~4010	惊险	jīngxiǎn	惊心动魄	jīngxīn-dòngpò	惊疑	jīngyí	精彩	jīngcǎi	精度	jīngdù
4011~4015	精干	jīnggàn	精光	jīngguāng	精华	jīnghuá	精简	jīngjiǎn	精炼	jīngliàn
4016~4020	精良	jīngliáng	精灵	jīnglíng	精美	jīngměi	精明	jīngmíng	精辟	jīngpì
4021~4025	精品	jīngpǐn	精巧	jīngqiǎo	精锐	jīngruì	精深	jīngshēn	精髓	jīngsuǐ
4026~4030	精通	jīngtōng	精微	jīngwēi	精选	jīngxuǎn	精益求精	jīngyìqiújīng	精英	jīngyīng
4031~4035	精湛	jīngzhàn	精制	jīngzhì	精致	jīngzhì	精准	jīngzhǔn	颈椎	jǐngzhuī
4036~4040	景点	jǐngdiǎn	景观	jǐngguān	景况	jǐngkuàng	景气	jǐngqì	景区	jǐngqū
4041~4045	景致	jǐngzhì	警报	jǐngbào	警备	jǐngbèi	警车	jǐngchē	警官	jǐngguān
4046~4050	警戒	jǐngjiè	警觉	jǐngjué	警犬	jǐngquǎn	警示	jǐngshì	警卫	jǐngwèi
4051~4055	警醒	jǐngxǐng	警钟	jǐngzhōng	劲旅	jìnglǚ	径直	jìngzhí	净土	jìngtǔ
4056~4060	竞标	jìngbiāo	竞相	jìngxiāng	竞选	jìngxuǎn	敬爱	jìng'ài	敬礼	jìnglǐ
4061~4065	敬佩	jìngpèi	敬畏	jìngwèi	敬仰	jìngyǎng	敬业	jìngyè	敬意	jìngyì
4066~4070	敬重	jìngzhòng	静电	jìngdiàn	静谧	jìngmì	静默	jìngmò	静穆	jìngmù
4071~4075	静态	jìngtài	静坐	jìngzuò	境况	jìngkuàng	境遇	jìngyù	镜框	jìngkuàng
4076~4080	镜片	jìngpiàn	炯炯	jiǒngjiǒng	窘迫	jiǒngpò	纠缠	jiūchán	纠葛	jiūgé
4081~4085	纠集	jiūjí	久违	jiǔwéi	久远	jiǔyuǎn	酒店	jiǔdiàn	酒会	jiǔhuì
4086~4090	酒家	jiǔjiā	酒席	jiǔxí	旧历	jiùlì	旧式	jiùshì	旧址	jiùzhǐ
4091~4095	救护	jiùhù	救火	jiùhuǒ	救命	jiùmìng	救死扶伤	jiùsǐ-fúshāng	救亡	jiùwáng
4096~4100	救援	jiùyuán	救灾	jiùzāi	救治	jiùzhì	救助	jiùzhù	厩	jiù
4101~4105	就餐	jiùcān	就此	jiùcǐ	就地	jiùdì	就读	jiùdú	就近	jiùjìn
4106~4110	就任	jiùrèn	就绪	jiùxù	就学	jiùxué	就医	jiùyī	就诊	jiùzhěn
4111~4115	就职	jiùzhí	就座	jiùzuò	拘谨	jūjǐn	拘禁	jūjìn	拘留	jūliú
4116~4120	拘泥	jūnì	拘束	jūshù	居安思危	jū'ān-sīwēi	居高临下	jūgāo-línxià	居留	jūliú
4121~4125	居室	jūshì	局促	júcù	矩形	jǔxíng	举报	jǔbào	举措	jǔcuò
4126~4130	举例	jǔlì	举目	jǔmù	举世	jǔshì	举证	jǔzhèng	举止	jǔzhǐ
4131~4135	举重	jǔzhòng	举足轻重	jǔzú-qīngzhòng	巨额	jù'é	巨人	jùrén	巨头	jùtóu
4136~4140	巨星	jùxīng	巨著	jùzhù	巨资	jùzī	句法	jùfǎ	俱乐部	jùlèbù
4141~4145	剧变	jùbiàn	剧毒	jùdú	剧目	jùmù	剧情	jùqíng	剧院	jùyuàn
4146~4150	据悉	jùxī	惧怕	jùpà	锯齿	jùchǐ	聚变	jùbiàn	聚餐	jùcān
4151~4155	聚合	jùhé	聚会	jùhuì	聚积	jùjī	聚焦	jùjiāo	聚精会神	jùjīng-huìshén
4156~4160	聚居	jùjū	踞	jù	捐款	juānkuǎn	捐税	juānshuì	捐献	juānxiàn
4161~4165	捐赠	juānzèng	捐助	juānzhù	卷尺	juǎnchǐ	卷子	juànzi	眷属	juànshǔ
4166~4170	撅	juē	决断	juéduàn	决口	juékǒu	决裂	juéliè	决赛	juésài
4171~4175	决胜	juéshèng	决死	juésǐ	决算	juésuàn	决意	juéyì	决战	juézhàn
4176~4180	诀别	juébié	诀窍	juéqiào	抉择	juézé	角逐	juézhú	觉醒	juéxǐng
4181~4185	绝活儿	juéhuór	绝境	juéjìng	绝妙	juémiào	绝食	juéshí	绝缘	juéyuán
4186~4190	倔强	juéjiàng	厥	jué	蕨	jué	爵士	juéshì	爵士乐	juéshìyuè
4191~4195	攫	jué	攫取	juéqǔ	军备	jūnbèi	军费	jūnfèi	军服	jūnfú

附录三　普通话水平测试用普通话词语表

续表

序　号	字词	拼音	字词	拼音	字词	拼音	字词	拼音	字词	拼音
4196~4200	军工	jūngōng	军火	jūnhuǒ	军机	jūnjī	军礼	jūnlǐ	军粮	jūnliáng
4201~4205	军旅	jūnlǚ	军师	jūnshī	军属	jūnshǔ	军务	jūnwù	军校	jūnxiào
4206~4210	军需	jūnxū	军训	jūnxùn	军医	jūnyī	军营	jūnyíng	军用	jūnyòng
4211~4215	军装	jūnzhuāng	均等	jūnděng	君权	jūnquán	君子	jūnzǐ	俊美	jùnměi
4216~4220	俊俏	jùnqiào	郡	jùn	卡车	kǎchē	卡片	kǎpiàn	开场	kāichǎng
4221~4225	开车	kāichē	开春	kāichūn	开刀	kāidāo	开导	kāidǎo	开动	kāidòng
4226~4230	开端	kāiduān	开饭	kāifàn	开赴	kāifù	开工	kāigōng	开荒	kāihuāng
4231~4235	开火	kāihuǒ	开机	kāijī	开局	kāijú	开掘	kāijué	开门见山	kāimén-jiànshān
4236~4240	开明	kāimíng	开炮	kāipào	开启	kāiqǐ	开窍	kāiqiào	开山	kāishān
4241~4245	开通	kāitōng	开通	kāitong	开脱	kāituō	开外	kāiwài	开销	kāixiāo
4246~4250	开心	kāixīn	开学	kāixué	开眼	kāiyǎn	开业	kāiyè	开凿	kāizáo
4251~4255	开战	kāizhàn	开张	kāizhāng	刊发	kānfā	刊载	kānzǎi	看管	kānguǎn
4256~4260	看护	kānhù	看守	kānshǒu	勘查	kānchá	砍伐	kǎnfá	看病	kànbìng
4261~4265	看不起	kàn·bùqǐ	看穿	kànchuān	看好	kànhǎo	看台	kàntái	看透	kàntòu
4266~4270	看中	kànzhòng	看重	kànzhòng	看作	kànzuò	康复	kāngfù	抗旱	kànghàn
4271~4275	抗衡	kànghéng	抗击	kàngjī	抗拒	kàngjù	抗生素	kàngshēngsù	抗体	kàngtǐ
4276~4280	抗原	kàngyuán	抗灾	kàngzāi	抗争	kàngzhēng	考查	kǎochá	考场	kǎochǎng
4281~4285	考究	kǎo·jiū	考据	kǎojù	考评	kǎopíng	考取	kǎoqǔ	考生	kǎoshēng
4286~4290	考问	kǎowèn	考证	kǎozhèng	烤火	kǎohuǒ	靠不住	kào·bùzhù	靠得住	kàodezhù
4291~4295	靠拢	kàolǒng	靠山	kàoshān	柯	kē	科班	kēbān	科幻	kēhuàn
4296~4300	科教	kējiào	科举	kējǔ	科目	kēmù	科普	kēpǔ	科室	kēshì
4301~4305	磕头	kētóu	瞌睡	kēshuì	可悲	kěbēi	可乘之机	kěchéngzhījī	可观	kěguān
4306~4310	可贵	kěguì	可恨	kěhèn	可口	kěkǒu	可怕	kěpà	可取	kěqǔ
4311~4315	可恶	kěwù	可喜	kěxǐ	可行	kěxíng	可疑	kěyí	渴求	kěqiú
4316~4320	克己	kèjǐ	克扣	kèkòu	克隆	kèlóng	克制	kèzhì	刻板	kèbǎn
4321~4325	刻薄	kèbó	刻不容缓	kèbùrónghuǎn	刻骨铭心	kègǔ-míngxīn	刻意	kèyì	恪守	kèshǒu
4326~4330	客车	kèchē	客房	kèfáng	客户	kèhù	客机	kèjī	客流	kèliú
4331~4335	客轮	kèlún	客商	kèshāng	客运	kèyùn	课外	kèwài	课文	kèwén
4336~4340	课余	kèyú	垦荒	kěnhuāng	坑道	kēngdào	铿锵	kēngqiāng	空洞	kōngdòng
4341~4345	空话	kōnghuà	空旷	kōngkuàng	空谈	kōngtán	空调	kōngtiáo	空投	kōngtóu
4346~4350	空袭	kōngxí	空想	kōngxiǎng	空心	kōngxīn	孔洞	kǒngdòng	恐吓	kǒnghè
4351~4355	恐龙	kǒnglóng	空地	kòngdì	空缺	kòngquē	空闲	kòngxián	空子	kòngzi
4356~4360	控告	kònggào	控诉	kòngsù	口岸	kǒu'àn	口碑	kǒubēi	口服	kǒufú
4361~4365	口红	kǒuhóng	口角	kǒujiǎo	口径	kǒujìng	口诀	kǒujué	口粮	kǒuliáng
4366~4370	口令	kǒulìng	口琴	kǒuqín	口哨儿	kǒushàor	口述	kǒushù	口水	kǒushuǐ
4371~4375	口味	kǒuwèi	口吻	kǒuwěn	口音	kǒuyīn	口罩	kǒuzhào	口子	kǒuzi
4376~4380	叩头	kòutóu	扣除	kòuchú	扣留	kòuliú	扣押	kòuyā	扣子	kòuzi
4381~4385	枯黄	kūhuáng	枯竭	kūjié	枯萎	kūwěi	枯燥	kūzào	哭泣	kūqì
4386~4390	哭诉	kūsù	哭笑不得	kūxiào-bùdé	苦果	kǔguǒ	苦力	kǔlì	苦闷	kǔmèn
4391~4395	苦涩	kǔsè	苦痛	kǔtòng	苦头	kǔ·tóu	苦笑	kǔxiào	苦心	kǔxīn

续表

序号	字词	拼音	字词	拼音	字词	拼音	字词	拼音	字词	拼音	字词	拼音
4396~4400	苦于	kǔyú	苦战	kǔzhàn	库房	kùfáng	裤脚	kùjiǎo	裤腿	kùtuǐ		
4401~4405	酷爱	kù'ài	酷热	kùrè	酷暑	kùshǔ	酷似	kùsì	夸大	kuādà		
4406~4410	夸奖	kuājiǎng	夸耀	kuāyào	垮台	kuǎtái	挎包	kuàbāo	跨度	kuàdù		
4411~4415	跨越	kuàyuè	快餐	kuàicān	快递	kuàidì	快感	kuàigǎn	快捷	kuàijié		
4416~4420	快慢	kuàimàn	快艇	kuàitǐng	快意	kuàiyì	脍炙人口	kuàizhì-rénkǒu	宽敞	kuān·chǎng		
4421~4425	宽度	kuāndù	宽广	kuānguǎng	宽厚	kuānhòu	宽容	kuānróng	宽恕	kuānshù		
4426~4430	款待	kuǎndài	款式	kuǎnshì	款项	kuǎnxiàng	狂奔	kuángbēn	狂风	kuángfēng		
4431~4435	狂欢	kuánghuān	狂热	kuángrè	狂妄	kuángwàng	狂喜	kuángxǐ	狂笑	kuángxiào		
4436~4440	旷工	kuànggōng	旷野	kuàngyě	矿藏	kuàngcáng	矿床	kuàngchuáng	矿工	kuànggōng		
4441~4445	矿井	kuàngjǐng	矿区	kuàngqū	矿山	kuàngshān	矿石	kuàngshí	矿业	kuàngyè		
4446~4450	框架	kuàngjià	框子	kuàngzi	亏本	kuīběn	窥见	kuījiàn	窥探	kuītàn		
4451~4455	奎	kuí	傀儡	kuǐlěi	匮乏	kuìfá	馈赠	kuìzèng	溃烂	kuìlàn		
4456~4460	溃疡	kuìyáng	愧疚	kuìjiù	捆绑	kǔnbǎng	困惑	kùnhuò	困苦	kùnkǔ		
4461~4465	困扰	kùnrǎo	扩充	kuòchōng	扩建	kuòjiàn	括号	kuòhào	阔气	kuòqi		
4466~4470	拉扯	lāche	拉力	lālì	拉力赛	lālìsài	拉拢	lā·lǒng	蜡梅	làméi		
4471~4475	腊月	làyuè	癞	là/lài	来宾	láibīn	来得及	láidejí	来电	láidiàn		
4476~4480	来访	láifǎng	来客	láikè	来历	láilì	来龙去脉	láilóng-qùmài	来年	láinián		
4481~4485	来去	láiqù	来世	láishì	来势	láishì	来意	láiyì	来者	láizhě		
4486~4490	来自	láizì	兰花	lánhuā	拦截	lánjié	拦腰	lányāo	拦阻	lánzǔ		
4491~4495	栏杆	lángān	栏目	lánmù	蓝图	lántú	篮球	lánqiú	篮子	lánzi		
4496~4500	懒得	lǎnde	懒汉	lǎnhàn	懒散	lǎnsǎn	烂泥	lànní	滥用	lànyòng		
4501~4505	浪潮	làngcháo	浪漫	làngmàn	浪涛	làngtāo	浪头	làngtou	劳工	láogōng		
4506~4510	劳驾	láojià	劳苦	láokǔ	劳累	láolèi	劳民伤财	láomín-shāngcái	劳模	láomó		
4511~4515	劳务	láowù	劳役	láoyì	劳资	láozī	劳作	láozuò	牢房	láofáng		
4516~4520	牢记	láojì	牢笼	láolóng	牢骚	láo·sāo	牢狱	láoyù	老伯	lǎobó		
4521~4525	老化	lǎohuà	老家	lǎojiā	老练	lǎoliàn	老龄	lǎolíng	老牌	lǎopái		
4526~4530	老少	lǎoshào	老生	lǎoshēng	老式	lǎoshì	老头儿	lǎotóur	老爷子	lǎoyézi		
4531~4535	老鹰	lǎoyīng	老者	lǎozhě	老总	lǎozǒng	烙印	làoyìn	乐趣	lèqù		
4536~4540	乐意	lèyì	乐于	lèyú	乐园	lèyuán	勒令	lèlìng	勒索	lèsuǒ		
4541~4545	累赘	léizhui	雷暴	léibào	雷电	léidiàn	雷鸣	léimíng	雷同	léitóng		
4546~4550	雷雨	léiyǔ	镭	léi	累积	lěijī	累及	lěijí	累计	lěijì		
4551~4555	肋骨	lèigǔ	泪痕	lèihén	泪花	lèihuā	泪眼	lèiyǎn	泪珠	lèizhū		
4556~4560	类比	lèibǐ	类别	lèibié	类群	lèiqún	类推	lèituī	棱角	léngjiǎo		
4561~4565	棱镜	léngjìng	冷不防	lěng·bùfáng	冷藏	lěngcáng	冷淡	lěngdàn	冷冻	lěngdòng		
4566~4570	冷风	lěngfēng	冷汗	lěnghàn	冷峻	lěngjùn	冷酷	lěngkù	冷落	lěngluò		
4571~4575	冷门	lěngmén	冷凝	lěngníng	冷暖	lěngnuǎn	冷气	lěngqì	冷清	lěngqīng		
4576~4580	冷眼	lěngyǎn	冷饮	lěngyǐn	冷遇	lěngyù	离别	líbié	离奇	líqí		
4581~4585	离散	lísàn	离心	líxīn	离心力	líxīnlì	离休	líxiū	离异	líyì		
4586~4590	离职	lízhí	梨园	Líyuán	礼拜	lǐbài	礼法	lǐfǎ	礼教	lǐjiào		
4591~4595	礼节	lǐjié	礼金	lǐjīn	礼品	lǐpǐn	礼让	lǐràng	礼堂	lǐtáng		

附录三 普通话水平测试用普通话词语表

续表

序　　号	字词	拼音	字词	拼音	字词	拼音	字词	拼音	字词	拼音	字词	拼音
4596~4600	礼仪	lǐyí	里程	lǐchéng	里程碑	lǐchéngbēi	理财	lǐcái	理睬	lǐcǎi		
4601~4605	理发	lǐfà	理会	lǐhuì	理科	lǐkē	理念	lǐniàn	理赔	lǐpéi		
4606~4610	理事	lǐ·shì	理所当然	lǐsuǒdāngrán	理应	lǐyīng	理直气壮	lǐzhí-qìzhuàng	锂	lǐ		
4611~4615	力不从心	lìbùcóngxīn	力度	lìdù	力所能及	lìsuǒnéngjí	力争	lìzhēng	力作	lìzuò		
4616~4620	历程	lìchéng	历次	lìcì	历法	lìfǎ	历届	lìjiè	历尽	lìjìn		
4621~4625	历经	lìjīng	历年	lìnián	历书	lìshū	立案	lì'àn	立方	lìfāng		
4626~4630	立功	lìgōng	立国	lìguó	立交桥	lìjiāoqiáo	立论	lìlùn	立意	lìyì		
4631~4635	立正	lìzhèng	立志	lìzhì	立足	lìzú	利弊	lìbì	利落	lìluo		
4636~4640	利尿	lìniào	利索	lìsuo	例行	lìxíng	例证	lìzhèng	隶属	lìshǔ		
4641~4645	连带	liándài	连环	liánhuán	连环画	liánhuánhuà	连累	liánlei	连绵	liánmián		
4646~4650	连年	liánnián	连任	liánrèn	连日	liánrì	连声	liánshēng	连锁	liánsuǒ		
4651~4655	连通	liántōng	连夜	liányè	连衣裙	liányīqún	连载	liánzǎi	怜惜	liánxī		
4656~4660	帘子	liánzi	莲花	liánhuā	涟漪	liányī	联欢	liánhuān	联名	liánmíng		
4661~4665	联赛	liánsài	联手	liánshǒu	联网	liánwǎng	联谊	liányì	廉洁	liánjié		
4666~4670	廉政	liánzhèng	镰刀	liándāo	脸蛋儿	liǎndànr	脸红	liǎnhóng	脸颊	liǎnjiá		
4671~4675	脸面	liǎnmiàn	脸庞	liǎnpáng	脸皮	liǎnpí	脸谱	liǎnpǔ	练兵	liànbīng		
4676~4680	练功	liàngōng	练武	liànwǔ	恋人	liànrén	链接	liànjiē	链条	liàntiáo		
4681~4685	良策	liángcè	良机	liángjī	良久	liángjiǔ	良田	liángtián	良性	liángxìng		
4686~4690	良知	liángzhī	凉快	liángkuai	凉爽	liángshuǎng	凉水	liángshuǐ	凉鞋	liángxié		
4691~4695	粮仓	liángcāng	两口子	liǎngkǒuzi	两难	liǎngnán	两性	liǎngxìng	两样	liǎngyàng		
4696~4700	两翼	liǎngyì	亮点	liàngdiǎn	亮度	liàngdù	亮光	liàngguāng	亮丽	liànglì		
4701~4705	亮相	liàngxiàng	量变	liàngbiàn	量词	liàngcí	量化	liànghuà	量刑	liàngxíng		
4706~4710	踉跄	liàngqiàng	疗程	liáochéng	疗效	liáoxiào	疗养	liáoyǎng	疗养院	liáoyǎngyuàn		
4711~4715	聊天儿	liáotiānr	潦倒	liáodǎo	燎	liáo/liǎo	了不得	liǎo·bù·dé	了结	liǎojié		
4716~4720	了然	liǎorán	了如指掌	liǎorúzhǐzhǎng	了事	liǎoshì	料理	liàolǐ	料想	liàoxiǎng		
4721~4725	料子	liàozi	撂	liào	廖	Liào	列队	lièduì	列强	lièqiáng		
4726~4730	列席	lièxí	劣等	lièděng	劣势	lièshì	劣质	lièzhì	烈火	lièhuǒ		
4731~4735	烈日	lièrì	烈性	lièxìng	烈焰	lièyàn	猎狗	liègǒu	猎枪	lièqiāng		
4736~4740	猎取	lièqǔ	猎犬	lièquǎn	猎人	lièrén	猎手	lièshǒu	猎物	lièwù		
4741~4745	裂变	lièbiàn	裂缝	lièfèng	裂痕	lièhén	裂纹	lièwén	邻里	línlǐ		
4746~4750	邻舍	línshè	林带	líndài	林地	líndì	林立	línlì	林荫道	línyīndào		
4751~4755	林子	línzi	临别	línbié	临到	líndào	临界	línjiè	临近	línjìn		
4756~4760	临摹	línmó	临终	línzhōng	淋巴结	línbājié	嶙峋	línxún	霖	lín		
4761~4765	磷肥	línféi	磷脂	línzhī	鳞片	línpiàn	灵气	língqì	灵巧	língqiǎo		
4766~4770	灵堂	língtáng	灵通	língtōng	灵性	língxìng	凌晨	língchén	凌空	língkōng		
4771~4775	凌乱	língluàn	陵墓	língmù	陵园	língyuán	翎子	língzi	绫	líng		
4776~4780	零点	língdiǎn	零乱	língluàn	零散	língsǎn	零碎	língsuì	零星	língxīng		
4781~4785	领带	lǐngdài	领地	lǐngdì	领队	lǐngduì	领海	lǐnghǎi	领教	lǐngjiào		
4786~4790	领空	lǐngkōng	领口	lǐngkǒu	领略	lǐnglüè	领取	lǐngqǔ	领事馆	lǐngshìguǎn		
4791~4795	领受	lǐngshòu	领头	lǐngtóu	领悟	lǐngwù	领先	lǐngxiān	领衔	lǐngxián		

233

续表

序　　号	字词	拼音	字词	拼音	字词	拼音	字词	拼音	字词	拼音
4796~4800	领主	lǐngzhǔ	领子	lǐngzi	另行	lìngxíng	溜达	liūda	留成	liúchéng
4801~4805	留存	liúcún	留恋	liúliàn	留念	liúniàn	留神	liúshén	留声机	liúshēngjī
4806~4810	留守	liúshǒu	留心	liúxīn	留学生	liúxuésheng	留言	liúyán	留意	liúyì
4811~4815	流产	liúchǎn	流畅	liúchàng	流程	liúchéng	流毒	liúdú	流放	liúfàng
4816~4820	流浪	liúlàng	流利	liúlì	流量	liúliàng	流落	liúluò	流失	liúshī
4821~4825	流逝	liúshì	流水线	liúshuǐxiàn	流速	liúsù	流淌	liútǎng	流亡	liúwáng
4826~4830	流星	liúxīng	流言	liúyán	流转	liúzhuǎn	硫黄	liúhuáng	绺	liǔ
4831~4835	龙船	lóngchuán	龙灯	lóngdēng	龙骨	lónggǔ	龙卷风	lóngjuǎnfēng	龙头	lóngtóu
4836~4840	龙王	Lóngwáng	龙眼	lóngyǎn	龙舟	lóngzhōu	聋子	lóngzi	笼子	lóngzi
4841~4845	陇	Lǒng	笼络	lǒngluò	笼统	lǒngtǒng	楼道	lóudào	楼阁	lóugé
4846~4850	楼台	lóutái	楼梯	lóutī	陋习	lòuxí	漏洞	lòudòng	漏斗	lòudǒu
4851~4855	炉灶	lúzào	卤水	lǔshuǐ	卤素	lǔsù	掳	lǔ	陆路	lùlù
4856~4860	录取	lùqǔ	录像	lùxiàng	录像机	lùxiàngjī	录音	lùyīn	录音机	lùyīnjī
4861~4865	录用	lùyòng	录制	lùzhì	绿林	lùlín	路标	lùbiāo	路灯	lùdēng
4866~4870	路段	lùduàn	路费	lùfèi	路径	lùjìng	路口	lùkǒu	路面	lùmiàn
4871~4875	路人	lùrén	路途	lùtú	麓	lù	露骨	lùgǔ	露水	lù·shuǐ
4876~4880	露天	lùtiān	露珠	lùzhū	旅伴	lǚbàn	旅程	lǚchéng	旅店	lǚdiàn
4881~4885	旅居	lǚjū	旅途	lǚtú	屡次	lǚcì	屡见不鲜	lǚjiàn-bùxiān	履约	lǚyuē
4886~4890	绿灯	lǜdēng	绿地	lǜdì	绿豆	lǜdòu	绿肥	lǜféi	绿洲	lǜzhōu
4891~4895	孪生	luánshēng	卵石	luǎnshí	卵子	luǎnzǐ	乱七八糟	luànqībāzāo	略微	lüèwēi
4896~4900	轮班	lúnbān	轮番	lúnfān	轮换	lúnhuàn	轮回	lúnhuí	轮胎	lúntāi
4901~4905	轮子	lúnzi	论调	lùndiào	论断	lùnduàn	论据	lùnjù	论理	lùnlǐ
4906~4910	论说	lùnshuō	论坛	lùntán	论战	lùnzhàn	论著	lùnzhù	捋	luō/lǚ
4911~4915	罗汉	luóhàn	罗列	luóliè	罗盘	luópán	锣鼓	luógǔ	箩筐	luókuāng
4916~4920	螺丝	luósī	螺旋桨	luóxuánjiǎng	裸露	luǒlù	裸体	luǒtǐ	落差	luòchā
4921~4925	落成	luòchéng	落户	luòhù	落脚	luòjiǎo	落空	luòkōng	落幕	luòmù
4926~4930	落日	luòrì	落水	luòshuǐ	落网	luòwǎng	落伍	luòwǔ	落选	luòxuǎn
4931~4935	落座	luòzuò	摞	luò	抹布	mābù	麻痹	mábì	麻袋	mádài
4936~4940	麻将	májiàng	麻利	máli	麻木	mámù	麻雀	máquè	麻子	mázi
4941~4945	马不停蹄	mǎbùtíngtí	马达	mǎdá	马灯	mǎdēng	马虎	mǎhu	马拉松	mǎlāsōng
4946~4950	马力	mǎlì	马匹	mǎpǐ	马蹄	mǎtí	马桶	mǎtǒng	马戏	mǎxì
4951~4955	埋藏	máicáng	埋伏	mái·fú	埋没	máimò	埋头	máitóu	埋葬	máizàng
4956~4960	买主	mǎizhǔ	迈步	màibù	迈进	màijìn	麦收	màishōu	麦子	màizi
4961~4965	卖国	màiguó	卖力	màilì	卖命	màimìng	卖弄	mài·nòng	卖主	màizhǔ
4966~4970	脉搏	màibó	脉冲	màichōng	脉络	màiluò	埋怨	mányuàn	蛮干	mángàn
4971~4975	蛮横	mánhèng	鳗	mán	满不在乎	mǎnbùzàihu	满腹	mǎnfù	满怀	mǎnhuái
4976~4980	满口	mǎnkǒu	满面	mǎnmiàn	满目	mǎnmù	满腔	mǎnqiāng	满心	mǎnxīn
4981~4985	满月	mǎnyuè	满载	mǎnzài	满嘴	mǎnzuǐ	螨	mǎn	谩骂	mànmà
4986~4990	蔓延	mànyán	漫不经心	mànbùjīngxīn	漫步	mànbù	漫画	mànhuà	漫天	màntiān
4991~4995	漫游	mànyóu	慢条斯理	màntiáo-sīlǐ	忙活	mánghuo	忙乱	mángluàn	盲肠	mángcháng

续表

序号	字词	拼音	字词	拼音	字词	拼音	字词	拼音	字词	拼音
4996~5000	盲从	mángcóng	盲流	mángliú	盲人	mángrén	蟒	mǎng	猫头鹰	māotóuyīng
5001~5005	毛笔	máobǐ	毛虫	máochóng	毛发	máofà	毛骨悚然	máogǔ-sǒngrán	毛料	máoliào
5006~5010	毛驴	máolǘ	毛囊	máonáng	毛皮	máopí	毛线	máoxiàn	毛衣	máoyī
5011~5015	矛头	máotóu	铆	mǎo	冒充	màochōng	冒火	màohuǒ	冒昧	màomèi
5016~5020	冒失	màoshī	貌似	màosì	没法儿	méifǎr	没劲	méijìn	没命	méimìng
5021~5025	没趣	méiqù	没准儿	méizhǔnr	眉飞色舞	méifēi-sèwǔ	眉开眼笑	méikāi-yǎnxiào	眉目	méi·mù
5026~5030	眉眼	méiyǎn	梅花	méihuā	梅雨	méiyǔ	媒人	méiren	媒体	méitǐ
5031~5035	煤气	méiqì	煤油	méiyóu	酶	méi	霉菌	méijūn	霉烂	méilàn
5036~5040	美德	měidé	美观	měiguān	美景	měijǐng	美酒	měijiǔ	美满	měimǎn
5041~5045	美貌	měimào	美女	měinǚ	美人	měirén	美容	měiróng	美食	měishí
5046~5050	美谈	měitán	美味	měiwèi	美育	měiyù	镁	měi	闷热	mēnrè
5051~5055	门板	ménbǎn	门道	méndào	门道	méndao	门第	méndì	门洞儿	méndòngr
5056~5060	门房	ménfáng	门户	ménhù	门将	ménjiàng	门框	ménkuàng	门类	ménlèi
5061~5065	门帘	ménlián	门铃	ménlíng	门面	mén·miàn	门票	ménpiào	门生	ménshēng
5066~5070	门徒	méntú	门牙	ményá	门诊	ménzhěn	萌动	méngdòng	萌生	méngshēng
5071~5075	蒙蔽	méngbì	蒙昧	méngmèi	蒙受	méngshòu	盟国	méngguó	盟友	méngyǒu
5076~5080	猛然	měngrán	猛兽	měngshòu	蒙古包	měnggǔbāo	梦幻	mènghuàn	梦境	mèngjìng
5081~5085	梦寐以求	mèngmèiyǐqiú	梦乡	mèngxiāng	梦想	mèngxiǎng	梦呓	mèngyì	眯缝	mīfeng
5086~5090	弥散	mísàn	迷宫	mígōng	迷糊	míhu	迷惑	míhuò	迷离	mílí
5091~5095	迷恋	míliàn	迷路	mílù	迷蒙	míméng	迷失	míshī	迷惘	míwǎng
5096~5100	迷雾	míwù	糜烂	mílàn	米饭	mǐfàn	秘诀	mìjué	密闭	mìbì
5101~5105	密布	mìbù	密封	mìfēng	密码	mìmǎ	幂	mì	蜜月	mìyuè
5106~5110	绵延	miányán	绵羊	miányáng	棉布	miánbù	棉纱	miánshā	棉絮	miánxù
5111~5115	免除	miǎnchú	免得	miǎn·dé	免费	miǎnfèi	免税	miǎnshuì	免职	miǎnzhí
5116~5120	面包	miànbāo	面对	miànduì	面额	miàn'é	面粉	miànfěn	面颊	miànjiá
5121~5125	面具	miànjù	面料	miànliào	面庞	miànpáng	面人儿	miànrénr	面容	miànróng
5126~5130	面色	miànsè	面纱	miànshā	面世	miànshì	面试	miànshì	面谈	miàntán
5131~5135	面条儿	miàntiáor	面值	miànzhí	面子	miànzi	苗木	miáomù	苗圃	miáopǔ
5136~5140	苗条	miáotiao	苗头	miáotou	苗子	miáozi	描画	miáohuà	描摹	miáomó
5141~5145	瞄准	miáozhǔn	渺小	miǎoxiǎo	庙会	miàohuì	灭火	mièhuǒ	灭绝	mièjué
5146~5150	篾	miè	民办	mínbàn	民法	mínfǎ	民房	mínfáng	民风	mínfēng
5151~5155	民工	míngōng	民航	mínháng	民警	mínjǐng	民居	mínjū	民情	mínqíng
5156~5160	民权	mínquán	民生	mínshēng	民心	mínxīn	民意	mínyì	民营	mínyíng
5161~5165	民用	mínyòng	民乐	mínyuè	民政	mínzhèng	抿	mǐn	泯灭	mǐnmiè
5166~5170	名次	míngcì	名单	míngdān	名额	míng'é	名副其实	míngfùqíshí	名贵	míngguì
5171~5175	名家	míngjiā	名利	mínglì	名流	míngliú	名录	mínglù	名目	míngmù
5176~5180	名牌	míngpái	名片	míngpiàn	名气	míngqì	名人	míngrén	名山	míngshān
5181~5185	名声	míngshēng	名胜	míngshèng	名师	míngshī	名士	míngshì	名堂	míngtang
5186~5190	名望	míngwàng	名下	míngxià	名言	míngyán	名誉	míngyù	名正言顺	míngzhèng-yánshùn
5191~5195	名著	míngzhù	明净	míngjìng	明镜	míngjìng	明快	míngkuài	明了	míngliǎo

续表

序号	字词	拼音	字词	拼音	字词	拼音	字词	拼音	字词	拼音
5196~5200	明媚	míngmèi	明日	míngrì	明信片	míngxìnpiàn	明星	míngxīng	明智	míngzhì
5201~5205	明珠	míngzhū	鸣叫	míngjiào	铭记	míngjì	铭文	míngwén	命脉	mìngmài
5206~5210	命中	mìngzhòng	谬论	miùlùn	谬误	miùwù	摸底	mōdǐ	模块	mókuài
5211~5215	模特儿	mótèr	摩登	módēng	摩托	mótuō	磨炼	móliàn	磨难	mónàn
5216~5220	磨损	mósǔn	魔法	mófǎ	魔鬼	móguǐ	魔力	mólì	魔术	móshù
5221~5225	魔王	mówáng	魔爪	mózhǎo	抹杀	mǒshā	末端	mòduān	末日	mòrì
5226~5230	末梢	mòshāo	末尾	mòwěi	莫大	mòdà	莫非	mòfēi	暮然	mòrán
5231~5235	墨水	mòshuǐ	默默无闻	mòmò-wúwén	默念	mòniàn	默契	mòqì	默然	mòrán
5236~5240	眸	móu	谋害	móuhài	谋划	móuhuà	谋略	móulüè	谋求	móuqiú
5241~5245	谋取	móuqǔ	谋杀	móushā	谋生	móushēng	模板	múbǎn	模具	mújù
5246~5250	母爱	mǔ'ài	母本	mǔběn	母系	mǔxì	母校	mǔxiào	母语	mǔyǔ
5251~5255	木本	mùběn	木柴	mùchái	木耳	mù'ěr	木工	mùgōng	木匠	mùjiang
5256~5260	木刻	mùkè	木料	mùliào	木偶	mù'ǒu	木炭	mùtàn	木星	mùxīng
5261~5265	目不转睛	mùbùzhuǎnjīng	目瞪口呆	mùdèng-kǒudāi	目睹	mùdǔ	目录	mùlù	目送	mùsòng
5266~5270	牧草	mùcǎo	牧场	mùchǎng	牧民	mùmín	牧区	mùqū	募集	mùjí
5271~5275	募捐	mùjuān	墓碑	mùbēi	墓地	mùdì	墓室	mùshì	墓葬	mùzàng
5276~5280	幕后	mùhòu	幕僚	mùliáo	睦邻	mùlín	慕名	mùmíng	暮色	mùsè
5281~5285	穆斯林	mùsīlín	拿手	náshǒu	哪怕	nǎpà	纳闷儿	nàmènér	奶粉	nǎifěn
5286~5290	奶牛	nǎiniú	奶油	nǎiyóu	氖	nǎi	耐力	nàilì	耐人寻味	nàirénxúnwèi
5291~5295	耐用	nàiyòng	男儿	nán'ér	男方	nánfāng	男生	nánshēng	南半球	nánbànqiú
5296~5300	南边	nán·biān	南瓜	nán·guā	南面	nán-miàn	南下	nánxià	南洋	Nányáng
5301~5305	难保	nánbǎo	难产	nánchǎn	难处	nán·chù	难点	nándiǎn	难度	nándù
5306~5310	难关	nánguān	难堪	nánkān	难看	nánkàn	难能可贵	nánnéng-kěguì	难说	nánshuō
5311~5315	难听	nántīng	难为	nánwei	难为情	nánwéiqíng	难民	nànmín	难友	nànyǒu
5316~5320	囊括	nángkuò	恼火	nǎohuǒ	恼怒	nǎonù	脑海	nǎohǎi	脑筋	nǎojīn
5321~5325	脑力	nǎolì	脑髓	nǎosuǐ	闹剧	nàojù	闹市	nàoshì	闹事	nàoshì
5326~5330	闹钟	nàozhōng	内阁	nèigé	内功	nèigōng	内海	nèihǎi	内行	nèiháng
5331~5335	内科	nèikē	内力	nèilì	内陆	nèilù	内乱	nèiluàn	内幕	nèimù
5336~5340	内情	nèiqíng	内燃机	nèiránjī	内伤	nèishāng	内务	nèiwù	内线	nèixiàn
5341~5345	内向	nèixiàng	内销	nèixiāo	内省	nèixǐng	内衣	nèiyī	内因	nèiyīn
5346~5350	内政	nèizhèng	嫩绿	nènlǜ	能干	nénggàn	能耐	néngnai	能人	néngrén
5351~5355	能手	néngshǒu	尼龙	nílóng	泥浆	níjiāng	泥坑	níkēng	泥鳅	ní·qiū
5356~5360	泥塑	nísù	泥潭	nítán	泥炭	nítàn	倪	ní	霓虹灯	níhóngdēng
5361~5365	拟订	nǐdìng	拟定	nǐdìng	拟人	nǐrén	逆差	nìchā	逆境	nìjìng
5366~5370	逆流	nìliú	逆向	nìxiàng	逆转	nìzhuǎn	溺爱	nì'ài	拈	niān
5371~5375	蔫	niān	年份	niánfèn	年关	niánguān	年华	niánhuá	年画	niánhuà
5376~5380	年会	niánhuì	年货	niánhuò	年景	niánjǐng	年轮	niánlún	年迈	niánmài
5381~5385	年岁	niánsuì	年限	niánxiàn	年终	niánzhōng	黏	nián	廿	niàn
5386~5390	念白	niànbái	念念不忘	niànniàn-bùwàng	娘家	niángjia	酿造	niàngzào	鸟瞰	niǎokàn
5391~5395	袅袅	niǎoniǎo	尿布	niàobù	尿素	niàosù	捏造	niēzào	啮	niè

续表

序号	字词	拼音	字词	拼音	字词	拼音	字词	拼音	字词	拼音
5396~5400	镊子	nièzi	镍	niè	凝神	níngshén	凝望	níngwàng	凝重	níngzhòng
5401~5405	宁可	nìngkě	宁肯	nìngkěn	宁愿	nìngyuàn	牛犊	niúdú	牛皮	niúpí
5406~5410	扭曲	niǔqū	扭头	niǔtóu	农夫	nóngfū	农妇	nóngfù	农耕	nónggēng
5411~5415	农机	nóngjī	农家	nóngjiā	农垦	nóngkěn	农历	nónglì	农忙	nóngmáng
5416~5420	农事	nóngshì	农闲	nóngxián	浓淡	nóngdàn	浓烈	nóngliè	浓眉	nóngméi
5421~5425	浓密	nóngmì	浓缩	nóngsuō	浓郁	nóngyù	浓重	nóngzhòng	弄虚作假	nòngxū-zuòjiǎ
5426~5430	奴才	núcai	奴仆	núpú	怒放	nùfàng	怒吼	nùhǒu	怒火	nùhuǒ
5431~5435	怒气	nùqì	女方	nǚfāng	女皇	nǚhuáng	女郎	nǚláng	女神	nǚshén
5436~5440	女生	nǚshēng	女王	nǚwáng	暖和	nuǎnhuo	暖流	nuǎnliú	暖瓶	nuǎnpíng
5441~5445	暖气	nuǎnqì	挪动	nuó·dòng	挪用	nuóyòng	讴歌	ōugē	呕吐	ǒutù
5446~5450	呕心沥血	ǒuxīn-lìxuè	偶像	ǒuxiàng	爬行	páxíng	拍板	pāibǎn	拍卖	pāimài
5451~5455	拍手	pāishǒu	拍照	pāizhào	拍子	pāizi	排查	páichá	排场	pái·chǎng
5456~5460	排队	páiduì	排挤	páijǐ	排练	páiliàn	排卵	páiluǎn	排名	páimíng
5461~5465	排球	páiqiú	排污	páiwū	排戏	páixì	排泄	páixiè	排演	páiyǎn
5466~5470	排忧解难	páiyōu-jiěnán	牌匾	páibiǎn	牌价	páijià	牌楼	páilou	牌照	páizhào
5471~5475	派别	pàibié	派生	pàishēng	派头	pàitóu	派系	pàixì	派性	pàixìng
5476~5480	派驻	pàizhù	攀比	pānbǐ	攀登	pāndēng	攀爬	pānpá	攀升	pānshēng
5481~5485	攀谈	pāntán	攀岩	pānyán	攀援	pānyuán	盘剥	pánbō	盘踞	pánjù
5486~5490	盘算	pánsuan	盘问	pánwèn	盘旋	pánxuán	盘子	pánzi	判别	pànbié
5491~5495	判决书	pànjuéshū	判明	pànmíng	判刑	pànxíng	叛变	pànbiàn	叛乱	pànluàn
5496~5500	叛逆	pànnì	叛徒	pàntú	旁白	pángbái	旁人	pángrén	旁听	pángtīng
5501~5505	膀胱	pángguāng	磅礴	pángbó	胖子	pàngzi	狍子	páozi	炮制	páozhì
5506~5510	袍子	páozi	跑步	pǎobù	跑道	pǎodào	泡菜	pàocài	泡沫	pàomò
5511~5515	炮兵	pàobīng	炮火	pàohuǒ	炮击	pàojī	炮楼	pàolóu	炮台	pàotái
5516~5520	胚芽	pēiyá	陪伴	péibàn	陪衬	péichèn	陪同	péitóng	培植	péizhí
5521~5525	赔付	péifù	赔款	péikuǎn	赔钱	péiqián	裴	Péi	佩戴	pèidài
5526~5530	配备	pèibèi	配对	pèiduì	配额	pèi'é	配方	pèifāng	配件	pèijiàn
5531~5535	配角	pèijué	配偶	pèi'ǒu	配送	pèisòng	配伍	pèiwǔ	配制	pèizhì
5536~5540	配种	pèizhǒng	喷发	pēnfā	喷泉	pēnquán	喷洒	pēnsǎ	喷射	pēnshè
5541~5545	喷嚏	pēn·tì	喷涂	pēntú	盆景	pénjǐng	盆栽	pénzāi	盆子	pénzi
5546~5550	抨击	pēngjī	棚子	péngzi	蓬乱	péngluàn	蓬松	péngsōng	硼	péng
5551~5555	碰见	pèng·jiàn	碰巧	pèngqiǎo	碰头	pèngtóu	碰撞	pèngzhuàng	批驳	pībó
5556~5560	批量	pīliàng	批示	pīshì	披露	pīlù	皮包	píbāo	皮层	pícéng
5561~5565	皮带	pídài	皮革	pígé	皮毛	pímáo	皮球	píqiú	皮肉	píròu
5566~5570	皮子	pízi	毗吡	pílín	疲乏	pífá	疲软	píruǎn	琵琶	pí·pá
5571~5575	脾胃	píwèi	脾脏	pízàng	匹配	pǐpèi	痞子	pǐzǐ	癖	pǐ
5576~5580	媲美	pìměi	片子	piānzi	偏爱	piān'ài	偏差	piānchā	偏激	piānjī
5581~5585	偏离	piānlí	偏旁	piānpáng	偏颇	piānpō	偏心	piānxīn	偏远	piānyuǎn
5586~5590	偏重	piānzhòng	篇幅	piān·fú	篇章	piānzhāng	片段	piànduàn	片断	piànduàn
5591~5595	骗局	piànjú	骗取	piànqǔ	骗子	piànzi	漂泊	piāobó	漂浮	piāofú

续表

序　号	字词	拼音	字词	拼音	字词	拼音	字词	拼音	字词	拼音
5596~5600	漂流	piāoliú	漂移	piāoyí	飘带	piāodài	飘荡	piāodàng	飘动	piāodòng
5601~5605	飘浮	piāofú	飘零	piāolíng	飘落	piāoluò	飘然	piāorán	飘散	piāosàn
5606~5610	飘扬	piāoyáng	飘逸	piāoyì	漂白粉	piǎobáifěn	瞟	piǎo	票房	piàofáng
5611~5615	票据	piàojù	票子	piàozi	撇开	piē·kāi	瞥	piē	瞥见	piējiàn
5616~5620	拼搏	pīnbó	拼凑	pīncòu	拼死	pīnsǐ	拼音	pīnyīn	拼装	pīnzhuāng
5621~5625	贫乏	pínfá	贫寒	pínhán	贫瘠	pínjí	贫苦	pínkǔ	贫民	pínmín
5626~5630	贫血	pínxuè	频道	píndào	品尝	pǐncháng	品格	pǐngé	品牌	pǐnpái
5631~5635	品评	pǐnpíng	品位	pǐnwèi	品味	pǐnwèi	品行	pǐnxíng	聘请	pìnqǐng
5636~5640	聘任	pìnrèn	聘用	pìnyòng	平安	píng'ān	平板	píngbǎn	平淡	píngdàn
5641~5645	平地	píngdì	平定	píngdìng	平反	píngfǎn	平方	píngfāng	平房	píngfáng
5646~5650	平和	pínghé	平衡木	pínghéngmù	平滑	pínghuá	平缓	pínghuǎn	平价	píngjià
5651~5655	平米	píngmǐ	平生	píngshēng	平素	píngsù	平台	píngtái	平添	píngtiān
5656~5660	平稳	píngwěn	平息	píngxī	平移	píngyí	平整	píngzhěng	评比	píngbǐ
5661~5665	评点	píngdiǎn	评定	píngdìng	评分	píngfēn	评估	pínggū	评奖	píngjiǎng
5666~5670	评介	píngjiè	评剧	píngjù	评判	píngpàn	评审	píngshěn	评述	píngshù
5671~5675	评说	píngshuō	评弹	píngtán	评委	píngwěi	评议	píngyì	评语	píngyǔ
5676~5680	凭吊	píngdiào	凭空	píngkōng	凭证	píngzhèng	屏风	píngfēng	屏障	píngzhàng
5681~5685	瓶颈	píngjǐng	瓶子	píngzi	坡地	pōdì	坡度	pōdù	泼辣	pō·là
5686~5690	迫不及待	pòbùjídai	迫于	pòyú	迫在眉睫	pòzàiméijié	破案	pò'àn	破除	pòchú
5691~5695	破格	pògé	破获	pòhuò	破解	pòjiě	破旧	pòjiù	破烂	pòlàn
5696~5700	破例	pòlì	破灭	pòmiè	破碎	pòsuì	破损	pòsǔn	破译	pòyì
5701~5705	魄力	pò·lì	扑鼻	pūbí	扑克	pūkè	扑灭	pūmiè	铺盖	pūgài
5706~5710	铺盖	pūgai	铺路	pūlù	铺设	pūshè	铺天盖地	pūtiān-gàidì	仆人	púrén
5711~5715	仆役	púyì	匍匐	púfú	朴实	pǔshí	普查	pǔchá	普法	pǔfǎ
5716~5720	普选	pǔxuǎn	谱写	pǔxiě	瀑布	pùbù	沏	qī	期刊	qīkān
5721~5725	期末	qīmò	期盼	qīpàn	欺负	qīfu	欺凌	qīlíng	欺压	qīyā
5726~5730	欺诈	qīzhà	漆黑	qīhēi	漆器	qīqì	齐备	qíbèi	齐名	qímíng
5731~5735	齐全	qíquán	齐心协力	qíxīn-xiélì	齐整	qízhěng	奇观	qíguān	奇妙	qímiào
5736~5740	奇闻	qíwén	祈求	qíqiú	畦	qí	骑兵	qíbīng	棋盘	qípán
5741~5745	棋子	qízǐ	旗号	qíhào	旗袍	qípáo	旗子	qízi	企盼	qǐpàn
5746~5750	启程	qǐchéng	启动	qǐdòng	启蒙	qǐméng	启事	qǐshì	启用	qǐyòng
5751~5755	起兵	qǐbīng	起步	qǐbù	起草	qǐcǎo	起床	qǐchuáng	起飞	qǐfēi
5756~5760	起哄	qǐhòng	起火	qǐhuǒ	起家	qǐjiā	起见	qǐjiàn	起劲	qǐjìn
5761~5765	起居	qǐjū	起立	qǐlì	起落	qǐluò	起始	qǐshǐ	起事	qǐshì
5766~5770	起诉	qǐsù	起头	qǐtóu	起先	qǐxiān	起因	qǐyīn	气场	qìchǎng
5771~5775	气喘	qìchuǎn	气垫	qìdiàn	气定神闲	qìdìng-shénxián	气度	qìdù	气概	qìgài
5776~5780	气功	qìgōng	气管	qìguǎn	气急	qìjí	气节	qìjié	气孔	qìkǒng
5781~5785	气力	qìlì	气囊	qìnáng	气恼	qìnǎo	气派	qìpài	气泡	qìpào
5786~5790	气魄	qìpò	气球	qìqiú	气色	qìsè	气势	qìshì	气态	qìtài
5791~5795	气虚	qìxū	气旋	qìxuán	气焰	qìyàn	迄今	qìjīn	弃权	qìquán

附录三 普通话水平测试用普通话词语表

续表

序 号	字词	拼音	字词	拼音	字词	拼音	字词	拼音	字词	拼音	字词	拼音
5796~5800	汽笛	qìdí	汽缸	qìgāng	汽化	qìhuà	汽水	qìshuǐ	汽艇	qìtǐng		
5801~5805	契机	qìjī	器件	qìjiàn	器具	qìjù	器皿	qìmǐn	器物	qìwù		
5806~5810	器械	qìxiè	器乐	qìyuè	器重	qìzhòng	洽谈	qiàtán	恰巧	qiàqiǎo		
5811~5815	恰如	qiàrú	恰似	qiàsì	千古	qiāngǔ	千金	qiānjīn	千钧一发	qiānjūn-yīfà		
5816~5820	千瓦	qiānwǎ	扦	qiān	迁就	qiānjiù	迁居	qiānjū	牵扯	qiānchě		
5821~5825	牵动	qiāndòng	牵挂	qiānguà	牵连	qiānlián	牵涉	qiānshè	牵头	qiāntóu		
5826~5830	牵引	qiānyǐn	牵制	qiānzhì	签发	qiānfā	签名	qiānmíng	签署	qiānshǔ		
5831~5835	签约	qiānyuē	签证	qiānzhèng	签字	qiānzì	前辈	qiánbèi	前臂	qiánbì		
5836~5840	前程	qiánchéng	前额	qián'é	前锋	qiánfēng	前列	qiánliè	前年	qiánnián		
5841~5845	前仆后继	qiánpū-hòujì	前哨	qiánshào	前身	qiánshēn	前世	qiánshì	前所未有	qiánsuǒwèiyǒu		
5846~5850	前天	qiántiān	前卫	qiánwèi	前沿	qiányán	前夜	qiányè	前肢	qiánzhī		
5851~5855	前奏	qiánzòu	虔诚	qiánchéng	钱包	qiánbāo	钱币	qiánbì	钱财	qiáncái		
5856~5860	乾坤	qiánkūn	潜藏	qiáncáng	潜伏	qiánfú	潜能	qiánnéng	潜入	qiánrù		
5861~5865	潜水	qiánshuǐ	潜艇	qiántǐng	潜心	qiánxīn	潜移默化	qiányí-mòhuà	浅薄	qiǎnbó		
5866~5870	浅海	qiǎnhǎi	浅滩	qiǎntān	浅显	qiǎnxiǎn	遣送	qiǎnsòng	欠缺	qiànquē		
5871~5875	歉收	qiànshōu	歉意	qiànyì	枪毙	qiāngbì	枪弹	qiāngdàn	枪杀	qiāngshā		
5876~5880	枪支	qiāngzhī	腔调	qiāngdiào	强敌	qiángdí	强渡	qiángdù	强攻	qiánggōng		
5881~5885	强国	qiángguó	强加	qiángjiā	强劲	qiángjìng	强力	qiánglì	强盛	qiángshèng		
5886~5890	强势	qiángshì	强手	qiángshǒu	强行	qiángxíng	强硬	qiángyìng	强占	qiángzhàn		
5891~5895	强壮	qiángzhuàng	墙根	qiánggēn	墙角	qiángjiǎo	墙头	qiángtóu	抢夺	qiǎngduó		
5896~5900	抢购	qiǎnggòu	抢劫	qiǎngjié	抢先	qiǎngxiān	抢险	qiǎngxiǎn	抢修	qiǎngxiū		
5901~5905	抢占	qiǎngzhàn	强求	qiǎngqiú	敲打	qiāo·dǎ	乔木	qiáomù	桥头	qiáotóu		
5906~5910	瞧不起	qiáo·bùqǐ	瞧见	qiáo·jiàn	巧合	qiǎohé	巧克力	qiǎokèlì	俏皮	qiào·pí		
5911~5915	窍门	qiàomén	鞘	qiào/shāo	切除	qiēchú	切磋	qiēcuō	切点	qiēdiǎn		
5916~5920	切割	qiēgē	切口	qiēkǒu	切面	qiēmiàn	切片	qiēpiàn	切入	qiērù		
5921~5925	切线	qiēxiàn	切合	qièhé	切忌	qièjì	切身	qièshēn	妾	qiè		
5926~5930	窃取	qièqǔ	惬意	qièyì	侵害	qīnhài	侵吞	qīntūn	侵袭	qīnxí		
5931~5935	亲爱	qīn'ài	亲笔	qīnbǐ	亲和力	qīnhélì	亲近	qīnjìn	亲口	qīnkǒu		
5936~5940	亲历	qīnlì	亲临	qīnlín	亲昵	qīnnì	亲情	qīnqíng	亲身	qīnshēn		
5941~5945	亲生	qīnshēng	亲事	qīn·shì	亲手	qīnshǒu	亲王	qīnwáng	亲吻	qīnwěn		
5946~5950	亲信	qīnxìn	亲缘	qīnyuán	亲子	qīnzǐ	禽兽	qínshòu	勤快	qínkuai		
5951~5955	勤务	qínwù	勤政	qínzhèng	噙	qín	寝室	qǐnshì	青菜	qīngcài		
5956~5960	青草	qīngcǎo	青翠	qīngcuì	青稞	qīngkē	青霉素	qīngméisù	青天	qīngtiān		
5961~5965	青铜	qīngtóng	青衣	qīngyī	轻便	qīngbiàn	轻而易举	qīng'éryìjǔ	轻浮	qīngfú		
5966~5970	轻快	qīngkuài	轻描淡写	qīngmiáo-dànxiě	轻骑	qīngqí	轻巧	qīng·qiǎo	轻柔	qīngróu		
5971~5975	轻率	qīngshuài	轻信	qīngxìn	轻音乐	qīngyīnyuè	轻盈	qīngyíng	氢弹	qīngdàn		
5976~5980	倾倒	qīngdǎo	倾倒	qīngdào	倾角	qīngjiǎo	倾诉	qīngsù	倾吐	qīngtǔ		
5981~5985	倾销	qīngxiāo	倾泻	qīngxiè	倾心	qīngxīn	倾注	qīngzhù	清白	qīngbái		
5986~5990	清查	qīngchá	清偿	qīngcháng	清澈	qīngchè	清脆	qīngcuì	清单	qīngdān		
5991~5995	清淡	qīngdàn	清点	qīngdiǎn	清风	qīngfēng	清高	qīnggāo	清官	qīngguān		

续表

序　　号	字词	拼音	字词	拼音	字词	拼音	字词	拼音	字词	拼音
5996～6000	清净	qīngjìng	清静	qīngjìng	清冷	qīnglěng	清廉	qīnglián	清凉	qīngliáng
6001～6005	清明	qīngmíng	清贫	qīngpín	清扫	qīngsǎo	清瘦	qīngshòu	清爽	qīngshuǎng
6006～6010	清算	qīngsuàn	清退	qīngtuì	清洗	qīngxǐ	清闲	qīngxián	清香	qīngxiāng
6011～6015	清新	qīngxīn	清秀	qīngxiù	清一色	qīngyīsè	清早	qīngzǎo	清真寺	qīngzhēnsì
6016～6020	情不自禁	qíngbùzìjīn	情调	qíngdiào	情怀	qínghuái	情结	qíngjié	情理	qínglǐ
6021～6025	情人	qíngrén	情势	qíngshì	情书	qíngshū	情思	qíngsī	情态	qíngtài
6026～6030	情意	qíngyì	情有独钟	qíngyǒudúzhōng	情欲	qíngyù	情愿	qíngyuàn	晴空	qíngkōng
6031～6035	顷刻	qǐngkè	请假	qǐngjià	请教	qǐngjiào	请客	qǐngkè	请愿	qǐngyuàn
6036～6040	庆典	qìngdiǎn	庆贺	qìnghè	庆幸	qìngxìng	亲家	qìngjia	磬	qìng
6041～6045	穷尽	qióngjìn	穷苦	qióngkǔ	穷困	qióngkùn	邱	Qiū	秋风	qiūfēng
6046～6050	秋收	qiūshōu	囚犯	qiúfàn	囚禁	qiújìn	囚徒	qiútú	求爱	qiú'ài
6051～6055	求婚	qiúhūn	求教	qiújiào	求解	qiújiě	求救	qiújiù	求情	qiúqíng
6056～6060	求人	qiúrén	求生	qiúshēng	求实	qiúshí	求同存异	qiútóng-cúnyì	求学	qiúxué
6061～6065	求医	qiúyī	求援	qiúyuán	求知	qiúzhī	求职	qiúzhí	求助	qiúzhù
6066～6070	球场	qiúchǎng	球迷	qiúmí	球面	qiúmiàn	球赛	qiúsài	球体	qiútǐ
6071～6075	裘	qiú	裘皮	qiúpí	区划	qūhuà	区间	qūjiān	曲解	qūjiě
6076～6080	曲面	qūmiàn	驱车	qūchē	驱除	qūchú	驱动	qūdòng	驱赶	qūgǎn
6081～6085	驱散	qūsàn	驱使	qūshǐ	屈从	qūcóng	屈辱	qūrǔ	祛	qū
6086～6090	蛆	qū	躯干	qūgàn	躯壳	qūqiào	躯体	qūtǐ	曲调	qǔdiào
6091～6095	曲目	qǔmù	曲牌	qǔpái	曲艺	qǔyì	曲子	qǔzi	取材	qǔcái
6096～6100	取长补短	qǔcháng-bǔduǎn	取缔	qǔdì	取而代之	qǔ'érdàizhī	取经	qǔjīng	取乐	qǔlè
6101～6105	取暖	qǔnuǎn	取舍	qǔshě	取胜	qǔshèng	取向	qǔxiàng	取笑	qǔxiào
6106～6110	取样	qǔyàng	取悦	qǔyuè	取证	qǔzhèng	去处	qù·chù	去路	qùlù
6111～6115	去向	qùxiàng	圈套	quāntào	圈子	quānzi	权贵	quánguì	权衡	quánhéng
6116～6120	权势	quánshì	权限	quánxiàn	权责	quánzé	权重	quánzhòng	全程	quánchéng
6121～6125	全额	quán'é	全集	quánjí	全景	quánjǐng	全力	quánlì	全力以赴	quánlìyǐfù
6126～6130	全貌	quánmào	全能	quánnéng	全盘	quánpán	全权	quánquán	全文	quánwén
6131～6135	全线	quánxiàn	全心全意	quánxīn-quányì	全员	quányuán	泉水	quánshuǐ	泉源	quányuán
6136～6140	拳击	quánjī	蜷	quán	蜷缩	quánsuō	犬齿	quǎnchǐ	劝导	quàndǎo
6141～6145	劝告	quàngào	劝解	quànjiě	劝说	quànshuō	劝阻	quànzǔ	缺德	quēdé
6146～6150	缺憾	quēhàn	缺口	quēkǒu	缺失	quēshī	缺损	quēsǔn	缺席	quēxí
6151～6155	阙	quē/què	确信	quèxìn	确凿	quèzáo	确诊	quèzhěn	确证	quèzhèng
6156～6160	裙子	qúnzi	群岛	qúndǎo	群居	qúnjū	燃放	ránfàng	燃眉之急	ránméizhījí
6161～6165	染料	rǎnliào	让步	ràngbù	让利	ànglì	让位	ràngwèi	饶恕	ráoshù
6166～6170	绕道	ràodào	热潮	rècháo	热诚	rèchéng	热点	rèdiǎn	热度	rèdù
6171～6175	热火朝天	rèhuǒ-cháotiān	热浪	rèlàng	热泪	rèlèi	热力	rèlì	热恋	rèliàn
6176～6180	热流	rèliú	热门	rèmén	热气	rèqì	热切	rèqiè	热身	rèshēn
6181～6185	热土	rètǔ	热望	rèwàng	热线	rèxiàn	热血	rèxuè	热源	rèyuán
6186～6190	热衷	rèzhōng	人称	rénchēng	人次	réncì	人道	réndào	人丁	réndīng
6191～6195	人和	rénhé	人流	rénliú	人马	rénmǎ	人脉	rénmài	人命	rénmìng

附录三　普通话水平测试用普通话词语表

续表

序　号	字词	拼音	字词	拼音	字词	拼音	字词	拼音	字词	拼音
6196~6200	人品	rénpǐn	人气	rénqì	人情	rénqíng	人权	rénquán	人参	rénshēn
6201~6205	人声	rénshēng	人世	rénshì	人手	rénshǒu	人头	réntóu	人文	rénwén
6206~6210	人像	rénxiàng	人行道	rénxíngdào	人选	rénxuǎn	人烟	rényān	人质	rénzhì
6211~6215	人中	rénzhōng	人种	rénzhǒng	仁慈	réncí	仁义	rényì	忍痛	rěntòng
6216~6220	忍无可忍	rěnwúkěrěn	忍心	rěnxīn	认错	rèncuò	认购	rèngòu	认可	rènkě
6221~6225	认同	rèntóng	认证	rènzhèng	认知	rènzhī	认罪	rènzuì	任教	rènjiào
6226~6230	任免	rènmiǎn	任凭	rènpíng	任期	rènqī	任性	rènxìng	任用	rènyòng
6231~6235	任职	rènzhí	任重道远	rènzhòng-dàoyuǎn	韧带	rèndài	韧性	rènxìng	妊娠	rènshēn
6236~6240	日程	rìchéng	日光	rìguāng	日后	rìhòu	日见	rìjiàn	日历	rìlì
6241~6245	日食	rìshí	日新月异	rìxīn-yuèyì	日用	rìyòng	荣获	rónghuò	荣幸	róngxìng
6246~6250	荣耀	róngyào	绒毛	róngmáo	绒线	róngxiàn	容积	róngjī	容貌	róngmào
6251~6255	容忍	róngrěn	容许	róngxǔ	容颜	róngyán	溶洞	róngdòng	溶化	rónghuà
6256~6260	溶血	róngxuè	熔化	rónghuà	融化	rónghuà	融洽	róngqià	融资	róngzī
6261~6265	柔道	róudào	柔美	róuměi	柔情	róuqíng	柔弱	róuruò	柔顺	róushùn
6266~6270	肉食	ròushí	肉眼	ròuyǎn	肉质	ròuzhì	如期	rúqī	如若	rúruò
6271~6275	如实	rúshí	如一	rúyī	如意	rúyì	如愿	rúyuàn	儒学	rúxué
6276~6280	乳白	rǔbái	乳房	rǔfáng	乳牛	rǔniú	乳汁	rǔzhī	辱骂	rǔmà
6281~6285	入场	rùchǎng	入场券	rùchǎngquàn	入股	rùgǔ	入境	rùjìng	入口	rùkǒu
6286~6290	入门	rùmén	入迷	rùmí	入睡	rùshuì	入围	rùwéi	入伍	rùwǔ
6291~6295	入选	rùxuǎn	入夜	rùyè	入住	rùzhù	入座	rùzuò	软骨	ruǎngǔ
6296~6300	软化	ruǎnhuà	软件	ruǎnjiàn	软禁	ruǎnjìn	软弱	ruǎnruò	锐角	ruìjiǎo
6301~6305	锐利	ruìlì	锐气	ruìqì	锐意	ruìyì	润滑	rùnhuá	若无其事	ruòwúqíshì
6306~6310	弱化	ruòhuà	弱势	ruòshì	弱小	ruòxiǎo	仨	sā	撒谎	sāhuǎng
6311~6315	撒娇	sājiāo	撒手	sāshǒu	洒脱	sǎ·tuō	卅	sà	塞子	sāizi
6316~6320	鳃	sāi	赛场	sàichǎng	赛程	sàichéng	赛跑	sàipǎo	赛事	sàishì
6321~6325	三角洲	sānjiǎozhōu	三轮车	sānlúnchē	散漫	sǎnmàn	散场	sànchǎng	散会	sànhuì
6326~6330	散伙	sànhuǒ	散落	sànluò	散失	sànshī	嗓门儿	sǎngménr	嗓音	sǎngyīn
6331~6335	丧生	sàngshēng	骚动	sāodòng	骚乱	sāoluàn	骚扰	sāorǎo	缫	sāo
6336~6340	扫除	sǎochú	扫地	sǎodì	扫盲	sǎománg	扫描	sǎomiáo	扫射	sǎoshè
6341~6345	扫视	sǎoshì	扫兴	sǎoxìng	色调	sèdiào	色光	sèguāng	色盲	sèmáng
6346~6350	色情	sèqíng	色素	sèsù	色泽	sèzé	僧尼	sēngní	杀菌	shājūn
6351~6355	杀戮	shālù	杀伤	shāshāng	杉木	shāmù	沙尘	shāchén	沙土	shātǔ
6356~6360	沙哑	shāyǎ	沙子	shāzi	纱布	shābù	纱锭	shādìng	刹车	shāchē
6361~6365	傻瓜	shǎguā	傻子	shǎzi	筛查	shāichá	筛选	shāixuǎn	山坳	shān'ào
6366~6370	山茶	shānchá	山川	shānchuān	山村	shāncūn	山歌	shāngē	山沟	shāngōu
6371~6375	山河	shānhé	山洪	shānhóng	山涧	shānjiàn	山脚	shānjiǎo	山梁	shānliáng
6376~6380	山岭	shānlǐng	山麓	shānlù	山峦	shānluán	山门	shānmén	山坡	shānpō
6381~6385	山系	shānxì	山崖	shānyá	山羊	shānyáng	山腰	shānyāo	山野	shānyě
6386~6390	山岳	shānyuè	山楂	shānzhā	山寨	shānzhài	扇动	shāndòng	闪现	shǎnxiàn
6391~6395	闪耀	shǎnyào	扇贝	shànbèi	扇子	shànzi	善待	shàndài	善后	shànhòu

续表

序　号	字词	拼音	字词	拼音	字词	拼音	字词	拼音	字词	拼音	字词	拼音
6396~6400	善意	shànyì	善战	shànzhàn	膳	shàn	膳食	shànshí	伤疤	shāngbā
6401~6405	伤残	shāngcán	伤感	shānggǎn	伤寒	shānghán	伤痕	shānghén	伤势	shāngshì
6406~6410	伤痛	shāngtòng	伤亡	shāngwáng	商场	shāngchǎng	商船	shāngchuán	商定	shāngdìng
6411~6415	商贩	shāngfàn	商贾	shānggǔ	商会	shānghuì	商家	shāngjiā	商检	shāngjiǎn
6416~6420	商贸	shāngmào	商榷	shāngquè	商谈	shāngtán	商讨	shāngtǎo	商务	shāngwù
6421~6425	商议	shāngyì	晌午	shǎngwu	赏赐	shǎngcì	赏识	shǎngshí	赏心悦目	shǎngxīn-yuèmù
6426~6430	上报	shàngbào	上臂	shàngbì	上策	shàngcè	上场	shàngchǎng	上传	shàngchuán
6431~6435	上当	shàngdàng	上等	shàngděng	上吊	shàngdiào	上访	shàngfǎng	上风	shàngfēng
6436~6440	上浮	shàngfú	上岗	shànggǎng	上工	shànggōng	上古	shànggǔ	上好	shànghǎo
6441~6445	上将	shàngjiàng	上交	shàngjiāo	上缴	shàngjiǎo	上进	shàngjìn	上流	shàngliú
6446~6450	上路	shànglù	上马	shàngmǎ	上门	shàngmén	上品	shàngpǐn	上任	shàngrèn
6451~6455	上身	shàngshēn	上书	shàngshū	上司	shàngsi	上台	shàngtái	上天	shàngtiān
6456~6460	上头	shàngtóu	上头	shàngtou	上网	shàngwǎng	上限	shàngxiàn	上行	shàngxíng
6461~6465	上旬	shàngxún	上演	shàngyǎn	上阵	shàngzhèn	上肢	shàngzhī	上座	shàngzuò
6465~6470	尚且	shàngqiě	烧杯	shāobēi	烧饼	shāobing	烧毁	shāohuǐ	烧火	shāohuǒ
6471~6475	烧酒	shāojiǔ	烧瓶	shāopíng	烧伤	shāoshāng	烧香	shāoxiāng	勺子	sháozi
6476~6480	少见	shǎojiàn	少儿	shào'ér	少妇	shàofù	少将	shàojiàng	哨兵	shàobīng
6481~6485	哨所	shàosuǒ	哨子	shàozi	奢望	shēwàng	舍得	shěde	舍弃	shěqì
6486~6490	舍身	shěshēn	设定	shèdìng	设防	shèfáng	社交	shèjiāo	社论	shèlùn
6491~6495	社区	shèqū	社团	shètuán	射程	shèchéng	射箭	shèjiàn	射门	shèmén
6496~6500	射手	shèshǒu	涉外	shèwài	涉足	shèzú	赦免	shèmiǎn	摄取	shèqǔ
6501~6505	摄食	shèshí	摄氏度	shèshìdù	摄像机	shèxiàngjī	摄制	shèzhì	麝	shè
6506~6510	申办	shēnbàn	申报	shēnbào	申明	shēnmíng	申诉	shēnsù	伸缩	shēnsuō
6511~6515	伸展	shēnzhǎn	伸张	shēnzhāng	身长	shēncháng	身段	shēnduàn	身份证	shēnfènzhèng
6516~6520	身高	shēngāo	身价	shēnjià	身世	shēnshì	身手	shēnshǒu	身体力行	shēntǐ-lìxíng
6521~6525	砷	shēn	深奥	shēn'ào	深层	shēncéng	深海	shēnhǎi	深浅	shēnqiǎn
6526~6530	深切	shēnqiè	深秋	shēnqiū	深山	shēnshān	深思	shēnsī	深邃	shēnsuì
6531~6535	深恶痛绝	shēnwù-tòngjué	深信	shēnxìn	深意	shēnyì	深渊	shēnyuān	深造	shēnzào
6536~6540	深重	shēnzhòng	神采	shéncǎi	神化	shénhuà	神经病	shénjīngbìng	神经质	shénjīngzhì
6541~6545	神龛	shénkān	神灵	shénlíng	神明	shénmíng	神速	shénsù	神通	shéntōng
6546~6550	神童	shéntóng	神往	shénwǎng	神仙	shén·xiān	神像	shénxiàng	神韵	shényùn
6551~6555	神志	shénzhì	神州	Shénzhōu	审定	shěndìng	审核	shěnhé	审计	shěnjì
6556~6560	审理	shěnlǐ	审批	shěnpī	审慎	shěnshèn	审时度势	shěnshí-duóshì	审视	shěnshì
6561~6565	审问	shěnwèn	审讯	shěnxùn	审议	shěnyì	婶子	shěnzi	肾脏	shènzàng
6566~6570	甚而	shèn'ér	渗入	shènrù	升华	shēnghuá	升级	shēngjí	升降	shēngjiàng
6571~6575	升迁	shēngqiān	升任	shēngrèn	升学	shēngxué	升值	shēngzhí	生病	shēngbìng
6576~6580	生发	shēngfā	生根	shēnggēn	生机	shēngjī	生计	shēngjì	生灵	shēnglíng
6581~6585	生路	shēnglù	生怕	shēngpà	生平	shēngpíng	生日	shēng·rì	生疏	shēngshū
6586~6590	生死	shēngsǐ	生息	shēngxī	生肖	shēngxiào	生效	shēngxiào	生性	shēngxìng
6591~6595	生硬	shēngyìng	生字	shēngzì	声波	shēngbō	声部	shēngbù	声称	shēngchēng

序 号	字词	拼音	字词	拼音	字词	拼音	字词	拼音	字词	拼音
6596~6600	声带	shēngdài	声浪	shēnglàng	声名	shēngmíng	声势	shēngshì	声速	shēngsù
6601~6605	声讨	shēngtǎo	声望	shēngwàng	声息	shēngxī	声学	shēngxué	声言	shēngyán
6606~6610	声誉	shēngyù	声援	shēngyuán	声乐	shēngyuè	绳索	shéngsuǒ	省城	shěngchéng
6611~6615	省份	shěngfèn	省会	shěnghuì	省略	shěnglüè	省事	shěngshì	圣地	shèngdì
6616~6620	圣洁	shèngjié	圣母	shèngmǔ	圣人	shèngrén	圣贤	shèngxián	圣旨	shèngzhǐ
6621~6625	胜地	shèngdì	胜负	shèngfù	胜任	shèngrèn	胜诉	shèngsù	胜仗	shèngzhàng
6626~6630	盛产	shèngchǎn	盛大	shèngdà	盛会	shènghuì	盛开	shèngkāi	盛况	shèngkuàng
6631~6635	盛名	shèngmíng	盛怒	shèngnù	盛情	shèngqíng	盛世	shèngshì	盛事	shèngshì
6636~6640	盛夏	shèngxià	盛装	shèngzhuāng	尸骨	shīgǔ	尸首	shī·shǒu	失常	shīcháng
6641~6645	失传	shīchuán	失地	shīdì	失衡	shīhéng	失火	shīhuǒ	失控	shīkòng
6646~6650	失礼	shīlǐ	失利	shīlì	失恋	shīliàn	失灵	shīlíng	失落	shīluò
6651~6655	失眠	shīmián	失明	shīmíng	失散	shīsàn	失神	shīshén	失声	shīshēng
6656~6660	失实	shīshí	失手	shīshǒu	失守	shīshǒu	失陷	shīxiàn	失效	shīxiào
6661~6665	失信	shīxìn	失血	shīxuè	失意	shīyì	失真	shīzhēn	失职	shīzhí
6666~6670	失重	shīzhòng	失踪	shīzōng	失足	shīzú	师母	shīmǔ	师资	shīzī
6671~6675	诗词	shīcí	诗集	shījí	诗句	shījù	诗篇	shīpiān	虱子	shīzi
6676~6680	施放	shīfàng	施加	shījiā	施舍	shīshě	施展	shīzhǎn	施政	shīzhèng
6681~6685	湿地	shīdì	湿热	shīrè	嘘	shī/xū	十足	shízú	石板	shíbǎn
6686~6690	石雕	shídiāo	石膏	shígāo	石匠	shíjiang	石刻	shíkè	石窟	shíkū
6691~6695	石料	shíliào	石棉	shímián	石墨	shímò	石笋	shísǔn	石英	shíyīng
6696~6700	石子儿	shízǐr	时辰	shíchen	时段	shíduàn	时分	shífēn	时光	shíguāng
6701~6705	时局	shíjú	时区	shíqū	时日	shírì	时尚	shíshàng	时势	shíshì
6706~6710	时事	shíshì	时务	shíwù	时限	shíxiàn	时效	shíxiào	时兴	shíxīng
6711~6715	时针	shízhēn	时政	shízhèng	时钟	shízhōng	时装	shízhuāng	识破	shípò
6716~6720	实测	shícè	实地	shídì	实干	shígàn	实话	shíhuà	实惠	shíhuì
6721~6725	实况	shíkuàng	实情	shíqíng	实权	shíquán	实事	shíshì	实事求是	shíshì-qiúshì
6726~6730	实数	shíshù	实习	shíxí	实效	shíxiào	实心	shíxīn	实业	shíyè
6731~6735	实战	shízhàn	实证	shízhèng	拾掇	shíduo	食材	shícái	食道	shídào
6736~6740	食管	shíguǎn	食粮	shíliáng	食谱	shípǔ	食物链	shíwùliàn	食性	shíxìng
6741~6745	食欲	shíyù	食指	shízhǐ	史册	shǐcè	史料	shǐliào	史前	shǐqián
6746~6750	史诗	shǐshī	史实	shǐshí	史书	shǐshū	史无前例	shǐwúqiánlì	使馆	shǐguǎn
6751~6755	使唤	shǐhuan	使节	shǐjié	使者	shǐzhě	始料不及	shǐliàobùjí	始祖	shǐzǔ
6756~6760	士气	shìqì	士族	shìzú	示弱	shìruò	示意	shìyì	示众	shìzhòng
6761~6765	世道	shìdào	世故	shìgù	世故	shìgu	世家	shìjiā	世间	shìjiān
6766~6770	世面	shìmiàn	世人	shìrén	世事	shìshì	世俗	shìsú	世袭	shìxí
6771~6775	仕	shì	市价	shìjià	市郊	shìjiāo	市面	shìmiàn	市容	shìróng
6776~6780	市镇	shìzhèn	市政	shìzhèng	式样	shìyàng	势头	shì·tóu	势在必行	shìzàibìxíng
6781~6785	事半功倍	shìbàn-gōngbèi	事端	shìduān	事理	shìlǐ	事态	shìtài	事项	shìxiàng
6786~6790	事宜	shìyí	侍从	shìcóng	侍奉	shìfèng	侍候	shìhòu	侍卫	shìwèi
6791~6795	试点	shìdiǎn	试剂	shìjì	试卷	shìjuàn	试看	shìkàn	试探	shìtàn

续表

序　　号	字词	拼音	字词	拼音	字词	拼音	字词	拼音	字词	拼音
6796~6800	试探	shìtan	试题	shìtí	试问	shìwèn	试想	shìxiǎng	试行	shìxíng
6801~6805	试用	shìyòng	试纸	shìzhǐ	视察	shìchá	视点	shìdiǎn	视而不见	shì'érbùjiàn
6806~6810	视角	shìjiǎo	视力	shìlì	视频	shìpín	视图	shìtú	视网膜	shìwǎngmó
6811~6815	适度	shìdù	适量	shìliàng	适时	shìshí	适中	shìzhōng	舐	shì
6816~6820	嗜好	shìhào	誓言	shìyán	噬	shì	螫	shì	收藏	shōucáng
6821~6825	收场	shōuchǎng	收成	shōucheng	收发	shōufā	收复	shōufù	收割	shōugē
6826~6830	收工	shōugōng	收官	shōuguān	收缴	shōujiǎo	收据	shōujù	收看	shōukàn
6831~6835	收敛	shōuliǎn	收留	shōuliú	收录	shōulù	收买	shōumǎi	收取	shōuqǔ
6836~6840	收容	shōuróng	收听	shōutīng	收效	shōuxiào	收养	shōuyǎng	收支	shōuzhī
6841~6845	手背	shǒubèi	手册	shǒucè	手稿	shǒugǎo	手机	shǒujī	手巾	shǒu·jīn
6846~6850	手绢(儿)	shǒujuàn(r)	手忙脚乱	shǒumáng-jiǎoluàn	手帕	shǒupà	手软	shǒuruǎn	手套	shǒutào
6851~6855	手腕	shǒuwàn	手下	shǒuxià	手心	shǒuxīn	手艺	shǒuyì	手杖	shǒuzhàng
6856~6860	手足	shǒuzú	守备	shǒubèi	守法	shǒufǎ	守候	shǒuhòu	守护	shǒuhù
6861~6865	守旧	shǒujiù	守卫	shǒuwèi	守信	shǒuxìn	守则	shǒuzé	首创	shǒuchuàng
6866~6870	首府	shǒufǔ	首届	shǒujiè	首脑	shǒunǎo	首饰	shǒushi	首尾	shǒuwěi
6871~6875	首席	shǒuxí	首相	shǒuxiàng	首选	shǒuxuǎn	受挫	shòucuò	受害	shòuhài
6876~6880	受奖	shòujiǎng	受戒	shòujiè	受惊	shòujīng	受苦	shòukǔ	受累	shòulěi
6881~6885	受累	shòulèi	受理	shòulǐ	受命	shòumìng	受难	shòunàn	受骗	shòupiàn
6886~6890	受聘	shòupìn	受气	shòuqì	受热	shòurè	受训	shòuxùn	受益	shòuyì
6891~6895	受灾	shòuzāi	受制	shòuzhì	受阻	shòuzǔ	受罪	shòuzuì	授粉	shòufěn
6896~6900	授课	shòukè	授权	shòuquán	授予	shòuyǔ	兽医	shòuyī	瘦弱	shòuruò
6901~6905	瘦小	shòuxiǎo	瘦削	shòuxuē	书报	shūbào	书法	shūfǎ	书房	shūfáng
6906~6910	书画	shūhuà	书架	shūjià	书局	shūjú	书卷	shūjuàn	书刊	shūkān
6911~6915	书目	shūmù	书生	shūshēng	书信	shūxìn	书院	shūyuàn	书斋	shūzhāi
6916~6920	书桌	shūzhuō	殊荣	shūróng	倏然	shūrán	梳理	shūlǐ	梳头	shūtóu
6921~6925	梳子	shūzi	舒畅	shūchàng	舒心	shūxīn	舒展	shūzhǎn	舒张	shūzhāng
6926~6930	疏导	shūdǎo	疏散	shūsàn	疏松	shūsōng	疏通	shūtōng	疏远	shūyuǎn
6931~6935	孰	shú	赎罪	shúzuì	熟人	shúrén	熟睡	shúshuì	熟知	shúzhī
6936~6940	暑假	shǔjià	属实	shǔshí	署名	shǔmíng	鼠标	shǔbiāo	束手无策	shùshǒu-wúcè
6941~6945	述评	shùpíng	述说	shùshuō	述职	shùzhí	树丛	shùcóng	树冠	shùguān
6946~6950	树苗	shùmiáo	树脂	shùzhī	竖立	shùlì	俞	shù/yú	数额	shù'é
6951~6955	数据库	shùjùkù	数码	shùmǎ	数字化	shùzìhuà	刷卡	shuākǎ	刷新	shuāxīn
6956~6960	衰败	shuāibài	衰减	shuāijiǎn	衰竭	shuāijié	衰落	shuāiluò	衰弱	shuāiruò
6961~6965	衰退	shuāituì	衰亡	shuāiwáng	摔跤	shuāijiāo	率先	shuàixiān	双边	shuāngbiān
6966~6970	双重	shuāngchóng	双亲	shuāngqīn	双向	shuāngxiàng	双语	shuāngyǔ	霜冻	shuāngdòng
6971~6975	霜期	shuāngqī	爽快	shuǎngkuai	水泵	shuǐbèng	水兵	shuǐbīng	水波	shuǐbō
6976~6980	水草	shuǐcǎo	水产	shuǐchǎn	水车	shuǐchē	水电	shuǐdiàn	水花	shuǐhuā
6981~6985	水火	shuǐhuǒ	水晶	shuǐjīng	水井	shuǐjǐng	水力	shuǐlì	水龙头	shuǐlóngtóu
6986~6990	水陆	shuǐlù	水路	shuǐlù	水落石出	shuǐluò-shíchū	水鸟	shuǐniǎo	水牛	shuǐniú
6991~6995	水情	shuǐqíng	水渠	shuǐqú	水势	shuǐshì	水塔	shuǐtǎ	水獭	shuǐtǎ

附录三 普通话水平测试用普通话词语表

续表

序　号	字词	拼音	字词	拼音	字词	拼音	字词	拼音	字词	拼音
6996~7000	水土	shuǐtǔ	水系	shuǐxì	水仙	shuǐxiān	水乡	shuǐxiāng	水箱	shuǐxiāng
7001~7005	水泄不通	shuǐxièbùtōng	水星	shuǐxīng	水性	shuǐxìng	水域	shuǐyù	水运	shuǐyùn
7006~7010	水灾	shuǐzāi	水闸	shuǐzhá	水质	shuǐzhì	水肿	shuǐzhǒng	水珠	shuǐzhū
7011~7015	水准	shuǐzhǔn	税额	shuì'é	税法	shuìfǎ	税利	shuìlì	税率	shuìlǜ
7016~7020	税务	shuìwù	睡梦	shuìmèng	睡衣	shuìyī	睡意	shuìyì	顺便	shùnbiàn
7021~7025	顺畅	shùnchàng	顺从	shùncóng	顺风	shùnfēng	顺口	shùnkǒu	顺口溜	shùnkǒuliū
7026~7030	顺理成章	shùnlǐ-chéngzhāng	顺势	shùnshì	顺心	shùnxīn	顺眼	shùnyǎn	顺应	shùnyìng
7031~7035	舜	shùn	说不定	shuōbudìng	说唱	shuōchàng	说穿	shuōchuān	说谎	shuōhuǎng
7036~7040	说教	shuōjiào	说理	shuōlǐ	说情	shuōqíng	说笑	shuōxiào	硕果	shuòguǒ
7041~7045	司空见惯	sīkōng-jiànguàn	丝绸	sīchóu	丝绒	sīróng	丝线	sīxiàn	私产	sīchǎn
7046~7050	私法	sīfǎ	私立	sīlì	私利	sīlì	私事	sīshì	私塾	sīshú
7051~7055	私下	sīxià	私心	sīxīn	私语	sīyǔ	私自	sīzì	思辨	sībiàn
7056~7060	思忖	sīcǔn	思量	sīliang	思虑	sīlǜ	思念	sīniàn	思绪	sīxù
7061~7065	斯文	sīwén	斯杀	sīshā	撕毁	sīhuǐ	死板	sǐbǎn	死灰复燃	sǐhuī-fùrán
7066~7070	死活	sǐhuó	死寂	sǐjì	死角	sǐjiǎo	死伤	sǐshāng	死神	sǐshén
7071~7075	死守	sǐshǒu	四海	sìhǎi	四合院	sìhéyuàn	四季	sìjì	四面八方	sìmiàn-bāfāng
7076~7080	四散	sìsàn	四时	sìshí	四外	sìwài	四围	sìwéi	寺庙	sìmiào
7081~7085	似是而非	sìshì'érfēi	俟	sì	肆虐	sìnüè	嗣	sì	松动	sōngdòng
7086~7090	松软	sōngruǎn	松散	sōngsǎn	松手	sōngshǒu	松鼠	sōngshǔ	怂恿	sǒngyǒng
7091~7095	耸立	sǒnglì	送别	sòngbié	送礼	sònglǐ	送气	sòngqì	送行	sòngxíng
7096~7100	送葬	sòngzàng	诵读	sòngdú	颂扬	sòngyáng	搜捕	sōubǔ	搜查	sōuchá
7101~7105	搜刮	sōuguā	搜罗	sōuluó	搜索	sōusuǒ	搜寻	sōuxún	苏醒	sūxǐng
7106~7110	俗话	súhuà	俗名	súmíng	俗气	súqi	俗人	súrén	俗语	súyǔ
7111~7115	诉苦	sùkǔ	诉求	sùqiú	诉说	sùshuō	诉诸	sùzhū	素来	sùlái
7116~7120	素描	sùmiáo	素养	sùyǎng	速成	sùchéng	速递	sùdì	速写	sùxiě
7121~7125	宿营	sùyíng	塑像	sùxiàng	酸楚	suānchǔ	酸痛	suāntòng	酸雨	suānyǔ
7126~7130	酸枣	suānzǎo	算计	suànji	算命	suànmìng	算盘	suàn·pán	算术	suànshù
7131~7135	算数	suànshù	算账	suànzhàng	绥	suí	随笔	suíbǐ	随处	suíchù
7136~7140	随从	suícóng	随感	suígǎn	随机	suíjī	随军	suíjūn	随口	suíkǒu
7141~7145	随身	suíshēn	随手	suíshǒu	随同	suítóng	随心	suíxīn	随心所欲	suíxīnsuǒyù
7146~7150	岁数	suìshu	孙女	sūn·nǚ	损坏	sǔnhuài	损毁	sǔnhuǐ	蓑衣	suōyī
7151~7155	缩减	suōjiǎn	缩影	suōyǐng	索赔	suǒpéi	索取	suǒqǔ	索性	suǒxìng
7156~7160	索要	suǒyào	锁定	suǒdìng	锁链	suǒliàn	他乡	tāxiāng	塌方	tāfāng
7161~7165	塌陷	tāxiàn	踏实	tāshi	榻	tà	踏步	tàbù	胎盘	tāipán
7166~7170	胎生	tāishēng	台词	táicí	台灯	táidēng	台阶	táijiē	台子	táizi
7171~7175	抬升	táishēng	太后	tàihòu	太极	tàijí	太极拳	tàijíquán	太监	tài·jiàn
7176~7180	太子	tàizǐ	态势	tàishì	钛	tài	泰山	tàishān	坍塌	tāntā
7181~7185	贪图	tāntú	摊贩	tānfàn	摊派	tānpài	摊子	tānzi	滩涂	tāntú
7186~7190	坛子	tánzi	谈天	tántiān	谈吐	tántǔ	谈心	tánxīn	弹劾	tánhé
7191~7195	弹力	dánlì	弹跳	tántiào	坦诚	tǎnchéng	坦荡	tǎndàng	叹气	tànqì

245

续表

序　号	字词	拼音	字词	拼音	字词	拼音	字词	拼音	字词	拼音
7196~7200	探访	tànfǎng	探究	tànjiū	探亲	tànqīn	探求	tànqiú	探视	tànshì
7201~7205	探听	tàntīng	探头	tàntóu	探望	tànwàng	探问	tànwèn	探险	tànxiǎn
7206~7210	探寻	tànxún	堂而皇之	táng'érhuángzhī	堂皇	tánghuáng	堂屋	tángwū	搪瓷	tángcí
7211~7215	搪塞	tángsè	糖果	tángguǒ	糖尿病	tángniàobìng	螳螂	tángláng	烫伤	tàngshāng
7216~7220	绦虫	tāochóng	逃兵	táobīng	逃窜	táocuàn	逃荒	táohuāng	逃离	táolí
7221~7225	逃命	táomìng	逃难	táonàn	逃生	táoshēng	逃脱	táotuō	逃亡	táowáng
7226~7230	逃学	táoxué	桃李	táolǐ	桃子	táozi	陶瓷	táocí	陶器	táoqì
7231~7235	陶醉	táozuì	淘气	táoqì	讨伐	tǎofá	讨饭	tǎofàn	讨好	tǎohǎo
7236~7240	讨价还价	tǎojià-huánjià	套话	tàohuà	套路	tàolù	套现	tàoxiàn	套用	tàoyòng
7241~7245	特产	tèchǎn	特长	tècháng	特级	tèjí	特例	tèlì	特派	tèpài
7246~7250	特区	tèqū	特赦	tèshè	特写	tèxiě	特许	tèxǔ	特异	tèyì
7251~7255	特约	tèyuē	特制	tèzhì	特质	tèzhì	特种	tèzhǒng	疼爱	téng'ài
7256~7260	滕	Téng	梯度	tīdù	梯队	tīduì	梯田	tītián	梯形	tīxíng
7261~7265	梯子	tīzi	提案	tí'àn	提拔	tí·bá	提包	tíbāo	提成	tíchéng
7266~7270	提纯	tíchún	提纲	tígāng	提货	tíhuò	提及	tíjí	提交	tíjiāo
7271~7275	提留	tíliú	提名	tímíng	提琴	tíqín	提请	tíqǐng	提升	tíshēng
7276~7280	提示	tíshì	提问	tíwèn	提携	tíxié	提心吊胆	tíxīn-diàodǎn	提要	tíyào
7281~7285	提早	tízǎo	啼哭	tíkū	啼笑皆非	tíxiào-jiēfēi	题词	tící	蹄子	tízi
7286~7290	体察	tǐchá	体罚	tǐfá	体格	tǐgé	体检	tǐjiǎn	体面	tǐ·miàn
7291~7295	体能	tǐnéng	体魄	tǐpò	体态	tǐtài	体贴	tǐtiē	体味	tǐwèi
7296~7300	体形	tǐxíng	体型	tǐxíng	体液	tǐyè	体育场	tǐyùchǎng	体育馆	tǐyùguǎn
7301~7305	体征	tǐzhēng	剃头	tìtóu	替补	tìbǔ	替换	tì·huàn	天边	tiānbiān
7306~7310	天窗	tiānchuāng	天敌	tiāndí	天赋	tiānfù	天国	tiānguó	天花	tiānhuā
7311~7315	天花板	tiānhuābǎn	天经地义	tiānjīng-dìyì	天井	tiānjǐng	天理	tiānlǐ	天亮	tiānliàng
7316~7320	天明	tiānmíng	天命	tiānmìng	天幕	tiānmù	天平	tiānpíng	天桥	tiānqiáo
7321~7325	天人合一	tiānrén-héyī	天色	tiānsè	天时	tiānshí	天使	tiānshǐ	天书	tiānshū
7326~7330	天堂	tiāntáng	天外	tiānwài	天王	tiānwáng	天线	tiānxiàn	天象	tiānxiàng
7331~7335	天性	tiānxìng	天意	tiānyì	天灾	tiānzāi	天职	tiānzhí	天资	tiānzī
7336~7340	天子	tiānzǐ	添加	tiānjiā	添置	tiānzhì	田赋	tiánfù	田埂	tiángěng
7341~7345	田亩	tiánmǔ	田鼠	tiánshǔ	田园	tiányuán	甜菜	tiáncài	甜美	tiánměi
7346~7350	甜蜜	tiánmì	甜头	tiántou	填补	tiánbǔ	填充	tiánchōng	填空	tiánkòng
7351~7355	填塞	tiánsè	填写	tiánxiě	挑子	tiāozi	条理	tiáolǐ	条文	tiáowén
7356~7360	条子	tiáozi	调剂	tiáojì	调价	tiáojià	调控	tiáokòng	调配	tiáopèi
7361~7365	调皮	tiáopí	调试	tiáoshì	调停	tiáotíng	调制	tiáozhì	挑拨	tiǎobō
7366~7370	眺望	tiàowàng	跳板	tiàobǎn	跳高	tiàogāo	跳水	tiàoshuǐ	贴近	tiējìn
7371~7375	贴切	tiēqiè	贴身	tiēshēn	贴心	tiēxīn	铁道	tiědào	铁轨	tiěguǐ
7376~7380	铁匠	tiějiang	铁锹	tiěqiāo	铁青	tiěqīng	铁人	tiěrén	铁丝	tiěsī
7381~7385	铁索	tiěsuǒ	铁蹄	tiětí	铁锨	tiěxiān	厅堂	tīngtáng	听从	tīngcóng
7386~7390	听候	tīnghòu	听讲	tīngjiǎng	听课	tīngkè	听力	tīnglì	听任	tīngrèn
7391~7395	听说	tīngshuō	听筒	tīngtǒng	听信	tīngxìn	听证	tīngzhèng	亭子	tíngzi

附录三　普通话水平测试用普通话词语表

续表

序　号	字词	拼音	字词	拼音	字词	拼音	字词	拼音	字词	拼音
7396~7400	停办	tíngbàn	停泊	tíngbó	停车	tíngchē	停放	tíngfàng	停工	tínggōng
7401~7405	停火	tínghuǒ	停刊	tíngkān	停靠	tíngkào	停息	tíngxī	停歇	tíngxiē
7406~7410	停业	tíngyè	停战	tíngzhàn	停滞	tíngzhì	挺拔	tǐngbá	挺进	tǐngjìn
7411~7415	挺立	tǐnglì	挺身	tǐngshēn	通报	tōngbào	通畅	tōngchàng	通车	tōngchē
7416~7420	通称	tōngchēng	通达	tōngdá	通风	tōngfēng	通告	tōnggào	通航	tōngháng
7421~7425	通话	tōnghuà	通婚	tōnghūn	通货	tōnghuò	通令	tōnglìng	通路	tōnglù
7426~7430	通气	tōngqì	通融	tōng·róng	通商	tōngshāng	通俗	tōngsú	通晓	tōngxiǎo
7431~7435	通行	tōngxíng	通则	tōngzé	同班	tóngbān	同辈	tóngbèi	同步	tóngbù
7436~7440	同感	tónggǎn	同伙	tónghuǒ	同居	tóngjū	同龄	tónglíng	同盟	tóngméng
7441~7445	同名	tóngmíng	同位素	tóngwèisù	同乡	tóngxiāng	同心	tóngxīn	同性	tóngxìng
7446~7450	同姓	tóngxìng	佟	Tóng	铜板	tóngbǎn	铜钱	tóngqián	铜臭	tóngxiù
7451~7455	童工	tónggōng	童心	tóngxīn	童谣	tóngyáo	童子	tóngzǐ	统称	tǒngchēng
7456~7460	统筹	tǒngchóu	统购	tǒnggòu	统领	tǒnglǐng	统帅	tǒngshuài	统率	tǒngshuài
7461~7465	统辖	tǒngxiá	统一体	tǒngyītǐ	统制	tǒngzhì	痛斥	tòngchì	痛楚	tòngchǔ
7466~7470	痛恨	tònghèn	痛觉	tòngjué	痛哭	tòngkū	痛心	tòngxīn	偷渡	tōudù
7471~7475	偷窥	tōukuī	偷懒	tōulǎn	偷窃	tōuqiè	偷袭	tōuxí	头等	tóuděng
7476~7480	头骨	tóugǔ	头号	tóuhào	头巾	tóujīn	头盔	tóukuī	头颅	tóulú
7481~7485	头目	tóumù	头疼	tóuténg	头痛	tóutòng	头衔	tóuxián	头像	tóuxiàng
7486~7490	头绪	tóuxù	头子	tóuzi	投案	tóu'àn	投保	tóubǎo	投奔	tóubèn
7491~7495	投标	tóubiāo	投递	tóudì	投放	tóufàng	投稿	tóugǎo	投考	tóukǎo
7496~7500	投靠	tóukào	投票	tóupiào	投射	tóushè	投身	tóushēn	投诉	tóusù
7501~7505	投影	tóuyǐng	投掷	tóuzhì	透彻	tòuchè	透亮	tòu·liàng	透气	tòuqì
7506~7510	透视	tòushì	透支	tòuzhī	凸显	tūxiǎn	突发	tūfā	突飞猛进	tūfēi-měngjìn
7511~7515	突起	tūqǐ	突如其来	tūrú-qílái	突围	tūwéi	突袭	tūxí	图表	túbiǎo
7516~7520	图解	tújiě	图景	tújǐng	图谋	túmóu	图片	túpiàn	图像	túxiàng
7521~7525	图样	túyàng	徒步	túbù	徒工	túgōng	徒然	túrán	徒手	túshǒu
7526~7530	徒刑	túxíng	涂料	túliào	涂抹	túmǒ	屠刀	túdāo	屠宰	túzǎi
7531~7535	土产	tǔchǎn	土豆	tǔdòu	土坯	tǔpī	土星	tǔxīng	土语	tǔyǔ
7536~7540	土质	tǔzhì	土著	tǔzhù	吐露	tǔlù	吐血	tùxiě	湍急	tuānjí
7541~7545	团队	tuánduì	团伙	tuánhuǒ	团聚	tuánjù	团圆	tuányuán	推陈出新	tuīchén-chūxīn
7546~7550	推迟	tuīchí	推辞	tuīcí	推导	tuīdǎo	推倒	tuīdǎo	推定	tuīdìng
7551~7555	推断	tuīduàn	推介	tuījiè	推举	tuījǔ	推力	tuīlì	推敲	tuīqiāo
7556~7560	推算	tuīsuàn	推想	tuīxiǎng	推卸	tuīxiè	推选	tuīxuǎn	推演	tuīyǎn
7561~7565	推移	tuīyí	腿脚	tuǐjiǎo	退步	tuìbù	退还	tuìhuán	退回	tuìhuí
7566~7570	退路	tuìlù	退却	tuìquè	退让	tuìràng	退守	tuìshǒu	退缩	tuìsuō
7571~7575	退位	tuìwèi	退伍	tuìwǔ	退学	tuìxué	退役	tuìyì	蜕变	tuìbiàn
7576~7580	蜕化	tuìhuà	蜕皮	tuìpí	吞并	tūnbìng	吞没	tūnmò	吞食	tūnshí
7581~7585	吞噬	tūnshì	吞吐	tūntǔ	吞咽	tūnyàn	囤积	túnjī	托管	tuōguǎn
7586~7590	托盘	tuōpán	拖车	tuōchē	拖累	tuōlěi	拖欠	tuōqiàn	拖鞋	tuōxié
7591~7595	拖延	tuōyán	脱节	tuōjié	脱口	tuōkǒu	脱口而出	tuōkǒu'érchū	脱困	tuōkùn

247

续表

序　号	字词	拼音	字词	拼音	字词	拼音	字词	拼音	字词	拼音
7596~7600	脱身	tuōshēn	脱水	tuōshuǐ	脱胎	tuōtāi	脱胎换骨	tuōtāi-huàngǔ	脱险	tuōxiǎn
7601~7605	脱销	tuōxiāo	脱颖而出	tuōyǐng'érchū	陀螺	tuóluó	驼背	tuóbèi	妥当	tuǒdang
7606~7610	妥善	tuǒshàn	拓展	tuòzhǎn	唾沫	tuòmo	唾液	tuòyè	挖苦	wāku
7611~7615	挖潜	wāqián	洼地	wādì	瓦解	wǎjiě	瓦斯	wǎsī	袜子	wàzi
7616~7620	外币	wàibì	外宾	wàibīn	外出	wàichū	外感	wàigǎn	外公	wàigōng
7621~7625	外观	wàiguān	外海	wàihǎi	外行	wàiháng	外号	wàihào	外加	wàijiā
7626~7630	外流	wàiliú	外露	wàilù	外貌	wàimào	外人	wàirén	外柔内刚	wàiróu-nèigāng
7631~7635	外伤	wàishāng	外省	wàishěng	外事	wàishì	外套	wàitào	外头	wàitou
7636~7640	外围	wàiwéi	外文	wàiwén	外线	wàixiàn	外销	wàixiāo	外延	wàiyán
7641~7645	外衣	wàiyī	外因	wàiyīn	外援	wàiyuán	外债	wàizhài	外长	wàizhǎng
7646~7650	外族	wàizú	外祖母	wàizǔmǔ	弯路	wānlù	剜	wān	完工	wángōng
7651~7655	完好	wánhǎo	完结	wánjié	完满	wánmǎn	玩弄	wánnòng	玩赏	wánshǎng
7656~7660	玩耍	wánshuǎ	玩味	wánwèi	玩物	wánwù	玩意儿	wányìr	顽症	wánzhèng
7661~7665	挽回	wǎnhuí	挽救	wǎnjiù	挽留	wǎnliú	晚报	wǎnbào	晚辈	wǎnbèi
7666~7670	晚餐	wǎncān	晚会	wǎnhuì	晚婚	wǎnhūn	晚年	wǎnnián	晚霞	wǎnxiá
7671~7675	晚宴	wǎnyàn	万恶	wàn'è	万国	wànguó	万能	wànnéng	万岁	wànsuì
7676~7680	万众一心	wànzhòng-yīxīn	万紫千红	wànzǐ-qiānhóng	汪洋	wāngyáng	亡灵	wánglíng	王府	wángfǔ
7681~7685	王宫	wánggōng	王冠	wángguān	王后	wánghòu	王牌	wángpái	王室	wángshì
7686~7690	王位	wángwèi	王子	wángzǐ	网点	wǎngdiǎn	网购	wǎnggòu	网罗	wǎngluó
7691~7695	网民	wǎngmín	网球	wǎngqiú	网页	wǎngyè	网友	wǎngyǒu	网站	wǎngzhàn
7696~7700	网址	wǎngzhǐ	往常	wǎngcháng	往返	wǎngfǎn	往复	wǎngfù	往年	wǎngnián
7701~7705	往日	wǎngrì	往事	wǎngshì	往昔	wǎngxī	妄图	wàngtú	妄想	wàngxiǎng
7706~7710	忘恩负义	wàng'ēn-fùyì	忘怀	wànghuái	忘情	wàngqíng	忘却	wàngquè	忘我	wàngwǒ
7711~7715	旺季	wàngjì	危及	wēijí	危急	wēijí	危难	wēinàn	危亡	wēiwáng
7716~7720	危重	wēizhòng	威风	wēifēng	威吓	wēihè	威望	wēiwàng	威武	wēiwǔ
7721~7725	威严	wēiyán	微波	wēibō	微博	wēibó	微薄	wēibó	微不足道	wēibùzúdào
7726~7730	微风	wēifēng	微机	wēijī	微妙	wēimiào	微细	wēixì	微型	wēixíng
7731~7735	韦	wéi	为害	wéihài	违犯	wéifàn	违规	wéiguī	违禁	wéijìn
7736~7740	违抗	wéikàng	违心	wéixīn	违约	wéiyuē	违章	wéizhāng	围攻	wéigōng
7741~7745	围观	wéiguān	围巾	wéijīn	围困	wéikùn	围棋	wéiqí	围墙	wéiqiáng
7746~7750	围裙	wéi·qún	桅杆	wéigān	唯独	wéidú	唯恐	wéikǒng	唯美	wéiměi
7751~7755	唯一	wéiyī	惟妙惟肖	wéimiào-wéixiào	维权	wéiquán	维系	wéixì	伟人	wěirén
7756~7760	伪善	wěishàn	伪造	wěizào	伪装	wěizhuāng	尾气	wěiqì	尾声	wěishēng
7761~7765	尾随	wěisuí	纬线	wěixiàn	委派	wěipài	委任	wěirèn	萎缩	wěisuō
7766~7770	卫兵	wèibīng	卫队	wèiduì	卫士	wèishì	未尝	wèicháng	未免	wèimiǎn
7771~7775	未遂	wèisuì	位于	wèiyú	位子	wèizi	味觉	wèijué	畏惧	wèijù
7776~7780	畏缩	wèisuō	胃口	wèikǒu	胃液	wèiyè	谓语	wèiyǔ	喂养	wèiyǎng
7781~7785	蔚然成风	wèirán-chéngfēng	温饱	wēnbǎo	温差	wēnchā	温存	wēncún	温和	wēnhuo
7786~7790	温情	wēnqíng	温泉	wēnquán	温室	wēnshì	温顺	wēnshùn	瘟疫	wēnyì
7791~7795	文本	wénběn	文笔	wénbǐ	文法	wénfǎ	文风	wénfēng	文稿	wéngǎo

附录三 普通话水平测试用普通话词语表

续表

序　号	字词	拼音	字词	拼音	字词	拼音	字词	拼音	字词	拼音
7796~7800	文官	wénguān	文集	wénjí	文教	wénjiào	文静	wénjìng	文具	wénjù
7801~7805	文科	wénkē	文盲	wénmáng	文凭	wénpíng	文史	wénshǐ	文书	wénshū
7806~7810	文坛	wéntán	文体	wéntǐ	文武	wénwǔ	文选	wénxuǎn	文雅	wényǎ
7811~7815	文言	wényán	纹理	wénlǐ	纹饰	wénshì	闻名	wénmíng	吻合	wěnhé
7816~7820	稳步	wěnbù	稳产	wěnchǎn	稳当	wěndāng	稳固	wěngù	稳妥	wěntuǒ
7821~7825	稳重	wěnzhòng	问答	wèndá	问号	wènhào	问候	wènhòu	问卷	wènjuàn
7826~7830	瓮	wèng	涡流	wōliú	窝囊	wōnang	窝头	wōtóu	沃土	wòtǔ
7831~7835	卧床	wòchuáng	乌黑	wūhēi	乌云	wūyún	乌贼	wūzéi	巫师	wūshī
7836~7840	屋脊	wūjǐ	屋檐	wūyán	无边	wúbiān	无常	wúcháng	无偿	wúcháng
7841~7845	无动于衷	wúdòngyúzhōng	无端	wúduān	无故	wúgù	无计可施	wújì-kěshī	无济于事	wújìyúshì
7846~7850	无尽	wújìn	无可奉告	wúkěfènggào	无可厚非	wúkěhòufēi	无赖	wúlài	无理	wúlǐ
7851~7855	无量	wúliàng	无聊	wúliáo	无名	wúmíng	无能	wúnéng	无视	wúshì
7856~7860	无私	wúsī	无损	wúsǔn	无所适从	wúsuǒshìcóng	无所谓	wúsuǒwèi	无望	wúwàng
7861~7865	无为	wúwéi	无畏	wúwèi	无谓	wúwèi	无误	wúwù	无线	wúxiàn
7866~7870	无心	wúxīn	无须	wúxū	无需	wúxū	无益	wúyì	无垠	wúyín
7871~7875	无缘	wúyuán	毋	wú	五彩	wǔcǎi	五谷	wǔgǔ	五官	wǔguān
7876~7880	五花八门	wǔhuā-bāmén	五味杂陈	wǔwèi-záchén	五行	wǔxíng	五颜六色	wǔyán-liùsè	五脏	wǔzàng
7881~7885	午餐	wǔcān	午饭	wǔfàn	午睡	wǔshuì	午夜	wǔyè	武打	wǔdǎ
7886~7890	武断	wǔduàn	武功	wǔgōng	武生	wǔshēng	武士	wǔshì	武术	wǔshù
7891~7895	武艺	wǔyì	舞弊	wǔbì	舞步	wǔbù	舞场	wǔchǎng	舞动	wǔdòng
7896~7900	舞会	wǔhuì	舞女	wǔnǚ	舞曲	wǔqǔ	舞厅	wǔtīng	舞姿	wǔzī
7901~7905	务必	wùbì	务工	wùgōng	务农	wùnóng	务实	wùshí	物产	wùchǎn
7906~7910	物件	wùjiàn	物流	wùliú	物色	wùsè	物是人非	wùshì-rénfēi	物象	wùxiàng
7911~7915	物业	wùyè	误导	wùdǎo	误区	wùqū	悟性	wùxìng	晤	wù
7916~7920	雾气	wùqì	夕阳	xīyáng	兮	xī	西服	xīfú	西天	xītiān
7921~7925	西医	xīyī	西域	xīyù	西装	xīzhuāng	吸毒	xīdú	吸纳	xīnà
7926~7930	吸盘	xīpán	吸食	xīshí	吸吮	xīshǔn	昔日	xīrì	唏嘘	xīxū
7931~7935	息息相关	xīxī-xiāngguān	奚落	xīluò	悉心	xīxīn	稀薄	xībó	稀饭	xīfàn
7936~7940	稀罕	xīhan	稀奇	xīqí	稀缺	xīquē	稀疏	xīshū	稀有	xīyǒu
7941~7945	溪流	xīliú	蜥蜴	xīyì	熄灯	xīdēng	膝盖	xīgài	嬉戏	xīxì
7946~7950	习气	xíqì	习题	xítí	习以为常	xíyǐwéicháng	习作	xízuò	席卷	xíjuǎn
7951~7955	席位	xíwèi	席子	xízi	洗礼	xǐlǐ	洗刷	xǐshuā	洗衣机	xǐyījī
7956~7960	铣	xǐ/xiǎn	喜出望外	xǐchūwàngwài	喜好	xǐhào	喜庆	xǐqìng	喜人	xǐrén
7961~7965	喜事	xǐshì	喜闻乐见	xǐwén-lèjiàn	喜讯	xǐxùn	戏弄	xìnòng	戏台	xìtái
7966~7970	戏谑	xìxuè	戏院	xìyuàn	细胞核	xìbāohé	细化	xìhuà	细密	xìmì
7971~7975	细腻	xìnì	细弱	xìruò	细碎	xìsuì	细微	xìwēi	细则	xìzé
7976~7980	瞎子	xiāzi	匣子	xiázi	峡谷	xiágǔ	狭长	xiácháng	狭小	xiáxiǎo
7981~7985	遐想	xiáxiǎng	辖区	xiáqū	霞光	xiáguāng	下巴	xiàba	下笔	xiàbǐ
7986~7990	下等	xiàděng	下跌	xiàdiē	下放	xiàfàng	下海	xiàhǎi	下滑	xiàhuá
7991~7995	下课	xiàkè	下流	xiàliú	下马	xiàmǎ	下手	xiàshǒu	下台	xiàtái

续表

序号	字词	拼音	字词	拼音	字词	拼音	字词	拼音	字词	拼音
7996~8000	下文	xiàwén	下乡	xiàxiāng	下行	xiàxíng	下野	xiàyě	下载	xiàzài
8001~8005	下肢	xiàzhī	吓唬	xiàhu	吓人	xiàrén	夏令	xiàlìng	仙鹤	xiānhè
8006~8010	仙境	xiānjìng	仙女	xiānnǚ	仙人	xiānrén	先辈	xiānbèi	先导	xiāndǎo
8011~8015	先发制人	xiānfā-zhìrén	先锋	xiānfēng	先河	xiānhé	先例	xiānlì	先烈	xiānliè
8016~8020	先期	xiānqī	先驱	xiānqū	先人	xiānrén	先行	xiānxíng	先知	xiānzhī
8021~8025	纤毛	xiānmáo	纤细	xiānxì	鲜红	xiānhóng	鲜活	xiānhuó	鲜美	xiānměi
8026~8030	鲜嫩	xiānnèn	闲话	xiánhuà	闲聊	xiánliáo	闲人	xiánrén	闲散	xiánsǎn
8031~8035	闲谈	xiántán	闲置	xiánzhì	咸菜	xiáncài	涎	xián	娴熟	xiánshú
8036~8040	衔接	xiánjiē	舷窗	xiánchuāng	嫌弃	xiánqì	嫌疑	xiányí	显而易见	xiǎn'éryìjiàn
8041~8045	显赫	xiǎnhè	显明	xiǎnmíng	显眼	xiǎnyǎn	险恶	xiǎn'è	险峻	xiǎnjùn
8046~8050	险情	xiǎnqíng	险要	xiǎnyào	鲜为人知	xiǎnwéirénzhī	现成	xiànchéng	现货	xiànhuò
8051~8055	现款	xiànkuǎn	现任	xiànrèn	现身说法	xiànshēn-shuōfǎ	现役	xiànyì	限定	xiàndìng
8056~8060	限额	xiàn'é	限量	xiànliàng	限期	xiànqī	陷害	xiànhài	陷阱	xiànjǐng
8061~8065	陷落	xiànluò	献礼	xiànlǐ	霰	xiàn	乡间	xiāngjiān	乡里	xiānglǐ
8066~8070	乡亲	xiāngqīn	乡土	xiāngtǔ	乡音	xiāngyīn	乡镇	xiāngzhèn	相称	xiāngchèn
8071~8075	相持	xiāngchí	相处	xiāngchǔ	相传	xiāngchuán	相仿	xiāngfǎng	相逢	xiāngféng
8076~8080	相符	xiāngfú	相辅相成	xiāngfǔ-xiāngchéng	相干	xiānggān	相隔	xiānggé	相间	xiāngjiàn
8081~8085	相距	xiāngjù	相容	xiāngróng	相识	xiāngshí	相思	xiāngsī	相提并论	xiāngtí-bìnglùn
8086~8090	相宜	xiāngyí	相约	xiāngyuē	香火	xiānghuǒ	香料	xiāngliào	香炉	xiānglú
8091~8095	香水	xiāngshuǐ	香甜	xiāngtián	厢房	xiāngfáng	镶嵌	xiāngqiàn	详尽	xiángjìn
8096~8100	详情	xiángqíng	祥和	xiánghé	翔实	xiángshí	享福	xiǎngfú	享乐	xiǎnglè
8101~8105	享用	xiǎngyòng	响动	xiǎng·dòng	响亮	xiǎngliàng	饷	xiǎng	想必	xiǎngbì
8106~8110	想方设法	xiǎngfāng-shèfǎ	想见	xiǎngjiàn	想来	xiǎnglái	想念	xiǎngniàn	向导	xiàngdǎo
8111~8115	向阳	xiàngyáng	项链	xiàngliàn	相机	xiàngjī	相貌	xiàngmào	相片	xiàngpiàn
8116~8120	相声	xiàngsheng	象棋	xiàngqí	象形	xiàngxíng	象牙	xiàngyá	像样	xiàngyàng
8121~8125	消沉	xiāochén	消防	xiāofáng	消磨	xiāomó	消遣	xiāoqiǎn	消融	xiāoróng
8126~8130	消散	xiāosàn	消逝	xiāoshì	消瘦	xiāoshòu	消退	xiāotuì	消长	xiāozhǎng
8131~8135	萧条	xiāotiáo	硝烟	xiāoyān	销毁	xiāohuǐ	销量	xiāoliàng	销路	xiāolù
8136~8140	潇洒	xiāosǎ	小便	xiǎobiàn	小菜	xiǎocài	小肠	xiǎocháng	小车	xiǎochē
8141~8145	小吃	xiǎochī	小丑	xiǎochǒu	小调	xiǎodiào	小贩	xiǎofàn	小鬼	xiǎoguǐ
8146~8150	小孩儿	xiǎoháir	小节	xiǎojié	小结	xiǎojié	小看	xiǎokàn	小米	xiǎomǐ
8151~8155	小脑	xiǎonǎo	小品	xiǎopǐn	小气	xiǎoqì	小巧	xiǎoqiǎo	小区	xiǎoqū
8156~8160	小人	xiǎorén	小生	xiǎoshēng	小数	xiǎoshù	小偷儿	xiǎotōur	小腿	xiǎotuǐ
8161~8165	小心翼翼	xiǎoxīn-yìyì	小雪	xiǎoxuě	小夜曲	xiǎoyèqǔ	孝敬	xiàojìng	孝顺	xiàoshùn
8166~8170	孝子	xiàozǐ	肖像	xiàoxiàng	校风	xiàofēng	校舍	xiàoshè	校园	xiàoyuán
8171~8175	笑脸	xiàoliǎn	笑容可掬	xiàoróng-kějū	笑语	xiàoyǔ	效法	xiàofǎ	效仿	xiàofǎng
8176~8180	效劳	xiàoláo	效能	xiàonéng	效验	xiàoyàn	效用	xiàoyòng	效忠	xiàozhōng
8181~8185	些许	xiēxǔ	楔	xiē	歇脚	xiējiǎo	歇息	xiēxi	协和	xiéhé
8186~8190	协力	xiélì	协约	xiéyuē	协奏曲	xiézòuqǔ	邪恶	xié'è	邪路	xiélù
8191~8195	邪气	xiéqì	胁迫	xiépò	偕	xié	斜面	xiémiàn	斜坡	xiépō

附录三 普通话水平测试用普通话词语表

续表

序　号	字词	拼音	字词	拼音	字词	拼音	字词	拼音	字词	拼音	字词	拼音
8196~8200	携手	xiéshǒu	鞋子	xiézi	写法	xiěfǎ	写生	xiěshēng	写实	xiěshí		
8201~8205	写意	xiěyì	写照	xiězhào	写字台	xiězìtái	泄漏	xièlòu	泄露	xièlòu		
8206~8210	泄气	xièqì	械斗	xièdòu	亵渎	xièdú	谢绝	xièjué	谢罪	xièzuì		
8211~8215	懈怠	xièdài	心爱	xīn'ài	心病	xīnbìng	心不在焉	xīnbùzàiyān	心肠	xīncháng		
8216~8220	心得	xīndé	心地	xīndì	心动	xīndòng	心烦	xīnfán	心房	xīnfáng		
8221~8225	心腹	xīnfù	心甘情愿	xīngān-qíngyuàn	心肝	xīngān	心慌	xīnhuāng	心急	xīnjí		
8226~8230	心计	xīnjì	心悸	xīnjì	心结	xīnjié	心境	xīnjìng	心坎	xīnkǎn		
8231~8235	心口	xīnkǒu	心力	xīnlì	心律	xīnlǜ	心率	xīnlǜ	心满意足	xīnmǎn-yìzú		
8236~8240	心平气和	xīnpíng-qìhé	心切	xīnqiè	心神	xīnshén	心声	xīnshēng	心室	xīnshì		
8241~8245	心酸	xīnsuān	心态	xīntài	心疼	xīnténg	心田	xīntián	心跳	xīntiào		
8246~8250	心弦	xīnxián	心胸	xīnxiōng	心虚	xīnxū	心绪	xīnxù	心眼儿	xīnyǎnr		
8251~8255	心意	xīnyì	心愿	xīnyuàn	心照不宣	xīnzhào-bùxuān	芯片	xīnpiàn	辛辣	xīnlà		
8256~8260	辛劳	xīnláo	辛酸	xīnsuān	欣欣向荣	xīnxīn-xiàngróng	新潮	xīncháo	新房	xīnfáng		
8261~8265	新婚	xīnhūn	新近	xīnjìn	新居	xīnjū	新郎	xīnláng	新年	xīnnián		
8266~8270	新生	xīnshēng	新生儿	xīnshēng'ér	新诗	xīnshī	新书	xīnshū	新星	xīnxīng		
8271~8275	新秀	xīnxiù	新学	xīnxué	新意	xīnyì	新月	xīnyuè	薪酬	xīnchóu		
8276~8280	薪金	xīnjīn	薪水	xīn·shuǐ	信步	xìnbù	信风	xìnfēng	信封	xìnfēng		
8281~8285	信奉	xìnfèng	信服	xìnfú	信函	xìnhán	信件	xìnjiàn	信赖	xìnlài		
8286~8290	信使	xìnshǐ	信守	xìnshǒu	信条	xìntiáo	信托	xìntuō	信箱	xìnxiāng		
8291~8295	信用卡	xìnyòngkǎ	信誉	xìnyù	信纸	xìnzhǐ	兴办	xīngbàn	兴隆	xīnglóng		
8296~8300	兴盛	xīngshèng	兴衰	xīngshuāi	兴亡	xīngwáng	兴旺	xīngwàng	兴修	xīngxiū		
8301~8305	星辰	xīngchén	星光	xīngguāng	星空	xīngkōng	星体	xīngtǐ	星座	xīngzuò		
8306~8310	刑场	xíngchǎng	刑期	xíngqī	邢	Xíng	行车	xíngchē	行程	xíngchéng		
8311~8315	行船	xíngchuán	行贿	xínghuì	行将	xíngjiāng	行进	xíngjìn	行径	xíngjìng		
8316~8320	行礼	xínglǐ	行事	xíngshì	行头	xíngtou	行文	xíngwén	行销	xíngxiāo		
8321~8325	行凶	xíngxiōng	行医	xíngyī	行装	xíngzhuāng	行踪	xíngzōng	形容词	xíngróngcí		
8326~8330	型号	xínghào	醒目	xǐngmù	醒悟	xǐngwù	兴高采烈	xìnggāo-cǎiliè	兴致	xìngzhì		
8331~8335	幸存	xìngcún	幸而	xìng'ér	幸好	xìnghǎo	幸亏	xìngkuī	幸免	xìngmiǎn		
8336~8340	幸运	xìngyùn	幸灾乐祸	xìngzāi-lèhuò	性爱	xìng'ài	性病	xìngbìng	性感	xìnggǎn		
8341~8345	性急	xìngjí	性命	xìngmìng	性子	xìngzi	姓氏	xìngshì	凶残	xiōngcán		
8346~8350	凶恶	xiōng'è	凶犯	xiōngfàn	凶狠	xiōnghěn	凶猛	xiōngměng	凶手	xiōngshǒu		
8351~8355	兄长	xiōngzhǎng	胸骨	xiōnggǔ	胸怀	xiōnghuái	胸襟	xiōngjīn	胸口	xiōngkǒu		
8356~8360	胸腔	xiōngqiāng	胸有成竹	xiōngyǒuchéngzhú	雄辩	xióngbiàn	雄风	xióngfēng	雄厚	xiónghòu		
8361~8365	雄浑	xiónghún	雄蕊	xióngruǐ	雄心	xióngxīn	雄性	xióngxìng	雄壮	xióngzhuàng		
8366~8370	雄姿	xióngzī	熊猫	xióngmāo	休假	xiūjià	休闲	xiūxián	休想	xiūxiǎng		
8371~8375	休养	xiūyǎng	休整	xiūzhěng	休止	xiūzhǐ	修补	xiūbǔ	修长	xiūcháng		
8376~8380	修订	xiūdìng	修好	xiūhǎo	修剪	xiūjiǎn	修炼	xiūliàn	修配	xiūpèi		
8381~8385	修缮	xiūshàn	修饰	xiūshì	修行	xiū·xíng	修整	xiūzhěng	修筑	xiūzhù		
8386~8390	羞愧	xiūkuì	羞怯	xiūqiè	羞辱	xiūrǔ	羞涩	xiūsè	秀才	xiùcai		
8391~8395	秀美	xiùměi	秀气	xiùqi	袖口	xiùkǒu	袖珍	xiùzhēn	袖子	xiùzi		

251

续表

序号	字词	拼音	字词	拼音	字词	拼音	字词	拼音	字词	拼音
8396~8400	绣花	xiùhuā	嗅觉	xiùjué	须要	xūyào	须臾	xūyú	须知	xūzhī
8401~8405	虚构	xūgòu	虚幻	xūhuàn	虚假	xūjiǎ	虚名	xūmíng	虚拟	xūnǐ
8406~8410	虚荣	xūróng	虚弱	xūruò	虚实	xūshí	虚妄	xūwàng	虚伪	xūwěi
8411~8415	虚无	xūwú	虚线	xūxiàn	虚心	xūxīn	许久	xǔjiǔ	许愿	xǔyuàn
8416~8420	序号	xùhào	序列	xùliè	序幕	xùmù	序曲	xùqǔ	序数	xùshù
8421~8425	序言	xùyán	叙事	xùshì	叙说	xùshuō	畜牧	xùmù	蓄电池	xùdiànchí
8426~8430	蓄积	xùjī	蓄意	xùyì	宣称	xuānchēng	宣读	xuāndú	宣讲	xuānjiǎng
8431~8435	宣判	xuānpàn	宣誓	xuānshì	宣泄	xuānxiè	宣战	xuānzhàn	玄机	xuánjī
8436~8440	悬浮	xuánfú	悬空	xuánkōng	悬念	xuánniàn	悬赏	xuánshǎng	悬崖	xuányá
8441~8445	旋即	xuánjí	旋涡	xuánwō	选编	xuǎnbiān	选购	xuǎngòu	选集	xuǎnjí
8446~8450	选民	xuǎnmín	选派	xuǎnpài	选票	xuǎnpiào	选聘	xuǎnpìn	选取	xuǎnqǔ
8451~8455	选送	xuǎnsòng	选题	xuǎntí	选种	xuǎnzhǒng	眩晕	xuànyùn	旋风	xuànfēng
8456~8460	削价	xuējià	削减	xuējiǎn	靴子	xuēzi	穴位	xuéwèi	学报	xuébào
8461~8465	学费	xuéfèi	学风	xuéfēng	学府	xuéfǔ	学贯中西	xuéguànzhōngxī	学界	xuéjiè
8466~8470	学历	xuélì	学龄	xuélíng	学年	xuénián	学期	xuéqī	学识	xuéshí
8471~8475	学士	xuéshì	学位	xuéwèi	学业	xuéyè	学制	xuézhì	雪亮	xuěliàng
8476~8480	雪片	xuěpiàn	雪山	xuěshān	雪上加霜	xuěshàng-jiāshuāng	雪线	xuěxiàn	雪原	xuěyuán
8481~8485	雪中送炭	xuězhōng-sòngtàn	血汗	xuèhàn	血红	xuèhóng	血浆	xuèjiāng	血泪	xuèlèi
8486~8490	血脉	xuèmài	血泊	xuèpō	血气	xiěqì	血亲	xuèqīn	血清	xuèqīng
8491~8495	血肉	xuèròu	血色	xuèsè	血糖	xuètáng	血统	xuètǒng	血腥	xuèxīng
8496~8500	血型	xuèxíng	血压	xuèyā	血缘	xuèyuán	熏陶	xūntáo	薰	xūn
8501~8505	寻常	xúncháng	寻访	xúnfǎng	寻根	xúngēn	寻觅	xúnmì	巡查	xúnchá
8506~8510	巡回	xúnhuí	巡警	xúnjǐng	巡礼	xúnlǐ	巡视	xúnshì	训斥	xùnchì
8511~8515	训话	xùnhuà	讯号	xùnhào	汛期	xùnqī	迅猛	xùnměng	驯服	xùnfú
8516~8520	驯化	xùnhuà	驯鹿	xùnlù	驯养	xùnyǎng	逊色	xùnsè	压倒	yādǎo
8521~8525	压低	yādī	压榨	yāzhà	压轴	yāzhòu	押金	yājīn	押送	yāsòng
8526~8530	押韵	yāyùn	鸭子	yāzi	牙膏	yágāo	牙关	yáguān	牙刷	yáshuā
8531~8535	牙龈	yáyín	蚜虫	yáchóng	哑巴	yǎba	哑剧	yǎjù	雅致	yǎzhì
8536~8540	亚军	yàjūn	亚麻	yàmá	亚热带	yàrèdài	压根儿	yàgēnr	咽喉	yānhóu
8541~8545	殷红	yānhóng	胭脂	yānzhi	烟草	yāncǎo	烟尘	yānchén	烟袋	yāndài
8546~8550	烟斗	yāndǒu	烟花	yānhuā	烟灰	yānhuī	烟火	yānhuǒ	烟卷儿	yānjuǎnr
8551~8555	烟幕	yānmù	烟筒	yāntong	烟雾	yānwù	烟叶	yānyè	淹没	yānmò
8556~8560	腌	yān	湮没	yānmò	延迟	yánchí	延缓	yánhuǎn	延期	yánqī
8561~8565	延误	yánwù	严惩	yánchéng	严冬	yándōng	严谨	yánjǐn	严禁	yánjìn
8566~8570	严酷	yánkù	严明	yánmíng	严守	yánshǒu	严正	yánzhèng	言传	yánchuán
8571~8575	言辞	yáncí	言谈	yántán	言行	yánxíng	岩层	yáncéng	岩洞	yándòng
8576~8580	岩浆	yánjiāng	炎热	yánrè	炎症	yánzhèng	沿路	yánlù	沿途	yántú
8581~8585	沿袭	yánxí	沿线	yánxiàn	沿用	yányòng	研发	yánfā	盐场	yánchǎng
8586~8590	盐分	yánfèn	盐田	yántián	筵席	yánxí	颜料	yánliào	颜面	yánmiàn
8591~8595	俨然	yǎnrán	衍射	yǎnshè	衍生	yǎnshēng	掩蔽	yǎnbì	掩埋	yǎnmái

附录三　普通话水平测试用普通话词语表

续表

序　号	字词	拼音	字词	拼音	字词	拼音	字词	拼音	字词	拼音
8596~8600	掩饰	yǎnshì	掩映	yǎnyìng	眼底	yǎndǐ	眼红	yǎnhóng	眼花	yǎnhuā
8601~8605	眼花缭乱	yǎnhuā-liáoluàn	眼睑	yǎnjiǎn	眼见	yǎnjiàn	眼角	yǎnjiǎo	眼界	yǎnjiè
8606~8610	眼眶	yǎnkuàng	眼力	yǎnlì	眼帘	yǎnlián	眼皮	yǎnpí	眼球	yǎnqiú
8611~8615	眼圈	yǎnquān	眼色	yǎnsè	眼窝	yǎnwō	眼下	yǎnxià	眼珠	yǎnzhū
8616~8620	演进	yǎnjìn	演练	yǎnliàn	演示	yǎnshì	演算	yǎnsuàn	演习	yǎnxí
8621~8625	演戏	yǎnxì	演义	yǎnyì	厌烦	yànfán	厌倦	yànjuàn	厌世	yànshì
8626~8630	宴请	yànqǐng	宴席	yànxí	验收	yànshōu	焰火	yànhuǒ	燕麦	yànmài
8631~8635	燕子	yànzi	秧歌	yāngge	秧苗	yāngmiáo	秧田	yāngtián	扬弃	yángqì
8636~8640	扬长避短	yángcháng-bìduǎn	扬言	yángyán	羊羔	yánggāo	阳历	yánglì	阳台	yángtái
8641~8645	阳性	yángxìng	杨柳	yángliǔ	杨梅	yángméi	佯	yáng	洋葱	yángcōng
8646~8650	洋流	yángliú	洋溢	yángyì	仰望	yǎngwàng	养病	yǎngbìng	养护	yǎnghù
8651~8655	养活	yǎnghuo	养老	yǎnglǎo	养生	yǎngshēng	养育	yǎngyù	样板	yàngbǎn
8656~8660	妖怪	yāo·guài	妖精	yāojing	要挟	yāoxié	腰带	yāodài	腰身	yāoshēn
8661~8665	窑洞	yáodòng	摇摆	yáobǎi	摇动	yáodòng	摇篮	yáolán	摇曳	yáoyè
8666~8670	徭役	yáoyì	瑶	yáo	咬牙切齿	yǎoyá-qièchǐ	窈窕	yǎotiǎo	药材	yàocái
8671~8675	药店	yàodiàn	药方	yàofāng	药剂	yàojì	药水	yàoshuǐ	要道	yàodào
8676~8680	要地	yàodì	要点	yàodiǎn	要害	yàohài	要好	yàohǎo	要件	yàojiàn
8681~8685	要领	yàolǐng	要命	yàomìng	要人	yàorén	要闻	yàowén	要务	yàowù
8686~8690	要职	yàozhí	耀眼	yàoyǎn	掖	yē/yè	噎	yē	野菜	yěcài
8691~8695	野地	yědì	野心	yěxīn	野性	yěxìng	业界	yèjiè	业已	yèyǐ
8696~8700	业主	yèzhǔ	叶柄	yèbǐng	叶绿素	yèlǜsù	叶脉	yèmài	曳	yè
8701~8705	夜班	yèbān	夜空	yèkōng	夜幕	yèmù	夜色	yèsè	夜市	yèshì
8706~8710	夜校	yèxiào	夜以继日	yèyǐjìrì	液化	yèhuà	液晶	yèjīng	一本正经	yīběn-zhèngjīng
8711~8715	一并	yībìng	一成不变	yīchéng-bùbiàn	一筹莫展	yīchóu-mòzhǎn	一代	yīdài	一带一路	yīdài-yīlù
8716~8720	一道	yīdào	一点儿	yīdiǎnr	一帆风顺	yīfān-fēngshùn	一概	yīgài	一技之长	yījìzhīcháng
8721~8725	一举	yījǔ	一揽子	yīlǎnzi	一流	yīliú	一脉相承	yīmài-xiāngchéng	一模一样	yīmú-yīyàng
8726~8730	一目了然	yīmù-liǎorán	一瞥	yīpiē	一气	yīqì	一如既往	yīrú-jìwǎng	一生	yīshēng
8731~8735	一视同仁	yīshì-tóngrén	一望无际	yīwàng-wújì	无所有	yīwúsuǒyǒu	一席之地	yīxízhīdì	一些	yīxiē
8736~8740	一心一意	yīxīn-yīyì	一言九鼎	yīyán-jiǔdǐng	一样	yīyàng	一意孤行	yīyì-gūxíng	一针见血	yīzhēn-jiànxiě
8741~8745	一阵	yīzhèn	伊始	yīshǐ	衣襟	yījīn	衣料	yīliào	衣衫	yīshān
8746~8750	衣食	yīshí	衣物	yīwù	衣着	yīzhuó	医护	yīhù	医师	yīshī
8751~8755	医术	yīshù	医务	yīwù	医治	yīzhì	依存	yīcún	依恋	yīliàn
8756~8760	依托	yītuō	依稀	yīxī	依仗	yīzhàng	仪表	yíbiǎo	宜人	yírén
8761~8765	移交	yíjiāo	移居	yíjū	移送	yísòng	遗存	yícún	遗风	yífēng
8766~8770	遗漏	yílòu	遗弃	yíqì	遗失	yíshī	遗书	yíshū	遗体	yítǐ
8771~8775	遗忘	yíwàng	遗物	yíwù	遗像	yíxiàng	遗言	yíyán	疑点	yídiǎn
8776~8780	疑虑	yílǜ	疑难	yínán	疑似	yísì	疑团	yítuán	疑心	yíxīn
8781~8785	已然	yǐrán	已往	yǐwǎng	以身作则	yǐshēn-zuòzé	倚靠	yǐkào	义不容辞	yìbùróngcí
8786~8790	义气	yì·qì	义无反顾	yìwúfǎngù	艺人	yìrén	议案	yì'àn	议程	yìchéng
8791~8795	议定	yìdìng	议价	yìjià	议决	yìjué	议题	yìtí	异彩	yìcǎi

253

续表

序　　号	字词	拼音	字词	拼音	字词	拼音	字词	拼音	字词	拼音	字词	拼音
8796~8800	异端	yìduān	异国	yìguó	异化	yìhuà	异己	yìjǐ	异口同声	yìkǒu-tóngshēng		
8801~8805	异体	yìtǐ	异同	yìtóng	异物	yìwù	异乡	yìxiāng	异性	yìxìng
8806~8810	异样	yìyàng	异议	yìyì	异族	yìzú	抑或	yìhuò	抑扬顿挫	yìyáng-dùncuò
8811~8815	抑郁	yìyù	役使	yìshǐ	译本	yìběn	译文	yìwén	驿站	yìzhàn
8816~8820	疫苗	yìmiáo	疫情	yìqíng	益虫	yìchóng	益处	yì·chù	翌日	yìrì
8821~8825	意会	yìhuì	意料	yìliào	意念	yìniàn	意想	yìxiǎng	意向	yìxiàng
8826~8830	意愿	yìyuàn	意蕴	yìyùn	意旨	yìzhǐ	熠熠	yìyì	臆造	yìzào
8831~8835	因势利导	yīnshì-lìdǎo	因袭	yīnxí	阴暗	yīn'àn	阴沉	yīnchén	阴极	yīnjí
8836~8840	阴间	yīnjiān	阴冷	yīnlěng	阴历	yīnlì	阴凉	yīnliáng	阴霾	yīnmái
8841~8845	阴险	yīnxiǎn	阴性	yīnxìng	阴雨	yīnyǔ	阴郁	yīnyù	阴云	yīnyún
8846~8850	音标	yīnbiāo	音程	yīnchéng	音符	yīnfú	音高	yīngāo	音量	yīnliàng
8851~8855	音律	yīnlǜ	音频	yīnpín	音色	yīnsè	音像	yīnxiàng	音讯	yīnxùn
8856~8860	音译	yīnyì	音韵	yīnyùn	殷切	yīnqiè	殷勤	yīnqín	殷实	yīnshí
8861~8865	吟唱	yínchàng	银河	yínhé	银幕	yínmù	银屏	yínpíng	银元	yínyuán
8866~8870	银子	yínzi	尹	yǐn	引爆	yǐnbào	引渡	yǐndù	引发	yǐnfā
8871~8875	引领	yǐnlǐng	引路	yǐnlù	引擎	yǐnqíng	引人入胜	yǐnrén-rùshèng	引申	yǐnshēn
8876~8880	引水	yǐnshuǐ	引文	yǐnwén	引诱	yǐnyòu	引证	yǐnzhèng	饮料	yǐnliào
8881~8885	隐患	yǐnhuàn	隐居	yǐnjū	隐瞒	yǐnmán	隐秘	yǐnmì	隐没	yǐnmò
8886~8890	隐匿	yǐnnì	隐士	yǐnshì	隐私	yǐnsī	隐性	yǐnxìng	隐约	yǐnyuē
8891~8895	印发	yìnfā	印花	yìnhuā	印记	yìnjì	印染	yìnrǎn	印行	yìnxíng
8896~8900	印章	yìnzhāng	印证	yìnzhèng	印制	yìnzhì	应届	yīngjiè	应允	yīngyǔn
8901~8905	英才	yīngcái	英俊	yīngjùn	英烈	yīngliè	英明	yīngmíng	英模	yīngmó
8906~8910	英武	yīngwǔ	膺	yīng	迎风	yíngfēng	迎合	yínghé	迎面	yíngmiàn
8911~8915	迎亲	yíngqīn	迎刃而解	yíngrèn'érjiě	迎头	yíngtóu	迎战	yíngzhàn	盈亏	yíngkuī
8916~8920	盈余	yíngyú	营地	yíngdì	营房	yíngfáng	营救	yíngjiù	营垒	yínglěi
8921~8925	营利	yínglì	营销	yíngxiāo	营造	yíngzào	萦绕	yíngrào	赢利	yínglì
8926~8930	影射	yǐngshè	影像	yǐngxiàng	影院	yǐngyuàn	应变	yìngbiàn	应对	yìngduì
8931~8935	应急	yìngjí	应考	yìngkǎo	应聘	yìngpìn	应试	yìngshì	应邀	yìngyāo
8936~8940	应运而生	yìngyùn'érshēng	应战	yìngzhàn	应征	yìngzhēng	映衬	yìngchèn	映照	yìngzhào
8941~8945	硬币	yìngbì	硬度	yìngdù	硬化	yìnghuà	硬件	yìngjiàn	硬盘	yìngpán
8946~8950	硬性	yìngxìng	拥抱	yōngbào	拥戴	yōngdài	拥堵	yōngdǔ	痈	yōng
8951~8955	壅	yōng	臃肿	yōngzhǒng	永别	yǒngbié	永生	yǒngshēng	甬道	yǒngdào
8956~8960	咏叹调	yǒngtàndiào	勇猛	yǒngměng	勇士	yǒngshì	勇往直前	yǒngwǎng-zhíqián	涌动	yǒngdòng
8961~8965	蛹	yǒng	用场	yòngchǎng	用法	yòngfǎ	用工	yònggōng	用功	yònggōng
8966~8970	用劲	yòngjìn	用具	yòngjù	用心	yòngxīn	用意	yòngyì	优待	yōudài
8971~8975	优厚	yōuhòu	优化	yōuhuà	优劣	yōuliè	优生	yōushēng	优胜	yōushèng
8976~8980	优胜劣汰	yōushèng-liètài	优雅	yōuyǎ	优异	yōuyì	忧愁	yōuchóu	忧患	yōuhuàn
8981~8985	忧虑	yōulǜ	忧伤	yōushāng	由来	yóulái	邮电	yóudiàn	邮寄	yóujì
8986~8990	邮件	yóujiàn	邮局	yóujú	邮政	yóuzhèng	犹疑	yóuyí	油菜	yóucài
8991~8995	油茶	yóuchá	油井	yóujǐng	油轮	yóulún	油门	yóumén	油墨	yóumò

序号	字词	拼音	字词	拼音	字词	拼音	字词	拼音	字词	拼音	字词	拼音
8996~9000	油腻	yóunì	油漆	yóuqī	油条	yóutiáo	油脂	yóuzhī	铀	yóu		
9001~9005	游荡	yóudàng	游记	yóujì	游客	yóukè	游览	yóulǎn	游乐	yóulè		
9006~9010	游离	yóulí	游历	yóulì	游牧	yóumù	游人	yóurén	游说	yóushuì		
9011~9015	游玩	yóuwán	游艺	yóuyì	游子	yóuzǐ	友爱	yǒu'ài	友邦	yǒubāng		
9016~9020	友情	yǒuqíng	友善	yǒushàn	有偿	yǒucháng	有待	yǒudài	有点儿	yǒudiǎnr		
9021~9025	有理	yǒulǐ	有目共睹	yǒumù-gòngdǔ	有声有色	yǒushēng-yǒusè	有识之士	yǒushízhīshì	有条不紊	yǒutiáo-bùwěn		
9026~9030	有心	yǒuxīn	有形	yǒuxíng	有幸	yǒuxìng	有序	yǒuxù	有余	yǒuyú		
9031~9035	有朝一日	yǒuzhāo-yīrì	黝黑	yǒuhēi	右面	yòu·miàn	右倾	yòuqīng	右翼	yòuyì		
9036~9040	幼儿园	yòu'éryuán	幼体	yòutǐ	幼小	yòuxiǎo	幼稚	yòuzhì	柚子	yòuzi		
9041~9045	诱发	yòufā	诱惑	yòuhuò	诱人	yòurén	诱因	yòuyīn	釉	yòu		
9046~9050	迂回	yūhuí	淤积	yūjī	淤泥	yūní	余额	yú'é	余粮	yúliáng		
9051~9055	余年	yúnián	余下	yúxià	鱼雷	yúléi	鱼鳞	yúlín	鱼苗	yúmiáo		
9056~9060	渔场	yúchǎng	渔船	yúchuán	渔村	yúcūn	渔夫	yúfū	渔民	yúmín		
9061~9065	渔网	yúwǎng	逾期	yúqī	逾越	yúyuè	虞	yú	愚蠢	yúchǔn		
9066~9070	愚昧	yúmèi	愚弄	yúnòng	与日俱增	yǔrì-jùzēng	宇航员	yǔhángyuán	羽毛球	yǔmáoqiú		
9071~9075	羽绒	yǔróng	雨点(儿)	yǔdiǎn(r)	雨后春笋	yǔhòu-chūnsǔn	雨季	yǔjì	雨量	yǔliàng		
9076~9080	雨伞	yǔsǎn	雨衣	yǔyī	语词	yǔcí	语调	yǔdiào	语汇	yǔhuì		
9081~9085	语境	yǔjìng	语录	yǔlù	语义	yǔyì	语重心长	yǔzhòng-xīncháng	与会	yùhuì		
9086~9090	郁闷	yùmèn	育才	yùcái	育苗	yùmiáo	浴场	yùchǎng	浴池	yùchí		
9091~9095	浴室	yùshì	预案	yù'àn	预订	yùdìng	预告	yùgào	预警	yùjǐng		
9096~9100	预赛	yùsài	欲念	yùniàn	谕	yù	遇难	yùnàn	寓所	yùsuǒ		
9101~9105	寓言	yùyán	寓意	yùyì	寓于	yùyú	愈合	yùhé	愈加	yùjiā		
9106~9110	愈益	yùyì	冤案	yuān'àn	冤家	yuānjiā	冤枉	yuānwang	渊博	yuānbó		
9111~9115	渊源	yuānyuán	元宝	yuánbǎo	元旦	Yuándàn	元件	yuánjiàn	元老	yuánlǎo		
9116~9120	元气	yuánqì	元首	yuánshǒu	元帅	yuánshuài	元音	yuányīn	元月	yuányuè		
9121~9125	园地	yuándì	园丁	yuándīng	园林	yuánlín	园艺	yuányì	园子	yuánzi		
9126~9130	员工	yuángōng	垣	yuán	原本	yuánběn	原稿	yuángǎo	原告	yuángào		
9131~9135	原价	yuánjià	原煤	yuánméi	原委	yuánwěi	原文	yuánwén	原形	yuánxíng		
9136~9140	原型	yuánxíng	原样	yuányàng	原野	yuányě	原意	yuányì	原油	yuányóu		
9141~9145	原著	yuánzhù	原状	yuánzhuàng	原子弹	yuánzǐdàn	原作	yuánzuò	圆场	yuánchǎng		
9146~9150	圆满	yuánmǎn	圆圈	yuánquān	圆润	yuánrùn	圆舞曲	yuánwǔqǔ	圆周	yuánzhōu		
9151~9155	圆柱	yuánzhù	圆锥	yuánzhuī	圆桌	yuánzhuō	援兵	yuánbīng	援建	yuánjiàn		
9156~9160	援引	yuányǐn	缘由	yuányóu	猿人	yuánrén	源流	yuánliú	源头	yuántóu		
9161~9165	源远流长	yuányuǎn-liúcháng	远程	yuǎnchéng	远大	yuǎndà	远古	yuǎngǔ	远航	yuǎnháng		
9166~9170	远见	yuǎnjiàn	远近	yuǎnjìn	远景	yuǎnjǐng	远洋	yuǎnyáng	远征	yuǎnzhēng		
9171~9175	怨恨	yuànhèn	怨气	yuànqì	怨言	yuànyán	院落	yuànluò	院士	yuànshì		
9176~9180	愿景	yuànjǐng	约定	yuēdìng	约法	yuēfǎ	约会	yuēhuì	月饼	yuèbing		
9181~9185	月季	yuè·jì	月刊	yuèkān	月色	yuèsè	月食	yuèshí	月夜	yuèyè		
9186~9190	乐谱	yuèpǔ	乐师	yuèshī	乐团	yuètuán	乐音	yuèyīn	乐章	yuèzhāng		
9191~9195	岳母	yuèmǔ	阅兵	yuèbīng	阅历	yuèlì	悦耳	yuè'ěr	越发	yuèfā		

续表

序号	字词	拼音	字词	拼音	字词	拼音	字词	拼音	字词	拼音
9196~9200	越轨	yuèguǐ	越野	yuèyě	云彩	yúncai	云层	yúncéng	云端	yúnduān
9201~9205	云朵	yúnduǒ	云海	yúnhǎi	云集	yúnjí	云计算	yúnjìsuàn	云雾	yúnwù
9206~9210	云游	yúnyóu	匀称	yún·chèn	允诺	yǔnnuò	孕妇	yùnfù	孕育	yùnyù
9211~9215	运筹	yùnchóu	运动会	yùndònghuì	运费	yùnfèi	运河	yùnhé	运气	yùnqi
9216~9220	运送	yùnsòng	运销	yùnxiāo	运载	yùnzài	运作	yùnzuò	韵律	yùnlǜ
9221~9225	韵味	yùnwèi	蕴含	yùnhán	咂	zā	杂费	záfèi	杂居	zájū
9226~9230	杂剧	zájù	杂粮	záliáng	杂乱	záluàn	杂事	záshì	杂文	záwén
9231~9235	杂物	záwù	杂音	záyīn	灾害	zāihài	灾荒	zāihuāng	灾祸	zāihuò
9236~9240	灾民	zāimín	灾情	zāiqíng	栽植	zāizhí	栽种	zāizhòng	宰割	zǎigē
9241~9245	宰相	zǎixiàng	崽	zǎi	再度	zàidù	再会	zàihuì	再婚	zàihūn
9246~9250	再接再厉	zàijiē-zàilì	再三	zàisān	再生	zàishēng	再造	zàizào	在行	zàiháng
9251~9255	在乎	zàihu	在即	zàijí	在世	zàishì	在望	zàiwàng	在位	zàiwèi
9256~9260	在线	zàixiàn	在意	zàiyì	在职	zàizhí	在座	zàizuò	载歌载舞	zàigē-zàiwǔ
9261~9265	载体	zàitǐ	载重	zàizhòng	暂且	zànqiě	暂停	zàntíng	暂行	zànxíng
9266~9270	赞不绝口	zànbùjuékǒu	赞歌	zàngē	赞赏	zànshǎng	赞颂	zànsòng	赞同	zàntóng
9271~9275	赞许	zànxǔ	赞誉	zànyù	赞助	zànzhù	脏腑	zàngfǔ	葬礼	zànglǐ
9276~9280	葬身	zàngshēn	葬送	zàngsòng	糟糕	zāogāo	糟粕	zāopò	早春	zǎochūn
9281~9285	早稻	zǎodào	早点	zǎodiǎn	早饭	zǎofàn	早婚	zǎohūn	早年	zǎonián
9286~9290	早熟	zǎoshú	早晚	zǎowǎn	早先	zǎoxiān	造成	zàochéng	造反	zàofǎn
9291~9295	造福	zàofú	造价	zàojià	造句	zàojù	造诣	zàoyì	噪声	zàoshēng
9296~9300	噪音	zàoyīn	责备	zébèi	责成	zéchéng	责怪	zéguài	责令	zélìng
9301~9305	责骂	zémà	责难	zénàn	责问	zéwèn	责无旁贷	zéwúpángdài	择优	zéyōu
9306~9310	啧啧	zézé	仄	zè	增补	zēngbǔ	增设	zēngshè	增生	zēngshēng
9311~9315	增收	zēngshōu	增援	zēngyuán	增值	zēngzhí	憎恨	zēnghèn	憎恶	zēngwù
9316~9320	赠送	zèngsòng	扎根	zhāgēn	扎实	zhāshi	闸门	zhámén	铡	zhá
9321~9325	眨巴	zhǎba	眨眼	zhǎyǎn	诈骗	zhàpiàn	炸药	zhàyào	蚱蜢	zhàměng
9326~9330	榨取	zhàqǔ	摘除	zhāichú	摘要	zhāiyào	宅子	zháizi	择菜	zháicài
9331~9335	债权	zhàiquán	债券	zhàiquàn	寨子	zhàizi	占卜	zhānbǔ	沾染	zhānrǎn
9336~9340	粘连	zhānlián	瞻仰	zhānyǎng	斩钉截铁	zhǎndīng-jiétiě	展翅	zhǎnchì	展出	zhǎnchū
9341~9345	展望	zhǎnwàng	展销	zhǎnxiāo	战败	zhànbài	战备	zhànbèi	战地	zhàndì
9346~9350	战犯	zhànfàn	战俘	zhànfú	战功	zhàngōng	战果	zhànguǒ	战壕	zhànháo
9351~9355	战火	zhànhuǒ	战局	zhànjú	战乱	zhànluàn	战区	zhànqū	战事	zhànshì
9356~9360	站岗	zhàngǎng	站立	zhànlì	站台	zhàntái	绽放	zhànfàng	蘸	zhàn
9361~9365	张力	zhānglì	张罗	zhāngluo	张贴	zhāngtiē	张望	zhāngwàng	张扬	zhāngyáng
9366~9370	章法	zhāngfǎ	章节	zhāngjié	彰显	zhāngxiǎn	长辈	zhǎngbèi	长老	zhǎnglǎo
9371~9375	长相	zhǎngxiàng	长者	zhǎngzhě	涨潮	zhǎngcháo	涨价	zhǎngjià	掌舵	zhǎngduò
9376~9380	掌管	zhǎngguǎn	掌柜	zhǎngguì	掌权	zhǎngquán	掌声	zhǎngshēng	掌心	zhǎngxīn
9381~9385	丈夫	zhàngfū	丈量	zhàngliáng	丈人	zhàngren	帐子	zhàngzi	账本	zhàngběn
9386~9390	账房	zhàngfáng	账号	zhànghào	账户	zhànghù	账目	zhàngmù	招标	zhāobiāo
9391~9395	招工	zhāogōng	招考	zhāokǎo	招徕	zhāolái	招募	zhāomù	招牌	zhāopai

附录三 普通话水平测试用普通话词语表

续表

序号	字词	拼音	字词	拼音	字词	拼音	字词	拼音	字词	拼音
9396~9400	招聘	zhāopìn	招商	zhāoshāng	招收	zhāoshōu	招手	zhāoshǒu	招致	zhāozhì
9401~9405	昭示	zhāoshì	朝气	zhāoqì	朝夕	zhāoxī	朝霞	zhāoxiá	朝阳	zhāoyáng
9406~9410	着火	zháohuǒ	着迷	zháomí	爪牙	zhǎoyá	找寻	zhǎoxún	召唤	zhàohuàn
9411~9415	召回	zhàohuí	召见	zhàojiàn	诏	zhào	诏书	zhàoshū	照搬	zhàobān
9416~9420	照办	zhàobàn	照常	zhàocháng	照管	zhàoguǎn	照会	zhàohuì	照旧	zhàojiù
9421~9425	照看	zhàokàn	照料	zhàoliào	照应	zhào·yìng	遮蔽	zhēbì	遮挡	zhēdǎng
9426~9430	遮盖	zhēgài	遮掩	zhēyǎn	折叠	zhédié	折光	zhéguāng	折合	zhéhé
9431~9435	折旧	zhéjiù	折扣	zhékòu	折算	zhésuàn	折中	zhézhōng	哲理	zhélǐ
9436~9440	哲人	zhérén	褶	zhě	褶皱	zhězhòu	蔗糖	zhètáng	贞操	zhēncāo
9441~9445	针锋相对	zhēnfēng-xiāngduì	珍爱	zhēn'ài	珍宝	zhēnbǎo	珍藏	zhēncáng	珍品	zhēnpǐn
9446~9450	珍视	zhēnshì	珍惜	zhēnxī	珍稀	zhēnxī	珍重	zhēnzhòng	真菌	zhēnjūn
9451~9455	真皮	zhēnpí	真切	zhēnqiè	真情	zhēnqíng	真丝	zhēnsī	真伪	zhēnwěi
9456~9460	真相	zhēnxiàng	真心	zhēnxīn	真知	zhēnzhī	砧	zhēn	斟酌	zhēnzhuó
9461~9465	臻	zhēn	诊疗	zhěnliáo	诊所	zhěnsuǒ	诊治	zhěnzhì	阵容	zhènróng
9466~9470	阵势	zhèn·shì	阵亡	zhènwáng	阵线	zhènxiàn	阵营	zhènyíng	振作	zhènzuò
9471~9475	朕	zhèn	震颤	zhènchàn	震荡	zhèndàng	震耳欲聋	zhèn'ěr-yùlóng	镇定	zhèndìng
9476~9480	镇静	zhènjìng	镇守	zhènshǒu	正月	zhēngyuè	争辩	zhēngbiàn	争吵	zhēngchǎo
9481~9485	争创	zhēngchuàng	争斗	zhēngdòu	争端	zhēngduān	争光	zhēngguāng	争鸣	zhēngmíng
9486~9490	争气	zhēngqì	争抢	zhēngqiǎng	争先	zhēngxiān	争先恐后	zhēngxiān-kǒnghòu	争议	zhēngyì
9491~9495	争执	zhēngzhí	征程	zhēngchéng	征订	zhēngdìng	征购	zhēnggòu	征集	zhēngjí
9496~9500	征途	zhēngtú	征文	zhēngwén	征用	zhēngyòng	征战	zhēngzhàn	征兆	zhēngzhào
9501~9505	挣扎	zhēngzhá	症结	zhēngjié	蒸汽	zhēngqì	整编	zhěngbiān	整风	zhěngfēng
9506~9510	整改	zhěnggǎi	整合	zhěnghé	整洁	zhěngjié	整数	zhěngshù	整形	zhěngxíng
9511~9515	整修	zhěngxiū	整治	zhěngzhì	正版	zhèngbǎn	正比	zhèngbǐ	正比例	zhèngbǐlì
9516~9520	正步	zhèngbù	正道	zhèngdào	正轨	zhèngguǐ	正极	zhèngjí	正门	zhèngmén
9521~9525	正名	zhèngmíng	正派	zhèngpài	正气	zhèngqì	正巧	zhèngqiǎo	正色	zhèngsè
9526~9530	正视	zhèngshì	正统	zhèngtǒng	正文	zhèngwén	正午	zhèngwǔ	正直	zhèngzhí
9531~9535	正中	zhèngzhōng	正宗	zhèngzōng	证件	zhèngjiàn	证券	zhèngquàn	证人	zhèng·rén
9536~9540	郑重	zhèngzhòng	政变	zhèngbiàn	政法	zhèngfǎ	政绩	zhèngjì	政界	zhèngjiè
9541~9545	政局	zhèngjú	政客	zhèngkè	政令	zhènglìng	政论	zhènglùn	政事	zhèngshì
9546~9550	政坛	zhèngtán	政体	zhèngtǐ	政务	zhèngwù	政要	zhèngyào	支点	zhīdiǎn
9551~9555	支架	zhījià	支流	zhīliú	支票	zhīpiào	支取	zhīqǔ	支柱	zhīzhù
9556~9560	只身	zhīshēn	汁液	zhīyè	知己	zhījǐ	知了	zhīliǎo	知名	zhīmíng
9561~9565	知情	zhīqíng	知晓	zhīxiǎo	知心	zhīxīn	知性	zhīxìng	知音	zhīyīn
9566~9570	知足	zhīzú	肢体	zhītǐ	织物	zhīwù	脂粉	zhīfěn	执笔	zhíbǐ
9571~9575	执法	zhífǎ	执教	zhíjiào	执拗	zhíniù	执勤	zhíqín	执业	zhíyè
9576~9580	执意	zhíyì	执照	zhízhào	执政	zhízhèng	执着	zhízhuó	直白	zhíbái
9581~9585	直播	zhíbō	直肠	zhícháng	直达	zhídá	直截了当	zhíjié-liǎodàng	直面	zhímiàn
9586~9590	直属	zhíshǔ	直率	zhíshuài	直爽	zhíshuǎng	直言	zhíyán	侄女	zhí·nǚ
9591~9595	侄子	zhízi	值钱	zhíqián	执勤	zhíqín	值日	zhírì	值守	zhíshǒu

257

续表

序　号	字词	拼音	字词	拼音	字词	拼音	字词	拼音	字词	拼音
9596~9600	职称	zhíchēng	职位	zhíwèi	植被	zhíbèi	植入	zhírù	止步	zhǐbù
9601~9605	止境	zhǐjìng	只管	zhǐguǎn	只消	zhǐxiāo	旨意	zhǐyì	纸板	zhǐbǎn
9606~9610	纸币	zhǐbì	纸浆	zhǐjiāng	纸烟	zhǐyān	纸张	zhǐzhāng	指点	zhǐdiǎn
9611~9615	指甲	zhǐjia(zhǐjiǎ)	指控	zhǐkòng	指南	zhǐnán	指南针	zhǐnánzhēn	指派	zhǐpài
9616~9620	指使	zhǐshǐ	指头	zhǐtou(zhítou)	指望	zhǐwàng	指纹	zhǐwén	指向	zhǐxiàng
9621~9625	指引	zhǐyǐn	指摘	zhǐzhāi	指针	zhǐzhēn	至多	zhìduō	至高无上	zhìgāo-wúshàng
9626~9630	至上	zhìshàng	志气	zhì·qì	志趣	zhìqù	志士	zhìshì	志向	zhìxiàng
9631~9635	志愿	zhìyuàn	志愿军	zhìyuànjūn	志愿者	zhìyuànzhě	制备	zhìbèi	制裁	zhìcái
9636~9640	制服	zhìfú	制衡	zhìhéng	制剂	zhìjì	制冷	zhìlěng	制胜	zhìshèng
9641~9645	制图	zhìtú	质地	zhìdì	质朴	zhìpǔ	质问	zhìwèn	质询	zhìxún
9646~9650	质疑	zhìyí	炙	zhì	治水	zhìshuǐ	治学	zhìxué	挚爱	zhì'ài
9651~9655	桎梏	zhìgù	致敬	zhìjìng	致力	zhìlì	致密	zhìmì	致命	zhìmìng
9656~9660	致死	zhìsǐ	致意	zhìyì	智商	zhìshāng	智育	zhìyù	滞后	zhìhòu
9661~9665	滞留	zhìliú	滞销	zhìxiāo	置换	zhìhuàn	置身	zhìshēn	置疑	zhìyí
9666~9670	稚嫩	zhìnèn	稚气	zhìqì	中层	zhōngcéng	中级	zhōngjí	中坚	zhōngjiān
9671~9675	中间人	zhōngjiānrén	中介	zhōngjiè	中立	zhōnglì	中秋	Zhōngqiū	中途	zhōngtú
9676~9680	中文	Zhōngwén	中西	zhōngxī	中线	zhōngxiàn	中药	zhōngyào	中用	zhōngyòng
9681~9685	中游	zhōngyóu	中止	zhōngzhǐ	中转	zhōngzhuǎn	忠告	zhōnggào	忠厚	zhōnghòu
9686~9690	忠心	zhōngxīn	忠于	zhōngyú	忠贞	zhōngzhēn	终点	zhōngdiǎn	终端	zhōngduān
9691~9695	终归	zhōngguī	终极	zhōngjí	终结	zhōngjié	终了	zhōngliǎo	终日	zhōngrì
9696~9700	终审	zhōngshěn	终生	zhōngshēng	终止	zhōngzhǐ	盅	zhōng	钟爱	zhōng'ài
9701~9705	钟表	zhōngbiǎo	钟点	zhōngdiǎn	钟情	zhōngqíng	肿胀	zhǒngzhàng	种姓	zhǒngxìng
9706~9710	冢	zhǒng	中风	zhòngfēng	中肯	zhòngkěn	中意	zhòngyì	仲裁	zhòngcái
9711~9715	众生	zhòngshēng	众所周知	zhòngsuǒzhōuzhī	众志成城	zhòngzhì-chéngchéng	种地	zhòngdì	种田	zhòngtián
9716~9720	重兵	zhòngbīng	重创	zhòngchuāng	重担	zhòngdàn	重金	zhòngjīn	重任	zhòngrèn
9721~9725	重伤	zhòngshāng	重托	zhòngtuō	重心	zhòngxīn	重型	zhòngxíng	重音	zhòngyīn
9726~9730	重用	zhòngyòng	重镇	zhòngzhèn	周报	zhōubào	周边	zhōubiān	周到	zhōu·dào
9731~9735	周而复始	zhōu'érfùshǐ	周刊	zhōukān	周密	zhōumì	周末	zhōumò	周全	zhōuquán
9736~9740	周身	zhōushēn	周岁	zhōusuì	周旋	zhōuxuán	周延	zhōuyán	周折	zhōuzhé
9741~9745	轴线	zhóuxiàn	轴心	zhóuxīn	咒骂	zhòumà	皱纹	zhòuwén	骤然	zhòurán
9746~9750	诛	zhū	珠宝	zhūbǎo	珠子	zhūzi	株连	zhūlián	诸多	zhūduō
9751~9755	诸侯	zhūhóu	诸如此类	zhūrú-cǐlèi	诸位	zhūwèi	竹竿	zhúgān	竹笋	zhúsǔn
9756~9760	竹子	zhúzi	逐一	zhúyī	主办	zhǔbàn	主次	zhǔcì	主峰	zhǔfēng
9761~9765	主妇	zhǔfù	主干	zhǔgàn	主根	zhǔgēn	主攻	zhǔgōng	主顾	zhǔgù
9766~9770	主机	zhǔjī	主见	zhǔjiàn	主将	zhǔjiàng	主角	zhǔjué	主考	zhǔkǎo
9771~9775	主流	zhǔliú	主人翁	zhǔrénwēng	主食	zhǔshí	主事	zhǔshì	主线	zhǔxiàn
9776~9780	主演	zhǔyǎn	主宰	zhǔzǎi	主旨	zhǔzhǐ	主子	zhǔzi	嘱托	zhǔtuō
9781~9785	伫立	zhùlì	助教	zhùjiào	助理	zhùlǐ	助威	zhùwēi	助长	zhùzhǎng
9786~9790	住处	zhù·chù	住户	zhùhù	住家	zhùjiā	住宿	zhùsù	住所	zhùsuǒ
9791~9795	住院	zhùyuàn	住址	zhùzhǐ	贮备	zhùbèi	注册	zhùcè	注定	zhùdìng

附录三 普通话水平测试用普通话词语表

续表

序　号	字词	拼音	字词	拼音	字词	拼音	字词	拼音	字词	拼音
9796~9800	注解	zhùjiě	注目	zhùmù	注射器	zhùshèqì	注销	zhùxiāo	注音	zhùyīn
9801~9805	驻地	zhùdì	驻防	zhùfáng	驻军	zhùjūn	驻守	zhùshǒu	驻扎	zhùzhā
9806~9810	驻足	zhùzú	柱子	zhùzi	祝福	zhùfú	祝愿	zhùyuàn	著称	zhùchēng
9811~9815	著述	zhùshù	著者	zhùzhě	铸造	zhùzào	抓捕	zhuābǔ	抓获	zhuāhuò
9816~9820	爪子	zhuǎzi	专长	zhuāncháng	专车	zhuānchē	专程	zhuānchéng	专断	zhuānduàn
9821~9825	专横	zhuānhèng	专辑	zhuānjí	专科	zhuānkē	专款	zhuānkuǎn	专栏	zhuānlán
9826~9830	专卖	zhuānmài	专区	zhuānqū	专人	zhuānrén	专心	zhuānxīn	专一	zhuānyī
9831~9835	专员	zhuānyuán	专职	zhuānzhí	专注	zhuānzhù	专著	zhuānzhù	砖头	zhuāntóu
9836~9840	转播	zhuǎnbō	转产	zhuǎnchǎn	转达	zhuǎndá	转告	zhuǎngào	转轨	zhuǎnguǐ
9841~9845	转机	zhuǎnjī	转嫁	zhuǎnjià	转交	zhuǎnjiāo	转脸	zhuǎnliǎn	转念	zhuǎnniàn
9846~9850	转让	zhuǎnràng	转手	zhuǎnshǒu	转弯	zhuǎnwān	转型	zhuǎnxíng	转眼	zhuǎnyǎn
9851~9855	转业	zhuǎnyè	转运	zhuǎnyùn	转战	zhuǎnzhàn	转折	zhuǎnzhé	传记	zhuànjì
9856~9860	转速	zhuànsù	转轴	zhuànzhóu	撰写	zhuànxiě	篆	zhuàn	篆刻	zhuànkè
9861~9865	庄园	zhuāngyuán	庄重	zhuāngzhòng	庄子	zhuāngzi	装扮	zhuāngbàn	装点	zhuāngdiǎn
9866~9870	装潢	zhuānghuáng	装配	zhuāngpèi	装束	zhuāngshù	装卸	zhuāngxiè	装修	zhuāngxiū
9871~9875	装运	zhuāngyùn	装载	zhuāngzài	壮丁	zhuàngdīng	壮观	zhuàngguān	壮举	zhuàngjǔ
9876~9880	壮烈	zhuàngliè	壮美	zhuàngměi	壮年	zhuàngnián	壮实	zhuàngshi	壮士	zhuàngshì
9881~9885	壮志	zhuàngzhì	状语	zhuàngyǔ	状元	zhuàngyuan	撞击	zhuàngjī	追捕	zhuībǔ
9886~9890	追查	zhuīchá	追肥	zhuīféi	追赶	zhuīgǎn	追击	zhuījī	追加	zhuījiā
9891~9895	追溯	zhuīsù	追随	zhuīsuí	追问	zhuīwèn	追寻	zhuīxún	追忆	zhuīyì
9896~9900	追踪	zhuīzōng	锥子	zhuīzi	坠毁	zhuìhuǐ	坠落	zhuìluò	赘述	zhuìshù
9901~9905	准绳	zhǔnshéng	准时	zhǔnshí	准许	zhǔnxǔ	捉摸	zhuōmō	捉拿	zhuōná
9906~9910	桌面	zhuōmiàn	灼热	zhuórè	卓有成效	zhuóyǒu-chéngxiào	卓著	zhuózhù	着力	zhuólì
9911~9915	着陆	zhuólù	着落	zhuóluò	着实	zhuóshí	着想	zhuóxiǎng	着眼	zhuóyǎn
9916~9920	着眼点	zhuóyǎndiǎn	着意	zhuóyì	着装	zhuózhuāng	姿色	zīsè	资财	zīcái
9921~9925	资方	zīfāng	资费	zīfèi	资历	zīlì	资深	zīshēn	资信	zīxìn
9926~9930	资讯	zīxùn	资质	zīzhì	资助	zīzhù	滋补	zībǔ	滋润	zīrùn
9931~9935	滋生	zīshēng	滋养	zīyǎng	滋长	zīzhǎng	紫菜	zǐcài	紫外线	zǐwàixiàn
9936~9940	自卑	zìbēi	自大	zìdà	自得	zìdé	自得其乐	zìdé-qílè	自费	zìfèi
9941~9945	自封	zìfēng	自负	zìfù	自古	zìgǔ	自给	zìjǐ	自家	zìjiā
9946~9950	自尽	zìjìn	自救	zìjiù	自居	zìjū	自来水	zìláishuǐ	自理	zìlǐ
9951~9955	自立	zìlì	自流	zìliú	自律	zìlǜ	自满	zìmǎn	自强	zìqiáng
9956~9960	自强不息	zìqiáng-bùxī	自然	zì·rán	自然而然	zìrán'érrán	自如	zìrú	自始至终	zìshǐ-zhìzhōng
9961~9965	自首	zìshǒu	自述	zìshù	自私	zìsī	自省	zìxǐng	自修	zìxiū
9966~9970	自学	zìxué	自言自语	zìyán-zìyǔ	自以为是	zìyǐwéishì	自责	zìzé	自制	zìzhì
9971~9975	自重	zìzhòng	自助	zìzhù	自传	zìzhuàn	自尊	zìzūn	字典	zìdiǎn
9976~9980	字号	zìhao	字画	zìhuà	字句	zìjù	字体	zìtǐ	字条	zìtiáo
9981~9985	字形	zìxíng	字义	zìyì	字音	zìyīn	渍	zì	宗法	zōngfǎ
9986~9990	宗派	zōngpài	宗室	zōngshì	宗族	zōngzú	综述	zōngshù	棕榈	zōnglǘ
9991~9995	棕色	zōngsè	踪影	zōngyǐng	鬃	zōng	总部	zǒngbù	总裁	zǒngcái

续表

序号	字词	拼音	字词	拼音	字词	拼音	字词	拼音	字词	拼音
9996~10000	总称	zǒngchēng	总得	zǒngděi	总督	zǒngdū	总队	zǒngduì	总而言之	zǒng'éryánzhī
10001~10005	总共	zǒnggòng	总管	zǒngguǎn	总归	zǒngguī	总计	zǒngjì	总是	zǒngshì
10006~10010	总务	zǒngwù	总则	zǒngzé	纵横	zònghéng	纵然	zòngrán	纵容	zòngróng
10011~10015	纵身	zòngshēn	纵深	zòngshēn	纵使	zòngshǐ	纵向	zòngxiàng	粽子	zòngzi
10016~10020	走动	zǒudòng	走访	zǒufǎng	走势	zǒushì	走私	zǒusī	走投无路	zǒutóu-wúlù
10021~10025	奏鸣曲	zòumíngqǔ	奏效	zòuxiào	奏章	zòuzhāng	租借	zūjiè	租金	zūjīn
10026~10030	租用	zūyòng	足见	zújiàn	诅咒	zǔzhòu	阻挡	zǔdǎng	阻隔	zǔgé
10031~10035	阻击	zǔjī	阻拦	zǔlán	阻挠	zǔnáo	阻塞	zǔsè	组成	zǔchéng
10036~10040	组建	zǔjiàn	组装	zǔzhuāng	祖传	zǔchuán	钻探	zuāntàn	钻石	zuànshí
10041~10045	钻头	zuàntóu	攥	zuàn	嘴角	zuǐjiǎo	嘴脸	zuǐliǎn	罪过	zuì·guò
10046~10050	罪名	zuìmíng	罪孽	zuìniè	罪人	zuìrén	罪证	zuìzhèng	罪状	zuìzhuàng
10051~10055	醉人	zuìrén	醉心	zuìxīn	尊称	zūnchēng	尊贵	zūnguì	遵从	zūncóng
10056~10060	遵照	zūnzhào	左面	zuǒ·miàn	左翼	zuǒyì	作案	zuò'àn	作弊	zuòbì
10061~10065	作对	zuòduì	作恶	zuò'è	作怪	zuòguài	作价	zuòjià	作客	zuòkè
10066~10070	作乱	zuòluàn	作声	zuòshēng	作文	zuòwén	坐落	zuòluò	坐镇	zuòzhèn
10071~10075	座舱	zuòcāng	座谈	zuòtán	座无虚席	zuòwúxūxí	座椅	zuòyǐ	做工	zuògōng
10076~10080	做功	zuògōng	做客	zuòkè	做人	zuòrén	做戏	zuòxì	做主	zuòzhǔ
10081	做作	zuòzuo								

附录四 普通话水平测试用普通话常见量词、名词搭配表

说 明

本材料以量词为条目,共选收常见量词45条。每个量后面列举若干常见搭配的名词。一个名词可以与多个量词搭配的,在条目中的名词后以括注形式标记。

1. 把　bǎ　　　菜刀、剪刀、宝剑(口)、铲子、铁锹、尺子、扫帚、椅子、锁、钥匙、伞、茶壶、扇子、提琴、手枪(支)
2. 本　běn　　　书(部、套)、著作(部)、字典(部)、杂志(份)、账
3. 部　bù　　　书(本、套)、著作(本)、字典(本)、电影(场)、电视剧、手机、摄像机(架、台)、汽车(辆、台)
4. 场　cháng　　雨、雪、冰雹、大风、病、大战、官司
5. 场　chǎng　　电影(部)、演出(台)、话剧(台)、杂技(台)、比赛(节、项)、考试(门、项)
6. 道　dào　　　河(条)、瀑布(条)、山脉(条)、闪电、伤痕(条)、门(扇)、墙(面)、命令(条、项)、试题(份、套)、菜(份)
7. 滴　dī　　　水、血、油、汗水、眼泪、墨水
8. 顶　dǐng　　轿子、帽子、蚊帐、帐篷
9. 对　duì　　　夫妻、舞伴、耳朵(双、只)、眼睛(双、只)、翅膀(双、只)
10. 朵　duǒ　　花、云(片)、蘑菇
11. 份　fèn　　菜(道)、午餐、报纸(张)、杂志(本)、文件、礼物(件)、工作(件、项)、试题(道、套)
12. 幅　fú　　　布(块、匹)、被面、彩旗(面)、图画(张)、相片(张)
13. 副　fù　　　对联、手套(双、只)、眼镜、球拍(只)、扑克牌(张)、围棋、担架
14. 个　gè　　　人口、孩子、盘子、瓶子、杯子(只)、梨、桃儿、橘子、苹果、西瓜、土豆、西红柿、鸡蛋、饺子、馒头、玩具、皮球、太阳、月亮、白天、上午、国家、社会、故事、节目(台、套)、镜头
15. 根　gēn　　草(棵)、葱(棵)、藕(节)、甘蔗(节)、胡须、头发、羽毛、冰棍儿、黄瓜(条)、香蕉、油条、竹竿、针、火柴、蜡烛(支)、香(盘、支)、筷子(双、支)、电线、绳子(条)、项链(条)、辫子(条)
16. 家　jiā　　　人家、亲戚(门)、工厂(座)、公司、饭店、商店、医院(所)、银行(所)
17. 架　jià　　　飞机、钢琴(台)、摄像机(部、台)、鼓(面)
18. 间　jiān　　房子(所、套、座)、屋子、卧室、仓库
19. 件　jiàn　　礼物(份)、行李、家具(套)、大衣、衬衣、毛衣、衣服(套)、西装(套)、工作(份、项)、公文、事
20. 节　jié　　　甘蔗(根)、藕(根)、电池(块)、车厢、课(门)、比赛(场、项)
21. 棵　kē　　　树、草(根)、葱(根)、白菜
22. 颗　kē　　　种子(粒)、珍珠(粒)、宝石(粒)、糖(块)、星星、卫星、牙齿(粒)、心脏、子弹(粒)、炸弹、图钉
23. 口　kǒu　　人(个)、猪(头)、大锅、大缸、大钟、井、宝剑(把)
24. 块　kuài　　糖(颗)、橡皮、石头、砖、肥皂、手表(只)、电池(节)、肉(片)、蛋糕、布(幅、匹)、绸缎(匹)、手绢(条)、饼干(片)、面包(片)、石碑(座)
25. 粒　lì　　　米、种子(颗)、珍珠(颗)、宝石(颗)、子弹(颗)
26. 辆　liàng　汽车(部、台)、自行车、摩托车、三轮车、坦克
27. 门　mén　　课(节)、课程、技术(项)、考试(场、项)、亲戚(家)、婚姻、科学、学问、大炮
28. 名　míng　作家(位)、教师(位)、医生(位)、学生(位)、犯人
29. 面　miàn　墙(道)、镜子、彩旗(幅)、鼓(架)、锣

261

30.	盘	pán	香(根、支)、磁带、录像带
31.	匹	pǐ	马、布(块、幅)、绸缎(块)
32.	片	piàn	树叶、药(粒)、肉(块)、面包(块)、地(块)、阴凉、阳光、云(朵)
33.	扇	shàn	门(道)、窗户、屏风
34.	双	shuāng	手(只)、脚(只)、耳朵(对、只)、眼睛(对、只)、翅膀(对、只)、鞋(只)、袜子(只)、手套(副、只)、筷子(根、支)
35.	所	suǒ	学校、医院(家)、银行(家)、房子(间、套、座)
36.	台	tái	计算机、医疗设备(套)、汽车(部、辆)、钢琴(架)、摄像机(部、架)、演出(场)、话剧(场)、杂技(场)、节目(个、套)
37.	套	tào	衣服(件)、西装(件)、房子(间、所、座)、家具(件)、沙发、餐具、书(本、部)、邮票(张)、医疗设备(台)、节目(个、台)、试题(道、份)
38.	条	tiáo	绳子(根)、项链(根)、辫子(根)、裤子、毛巾、手绢儿(块)、船(只)、游艇(只)、蛇、鱼、狗(只)、黄瓜(根)、河(道)、瀑布(道)、山脉(道)、道路、胡同儿、伤痕(道)、新闻、信息、措施(项)、命令(道、项)、胳膊、腿
39.	头	tóu	牛(只)、驴(条、只)、骆驼(只)、羊(只)、猪(口、只)、蒜
40.	位	wèi	客人、朋友、作家(名)、教师(名)、医生(名)、学生(名)
41.	项	xiàng	措施(条)、制度、工作(份)、件、任务、技术(门)、运动、命令(道、条)、比赛(场、节)、考试(场、门)
42.	张	zhāng	报纸(份)、图画(幅)、相片(幅)、邮票(套)、扑克牌(副)、光盘、脸、嘴、网、弓、床、桌子
43.	只	zhī	鸟、鸡、鸭、猫、老鼠、兔子、狗(条)、猪(口、头)、牛(头)、驴(条、头)、羊(头)、骆驼(头)、老虎、猴子、蚊子、苍蝇、蜻蜓、蝴蝶、手表(块)、杯子(个)、箱子、船(条)、游艇(条)、鞋(双)、袜子(双)、手套(副、双)、袖子、球拍(对、副)、手(双)、脚(双)、耳朵(对、双)、眼睛(对、双)、翅膀(对、双)
44.	支	zhī	笔、手枪(把)、蜡烛(根)、筷子(根、双)、香(根、盘)、军队、歌
45.	座	zuò	山、岛屿、城市、工厂(家)、学校(所)、房子(间、所、套)、桥、石碑(块)、雕塑、大钟(口)

附录五 普通话水平测试用普通话与方言词语对照表

普通话	方言
刮风	起风、吹风
闪电	扯闪、豁闪、薛那
太阳	日头、热头、日头爷
星星	星子、星欻
灰尘	尘灰、涂粉、土、灰
沙子	沙婆、沙婆子、细砂欻
山谷	山空、山冲里、山坑
白天	日里向、日时、日头、日上、日里、日辰头
半天	半日天、半工
半夜	半夜天、半暝、半夜间子
不久	呒没多少辰光、无久、冇几耐、冇好久、唔久
除夕	年三十夜、二九下昏、年卅晚、三十夜间子
从前	先头、老早子、往摆、旧阵时、从来冒
黄昏	夜快头、黄昏头、暗头、挨晚、断黑、临夜、临暗晡
年底	年尾、年终
起初	开头辰光、开始辰光、先起头、初头、初时
前年	前年子、前年欻、前去年
包子	包仔、包欻
冰棍儿	棒冰、霜条、雪条、冰棒、雪枝
馒头	面头、馍馍、包欻
糖果	糖仔、糖子里、糖粒子、糖欻
晚饭	夜饭、夜晚饭、暗顿
香肠	烟肠、酿肠
元宵	汤团、上元、圆子、元宵它、正月半
早饭	早顿、朝早饭
风筝	风吹、纸鹞、纸鹞欻
柜子	厨仔、柜欻
锅	镬子、鼎、镬头
镜子	镜里、镜欻
篮子	篮头、篮仔、篮欻
乒乓球	蛋壳子球、桌球、乒乓波
扇子	夏扇、扇里、扇欻
绳子	索仔、索子、索欻
自行车	脚踏车、单车、线车

附录六 普通话水平测试用普通话与方言常见语法差异对照表

普通话	方言
把教室打扫一下。	阿教室打扫一下。
把手机带着。	拿手机带着。
这碗饭吃完。	把这碗饭吃完去。
菜咸不咸？	菜阿咸？/菜实咸？
多吃半碗饭。	食加半碗饭。
奖给你一支钢笔。	奖支水笔你。
她的脸冻得很红。	她的脸冻得红红。
她姐妹一个比一个漂亮。	她姊妹家一个俊起一个。
她昨天上街被偷了。	她昨天上街挨偷了。
她昨天晚上来过。	她昨天晚上有来过。
今天玩得痛快极了。	今天耍得痛快惨了。
今天晚上去吃火锅吧。	今天晚上去打火锅吧。
没有准备，我发不了言。	没有准备，我发不起言。
门上有一个眼儿。	门上有一个眼眼。
那只羊很大。	只羊大大只。
你比我矮。	你比我过矮。/你矮我。/你比较矮我。/你比我较矮。
你的作业交了没有？答：交了。	你的作业交了没有？答：有交。
你会不会下围棋？	你下不下得来围棋？
你今天早上吃饭了没有？	你今天早上有没有吃饭？
你看这对双胞胎长得一样不一样？	你看这对双生长得一不一样？
你是和我讲话呢，还是和别人讲话呢？	你是和我讲话呢，还是和别个讲话呢？
你先走。	你走先。
如果不是因为你碰它，盘子能打碎吗？	不着你碰它，盘子能打了吗？
他被狗咬了一口。	他遭狗咬了一口。
他既会唱歌，又会跳舞。	他既唱得来歌，又跳得来舞。
晚点儿吃饭不要紧。	吃晚点儿不要紧。
我不喜欢闻烟味儿。	我闻不来烟味儿。
我给你一支笔写。	我给支笔你写。
这姑娘很漂亮。	这姑娘儿靓。
站着，不要走。	站倒起，莫走。
小王比小李好商量。	小王好讲过小李。
行不行？	中啊不？/中啊吧？/中不中？
这件衣服你喜欢吗？	这件衣服喜欢了没有？

附录七　普通话水平测试模拟试卷

试卷一

一、读单音节字词(100个音节,共10分,限时3.5分钟)

封	崖	九	客	推	跛	徐	信	裁	耍
错	标	垒	捏	矩	歪	领	欧	鸟	前
越	僧	奖	敲	儿	氛	迭	硕	牢	疏
桂	麻	周	毒	胸	念	披	贼	起	棉
汪	尼	倦	夸	瘤	扑	狠	润	甜	纺
惯	垄	墙	颇	指	龚	砍	牛	愿	乳
革	窘	疤	死	旬	搬	簧	握	撅	庆
自	款	身	彻	躺	茶	乖	碳	绳	坏
窄	环	葬	吹	洒	鬓	底	运	峡	太
饶	梦	袄	困	仓	掉	齿	盆	灭	毁

二、读多音节词语(100个音节,共20分,限时2.5分钟)

超额	开水	定律	帮忙	特色	加油儿
繁杂	遭受	症状	侵略	休息	健全
肺活量	红军	完美	群众	随后	村民
快速	名牌儿	照样	飘忽	穷人	层次
融洽	创作	金子	虐待	动画片	为难
理解	鞋带儿	打算	笔杆儿	应用	体温
耳膜	日夜	挂钩	冷暖	漫长	拍摄
妇女	亏本	石头	兴衰	小瓮儿	寓情于景

三、朗读短文(400个音节,共30分,限时4分钟)

　　作品40号

四、命题说话(请在下列话题中任选一个,共40分,限时3分钟)

1. 朋友
2. 我喜爱的植物

试卷二

一、读单音节字词(100个音节,共10分,限时3.5分钟)

拐	搏	掌	弱	法	弯	脓	柳	腔	呕
揪	舔	日	彼	粗	狂	销	凑	舌	捉
字	歼	值	扔	拟	汉	窘	攥	胚	径
摆	忙	岁	谋	女	而	征	妄	吟	掠
雅	阔	怀	瓮	三	故	踢	浑	胸	卦

鹰　肋　广　笨　舱　抱　涡　酿　筛　找
疲　翻　树　昂　软　词　捐　扯　巡　宽
平　雪　秸　诚　花　头　总　擒　稻　晨
废　辖　犬　愣　虞　吹　咬　拿　损　爹
甫　店　瞟　凌　讨　庙　群　改　颇　酶

二、读多音节词语（100个音节，共20分，限时2.5分钟）

宣传　　衰变　　外省　　频率　　捏造　　棉球儿
橄榄　　状态　　疟疾　　打嗝儿　运行　　重量
撇开　　嫂子　　历史　　勇猛　　身份　　挖潜
锦标赛　方向　　安慰　　心眼儿　存活　　持续
哺乳　　盘算　　创伤　　害怕　　家庭　　收购
挫折　　儿童　　丢掉　　摸黑儿　决定　　摧毁
佛寺　　作风　　糖尿病　工厂　　穷困　　恰好
耽误　　跨度　　奥秘　　柔和　　以内　　刀耕火种

三、朗读短文（400个音节，共30分，限时4分钟）

作品38号

四、命题说话（请在下列话题中任选一个，共40分，限时3分钟）

1. 尊敬的人
2. 我了解的地域文化（或风俗）